Predigtstudien

Predigtstudien

Herausgegeben
von Birgit Weyel (Geschäftsführung),
Johann Hinrich Claussen, Wilfried Engemann,
Wilhelm Gräb, Doris Hiller, Kathrin Oxen,
Christopher Spehr und Christian Stäblein

Im Jahr erscheinen zwei Halbbände

Predigtstudien

für das Kirchenjahr 2022/2023

Perikopenreihe V – Zweiter Halbband

Herausgegeben
von Birgit Weyel (Geschäftsführung),
Johann Hinrich Claussen, Wilfried Engemann,
Wilhelm Gräb, Doris Hiller, Kathrin Oxen,
Christopher Spehr und Christian Stäblein

Redaktion: Fritz Röcker

KREUZ

Darstellungsschema

A-Teil: Texthermeneutik

I Eröffnung	II Erschließung des Textes	III Impulse
Was veranlasst zu einer Predigt mit diesem Text?	Welche Überzeugung vertritt der Verfasser des Textes? Welche existenziellen Erfahrungen ruft der Text auf? Wie *verstehe* ich heute den Text?	Was folgt aus meiner Textinterpretation für das Thema und die Intention der Predigt? Vorschläge für Predigt und Gottesdienst!

B-Teil: Situationshermeneutik

IV Entgegnung	V Erschließung der Hörersituation	VI Predigtschritte
Wo ich A *nicht* folgen kann! Was leuchtet mir ein? Was sehe ich kritisch?	Welche existenziellen Erfahrungen und exemplarischen Situationen habe ich bei meiner Predigt mit diesem Text im Blick?	Was folgt aus meiner Interpretation der Situation für das Thema und die Intention der Predigt? Vorschläge für Predigt und Gottesdienst!

MIX
Papier aus verantwortungsvollen Quellen
FSC® C014496
FSC www.fsc.org

www.kreuz-verlag.de

Umschlagkonzeption und -gestaltung: wunderlichundweigand, Schwäbisch Hall
Satz: Arnold & Domnick GbR, Leipzig
Druck und Bindung: GGP Media GmbH, Pößneck

Printed in Germany

ISSN 0079-4961
ISBN 978-3-451-60120-0

Inhalt

18.05.2023 Christi Himmelfahrt 9
Lukas 24,(44–49)50–53
Höhenflüge
Doris Hiller/Regina Sommer

21.05.2023 6. Sonntag nach Ostern (Exaudi) 15
1 Samuel 3,1–10
Hinhören!?
Kristin Weingart/Johannes van Oorschot

28.05.2023 Pfingstsonntag 23
1 Korinther 2,12–16
Leben aus Erfahrung, aber nicht ohne Vision
Horst Gorski/Wilfried Engemann

29.05.2023 Pfingstmontag 30
Johannes 4,19–26
Wenn Jakobs Brünnlein fließet
Helge Martens/Christian Butt

04.06.2023 Trinitatis 37
Jesaja 6,1–8(9–13)
Bleiben Sie zuversichtlich!
Christian Stäblein/Wilhelm Gräb

11.06.2023 1. Sonntag nach Trinitatis 45
1 Johannes 4,(13–16a)16b–21
Liebeslieder
Matthias Lemme/Christian Nottmeier

18.06.2023 2. Sonntag nach Trinitatis 53
Lukas 14,(15)16–24
Kommt, es ist alles bereit
Michael Schneider/Kristian Fechtner

25.06.2023 3. Sonntag nach Trinitatis 60
Jona (3,10)4,1–11
Erbarmen gegen die Erwartung – Grund unserer Freude
Felix Roleder/Jörg Schneider

02.07.2023 4. Sonntag nach Trinitatis 67
1 Petrus 3,8–17
Gesegnet, Segnen, Segen-Sein
Christopher Spehr/Angela Rascher

09.07.2023 5. Sonntag nach Trinitatis 74
Johannes 1,35–51
Begegnung gesucht, Gemeinschaft gefunden
Johannes Vortisch/Anna-Maria Semper

16.07.2023 6. Sonntag nach Trinitatis 81
Jesaja 43,1–7
Wichtigtuerei
Katharina Krause/Verena Mätzke

23.07.2023 7. Sonntag nach Trinitatis 88
Apostelgeschichte 2,41–47
Bleibt alles anders
Holger Treutmann/Marie-Luise Karle

30.07.2023 8. Sonntag nach Trinitatis 96
Matthäus 5,13–16
Licht und Salz …?
Jan Petersen/Roger Jensen

06.08.2023 9. Sonntag nach Trinitatis 103
1 Könige 3,5–15(16–28)
Man hört nur mit dem Herzen gut
Beate Kobler/Maria Katharina Moser

13.08.2023 10. Sonntag nach Trinitatis/Israelsonntag: Kirche und Israel 110
5 Mose 4,5–20
Die Freude über die lebendige Tora
Hans-Ulrich Probst/Hans-Ulrich Gehring

20.08.2023 11. Sonntag nach Trinitatis 118
Lukas 7,36–50
Kann denn Liebe Sünde sein?
Marcel Brenner/Stephan Seidelmann

27.08.2023 12. Sonntag nach Trinitatis 125
Jesaja 29,17–24
Träum weiter – aber realistisch!
Rainer Mogk/Bernhard Liess

03.09.2023 13. Sonntag nach Trinitatis 132
1 Johannes 4,7–12
Liebe-voll
Antonia Rumpf/Christine Siegl

10.09.2023 14. Sonntag nach Trinitatis 139
Lukas 17,11–19
Dankbarer Glaube
Martin Vetter/Susanne Wolf

17.09.2023 15. Sonntag nach Trinitatis 147
1 Mose 15,1–6
Leben im Glauben
Heinz-Dieter Neef/Birgit Weyel

24.09.2023 16. Sonntag nach Trinitatis 154
Hebräer 10,35–36(37–38)39
Nicht wütend, nicht müde, sondern vertrauend
Klaus-Dieter Kaiser/Rüdiger Sachau

01.10.2023 17. Sonntag nach Trinitatis 161
Markus 9,17–27
Vier Grenzerfahrungen und beinahe ein Todesfall
Carsten Claußen/Traugott Roser

01.10.2023 Erntedankfest 169
Lukas 12,(13–14)15–21
Dankbare Narren
Christoph Vogel/Christian Witt

08.10.2023 18. Sonntag nach Trinitatis 175
2 Mose 20,1–17
Gottes An-Gebote zur Freiheit
Stefanie Arnheim/Katharina Fenner

15.10.2023 19. Sonntag nach Trinitatis 183
Jakobus 5,13–16
In allen Zeiten verbunden bleiben
Sabine Winkelmann/Ricarda Schnelle

22.10.2023 20. Sonntag nach Trinitatis 190
Markus 10,2–9(10–12)13–16
Anspruchslos glauben und verantwortlich leben
Lars Charbonnier/Peter Meyer

29.10.2023 21. Sonntag nach Trinitatis 197
1 Mose 13,1–12(13–18)
Eine Trennung und ein Dennoch
Anna Böllert/Lars Christian Heinemann

31.10.2023 Gedenktag der Reformation 205
Matthäus 5,1–10(11–12)
Der Verein der Unglücklichen
Kathrin Oxen/Jan Roßmanek

05.11.2023 22. Sonntag nach Trinitatis 212
1 Johannes 2,12–14
Gegen den Rost
Barbara Hanusa/Samuel Lacher

12.11.2023 Drittletzter Sonntag des Kirchenjahres 220
Römer 8,18–25
Die Hoffnung, von der wir leben und aus der wir handeln
Ravinder Salooja/Uwe Hauser

19.11.2023 Vorletzter Sonntag des Kirchenjahres 227
Matthäus 25,31–46
Glutkern des Christentums
Christa Usarski/Michael Kösling

22.11.2023 Buß- und Bettag 234
Ezechiel 22,23–31
Sprachen der Sichtbarmachung
Frank Dettinger/Manuel Stetter

26.11.2023 Letzter Sonntag des Kirchenjahres: Ewigkeitssonntag 241
2 Petrus 3,(3–7)8–13
Teelichter und Gottes Geduld
Wolfgang Vögele/Uwe Hauser

26.11.2023 Letzter Sonntag des Kirchenjahres: Totensonntag 248
Daniel 12,1b–3
Eingeschrieben in Gottes Handschrift
Reinhard Mawick/Martin Hofmann

Vergleichstabelle zur neuen Perikopenreihe V 257
Perikopenverzeichnis 259
Anschriften 261

Lukas 24,(44–49)50–53

Höhenflüge

Doris Hiller

I Eröffnung: Alle Hände fliegen hoch

Ein Kinderspiel – Alle … fliegen hoch. So ausgelassen hat man die Jünger:innen selten gesehen. Das Erschrecken über die Erscheinung des Auferstandenen (Lk 24,37) ist der Leichtigkeit des Seins gewichen. Erst lauschen sie konzentriert den Worten, ungeduldig trommeln die Finger auf die Tischplatte. Ein himmlisch-aufregendes Vorspiel. Dann Ausbruch der Freude: Hände fliegen hoch – zum Segen der Menschen und zum Lob Gottes. So kann es weitergehen – gegen alle Erdenschwere. Himmelfahrt – ein Kinderspiel!? Am Ende des Lukasevangeliums klingt es so. Am Ende wird die Geschichte hochfliegend neu in Gang gesetzt.

II Erschließung des Textes: Kein Grund zum Abheben

Predigen im lk. Geschichtswerk ist theologische Erzählkunst. Sie eignet sich nicht zum Einschlafen; ist alles andere als der »Kinderfrauenberuf«, mit dem Eberhard Jüngel die Aufgabe des Erzählens der Gute-Nacht-Geschichte umschreibt (Jüngel, 427). Was als Qualitätsmerkmal für das abendliche Ritual gilt, ist nichts für das Evangelium und dessen Kommunikation: Nicht Hinlegen, sondern Aufstehen ist angesagt. Wenn eine Geschichte erzählen heißt: »auf deren einmalige und unwiderrufliche Wirklichkeit im Rückgang auf ihre *vergangene* Möglichkeit, aus der sie kam, und mit Rücksicht auf ihre *zukünftigen* Möglichkeiten eingehen und gerade so der vergangenen Wirklichkeit Zukunft gewähren« (Jüngel, 417), dann ist Himmelfahrt die richtige Zeit und der richtige Ort dafür. Bethanien, jener Berggarten der Geschichte, nun im Lichte der Auferstehung betrachtet, verbindet Ende und Anfang. Erzählen öffnet in verdichteten Zeiträumen den Himmel. Und was der Gegenwartstheologe so wortreich umschreibt, kann der Evangelist in einem einzigen Verb markieren, das zum Ausweis für seine Theologie wird: Spannende Geschichten orientieren sich am göttlichen *dei* (Lk 24,44), das auch hier wieder das himmlisch Mögliche im irdisch Not-wendigen anzeigt. *Wat mutt, dat mutt* – göttlich zumal.

a) Die Geschichte überschlägt sich. – Na dann gute Nacht, zappenduster: Als Jesus zuletzt mit ihnen hinausging, war es finster. Es ist die

Gegend, wo das Ende seinen Anfang nahm. Was so hochfliegend begann, endet im Nichts des Todes. Bethanien ist am Ölberg lokalisiert. Vermutlich ist Gethsemane mit seinem düsteren Schattenspiel nicht weit. Historisch-geographisch Genaues weiß man nicht. Die ganze Szene jetzt spielt in Jerusalem. Ob die Emmaus-Jünger mit ihren freudigen Herzen schon zurück sind, kann nicht mit Sicherheit gesagt werden. Jedenfalls wird eine weitere Begegnung mit dem Auferstandenen erzählt. Die Motivsprache lässt an den Abend des Ostertages denken. Da allerdings keine Zeitangabe gemacht wird, ist die narrative Verbindung mit dem Himmelfahrtsbericht aus Apg 1 auch möglich. Dort gibt Lukas den vorangehenden Erscheinungen des Auferstandenen 40 Tage Zeit. Zeit, die es braucht, die Wüsten der Welt und des Lebens zu durchwandern, um zu erkennen, worauf es wirklich ankommt, damit Neues möglich wird: Erzählzeit.

Die Kraft (*dynamis*), die im LkEv aus der Höhe kommt, ist begrifflich dieselbe, auch wenn sie in Apg 1 im Heiligen Geist einen Namen hat. Die gebotene Zeugenschaft verbindet die Texte, die den pfingstlichen Geschichtsbogen auf Zukunft stellen und so das lukanische Geschichts- bzw. Geschichtenwerk weiterschreiben. Aber auch der Überschlag in die Vergangenheit nicht nur der irdisch-unmittelbaren Jesus-Geschichte, sondern der Gottesgeschichte vom Anfang der Zeiten findet Halt. Jesus geht. Sie folgen nach bzw. werden geführt. Jesus bleibt dort (Lk 22,39) wie hier (V.50) der Initiator des Weggeschehens. Wer Zeuge sein will, muss hinterhergehen, auch denen, die geschichtlich vorausgegangen sind: Was von ihm gesagt ist (24,27) bzw. von mir geschrieben steht (V.44), ist allen zugänglich. Daraus muss dogmatisch kein heilsgeschichtliches System zementiert werden, das auch noch ungute Erfüllungsmechanismen aufruft. Statisches liegt dem Gott, der Dynamik verheißt, nicht. Auch das Verstehen, das Jesus öffnet, ist beweglicher als stures Wissen. Deshalb erzählt Lukas und zählt nicht allein Faktisches auf.

b) Faustpfand. – Ich verstehe – also bin ich, mag die aufgeklärte Hermeneutin, auch im Erinnern von Apg 8, sagen. So steht's geschrieben: Das ist alles, was zu sagen ist. Der Evangelist formuliert als Summarium, was exegetisch gerne als »letzte Worte« Jesu bezeichnet wird. Was literarisch stimmt, ist theologisch bedeutsam, denn es sind nicht die letzten Worte des Gekreuzigten, sondern die ersten Worte des Auferstandenen. Die Worte Jesu bringen die Erzählung nicht zum Abschluss. Sie geben vielmehr Aufschluss über das Wie-Weiter. Auch der Neubeginn lebt von der Energie des Althergebrachten. Schon auf dem Weg nach Emmaus legt der Auferstandene die Schrift aus: Mose und die Propheten. Dass jetzt noch die Psalmen Erwähnung finden, mag eine Reminiszenz an die letzten Worte am Kreuz sein, die Lukas auch mit Psalmworten verbindet. Es mag aber auch ein Hinweis sein, dass nicht nur die Geschichte, sondern auch die Kommunikation zwischen Gott und Mensch – das Gebet – weitergehen wird. Die ersten Worte des Auferstandenen summieren die bleibenden Worte des Irdischen: Christologie und Soteriologie in zwei Sätzen, damit ihr bei aller Auferstehungsfreude die Vergebung der Sünden nicht vergesst.

Das lässt sich nicht begreifen und festhalten, auch wenn die Worte handlich daherkommen. Als Bekenntnis sind sie ein Faustpfand, der Geschichte entliehen, damit es die Jünger bezeugen können. Kreuz und Auferstehung und was sie bedeuten: Das Faustpfand eines jeden Christen wird zum Auftragswort. Auch hier schlägt Lukas in den Worten Jesu einen Erzählton an. Kein Imperativ wie das matthäische »Gehet hin in alle Welt«, sondern Indikativ: Von *nun* an seid ihr Zeugen. Die Zeit verschmilzt mit dem Raum: von Jerusalem an. Hier ist der Dreh- und Angelpunkt der Geschichte.

c) Freudentaumel. – Erzählen kann – wenn man die oben genannte Definition zugrunde legt – mitunter schwindelerregend sein. Wenn Umkehr (*metanoia*, V.47) Richtungswechsel bedeutet, dann liefert die Perikope als ganze und in der vorgeschlagenen geklammerten Form ziemlich viele metaphorische Umwendungen. Zunächst die klassisch theologische Zuwendung: Gott wendet sich in Jesus Christus dem Menschen zu, damit dieser sich zu Gott wenden kann. Wo man sich in einer Beziehung in die Augen schauen kann, ist Vergebung möglich. Dafür sollen die Jünger einstehen. Das Stehen-Bleiben ist nötig, damit sie aufschauen können. Wer aufschaut, hat einen freien Blick zu der Kraft, die aus der Höhe kommt. Ob Lukas auch deshalb die Psalmen erwähnt, weil ihn die ganze Szenerie an Ps 121 erinnert? In ihm klingen auch Segensworte an. Denn jetzt heben sich die Hände. Spannend ist die Vorstellung, dass Jesus im Akt des Segnens in den Himmel auffährt. Auch wenn irdisch von Abschied die Rede ist, bleibt der Kontakt, der die Gegenbewegung zum Abschied einleitet. Zwar fallen die Jünger zum Gebet nieder, aber sogleich ändert sich erneut die Richtung. Es ist nicht die niedergedrückte Stimmung des Abschiednehmens, sondern die hochfahrende Emotion der Freude, die dann mit dem Wochenpsalm (Ps 47) verbunden werden kann, den die liturgische Kommission für den Gottesdienst vorschlägt. Auch hier: Jesus ist Initiator der Bewegung. Wer ihm nachgehen bzw. -sehen will, wird aufgerichtet. Die Freude lebt aus der befreiten Erwartung: Da kommt noch was!

III Impulse: O Heiland, reiß die Himmel auf

Himmelfahrt kennt seit jeher die Ermüdungserscheinungen der Welt, die behaftet sind mit der Frage: Wie wird es weitergehen? Die rasche Folge der Krisenphänomene der 20er Jahre des 21. Jahrhunderts macht die ganze Welt zum Armenhaus (Bethanien). Himmelschreiend ist das, verzweifelte Arme ragen in den luftleeren Raum und die 40 Tage, um die Lukas die Himmelfahrtserzählung in Apg 1 erweitert, sind längst auch im metaphorischen Empfinden vorbei. Das Leben gleicht einem

Himmelfahrtskommando und auch 2023 wird der Himmel nicht nur meteorologisch wolkenverhangen sein. Ist es nicht vielmehr Zeit, nicht nur alle Jahre wieder, sondern alle Tage wieder adventliche Töne anzustimmen? O, Heiland reiß die Himmel auf …, verbunden mit der verzweifelten Frage: Wo bleibst du, Trost der ganzen Welt?

Himmelfahrt konterkariert die adventliche Bitte nicht. Mag Religionskritik auch den Zynismus der Götter bestätigt sehen, wenn die Antwort auf das »Herab vom Himmel lauf« das Sich-Entziehen des Göttlichen vor aller Augen ist. Sieht da nicht auch der Glaubenszweifel hin? Doch wie beim eingangs erwähnten »Hände-hoch-Kinderspiel« kommt es auf das genaue Hinhören an. Die Erzählung des Glaubens geht anders. Was adventlich begonnen hat, setzt sich himmlisch fort. Allerdings nicht als göttliche Komödie oder Wolkenspiel unter Absehung der Menschheit. Gottes Kommen in die Welt ist keine Stippvisite, deren Ende die Kirche dann auch noch mit einem Feiertag belegt: Sonntag da, Donnerstag schon wieder weg. Lukas, der Ohrenzeuge und Schriftkundige, schafft mit seiner Erzählfreude ein so dichtes Gewebe der Gottesgeschichte, dass der Himmel offen bleibt und die Erde nicht fällt.

Das Magnificat, jenes Lied der Maria, das die Antwort auf die Frage nach dem Trost der ganzen Welt ist, findet im Niederfallen der Jünger seinen Widerhall. Das ist der sichere Grund des Glaubens, von dem Lukas berichten will, weil die Geschichte weitererzählt werden muss. Eingebettet in das göttliche *dei* lässt sich gegen den Augenschein und angesichts des pfingstlichen Advents aufstehen und dennoch jubeln: »Gottes Sein bleibt im *Kommen.*« (Jüngel, 415)

Literatur: *Eberhard Jüngel*, Gott als Geheimnis der Welt, Tübingen [5]1986; *Gerhard Schneider*, Das Evangelium nach Lukas (ÖTK 3,2), Gütersloh 1977; *Eduard Schweizer*, Das Evangelium nach Lukas (NTD 3), Göttingen [19]1986.

B

Regina Sommer

IV Entgegnung: Ekstase pur

A benennt das Thema der Texterschließung mit »Kein Grund zum Abheben«. Am Ende des Lukasevangeliums gibt es aber jede Menge Gründe zum Abheben: Ein tot Geglaubter ist nicht tot, sondern verabschiedet sich segnend gen Himmel. Wenn das kein Grund zum Abheben, zum Verrücktwerden ist! Klaus Berger beschreibt die Jünger und Jüngerinnen bezogen auf Lk 24,50–53 als »Ekstatiker […], Chaoten der dritten Art – wir stellen uns diesen Abschied leicht zu feierlich vor, wie das Ende eines

Staatsbesuchs, die Jünger ordentlich versammelt. Aber wie zu Ostern geht es um etwas Leichtsinniges, Irreguläres: Dass ein Toter nicht tot ist (wie es sich gehören würde), dass Gott doch mit den Toten ist, den er verlassen zu haben schien.« (Berger, 153)

Der Himmel kommt ganz nah auf die Erde – das haben die Jüngerinnen und Jünger im Zusammensein mit Jesus erlebt. Mit ihm haben sie die Kraft aus der Höhe (V.49) erfahren, die Kranke heil, Resignierte hoffnungsvoll und sogar – das erleben sie jetzt – Tote wieder lebendig machen kann. Diese *dynamis*-Erfahrung reißt heraus aus dem Gewohnten, verwandelt, lässt Grenzen überschreiten – damals wie heute.

V Erschließung der Hörersituation: Die Hände zum Himmel, kommt lasst uns fröhlich sein!

Christi Himmelfahrt ist von den christlichen Feiertagen derjenige, der kulturell am deutlichsten umgewidmet worden ist. Als Vatertag oder in den östlichen Bundesländern als Herrentag oder Männertag begangen führt er größere und kleinere Gruppen mit Bollerwagen und Bier hinaus in die Natur. Den Himmelfahrtstag draußen in der Natur zu begehen, ist allerdings von jeher Brauch. »Flurgänge und Umritte draußen auf den Wiesen, in den Wäldern und auf Berghöhen gehören zu regionalen Traditionen der Volkskultur – man feiert den offenen Himmel unter dem freien Himmel.« (Fechtner, 112) Himmelfahrt steht für Entgrenzung, für Ausbruch und Aufbruch aus den üblichen Räumen, für eine Transzendierung des Alltags. Dies lässt sich auch in der volkstümlichen Umwidmung wiederfinden. Im nordhessischen Willingen treffen sich am Vatertag alljährlich hunderte junge Menschen, um drei Tage zu trinken und zu feiern. »Und dann die Hände zum Himmel, kommt lasst und fröhlich sein. Wir klatschen zusammen und keiner ist allein« – so lautet der Refrain eines Schlagers von den Kolibris, zu dem die berauschte Masse tanzt und singt. Man mag das pubertär und abstoßend finden. Phänomenologisch erinnert die Verfassung der Vatertagsgemeinde jedoch an die Ekstase der Jünger, die in Lk 24 beschrieben wird. Der Unterschied scheint darin zu bestehen, dass die alltagsunterbrechende Wirkung der Vatertagsekstase nicht auf Dauer gestellt werden kann bzw. (vermutlich) keine dauerhafte Veränderung bewirkt. Dies ist beim Freudentaumel der Jünger nach der Erzählung des Lukas anders. Die durch die Begegnung mit dem auferstandenen Christus ausgelöste Freude entwickelt sich zu dauerhaftem Lobpreis. In der Fortsetzung der Apostelgeschichte folgt auf die Himmelfahrtserfahrung die Gabe des Geistes, eine Erfahrung mit ebenfalls ekstatischen Auswirkungen, die Umstehende als rauschhaften Zustand deuten (Apg 2,13).

Für die Predigt an Himmelfahrt erscheint es mir wichtig und gewinnbringend, die Sehnsucht nach Entgrenzung und nach Alltagsunterbrechung, die am Vatertag deutlich wird, aufzunehmen und mit dem Freudentaumel anlässlich der Himmelfahrtserfahrung zu verbinden. Dabei ist die Spannung mit zu bedenken, die auch A thematisiert: Der Freudentaumel entsteht angesichts eines schmerzhaften Abschieds. Das Gotteslob erschallt in unheilen Zuständen. Dennoch bewirkt die Ekstase der Jünger eine dauerhafte Perspektivveränderung (*metanoia*, V.47). Unter den segnenden Händen Christi erscheint die Welt in einem neuen Licht. Gewalt, Schmerz und Tod haben nicht das letzte Wort, Unrecht und Ungerechtigkeit sind nicht von Dauer. Alles kann und wird sich ändern, weil Gott sein Volk besucht und erlöst hat – wie Maria (Lk 1,46–55) und Zacharias (Lk 1,68–79) singen. In dieses Jubellied einzustimmen, dazu ermutigt die Lukasgeschichte – nicht nur an Himmelfahrt.

VI Predigtschritte: Dass du mich einstimmen lässt in deinen Jubel

a) Zeit zum Abheben: Ein Einstieg in die Predigt wäre entweder mit einem »Vatertagszenario« möglich (s. o.) oder mit Bezug auf den Film »Der Rausch« von Thomas Vinterberg. In diesem Film, in dem vier Lehrer das Experiment verabreden, immer einen Alkoholpegel von 0,5 Promille einzuhalten, geht es ebenfalls um die Sehnsucht nach entgrenzenden Erfahrungen vor dem Hintergrund persönlicher Krisen und eines belastenden Alltags. Von dort aus wäre die Himmelfahrtsgeschichte in den Blick zu nehmen.

b) Himmelhoch jauchzend – zum Tode betrübt: Die Ambivalenzen der Himmelfahrtserfahrung sind sodann stark zu machen: Der Freudentaumel entsteht inmitten eines schmerzhaften Abschieds. »Himmelhoch jauchzend – zum Tode betrübt« – so drückt es Johann Wolfgang von Goethe in einem Gedicht aus:

»Klärchens Lied
Freudvoll
Und leidvoll,
Gedankenvoll sein,
Hangen
Und bangen
In schwebender Pein,
Himmelhoch jauchzend,
Zum Tode betrübt –
Glücklich allein
Ist die Seele, die liebt.«

Der Segen Christi wird über die, die ihm nachfolgen ausgebreitet. Die Zuwendung im Segen umfasst beides: Freud und Leid, das Verbindende und das Trennende, Schmerz und Sehnsucht. Das gibt Mut und Kraft in den Herausforderungen des Alltags und unserer Welt. Mit dem Kommen Christi ist die Hoffnung verbunden, dass sich die Dinge grundlegend ändern können (vgl. die Lobgesänge Marias und des Zacharias). Das Lukasevangelium erzählt von vielen Beispielen, die zeigen, wie Jesus diese neue Perspektive eröffnet und danach handelt. Dass auch der Tod überwunden werden kann, ist das Unerhörte, das die Nachfolgenden in Ekstase versetzt.

c) Dass du mich einstimmen lässt … das erhebt meine Seele: Im Einstimmen in das Gotteslob verändert sich die Blickrichtung. In der Gemeinschaft der Schwestern und Brüder feiern wir die Gegenwart Christi: Die Hände zum Himmel, kommt lasst uns fröhlich sein! Noch ist nicht alles gut, aber es kann, es wird gut werden. Anzeichen des Wandels können wir uns gegenseitig erzählen. Hoffnungsgeschichten, die zeigen: Der Himmel ist nah, Gottes Reich ist mitten unter uns!

Literatur: *Klaus Berger*, Wie ein Vogel ist das Wort. Wirklichkeit des Menschen und Parteilichkeit des Herzens nach Texten der Bibel, Stuttgart 1987, 152–157; *Kristian Fechtner*, Im Rhythmus des Kirchenjahres. Vom Sinn der Feste und Zeiten, Gütersloh 2007; *Henning Luther*, Schmerz und Sehnsucht. Praktische Theologie in der Mehrdeutigkeit des Alltags, in: Ders., Religion und Alltag. Bausteine zu einer Praktischen Theologie des Subjekts, Stuttgart 1992, 239–256.

Film: »Der Rausch« (Thomas Vinterberg, Dänemark 2020).

Internet: Gedicht »Klärchens Lied« von Johann Wolfgang von Goethe, https://www.zgedichte.de/gedichte/johann-wolfgang-von-goethe/klaerchens-lied.html (zuletzt abgerufen am 09.11.2022).

6. Sonntag nach Ostern (Exaudi) – 21.05.2023

1 Samuel 3,1–10

Hinhören!?

A

Kristin Weingart

I Eröffnung: Zeitenwende

Im biblischen Geschichtsbild markiert die Epoche Samuels eine Zeit des Übergangs. Alte Institutionen gehen unter und werden durch neue abgelöst. An die Stelle der jeweils individuell von Gott erwählten Richter als charismatische Rettergestalten treten die Könige mit einer dynastisch legitimierten Herrscherfolge. Die Tage des Heiligtums von Silo als Standort der Bundeslade ebenso wie der Eliden als Priesterfamilie sind gezählt. Der Tempel in Jerusalem erscheint am Horizont, wo die Lade ihre bleibende Ruhestätte finden und andere Priester amtieren werden.

Die Geschichten, die in dieser Zeit spielen, kreisen um Samuel, eine vielschichtige Gestalt, die eine Fülle an Rollen auf sich vereint: Er ist Priester und Richter, Königsmacher und Königskritiker und – bei alledem – auch noch ein Prophet. Samuel steht mit seinen vielen Rollen zwischen den Zeiten; er gehört nicht mehr zur alten Epoche, kommt aber auch in der neuen noch nicht an. Als Priester designiert und ausgebildet (1Sam 2,18; 3,1) wird in seiner Zeit das Heiligtum in Silo an Bedeutung verlieren. Als letzter Richter und Streiter für die Theokratie wird er zum Wegbereiter der Monarchie. Manchmal wirkt er später wie eine tragische Gestalt, die am Ende die Welt nicht *mehr* versteht. In 1Sam 3,1–10 ist es jedoch noch nicht so weit; hier geht es um den jungen Samuel, der in mancher Hinsicht die Welt *noch* nicht versteht.

Bei dieser Fülle an Rollen verwundert es nicht, dass sich die Samuelbücher viel Zeit nehmen, um Samuel einzuführen. In 1Sam 1 geht es um die besonderen Umstände seiner Geburt, in 1Sam 2 um sein Hineinwachsen in und seine Legitimation für das Priesteramt. In 1Sam 3 kommt diejenige Rolle hinzu, die sich am ehesten ungebrochen durch die Samuelerzählungen zieht – die Rolle Samuels als von Gott berufener Prophet.

II Erschließung des Textes: Eine Berufungserzählung

1. Das verlöschende Licht

Der Text setzt mit der Diagnose einer gottlosen Zeit ein: »Das Wort des Herrn war selten in jenen Tagen, es gab kaum eine Vision.« (1Sam 3,1) Ein derartiger Erzählanfang weckt Fragen (Wie kam es dazu?) und Erwartungen (Wird es so bleiben? Was hat dies mit dem Knaben Samuel zu tun, von dem nun schon so viel die Rede war?). Zu den Hintergründen liefert der Text keine einfache Erklärung, aber gibt doch verschiedene Hinweise, allesamt Symptome dieser krisenhaft erlebten Zeitenwende: (1) Religiöse Institutionen bzw. Amtsträger versagen. Die Söhne Elis sorgen sich weder um Gott noch die Gemeinde, sondern nur um ihr eigenes Wohlergehen (1Sam 2,29). Der Kult verweist nicht mehr auf Gott, sondern wird zum Selbstzweck bzw. Versorgungsinstitut der Amtsträger. (2) Die maßgebliche Persönlichkeit kann ihr Amt aus Altersgründen nicht mehr ausfüllen. Der hochangesehene Priester Eli bietet dem bösen Treiben seiner Söhne keinen Einhalt. Damit rechtfertigt er nicht nur deren Tun vor all jenen, die zum Heiligtum in Silo kommen, nein, er stellt sie auch über sein Amt als Priester. »Du ehrst deine Söhne mehr als mich« (1Sam 2,29), so klagt Gott Eli mittels eines zu ihm gesandten Gottesmannes an. Elis Augen sind aber auch zu schwach geworden, um selbst noch sehen zu können. Das mag eine normale Begleiterscheinung des hohen Alters sein, hier hat es aber auch eine theologische Tiefendimension. 1Sam 3,1 macht die Gottesferne und den Mangel an Gottesworten am Ausbleiben von Visionen fest. Das schwindende Sehvermögen Elis wirkt sich also auch auf das innere Sehen, die visionäre Gottesschau aus. (3) V.1 deutet noch eine weitere Möglichkeit an: Die fehlende Sichtbarkeit Gottes, d. h. die Gottesfinsternis, könnte auch von ihm selbst verursacht sein. Der Gedanke, dass sich Gott zurückzieht, sich selbst verbirgt und nicht gefunden werden will, ist auch in anderen Texten belegt, ganz eindrücklich z. B. in Hos 5,6.

Völlig dunkel ist es jedoch noch nicht. 1Sam 3,3 erzählt, dass die Lampe Gottes noch nicht verloschen war. Hier mag es ganz praktisch um die Bestimmung der Tages- bzw. Nachtzeit anhand der Abläufe im Heiligtum gehen. Vermutlich leuchtete die Lampe die ganze Nacht, so dass wohl an eine Zeit kurz vor der Morgendämmerung gedacht ist. Aber dass der äußerst knapp erzählende Text diese Information nennt, hängt vielleicht auch an einer metaphorischen Anknüpfung. Der sich um Eli ausbreitenden Dunkelheit steht das Bild des Lichts entgegen, das immerhin noch leuchtet und ausgerechnet dann und dort, wo sich nun der junge Samuel räumlich in größter Nähe Gottes befindet, im Heiligtum bei der Bundeslade.

2. Berufung – ganz wörtlich

Die entscheidende Szene in 1Sam 3,4–10 ist auf den ersten Blick völlig unspektakulär; erzählt wie eine alltägliche Begebenheit, eine nette kleine Verwechslung, die schließlich aufgelöst wird. Ganz schlicht, knapp und ohne viel Aufhebens kommt sie daher und ist doch sehr kunstvoll gestaltet. Da braucht es zwei plus einen plus noch einen Anlauf – zwei vergebliche, den zur Erkenntnis führenden dritten und dann den erfolgreichen. So wird die Spannung erhöht und die Auflösung verzögert, und so können auch manche Punkte durch Wiederholung oder Nuancierung betont werden.

So zeigt sich z. B. der Informationsüberschuss, den die Leser*innen gegenüber Samuel haben. Über die wiederholte Redeeinleitung »Und JHWH rief Samuel« (3,4, vgl. 3,6.8) wissen erstere, dass es Gott ist, der Samuel anspricht. Samuel weiß es erst nicht, wir können ihm (und Eli) dabei zuschauen, wie es ihnen klar wird. Die Wiederholungen erlauben auch eine subtile Zeichnung Samuels. Beim ersten Rufen rennt er mit einem »Hier bin ich« zu Eli. Beim zweiten Mal »geht« er nur noch, beim dritten Mal muss er eigens »aufstehen« und dann erst »gehen«. Er wird immer zögerlicher, merkt vielleicht, dass hier etwas nicht stimmt, kommt aber selbst doch nicht zur entscheidenden Erkenntnis.

Unspektakulär an der Oberfläche geht es hier aber doch um ein Geschehen, das das Alltägliche tiefgreifend durchbricht: Gott macht sich bemerkbar in der menschlichen Lebenswelt. Dies geschieht nun gerade nicht vermittelt durch das Sehen, so wie es das Wortfeld des Lichts, der Augen und der Vision nahelegen würde. Hier geht es um das Hören, also ein anderes Medium. Dass die Gottesfinsternis auf diese Weise endet, geht gegen jede Erwartung, auch jene, die bei uns Leser*innen über die Verse 1–3 geweckt worden war. Samuels Begriffsstutzigkeit ist damit freilich gleich doppelt entschuldigt. Er konnte Derartiges mangels fehlender Gottesoffenbarungen noch gar nicht erlebt haben, und der allgemeine Erwartungshorizont richtete sich eher auf die Gottesschau als das Gotteshören. Das Hören des Rufes ist hier jedoch das Entscheidende, denn es geht um Samuels Berufung. Er wird über diesen Ruf zum Propheten, der zunächst Eli und später ganz Israel (3,21) Gottes Wort verkündigt.

III Impulse: Hören lernen

1. Aufmerksamkeit in bewegten Zeiten

Krisenzeiten sind Zeiten der Gottesferne. So wurden und werden sie oft erlebt, wovon nicht zuletzt viele Klagepsalmen Zeugnis geben. Die Ursachen der Krise stellen sich meist vielschichtig und komplex dar, so wie in 1Sam 3: ein Ineinander von individueller Schwäche und institutionellem Versagen, dazu noch manches Unerklärliche und Unverfügbare. Aber ist Gott wirklich fern oder scheint es nur so? Dringt er vielleicht nicht durch in den Aufgeregtheiten des Krisenmodus? Bei Samuel ist das vermisste »Wort Gottes« dann schließlich doch zu hören – in den Ohren eines jungen Tempeldieners und fern von allem Getriebe in der nächtlichen Stille des Tempels.

2. Der gute Lehrer

1Sam 3,1–10 ist eine Berufungserzählung. Sie erklärt, wie Samuel zu einer seiner Rollen, vielleicht zu seiner wichtigsten Rolle gekommen ist: Samuel ist ein Prophet. Er hat diese Rolle nicht gesucht und nicht erwartet, er war vielmehr auf eine ganz andere vorbereitet und ausgerichtet. Er sollte ja eigentlich Priester werden, so wie sein Lehrmeister Eli.

Als aufmerksam Hörender brachte er aber eine wichtige Anlage für das Prophetenamt mit. Das allein reichte aber nicht aus. Ebenso nötig war ein guter Lehrer, wie es Eli hier ist. Samuel war zunächst allein auf ihn bezogen, vermutete, dass die entscheidende Stimme die seines Lehrers war. Eli konnte ihm schließlich die Ohren richtig öffnen und ihm erklären, was geschah – ein Lehrer, der den Schüler über die eigene Rolle hinauswachsen lässt und ihn letztlich auf Gott verweist.

3. Die Stimme Gottes

Gott macht sich nicht so bemerkbar, wie es erwartet wird. Zur Zeit Elis und am Heiligtum von Silo rechnete man mit Visionen und erlebt schmerzlich deren Ausbleiben. Gott selbst erscheint dann in einer Audition, als ein Rufer, der geduldig mehrfache Anläufe unternimmt, bis er zu Samuel durchdringt.

Gott macht sich aber auch nicht so bemerkbar, dass es sogleich erkennbar ist. Sein Rufen ähnelt so sehr der Stimme seines Lehrers, dass Samuel beide gleich mehrfach verwechseln kann. Es ist ein übermenschliches, aber keineswegs unmenschliches Rufen, eines das die göttliche Stimme verwechselbar, aber auch nahbar macht. Ein rabbinischer Midrasch erzählt Ähnliches von der Berufung des Mose (Shemot Rabba 3 zu Ex 3,4–6, vgl. Dietrich, 194): Als Gott Mose berufen wollte, fragte er sich, wie er ihn anrufen solle. Ruft er zu laut, wird er erschrecken; ruft er zu leise, wird er überhört werden. Er entscheidet sich, Mose mit der Stimme von dessen Vater zu rufen. Als Mose dann sagte: »Hier bin ich. Was wünscht mein Vater?«, da antwortete Gott: »Ich bin nicht dein Vater, sondern der Gott deines Vaters.«

Literatur: *Walter Dietrich*, 1Samuel 1–12 (BK VIII/1), Neukirchen-Vluyn 2010; *Rainer Kessler*, Samuel. Priester und Richter, Königsmacher und Prophet (BG 18), Leipzig 2007; *Erich Zenger*, »Gib deinem Knecht ein hörendes Herz!« Von der messianischen Kraft des rechten Hörens, in: E. Zenger, Mit Gott ums Leben kämpfen. Das Erste Testament als Lern- und Lebensbuch, hg. v. Paul Deselaers und Christoph Dohmen, Freiburg u. a. 2020, 34–48.

Johannes van Oorschot

B

IV Entgegnung

A eröffnet eine Reihe von Anschlussmöglichkeiten in der Darstellung des Textes. A spricht von »Zeitenwende« und einer »Zeit des Übergangs«. Der Bibeltext diagnostiziert eine »gottlose Zeit«, in der das Licht Gottes beinahe verloschen ist. Von »individueller Schwäche und institutionellem Versagen« ist später auch die Rede. Kaum kann ich mich erwehren, zu überprüfen wie diese Begriffe zur Gegenwartsanalyse taugen. Schon der Vergleich zwischen der damaligen und der heutigen Situation inspiriert zum Nachdenken. Doch in die Analyse der Gegenwart schiebt sich die Berufungsgeschichte: Da ist das »Wort Gottes dann schließlich doch zu hören«. Jemand ist »aufmerksam Hörender« und hat nicht zuletzt auch einen »guten Lehrer«. Die Berufung lässt es einfach erscheinen. Scheint eine Lösung zu präsentieren: Hört nur genau hin und vertraut den Lehrern! War die Krise doch nicht so krisenhaft? Was die Erfahrung Samuels bei den Hörerinnen und Hörern auslöst und wie sie in ihrer Welt relevant werden kann, bleibt für mich zu klären.

V Erschließung der Hörersituation

Im Jahr 2022 zumindest hatte das Wort Zeitenwende, das A verwendet, Konjunktur. Die russische Invasion der Ukraine hat die Sicht auf Selbstverständlichkeiten verändert. Auch das Wort Krisenzeit dürfte am

6. Sonntag nach Ostern 2023 noch Anklänge finden. Nach dem Winter wird sich gezeigt haben, wie sich die Energiekrise über den Winter entwickelt hat und in welcher Weise die Coronakrise den Winter geprägt hat. Die bleibende Herausforderung der Klimakrise, deren Wirkungen im Alltag immer spürbarer werden, kommt hinzu. Wie die Menschen diese Krisen erlebt haben und welchen Umgang auch die Kirchen(gemeinden) gefunden haben, dürfte den Prediger:innen vor Ort vor Augen stehen. Jedenfalls scheint der Hintergrund der Berufungserzählung von Samuel Anklänge in der heutigen Lebenswelt zu finden.

Auf welche Resonanz die Deutung dieser Krise(n) und das religiöse Framing des Erlebens trifft, ist eine weitere Frage. Anders gesagt: Es ist zu schauen, ob die Hörer:innen die diversen als krisenhaft erfahrenen Zusammenhänge der Welt als ein Konglomerat von »individueller Schwäche und institutionellem Versagen« (A) wahrnehmen. Und noch einmal eine andere Frage ist, ob diese Erfahrungen als Anzeichen für das »Verlöschen des göttlichen Lichtes« (A) gelesen werden. Gerade für die zweite Deutung wäre sicherlich zwischen dem Blick auf die allgemeinen Veränderungen in der religiösen Landschaft – wie auch immer man zu Thesen zur Säkularisierung steht – und dem religiösen Framing von Energie-, Umwelt oder Coronakrise zu unterscheiden.

Aber nicht nur der Vergleich der gesellschaftlichen Situationen drängt sich auf. Soll der Predigttext Relevanz für das alltägliche Leben gewinnen, braucht es auch den Blick auf die Strukturen individuellen Erlebens, in deren Horizont Samuels Berufung zum Propheten verstanden wird. Wie wird das eigene Selbst-Werden mit dem Prophet-Werden Samuels verbunden? Meine These lautet, dass das Erlebnis, zu dem zu werden, was man ist bzw. sein wird, durchaus anders und kontrastreich zur Geschichte von Samuel erlebt wird. Dort gibt es – im Gegensatz zum eigenen Erleben – Arbeit an der eigenen Identität, die auf Gottes Durchbrechen des Alltags basiert – tatsächliche Auditionen. Es gibt den vertrauenswürdigen Lehrmeister und damit eben doch vertrauenswürdige Institutionen, die Samuel von der alleinigen Verantwortung seiner Identitätsarbeit entlasten. Und so steht am Ende eine göttlich legitimierte Rollenklarheit: Samuel ist Prophet geworden. Der Midrasch verweist auf die Verwechslungsgefahr – Gott nutzt die Stimme seines Vaters um zu Mose zu sprechen. (Psychoanalytisch geschulte Personen hätten hierzu bestimmt mehr zu sagen.) Aber das Zögern Samuels, wie A es beschreibt, wird überwunden und Samuel gewinnt so viel Sicherheit, dass er sich komplett unter die ihn beanspruchende Stimme stellt: »Dein Knecht hört.« Vielleicht ist der Blick der Leser:innen auf Samuel also geprägt von Sehnsucht oder Eifersucht. Vielleicht versteht man diese Geschichte als Versprechen, dass eine ähnliche Berufung, eine Identitätsarbeit, an deren Ende diese Sicherheit liegt, im Möglichkeitsraum der Menschen liegt. Eine Sehnsucht, Gott selbst durch Audition im Alltag zu hören. Aber vielleicht reagieren Menschen aufgrund ihrer Erfahrungen auch mit Eifersucht, Ablehnung oder einem Vorwurf an Gott. Der Psalm des Sonntags erfasst die Anfrage, die ich formulieren will, besser: »Mein Herz hält dir vor dein Wort: ›Ihr sollt mein Antlitz suchen.‹ Darum suche ich, Herr, dein Antlitz.« (Ps 27,8)

Glaubt man der Statistik, scheint eine diffuse Erwartung an schicksalhafte Fügung und göttliches Wirken im Alltag zumindest bei einem Teil der Bevölkerung weiter vorhanden (je 52 % stimmen der Frage zu, ob es Wunder und schicksalhafte Fügungen gibt; vgl. FAZ). Analysen über die Identitätsarbeit legen allerdings deutlich mehr Distanz zum Text und einer göttlich legitimierten Ursprungserzählung eines Selbst nahe: Das Bild von der Identitätsarbeit als Patchwork-Projekt kann auch in einer Predigt vor Augen führen, wie die Arbeit an den eigenen Identitäts-Flicken risikobehaftet und unabschließbar bleibt (vgl. Heiner Keupp): Menschen stricken ihre eigene Identität. Grundlage ihrer Arbeit ist nicht der eine (rote) Faden, der sich durch das ganze Leben zieht, sondern viele unterschiedliche Versatzstücke. Verantwortlich für die Zusammenstellung bleibt der einzelne Mensch – die Gesellschaft stellt nur die Versatzstücke bereit, die es in Eigenverantwortung zu vernähen gilt. Die Praktiken, in denen sich dieses »hybride Subjekt« formt, sind von Widersprüchen und Spannungen durchzogen (vgl. Andreas Reckwitz). Henning Luthers Rede vom Fragment und dem Scheitern des bürgerlichen Subjekts kommt in den Sinn – die Gesellschaft löst ihr Versprechen nach Selbstbestimmung nicht ein (Henning Luther). Versteht man die Berufung von Samuel als Berufung zum Beruf, ist der Hinweis weniger pathetisch, dass gerade einmal 14 % der Berufstätigen noch nie ihren Arbeitgeber gewechselt haben – wenige sind also wie Samuel zu einem Beruf berufen (vgl. Statista). Patchwork-Arbeit, Eigenverantwortung und Fragmentarität enthalten jedoch auch einen (relativen) Zugewinn an Freiheit: Denn die Gesellschaft zwingt weniger in lebenslange Rollenklischees. Bestandteile der Identität – seien es Geschlechter-, Familien- oder andere Bilder – werden kritisierbar.

In der Predigt an den Resonanzen zwischen der Berufungsgeschichte und den unterschiedlichen Aspekten der Lebenswelt zu arbeiten, scheint mir vielversprechend. Die Berufungsgeschichte kann eine Sehnsucht nach Sicherheit, wie sie Gottes Stimme verheißt, auslösen. Oder aber man hört die Berufungsgeschichte auf dem Appell-Ohr: Höre für deine Arbeit am Selbst wie Samuel auf Gott! Ein Appell, der meines Erachtens den Text fremd macht, wenn er nicht mit den Realitäten der Lebenswelt konfrontiert wird.

VI Predigtschritte

Diese Predigt will die Berufung des Samuel nicht als Antwort auf die kollektive Krisenerfahrungen bearbeiten, sondern als beispielhafte Erzählung über das Selbst-Werden eines Menschen. Sie will Gefühle und

Gedanken ausdrücken, die sich einstellen, wenn das Nachdenken über die eigenen Lebensentscheidungen der Geschichte von Samuels göttlicher Berufung begegnet. Dabei bietet der Sonntag Exaudi den Rahmen, um die Spannungen von göttlichem Wort, Berufung und erlebter Identitätsarbeit zu inszenieren. Unter dem Thema der wartenden Gemeinde, liegt der Sonntag zwischen Himmelfahrt und Pfingsten: Jesus ist in den Himmel gefahren – aber der Heilige Geist ist noch nicht gesandt. Die Gemeinde steht in einer Zwischenzeit, ist gewissermaßen vor-pfingstlich für diesen Moment auf sich selbst gestellt. Ein Resonanzraum für die Erfahrung, auf sich selbst zurückgeworfen zu sein bzw. Sehnsucht nach göttlicher Begleitung zu spüren. Diese Erfahrungsdimension auch im Blick auf die eigene, christliche Identität zu normalisieren, kann ein erster Schritt der Predigt sein. Der Predigttext – wie auch die anderen Lesungstexte, der Psalm oder die Lieder – schlägt demgegenüber hoffnungsvollere Töne an. Bezeugt andere Erfahrungen, die Menschen (vielleicht auch erst im Rückblick) in ihrem Leben erkennen und mit Gott verbinden.

Die Wahl eines Lebensentwurfs bzw. Berufswegs im Laufe des Erwachsenwerdens verknüpft Geschichte mit der Lebenswelt. Ist eine geteilte Erfahrung. Wie geht bzw. ging es nach dem Ende der Schulzeit weiter? Welche Abzweigungen wurden genommen, an welchen Weggabelungen gehadert und welche Pfade blieben unbeschritten? Ist so das Thema gesetzt, kann die Predigt darüber sprechen, welche Hoffnungen und Sehnsüchte, aber auch welche Probleme und Widerstände es auslöst, diese Entscheidung als Berufung – mit Samuel als Wechselspiel von Hinhören, Verwechslung, Lehrer und sprechendem Gott – zu verstehen. Stolz über Erreichtes, Trauer über Zurückgelassenes, Dankbarkeit für Bewahrung, Wut über Unmögliches.

Literatur: *Henning Luther*, Religion und Alltag. Bausteine zu einer Praktischen Theologie des Subjekts, Stuttgart 1992; *Andreas Reckwitz*, Das hybride Subjekt. Eine Theorie der Subjektkulturen von der bürgerlichen Moderne zur Postmoderne, Frankfurt 2020.

Internet: *Heiner Keupp*, Patchworkidentität – Riskante Chance bei prekären Ressourcen, abrufbar: https://www.ipp-muenchen.de/texte/keupp_dortmund.pdf; *Thomas Petersen*, Christliche Kultur ohne Christen. Zum letzten Mal Weihnachten mit einer christlichen Bevölkerungsmehrheit?, in: FAZ, 22. Dez. 2021, Seite 8, https://www.ifd-allensbach.de/fileadmin/kurzberichte_dokumentationen/FAZ_Dezember2021_Christen.pdf; *Statista*, »Wie häufig haben Sie in Ihrem Arbeitsleben schon den Arbeitgeber gewechselt?«, https://de.statista.com/statistik/daten/studie/28914/umfrage/haeufigkeit-der-arbeitsplatzwechsel/ (alle zuletzt abgerufen am 02.10.2022).

1 Korinther 2,12–16

Leben aus Erfahrung, aber nicht ohne Vision

Horst Gorski

I Eröffnung: Streit in der Großstadt, zwischen Vielfalt und Rechthaberei

Welche Wirklichkeit erschließt uns der Heilige Geist? Welche Sicht auf unser Leben erschließt er uns? Fraglos klafft ein Graben zwischen der volkskirchlichen Erwartung nach einem fröhlichen Pfingstgottesdienst im lieblichen Mai und dem geistlichen Anspruch dieses Textes. Eine Gemeinde in einer griechischen Hafenstadt des 1. Jahrhunderts, konfrontiert mit Einwanderern, die verschiedenen Kulten und Philosophien anhängen; ein Missionar, der aus der Ferne sieht, wie die von ihm gepflanzte Botschaft unter die Räder von Parteiungen zu geraten droht; ein Text, der süffisant mit Anspielungen auf verschiedene Traditionen und Philosophien spielt – und der schließlich mit einem hermeneutischen Kunstgriff sich selbst autorisiert. Die Kunst der Predigt dürfte darin liegen, sich einen tiefen Einstieg in die Exegese zuzumuten, um den Hörern schließlich einen klaren, verständlichen Gedanken zu vermitteln.

II Erschließung des Textes: Prolegomena zu einer Phänomenologie des Heiligen Geistes

Nach verbreiteter Forschungsmeinung hat Paulus die Gemeinde in Korinth im Jahre 51 gegründet und schreibt den 1Kor etwa drei Jahre später aus Ephesus. In der Geschichte der historisch-kritischen Exegese gibt es zu kaum einem Text so viele Hypothesen wie zu 1Kor. Legion sind die Vorschläge, ihn in mehrere Briefe zu zerlegen und die Reihenfolge der Stücke zu sortieren. Die neuere Forschung sieht hiervon ab. Dennoch bleibt die Auslegung hoch komplex, weil einerseits offensichtlich ist, dass Paulus sich mit verschiedenen Konflikten und Fragestellungen in der Gemeinde auseinandersetzt. Andererseits ist unsicher, wie seine Gegner und die Parteiungen religions- oder philosophiegeschichtlich einzuordnen sind. Mehrere Schlüsselbegriffe wie »Weisheit« (*sophia*), »geistlich« (*pneumatikos*), »psychisch« (*psychikos*), »Sinn« (*nous*) begegnen allein in unserem kleinen Abschnitt, und jeder einzelne kann traditionsgeschichtlich unterschiedlich zugeordnet werden: zu der alttestamentlich-jüdischen Weisheitsspekulation, der jüdisch-hellenistischen dualistischen Weisheit, der Gnosis oder der Apokalyptik (Zeller, 145–150).

Während früher Theorien Konjunktur hatten, die die Begriffe alle einer einzigen Tradition zuordneten und damit eine bestimmte Parteiung als Gegner des Paulus konstruierten, werden heute eher differenzierte Zuordnungen vertreten. Treffend dürfte schon Hans Conzelmanns Bemerkung sein, dass die verschiedenen popularphilosophischen Richtungen in Korinth »auf der Straße aufzulesen waren« (Conzelmann, 30). Insofern kann man Korinth durchaus mit dem Deutschland der Gegenwart vergleichen: Ein bisschen Christentum, freigeistiger Humanismus, Meditation, Kapitalismus, soziale Marktwirtschaft, Liberalismus, Rechtspopulismen – auch in heutigen Predigten arbeiten wir mit Bezugnahmen und Anspielungen auf alles Mögliche, ohne dass dies so klar zu sortieren wäre. Wer dies 2000 Jahre später analysieren wollte, hätte Mühe. Man kann aber fragen, ob dies für die hermeneutische Erschließung der theologischen Relevanz des Textes überhaupt von Bedeutung ist. Für sie ist wichtiger, den Fokus der Aussage zu erschließen, der durch all diese Details hindurch sichtbar wird.

Zur Einzelexegese
Nachdem Paulus in 1Kor 1,18–2,5 alle menschliche Weisheit aus der Sicht des Kreuzes als Torheit bezeichnet hat, dreht er ab 2,6 rhetorisch gegen seine Gegner den Spieß um: Auch er könne von Weisheit reden – aber nur unter den Vollkommenen. Er spielt mit Mehrdeutigkeiten: Wer die »Wir« sind, ob nur die Apostel oder alle Getauften und nur die besonders Verständigen, das bleibt offen. Seinen Lesern bleibt es überlassen, wie sie sich zuordnen und ob sie meinen, den Geist Gottes, von dem Paulus spricht, zu haben.

Theologisch bedeutsam ist die Wendung »damit wir erkennen, was uns von Gott geschenkt ist« (V.12). Diese Bestimmung des »Geistes aus Gott« (als Gegensatz zu »Geist der Welt«) wehrt einer schwärmerisch-spekulativen Deutung und der Ablösung der Geisterfahrung von der Christologie. Es geht um das Erkennen der Gnadengaben, die Christus uns schenkt. In *charisthenta* ist *charis* enthalten (Schrage, 260).

Ein Auslegungsproblem stellt *pneumatikois* (V.13) dar. Denn grammatisch kann man es entweder als Maskulinum lesen: »indem wir geistlichen (Menschen) Geistliches auslegen« (Zeller, 130); oder als Neutrum: »indem wir Geistliches mit Geistlichem prüfen« (Schrage, 239). Entsprechend ist dies entweder die Frage an die Leser, ob sie zu solchen geistlichen Menschen gehören; oder es geht um das Kriterium geistlicher Rede, die nur an Geistlichem gemessen werden kann.

Ebenfalls erklärungsbedürftig ist die Gegenüberstellung *pneumatikos – psychikos* (V.14f.). Sie ist bei Paulus singulär und begegnet als feste Prägung erst später in der Gnosis. In der jüdischen Tradition ist der Mensch nach Gen 2,7 eine »lebendige Seele«. Eine Abwertung des Seelischen ist aus dieser Tradition nicht zu erklären. Luther übersetzt »der natürliche Mensch«, was wohl den Sinn gut trifft: Paulus denkt nicht dualistisch, aber denkt an den natürlichen, erlösungsbedürftigen Menschen (ausführlich Zeller, 146f.).

Ungewöhnlich ist der Begriff *nous Christou* (V.16). Paulus übernimmt *nous* als Übersetzung von hebr. *rûach* mit dem Zitat Jes 40,13 aus der LXX (Schrage, 266). Die Anwendung auf Christus ist singulär. Zu erwarten wäre Geist Christi. Die Übersetzungen schwanken zwischen Geist, Denken und Sinn. Wichtig ist, beide Male denselben Begriff zu benutzen, weil sonst die Pointe undeutlich wird: Weil wir Christi Sinn haben, können wir seinen Sinn ergründen.

Die Spitze der Argumentation geht folglich so: Auch ich kann über Weisheit reden. Aber die wahre Weisheit ist nur dem Pneumatiker erkennbar, der den Sinn Christi erkannt hat. Und das bin (alleine) ich. Folglich kann meine Weisheit von niemandem beurteilt werden. Johan S. Vos hat dies »eine Immunitätserklärung des Pneumatikers« genannt (zitiert bei Zeller, 143).

III Impulse: Fläschchen mit der Aufschrift »Vorsicht, infektiös!«

Am alten Stuttgarter Hauptbahnhof hing eine Neon-Installation von Joseph Kosuth, in Leuchtschrift der Satz »dass die Furcht zu irren, schon der Irrtum selbst ist«. Dieses Zitat aus der Einleitung von Hegels »Phänomenologie des Geistes« lautet vollständig: »Inzwischen, wenn die Besorgnis, in Irrtum zu geraten, ein Misstrauen in die Wissenschaft setzt, welche ohne dergleichen Bedenklichkeiten ans Werk selbst geht und wirklich erkennt, so ist nicht abzusehen, warum nicht umgekehrt ein Misstrauen in dies Misstrauen gesetzt und besorgt werden soll, dass diese Furcht zu irren schon der Irrtum selbst ist.« Dies ist gewissermaßen das erkenntnistheoretische Credo des Deutschen Idealismus, das mit ihrer Subjektivierung von Wahrheit bis in die Gegenwart nachwirkt: Das Subjekt ist die einzige Instanz, die seine Erkenntnis reflektieren kann. Deshalb führe auch Kants Trennung von erkennendem Subjekt und objektiver Erkenntnis nicht weiter, weil sie auf einer Meta-Ebene doch als Einheit von Subjekt und Erkenntnis rekonstruiert werden müsse. Diese Erkenntnis Hegels ist so richtig wie heikel. Denn nur, wenn wiederum diese Meta-Ebene von einem Betrachter der nächsten Ebene mitreflektiert wird, wird Wissenschaft daraus. Wenn man sich diese Meta-Reflexion der eigenen Erkenntnisbedingungen aber erspart, wird eine schlichte kommunikative Schließung daraus, wie sie in der Gegenwart im Trumpismus, aber auch in den Social Media zu beobachten ist: »Was ich sage, ist die Wahrheit, weil ich es als meine Wahrheit behaupte.« Insofern haben wir es bei der Argumentation des Paulus mit einem ebenso aktuellen wie heiklen und geradezu infektiösen Gegenstand zu tun.

Als Fokus der Predigt kann gesetzt werden, wie wir über das Leben im Geist so sprechen können, dass wir uns nicht in Rechthaberei zerstreiten.

In der Predigt könnte dies so gestaltet werden:
Wenn es möglich wäre, den Heiligen Geist in Flaschen zu füllen, dann bekämen Sie heute jede und jeder ein Fläschchen davon. Zum Mitnehmen, zum persönlichen Gebrauch. Wenn Sie es öffnen würden, entstünde ein Wunder: Wir alle würden in verschiedenen Sprachen reden und trotzdem verstehen, was der andere sagt. Es wären Feuerflammen über unseren Köpfen zu sehen oder fröhlich tanzend auf unseren Zungen. Ein Hauch von Begeisterung durchzöge den Raum. Doch wenn wir anfangen würden, ins Gespräch zu kommen, würde jede und jeder sagen: »Ich habe den Heiligen Geist! Nein ich, nein ich … Und nur ich kann über die Wahrheit des Glaubens urteilen. Ich bin Christus am nächsten …« So könnte es nützlich sein, auf den Fläschchen ein Giftzeichen anzubringen: »Vorsicht, infektiös!« Was Paulus uns vormacht, ist zur Nachahmung nur begrenzt geeignet. Im Streit mit seinen Widersachern in Korinth beruft er sich darauf, dass nur der, der die Gedanken Christi genau kennt, die Wahrheit beurteilen kann. Und das ist er selbst.

Liedvorschlag: Hineh ma tow uma naim (Schön ist's, wenn Brüder und Schwestern friedlich beisammen wohnen), Melodie aus Israel, Text: Dieter Trautwein (nach Ps 133,1).

Literatur: *Hans Conzelmann*, Der erste Brief an die Korinther (KEK 5), Göttingen 1969; *Georg W. F. Hegel,* Phänomenologie des Geistes (PhB 414), Hamburg 1986 (Nachdruck); *Wolfgang Schrage*, Der erste Brief an die Korinther (EKK VII/1), Zürich, Braunschweig, Neukirchen-Vluyn 1991; *Dieter Zeller*, Der erste Brief an die Korinther (KEK 5), Göttingen 2010.

B

Wilfried Engemann

IV Entgegnung

A versteht sich darauf, wichtige pneumatologische Register neutestamentlicher Exegese zu ziehen, sie nacheinander anzuspielen und entsprechende theologische Fragen anklingen zu lassen, die im Laufe der Christentumsgeschichte mit der Erfahrung und Erörterung des Heiligen Geistes verbunden wurden. Doch welches Lebensthema lässt sich aus diesen »Prolegomena zu einer Phänomenologie des Heiligen Geistes« intonieren, in denen ein abstrakter Begriff auf den anderen bezogen wird: Gott und Mensch, Geheimnis und Deutung, Torheit und Erkenntnis, die Welt und wir? Festzustellen, dass wir in diesem theologischen System auf der richtigen Seite stehen, genügt nicht. Wer predigt, sollte um der Anwesenden willen und in ihrem Interesse das Wort ergreifen, es muss also um Fragen gehen, die tatsächlich in ihrem Interesse liegen – auch und gerade in einer Predigt am Pfingstsonntag.

Die Pfingstgeschichte rückt die Urszene des Anfangs der Kirche als ein Sprachgeschehen in den Blick, bei dem Reden, Hören und Verstehen konkreter Inhalte die entscheidende Rolle spielen (vgl. Weidner, 89f.). Die zur Annäherung an diesen Vorgang bzw. diese Prämisse ausgesuchte Perikope ist freilich nicht gerade die erste Wahl, was mit ihrer ideologischen Argumentationsstruktur zusammenhängt. A bilanziert: »Auch ich [Paulus] kann über Weisheit reden. Aber die wahre Weisheit ist nur dem Pneumatiker erkennbar, der den Sinn Christi erkannt hat. Und das bin (alleine) ich. Folglich kann meine Weisheit von niemandem beurteilt werden.« In 1Kor 2,12–16 wird viel behauptet, wenig argumentiert; das unterstellte Unverständnis der anderen wird zur eigenen Unwiderlegbarkeit in Beziehung gesetzt. Dies alles um solcher Gehalte wie »Geist aus Gott«, »geistliche Dinge« und um der Feststellung der eigenen Identität willen: Wir sind im Unterschied zum Rest der Menschheit dadurch ausgezeichnet, »Christi Sinn zu haben« usw. Ideologische Rede zeichnet sich dadurch aus, dass sie viel behauptet, wenig erklärt, vage Begriffe benutzt und stets so tut, als gäbe es enorm Wichtiges zu vermitteln, was wiederum nur denen zugänglich sei, die sich damit ohnehin schon auskennen oder entsprechend disponiert sind (vgl. Eco, 25–36). Mangelndes Verstehen geht nie zu Lasten des Sprechers. Wer nicht versteht, ist selber schuld. Das Ganze gipfelt in der päpstlich anmutenden Prämisse, dass »der geistliche Mensch alles beurteilt, aber selbst von niemandem beurteilt werden kann« (V.14).

Den homiletischen Prinzipien einer dialogischen Predigtkultur werden diese Grundsätze nicht gerecht. Das müssen sie auch gar nicht! Wer mit diesem Text predigt, sollte aber nicht so tun wollen, als wäre es so. Ohne dies der Gemeinde vorzujammern, dürfen wir als Predigende gelten lassen, es mit einer als Predigttext wenig geeigneten Perikope zu tun zu haben, was in diesem Fall nicht aus Verstehensschwierigkeiten resultiert, sondern mit ihrer inhaltlichen Positionierung zusammenhängt. Wer heute predigt, steht vor der Herausforderung, sich gerade nicht gewohnheitsmäßig an die vermeintlich Geistbegabten zu wenden; es gilt, die Unterscheidung zwischen »Kerngemeinde« und »Randständigen«, Getauften und Neugierigen usw. gerade nicht als homiletisches Prinzip zu gebrauchen, sondern nach Möglichkeit für jedermann verständlich zu reden. Viele Pfingstpredigten strotzen (in der Erwartung, vor »geistlichen Menschen« zu sprechen?) von theologischen Betrachtungen rund um den Heiligen Geist.

Demgegenüber stehen wir – an einem Pfingstsonntag wie an jedem anderen Sonntag auch – vor der Herausforderung, Menschen an ihr Leben heranzuführen, sie darin zu unterstützen, im Gottesdienst als Mensch zum Vorschein kommen zu können, und gemeinsam zu vergegenwärtigen, was es mit einem Leben aus Glauben auf sich hat. In einer

Predigt tun wir das mit Bezug auf die Traditionen des Christentums, zu Pfingsten auch mit Bezug auf die Sache mit dem Heiligen Geist. Aber wozu bringen wir diese Kategorie ins Spiel?

V Erschließung der Hörersituation

A setzt zu Recht den Fokus seines hermeneutischen Interesses auf den *nous Christou* (V.16) – klassisch als Denkart, Denkrichtung oder [intuitiver] Verstand im Sinne eines Ensembles von Urteilsprinzipien zu übersetzen. Pfingsten hat demnach mit der Wahrnehmung und Aneignung der Denkart Jesu zu tun, mit dem Verstehen und Leben seiner eigensinnigen Grundsätze, markant formuliert in seinen auf die Erfahrungen von Freiheit und Liebe bezogenen Lebensmaximen. Der Fokus des Interesses schwenkt zu Pfingsten von der Geschichte und dem Geschick Jesu zur Situation der Gemeinde heute, wobei Gegenwart und Zukunft der Gemeinde als Fortsetzung der Heilsgeschichte in den Blick kommen.

Das erste Pfingsten wird als ein Begeisterung auslösendes, Glauben stärkendes, Kräfte mobilisierendes, von Visionen beseeltes, Gemeinschaft stiftendes Sprachgeschehen überliefert. Das veranlasst dazu, nach Inhalten und Argumenten eines leidenschaftlichen Lebens aus Glauben zu fragen. Der *nous Christou* (V.16), pfingstliches Denken, ist u. a. von einem typischen Enthusiasmus bestimmt, von einer in die Zukunft gerichteten, weit ausgreifenden Vorstellungswelt, in der Menschen nicht nur den Geist empfangen, sondern Christus bzw. Gott in sich tragen. Das macht Glaubende zu »Enthusiasten«: *Enthousiasmos* bedeutet wörtlich »der Gottheit voll« bzw. »in Gott seiend«. Das Denken, Planen und Tun, die Erwartungen und Visionen der *entheoi*, der Enthusiasten, der Gotterfüllten, sind von einer überschwänglichen Begeisterung bestimmt, die von den Prinzipien des *nous Christou* gleichsam angeheizt werden (vgl. 2Kor 13,5; Kol 1,27; 1Joh 4,4.12 u. ö.).

Als Ergebnis von Pfingsten gewinnen Menschen neue Aussichten, sie erleben, wie sich ihr Leben in die Zukunft hinein öffnet, wie ihre eingefrorene Gegenwart auftaut. Dass sie Christen sind, heißt für sie, sich für ihre eigenen Erwartungen selbst in Anspruch nehmen zu lassen, für Versöhnung und Vergebung, für Frieden und Gerechtigkeit. Mit einer *theologia* oder *religio triumphans* hat das nichts zu tun. Für Christen bedeutet es keinen Bruch mit dem enthusiastischen Grundgefühl ihres Glaubens, wenn sie leiden, sich riskieren, für andere einstehen oder aus Glaubens- und Gewissensgründen offenen Auges Nachteile in Kauf nehmen. Mitleid, Erbarmen, Feindesliebe, Dankbarkeit, Hingabe – vgl. die Seligpreisungen (Mt 5,3–12) als *cantus firmus* des *nous Christou* – stehen nicht im Widerspruch zu einem erfüllten Leben: eine gute Basis für neue Pfingstgeschichten, in denen Bewegendes passiert.

Eine Pfingstpredigt, deren biblischer Bezugstext die Denkart Jesu (*nous Christou*) gleichsam als Mantra des Christseins ins Spiel bringt (V.16) und dabei mit weitreichenden Behauptungen in die Vollen greift, sollte die für Pfingsten ebenfalls typische Kategorie des Übersetzens und Verstehens nicht Außer acht lassen. Doch was gilt es nun in einer Predigt mit diesem Text neu zu verstehen? »Dass wir wissen können, was uns von Gott geschenkt ist« (V.12), meint Paulus. Bei diesen Geschenken geht es m.E. nicht um etwas, was die (hier im Text und heute in der Predigt angesprochene) Gemeinde noch nicht hätte. Pfingsten hat in seiner Wirkung (1.) viel mit der erneuten bzw. vertieften Aneignung schon gewonnener, leicht verschütt gehender Erfahrungen eines Lebens aus Glauben zu tun. Andererseits (2.) ist auch der visionäre Blick auf das Verheißene, auf die Konsequenzen des Aufbruchs in der Kraft des Geistes ein Geschenk. Mit dieser doppelten Perspektive steige ich in die Predigt ein:

[Predigteinstieg:] Liebe Gemeinde! Den mehr oder weniger zahlreichen Klassentreffen, die wir im Laufe eines Lebens besuchen, ging einst der große Tag des Aufbruchs voraus. Ob einfach als letzter Schultag oder als Fest begangen: Man ging mit begründeten Aussichten, mit zarten Hoffnungen und heimlichen oder laut ausposaunten Wünschen auseinander. Man unterstellte, dass wir neugierig wären aufs Leben, gut vorbereitet und motiviert, ausgestattet mit den notwendigen Kompetenzen und entsprechend hohen, ja überschwänglichen Erwartungen. Es herrschte Aufbruchsstimmung. Enthusiasmus war zu spüren: Ich werde ... Du wirst ... Wir werden ... Es bestand jedenfalls kein Mangel an durchdachten Visionen.

Als hätte man abrupt damit aufgehört, sich mit künftigen Erwartungen zu befassen und von entsprechenden Vorgefühlen zu schwärmen, werden bei späteren Klassentreffen immer wieder die alten Geschichten aufgewärmt und dieselben Dias bzw. Filme gezeigt. Dabei steht uns doch jenseits des 50. Lebensjahres (allein schon aus Sicht der Neurobiologie) »die bessere Hälfte des Lebens« noch bevor (Hirschhausen/Esch, 52–77). Ich erinnere mich, wie ein ansonsten eher zurückhaltender Klassenkamerad bei einem dieser Treffen zum allgemeinen Erstaunen aufstand, sein Glas erhob und »auf die neuen Ufer« anstieß, zu denen wir unterwegs wären. »Können wir vielleicht einmal darüber reden, welche das sind?«, fragte er zaghaft in die Runde.

Pfingsten hat eine vergleichbare Doppelperspektive: Die Gemeinde erinnert sich zu ihrem Gründungsdatum an das, was sie zusammengeführt und bisher zusammengehalten hat, an überraschende Erfahrungen eines Lebens aus Glauben, in dem Freiheit und Liebe als Dimensionen der Weite und Tiefe ihres Lebens zum Tragen gekommen sind. Diese Erfahrungen werden nicht nur von Paulus immer wieder als die Wirkungen des Geistes beschrieben. Sie am eigenen Leibe zu erfahren, ist nicht das mühevoll erarbeitete Resultat von Selbstoptimierung oder religiöser Anstrengung, sondern Geschenk.

Doch zur erneuten Aneignung dessen, »was uns von Gott geschenkt ist« (V.12), gehören nicht nur Schlüsselgeschichten des Lebens, mit denen wir erzählen können, in welchem Maße wir (Gott sei Dank!) von Freiheit und Liebe abhängen, was uns wiederum die Erfahrung von Gegenwärtigkeit beschert. Der dem Pfingstgeschehen innewohnende Enthusiasmus (vgl. Apg 2,11–36) artikuliert sich auch als eine visionäre Kraft, die zu imaginieren vermag, womit wir als Glaubende aus guten Gründen rechnen können, wohin wir also unterwegs sind. Dass »die Denkart Jesu« Menschen so ergreift, dass sie z. B. unduldsam werden gegenüber unnötigem Leid, dass sie mit der Wahrheit nicht hinterm Berg halten, dass sie sich den Luxus eines reinen [d. h. unzerrissenen] Herzens leisten und ihrem Gewissen folgen (Mt 5,3–12), das alles sind Indikatoren eines »pfingstlichen Glaubens«, ohne die wir den Himmel aus dem Blick verlieren. Also reden wir davon: Welchen Erwartungen verdanken wir, dass wir heute hier sind? Und mit welchen Erwartungen sind wir »allen Ernstes« als Glaubende unterwegs?

Literatur: *Umberto Eco*, Cinque scritti morali, Milano 1997; *Eckart v. Hirschhausen/Tobias Esch*, Die bessere Hälfte. Worauf wir uns mitten im Leben freuen können, Hamburg 2018; *Daniel Weidner*, Redegewalt und doppelte Übersetzung. Pfingsten als Urszene christlichen Sprechens, BThZ 39 (2022), 76–94.

Pfingstmontag – 29.05.2023

A

Johannes 4,19–26

Wenn Jakobs Brünnlein fließet

Helge Martens

I Eröffnung: Der Pastor und der Förster

»Wer meint, Gott in der Natur finden zu können, kann sich ja auch vom Förster begraben lassen.« Ja, es ist schon eine Kränkung für uns arme Predigende, wenn Menschen glauben, sie könnten auch außerhalb unserer Gottesdienste Gott erleben, anbeten oder wie oder wo auch immer ihre Gottesbeziehung leben.

Ob in der römisch-katholischen oder evangelischen Kirche, ob im Wald, ob in Moschee oder Synagoge oder wo und wie geprägt auch immer, ist bedeutungslos, jede Veräußerlichung sogar hinderlich. Weil sie im Vorgegebenen, dem Domestizierten, das Heil sucht, in der Tradition, in der Vätertradition, am Jakobsbrunnen, der eben nur Wasser gibt, das wieder durstig macht, aber nicht *in uns* zur Quelle wird, die ins *ewige Leben* quillt, also sinnstiftend sein kann.

Immerhin auch das Wasser des Jakobsbrunnens löscht Durst: Wenn ich in meiner Haltlosigkeit Halt in der Tradition finde, dann gibt das Halt, dann gibt das Sicherheit, für verängstigte Seelen eine Möglichkeit. Wer wollte das schlechtreden?

Die Freiheit, der Jesus hier das Wort redet, ist auch anstrengend. Denn Anbetung »im Geist und in der Wahrheit« ist eben nichts Festgelegtes, auf das ich mich zurück-(be)-ziehen könnte, sondern ist Offenheit für das, was kommt, mich an-weht und sich mir bewahrheitet, je und je ent-birgt, keine Wahrheit im Sinne von richtig oder falsch, sondern jene, die mich be-wahr-t und vor Ver-wahr-losung schützt.

II Erschließung des Textes: Ein Aufschlag für geistige Freiheit

Das Johannesevangelium ist eine programmatische Konstruktion: Nach Setzung der Göttlichkeit Jesu (1,1–14) und Abgrenzung von der Gesetzesreligion (1,17), der Bezeugung durch Johannes, den Täufer (1,15.16.19–34), und der Berufung der ersten Jünger (1,35–51), wird in Joh 2, der Hochzeit zu Kana, der Vorrang des Weines vor dem Wasser (!) gefeiert und es folgt der erste antiinstitutionelle Aufschlag (es sei denn, man will schon 1,17 so verstehen): die sog. Tempelreinigung. Das ist erstaunlich, erfolgt diese bei den Synoptikern doch erst zu Beginn der Passionserzählungen, wo sie in historischer Sicht auch hingehören dürfte, war doch mutmaßlich dieser jesuanische Terrorakt im Tempel der Grund für seine Hinrichtung.

Hier also gleich zu Anfang der Zentralangriff auf den Kult, denn darum geht es, Wechsler und Opfertierhändler waren für den Kult unumgänglich.

Es folgt in Joh 3 der erste Aufschlag zum Gegenentwurf: das Gespräch mit Nikodemus um die Neugeburt aus Wasser und Geist. Dabei wird Wasser nur einmal erwähnt, der Geist dreimal. Auch das kann man als zumindest kritische Haltung gegenüber beginnender Institutionalisierung in den Gemeinden werten: Auf den Geist kommt es an, nicht auf das (Tauf-)Wasser (vgl. 4,2; auch Abendmahl kommt bei Johannes nicht vor, es sei denn, man liest es in die Brotworte hinein).

Entscheidend ist die Neugeburt aus dem Geist, der wie der Wind (beide Male *pneuma*) weht, wo er will. Es geht also um die Unverfügbarkeit des neuen Lebens, oder anders: um die Unverfügbarkeit Gottes, denn »Gott ist Geist« (V.24).

In Joh 4, in dem Gespräch der Samaritanerin am Jakobsbrunnen, also zugleich an die Tradition anknüpfend und diese erweiternd (er spricht mit einer Frau [!] [s. V.27] aus Samarien [!]), wobei Joh (leider) das weit verbreitete polemische Klischee aus 2Kön 17 bedient, nach dem die Samaritaner ein Volk von Synkretisten und damit JHWH-untreu seien (vgl. für weiteres M. Böhm, Wibilex).

Entscheidend ist, dass beide Anbetungsorte, also jedwede Form der institutionalisierten Religion obsolet ist und noch wird (V.23). Und das wird geklärt an der Quelle der Tradition, dem Brunnen des Jakob, dem Stammvater Israels.

Der zentrale Vers der Predigtperikope ist der V.24. So absolut gesetzt, kann Geist nur verstanden werden aus Kap. 3, und es bleibt noch das Wahrheitsverständnis zu klären.

Der Wahrheitsbegriff (*a-lētheia*) ist ein Zentralbegriff im Joh: Gleich im Prolog (1,14.17) wird die soteriologische Dimension deutlich: Mit Christus als dem Fleisch gewordenen Logos kamen »Gnade und Wahrheit« in die Welt, die aber nicht von allen erkannt und angenommen wurden (1,10f.). Die Wahrheit kann im Joh geradezu mit Jesus identifiziert werden: »Ich bin der Weg und die Wahrheit und das Leben; niemand kommt zum Vater, denn durch mich« (Joh 14,6). Er ist das wahre Licht (1,9), das wahre Brot (6,32–35), sein Fleisch wahre Speise, sein Blut wahrer Trank zum ewigen Leben (6,51ff.), er ist der wahre Weinstock (15,1). Kurz, Christus ist – weil in der Einheit mit Gott, dem Vater, die Wahrheit, der Lehrer der Wahrheit, die zum (ewigen) Leben führt, also das ganze Heil bringt. Offensichtlich ist dabei, dass *a-lētheia*, das Nicht-Verborgene, nur den Glaubenden nicht verborgen ist, allen anderen aber ja. Man könnte daher auch sagen: Für die, denen der Glaube an Jesus Christus die Wahrheit ist, ist der Glaube an Jesus Christus die Wahrheit.

Wahrheit hat hier nichts zu tun mit richtig oder falsch, sondern mit der existenziellen Dimension des Glaubens. Das verdeutlichen die V.16–18 unserer Perikope direkt voraus: die Anerkenntnis der »eigenen Wahrheit«, der je eigenen existenziellen Situation: Jesus fordert die Frau auf, ihren Mann zu holen, sie antwortet, sie habe keinen Mann, und Jesus bescheinigt ihr: Dies hast du »wahr« (*alēthes*) gesprochen. Es geht also um die Anerkennung der je eigenen existenziellen Situation. Diese Wahrheit der eigenen Existenz wird zur Quelle *in* einem jeden, die ins ewige Leben, also Erfüllung, führt.

Diese Wahrheit ist an die Person Jesu gebunden (V.25–26), insofern, als er sie redend (»Ich bin es, der mit dir redet«) offenbart, aber nicht material, sondern personal. Man kommt über Bultmanns, der Offenbarer im Joh »offenbart [nichts], als daß er der Offenbarer ist«, (Bultmann, 418), wohl nicht hinaus, außer vielleicht im Liebesgebot (13,34f. und 15,9ff.). Aber selbst die personale Bindung ist insofern vorläufig, als es gut für die Jünger (also auch für uns) ist, dass er weggeht, denn sonst käme der Paraklet nicht (16,7), der Geist der Wahrheit, der *in* ihnen (und uns) sein und bleiben wird (14,17). Wahrheit ist also existenzieller Glaube, ist Vertrauen, das sich an Jesus festmacht, der in Einheit mit dem

Vater ist (10,30), welcher der Geist ist. Kurz, es geht nicht um das Für-wahr-Halten von Glaubenslehren, sondern um das existenzielle Wagnis von Vertrauen und Liebe.

III Impulse: Existenziell versus institutionell

Orte sind identitätsstiftend, (erwachsene) Kinder enttäuscht, wenn das Elternhaus verkauft wird, Gemeindeglieder kämpfen um ihre Gotteshäuser, die aufgegeben werden sollen, manche sogar selbst dann, wenn man sie nie in Gottesdiensten erblickte.

Orte sind identitätsstiftend, auch Riten wie Taufe, Trauung, Beerdigung, sie verleihen ein Gefühl von Beständigkeit und damit Sicherheit. Das sollte man nicht unterschätzen. Aber auch nicht für das Eigentliche nehmen: Die Ver-Sicherheit-ung wird dann zur Vereinnahmung Gottes – zu unserem Schaden.

Leben ist unverfügbar, wir merken es spätestens seit Corona, seit dem Ukrainekrieg, wenn mit einem Male alles anders ist als geplant. Aber alle gescheiterten Lebenspläne, von denen manche auch schon vor diesen Krisen traurige Lieder zu singen wussten, bestätigen das.

Das Leben kommt, wie es kommt oder: Der Geist Gottes weht, wo er will, und neben aller vernünftigen Lebensplanung (wobei darüber, was denn vernünftig sei, sich kräftig streiten ließe), geht es darum resonanzfähig für dieses Leben zu werden. Der Re-Theologisierung dieses ursprünglich religiösen Topos in der soziologischen Arbeit Hartmut Rosas wurde vorgeworfen, sie biete keine materialen Kriterien zum Unterscheiden der Geister, was Gottes, was des Teufels, was nur der Zeiten Geist sei. Das stimmt zwar, übersieht aber, dass das Joh in der Tat keine Kriterien bietet – außer der Bindung an Jesus, der die Bindung an Gott als Abba, Vater, (vor)lebte, und dem Liebesgebot: Glauben wie Jesus und lieben, mehr ist nicht. Und es bedarf in der Tat des glaubenden Vertrauens, wenn man sich un-geplant auf diese Welt und die Resonanzerfahrungen, die man in ihr machen kann, ganz einlässt. Und die Wahrheit des eigenen Lebens spürt, die je eigene existenzielle Wahrheit (eine andere gibt es auch nicht). Wahrheit ist subjektives bzw. intersubjektives Vertrauen. Dies Verständnis ist auch in der deutschen Sprache möglich. Es gibt ja im Deutschen Worte mit der Wurzel »-wahr-«, die Treue/Vertrauen bzw. Geborgenheit bedeuten, bzw. deren Fehlen ansprechen. Das mittel- und althochdeutsche Wort »war« bedeutet »vertrauenswert«. Hierhin gehört auch »jemandem Gunst, Freundlichkeit erweisen«, also ge-währ-en. Ähnlich die Wurzel »wahren« zu althochdeutsch »wara«: Aufmerksamkeit, Acht, Hut, Aufsicht. Dazu gehört »be-wahr-en« und sein Kompositum »aufbe-wahr-en«: in Ob-Hut nehmen. Das Gegenteil wäre »ver-wahr-lost«, ohne Aufsicht, ohne Obhut. Auch das Verb »warnen« gehört in diese Gruppe.

Dann wäre »Gott im Geist und in der Wahrheit anzubeten«: sich vertrauensvoll auf dieses Leben einzulassen und nach der eigenen Wahrheit zu suchen, den göttlichen Wind mal im Rücken, mal als Gegenwind.

Literatur: *Rudolf Bultmann*, Theologie des Neuen Testaments (VTB 630), Tübingen [9]1984; *Hartmut Rosa*, Unverfügbarkeit, Wien, Salzburg, 2018; *Helge Martens*, Wider den Wahrheitswahn – Plädoyer für eine Theologie religiöser Beliebigkeit, DtPfrBl 6/2021 (im Internet unter Pfarrerblatt Archiv).

Internet: *Martina Böhm*, Samaritaner, https://www.bibelwissenschaft.de/stichwort/25967/ (zuletzt abgerufen am 22.10.2022).

B

Christian Butt

IV Entgegnung: Gott im Sundowner

Klar arbeitet A heraus, dass es Johannes nicht um Orte und institutionalisierte Religion geht. Die seien obsolet. Es geht ihm um die existenzielle Wahrheit. Existenziell versus institutionell titelt A. Und damit scheint der Duktus der Perikope getroffen.

Gleichwohl. Es bleibt ein ungutes Gefühl zurück. Trügt der Augenschein nicht, ist ein johanneisches Zeitalter bereits angebrochen. Gottesdienste und Amtshandlungen werden an die Ostsee und Isar, auf den Berg, die Hallig, Strandbrücke und in den Wald verlegt. Die Pandemie scheint den Trend verstärkt zu haben. Strandtaufe und Herrenhaushochzeit, Elbtauffest und Pop-up-Church. Und Johannes steht als Gewährsmann all dessen parat, denn der Geist weht bekanntlich, wo er will (3,8). Warum also noch Kapellen, Kirchen und Traditionen? Und die Wahrheit, natürlich existenziell, die schlängelt sich umtriebig um die Ecke. Allerdings, auf den besonderen Ort oder die augenfällige Inszenierung scheint mehr Gewicht gelegt zu werden als auf die inhaltliche Füllung. Die Botschaft der Wahrheit ist, wie A richtig feststellt, bei Johannes mit Jesus gleichzusetzen. Und natürlich wird die Wahrheit dieser Botschaft erst zur Wahrheit, wenn sie einen existenziell betrifft und man sie für sich erkennt. Alles logisch, doch bleibt ein ungutes Gefühl. Ist letztlich alles beliebig und individualisiert? Die Institutionen haben sich überlebt, lösen sich mit den Traditionen auf, weil sie nicht mehr tragen und der Geist ist sowieso auf Freigang. Da ist es doch folgerichtig, dass nicht wenige Menschen ihre Wahrheit, inklusive religiöser Resonanz, im Konzert oder Film, beim Sundowner oder im altehrwürdigen deutschen Wald finden – alles mit Johannes' Segen?

»Was ist Wahrheit?« (18,38) Die Frage durchzieht das Johannesevangelium. Und damit steht Johannes nicht allein. Die Frage nach Wahrheit, nach Sinn und Ziel des Lebens, beschäftigt die Menschen auch hier und heute. Die schier unüberschaubare, kunterbunte Szenerie an Sinn- und Deutungsangeboten zeigt, wie diese den Menschen auf den Nägeln brennt. Die Gottesdienstbesuchenden scheinen dabei eine Antwort primär im Horizont der christlichen Weltauffassung gefunden zu haben. Das bedeutet aber nicht, dass sie am Ende ihres Fragens sind.

Johannes buchstabiert in seinem Evangelium durch, was es heißt, dass Jesus die Wahrheit ist (14,6). So richtig fix ist er mit seiner Antwort nicht. Von allen Seiten beleuchtet er die Szenerie. Mag es sein, wie A betont, dass dies nicht mit richtig und falsch zu tun hat, sondern mit der existenziellen Wahrheit, so ist aber auch deutlich, dass es um einen klaren Weg geht. Jesus ist der Weg und so, wie Johannes dies betont, gleicht der Weg einer Autobahn. Was das bedeutet, das erfährt man sicherlich erst, wenn das Wort für das eigene Leben Bedeutung gewinnt, wenn es Resonanz im Leben findet, wenn es trägt. Doch die Frage ergibt sich, ist die Antwort nicht auch unabhängig von mir wahr? Ist das gerade die Hoffnung, dass es eine Wahrheit gibt, die ich nicht neu erfinden, nicht entwerfen und nicht Stück für Stück entwickeln muss, sondern deren Überlieferung und Zeugnis ich mich anvertrauen kann? Und kommt nicht da auch der Geist ins Spiel, der unabhängig von mir wirkt und weht, der mir in der Tradition und den uralten Schriften, Gebeten und Zeugnissen aller Art begegnet? Das scheint der Haken zu sein. Warum das Kind mit dem Bade ausschütten? Warum abhaken, alles aufgeben und neu arrangieren? Mag sein, dass die institutionalisierte Religion nach Johannes obsolet ist, aber sie schließt – auch nach Johannes – nicht das Wehen des Geistes aus. Das mutet eventuell verknöchert oder restaurativ oder wie auch immer an, muss aber doch benannt werden. Richtig ist, die Traditionen und Schriften, die Gebäude und Rituale können stickig, eng und muffig wirken und sein – ja, sie können geistlos sein und den Geist auch ersticken –, aber dies ist nicht zwingend. In einer Zeit, in der so viel angefragt, hinterfragt, befragt und in Frage gestellt wird, könnte die andere Seite der Medaille neuen Glanz erhalten. Die uns anvertrauten Kirchen und heiligen Orte, die Traditionen, Rituale und Überlieferungen bergen so viel Glauben, Hoffnung, Leben, Liebe und Geist, dass diese nicht einfach zu vernachlässigen oder aufzugeben sind.

An dieser Stelle ist es besonders fruchtbar, mit Johannes in den Dialog zu treten. Was bedeuten uns all die Stätten und Orte oder kann das alles weg? Sind es gewohnte Räume oder erkennen wir immer wieder deren Bedeutung und Sinn? Sind es Routinen oder deutlich mehr? Und das könnte auch die Situation der Gottesdienstbesuchenden treffen, die ihre Antwort vielfach in den vertrauten Räumen und Traditionen finden, dabei aber auch mit der Frage beschäftigt sind: Sind wir noch auf dem Weg? Sie spüren das Bröckeln, nicht nur an den Rändern, sie merken die angestrengten Versuche auf der Suche nach mehr Relevanz, nach neuen und zeitgemäßen Formen und Inhalten und tragen nicht selten die Experimente und zögerndes oder auch forsches Ausprobieren mit. Vielfach leben sie die Balance zwischen Tradition und Moderne, erleben das Institutionelle als existenziell bedeutsam und sind dabei mit den Anfragen der Zeit beschäftigt und weiter auf der Suche.

VI Predigtschritte: Raus oder rein?

Am Pfingstmontag wird der Besucherstrom überschaubar sein, die Kirchen nicht wegen Überfüllung geschlossen werden. Die Perikope, deren Inhalt und der Feiertag laden ein, insbesondere bei einer kleinen, vertrauten Gemeinde, etwas zu experimentieren und auszuprobieren. So könnte ein Anfang mit Lied, Lesung und Gebet im Umfeld außerhalb der Kirche, auf dem Vorplatz, an einem besonderen Gedenkort oder anderer prominenter Stelle gestaltet werden. Später kann in die Kirche gewechselt werden und in der Predigt der Wechsel thematisiert und mit den Gedanken von Johannes verbunden werden. Oder genau umgekehrt, der Abschluss des Gottesdienstes kann als gemeinsamer Gang (in die Welt) gestaltet werden und der letzte Teil außerhalb der Kirche gefeiert werden. Der Geist sendet die Gemeinde in die Welt. – Auch ohne die Kirche zu verlassen, könnte ein experimenteller Teil in den Gottesdienst integriert werden, der Elemente der Kirchenpädagogik aufnimmt. Beispielsweise könnte eine kleine Gesprächseinheit eingegliedert werden, in der sich die Gemeindeglieder an eine Stelle in der Kirche stellen, die ihnen besonders wichtig ist. Hierüber könnten dann die Besuchenden ins Gespräch kommen. Das kann in der Predigt aufgenommen werden.

Auch ohne einen räumlichen Wechsel kann man das Thema der Infragestellung der institutionellen Religion, die Frage nach der Rolle von Kirche und Traditionen bei der Wahrheitsfrage als Einstieg thematisieren. Eine Möglichkeit ist die Schilderung von Gottesdiensten und Andachten im Freien und an aparten Orten, wie sie sicherlich die Gottesdienstgemeinde auch schon erlebt hat (siehe IV Entgegnung), und die damit verbundene Frage nach dem Eigentlichen von Kirche und Tradition. Oder, will man eine andere Herangehensweise nutzen, nutzt man kritisch die (zu kürzende) rabbinische Geschichte: Der Schatz unter der Brücke. Sie beinhaltet die Botschaft, dass der Protagonist das Glück und den Schatz in der weiten Welt sucht, dieser aber unter der heimischen Brücke auf ihn wartet. (https://www.hagalil.com/2021/02/der-schatz-unter-der-bruecke/) Es müsste dann der Transfer hergestellt werden, dass man Gott und seinen Geist an allen möglichen Orten und in diversen Spielarten sucht, dass man dabei aber geneigt ist, zu übersehen, was es bedeutet, dass er zugleich in Kirchen und Traditionen zu finden ist.

Nach der Veranschaulichung und Hinführung zur Thematik geht es darum, mit den Gedanken von Johannes in einen kritischen Dialog zu treten. Wie brisant und aktuell sind seine Anfragen? Was könnten sie für das gemeindliche Leben bedeuten? Zu kurz gegriffen ist es, bloß Institutionskritik betreiben zu wollen, vielmehr geht es um das Christsein in der Gegenwart. Das Zitat von Albert Schweitzer kann die Position veranschaulichen: »Wer glaubt, ein Christ zu sein, weil er die Kirche besucht, irrt sich. Man wird ja auch kein Auto, wenn man in eine Garage geht.« (Duden, 566) Insofern leitet die Perikope dazu an, eine kritische Sichtung vorzunehmen und nicht von vornherein die Schärfe aus der Anfrage zu nehmen. In einem nächsten Schritt kann der Aspekt der Würdigung von Tradition und Überlieferung folgen. Mag Johannes recht haben und die Kirche, manches Ritual geistlos wirken oder auch manches Handeln skurril oder überholt sein, so stellt es die Tradition nicht in Gänze in Frage. Mehr noch, kann die kritische Sicht dazu führen, die Kraft und Lebendigkeit der Tradition neu zu entdecken.

So könnte ein Abschluss sein, die Balance zwischen Erneuern und Bewahren anschaulich zu entwickeln. Nicht so, dass dann eher wenig überraschend, routiniert ein *ecclesia semper reformanda est* steht, sondern dass gemeindlich oder auch persönlich veranschaulicht wird, was der Impuls von Johannes bedeuten könnte. Als Kontrast bietet sich folgende Anekdote an. In England verneigen sich die Parlamentarier traditionell beim Betreten des Parlaments vor einer Ecke des Parlamentsaals. Das macht keinen Sinn, da diese Ecke bedeutungslos ist. Erst wenn man in die Historie schaut, wird das Handeln erklärbar. In früheren Zeiten hing dort ein Kruzifix.

Literatur: Duden. Zitate und Aussprüche, Band 12, Berlin 1993.

Trinitatis – 04.06.2023

Jesaja 6,1–8(9–13)

Bleiben Sie zuversichtlich!

A

Christian Stäblein

I Eröffnung: Wenn die Dinge ins Rutschen und Wanken gekommen …

Wenn die Dinge ins Rutschen gekommen sind, und du kannst es einfach nicht mehr aufhalten. Diese Erfahrung gehört zu den schmerzlichsten, jedenfalls zu den unheimlichsten im Leben – in alltäglichen und auch in gesellschaftlichen oder globalen Zusammenhängen. Als Kinder haben wir dieses Rutschen noch in seinem Schrecken genießen und trainieren können, ob auf der Wasserrutsche oder dem zugefrorenen See. Als Erwachsene mögen wir manche Schrecksekunden im Auto überstanden haben, wenn ein unaufhaltsames Schlittern zeigt, dass ich die Straßenlage falsch eingeschätzt habe. Wie geht es erst jenen, die in den Scherbenhaufen ihrer Verdrängungen gerauscht und irgendwann jede Möglichkeit verloren haben, die Richtung noch mal zu wechseln? Prominente »Steuersünder« wie der Fußballpräsident, der Tennisstar oder der Starkoch geben eine Ahnung davon, wie nahe der persönliche Fall liegt, so nahe, dass sich Häme sowieso von selbst verbietet. Gesellschaftlich erleben wir gegenwärtig Zeiten, in denen sich scheinbar schleichend und langsam begonnene Entwicklungen nun als unheimliche Verkehrung der Welt entpuppen: der Angriffskrieg Putins im Osten Europas, den wir seit Jahren hätten kommen sehen können. Oder die ökologische Krise mit ihrem dramatischen Erreichen immer neuer Kipppunkte in der menschengemachten Klimakatastrophe. Menschen bekommen eine Ahnung, was Gericht heißt – nicht erst am Endpunkt einer Entwicklung, sondern im Wahrnehmen eines unheimlich, weil unaufhaltsam gewordenen Kontroll-, Steuerungs- und Selbstverlustes. Es tritt Wirklichkeitserleben als Frage nach Gott – als dem Grund und der Tiefe allen Lebens – in solchen Gerichten zu Tage, wenn die Dinge ins Wanken kommen. Meist begreifen wir es erst viel später: die Schlafwandler Europas etwa auf dem Weg in den ersten Weltkrieg. Manchmal wird das Unheimliche einigen aber auch im Augenblick des Erbebens bewusst. Der Sonntag Trinitatis schließt zeitlich an das Erinnern an die Bekenntnissynode von Barmen (vor 89 Jahren) am vorausgegangenen Mittwoch an.

Dieser Sonntag Trinitatis hat mit der Berufungsvision des Propheten Jesaja das Gericht als Thema. Wenn der liebe Gott nicht mehr lieb erscheint – so ließe sich das Geschilderte auf eine einfache Formel bringen. Oder theologisch angemessener: Wenn die Liebe und Gnade Gottes darin besteht, eben nicht bloß lieb und nett zu erscheinen. Jesaja wird mit einer Gerichtsansage betraut. Der abgründige Verstockungsauftrag zeigt gut, wie sich Unentrinnbarkeit, wie sich Auf-sich-selbst-geworfen-Sein in aller (Selbst-)Verhärtung für Individuum und Gesellschaft ausagieren. Mit dem eigenen Ausrutschen konfrontiert wachsen Selbstrechtfertigung und Selbstbehauptung, die sich schließlich in jener Verstocktheit bündeln, die sich selbst unzugänglich wird. Ich? War das nicht. Bin das nicht. Niemals. – Doch, du, sagt Gottes Wort. Und Jesaja, davon befreit und »entsühnt« (V.6), wird es ansagen, weitersagen, vorsagen, gleichsam als prophetischer Repräsentant des Kollektivs. Die Feier der Trinität spielt dabei im expliziten Sinne wirklich keine Rolle. Spekulationen zu den *vestigia trinitatis* am Trishagion (V.3) entlang würden der Ernsthaftigkeit der Situation ihren Grund rauben. Es gilt an diesem Sonntag, nicht über die Trinität zu reden, sondern die Dreifaltigkeit in der Wirksamkeit Gottes erfahrbar zu machen: im Rutschen und Sich-Verlieren. Zum (Auf-)Stehen bringen. Und zur Wieder-Instandsetzung hoffen und glauben machen.

II Erschließung des Textes: In unheilsprophetischer Zionstheologie. Gestellt werden

Der Text gliedert sich leicht in seine Abschnitte: Theophanie (V.1–4), Entsühnung und Berufung (V.5–8), Verstockungsauftrag und Gerichtskonsequenz (V.9–12), heiliger Rest (V.13/Nachklapp). Die zeitliche Einordnung variiert, allerdings wird gemeinhin der Urbestand des Textes zum Urbestand jesajanischer Überlieferung gerechnet, also vorexilisch, Auftakt der sogenannten Denkschrift (Jes 6,1–9,6), deren Entstehung im Kontext des syrisch-ephraimitischen Krieges (734/732 v. Chr.) verortet wird. Falsche Kriegskoalitionen der Herrschenden gelten als Ausdruck mangelnden Vertrauens auf JHWH, dieses wird zum Grund der prophetischen Ansage. In diesen Zusammenhang wird Jesaja 6 mit seinem Auftrag – als eben dieses verstockte Festhalten an, heute würden wir vielleicht sagen: auf Anpassung ausgehende Schaukelpolitik in weltpolitischen Abhängigkeiten – eingeordnet. Damit ist in Kurzform der klassische Deutungsrahmen der älteren Exegese benannt, innerhalb dessen vieles diskutiert wird, wie z. B., ob der Verstockungsauftrag (LXX macht interessanterweise aus der Ansage eine Aussage) aus einer nachträglichen Verfasserperspektive zu erklären, also später zu terminieren ist. Und gilt das möglicherweise für den gesamten Text, was eine erhebliche Verschiebung für den Umgang mit den Gerichtsaussagen bedeuten würde? Ist die Situation des nachträglichen Erfassens (stets) Ausgangspunkt der Abfassung? Einigkeit besteht, dass die Hoffnungsperspektive in V.13 eine veränderte, vermutlich exilische oder nachexilische Situation voraussetzt.

Die homiletische Frage an derartige Informationen heißt ja: Was soll uns das heute? Sichtbar wird ein welt- und gesellschaftspolitischer Kontext, der manche Analogie nahelegen könnte: Kriegszeiten, Koalitionen, Gottvertrauen, Friedenssehnsucht, verschlafene Entwicklungen. Allerdings ist solche Analogie noch keine Botschaft aus sich selbst. Sie entfaltet sich im Mikrokosmos der Versexegese. In ihr zeigt sich eindeutig eine Präsenz Gottes zur Gerichts- und Unheilsankündigung (die bebenden Türpfosten in V.4 u. a.). Theologisch geschieht dabei eine epochal zu nennende Umdeutung, ja Umwertung der Tempel- bzw. Zionstheologie. Redete diese bis dahin von der gütigen Gegenwart Gottes im Tempel, so ist Jesajas Innovation in einer unheilsprophetischen Zionstheologie zu sehen. In deren Vorstellung verlässt JHWH zwar nicht den Tempel, die besondere Relation JHWHs zu seinem Ort und zu seiner Stadt Zion/

Jerusalem bleibt. Allerding ist am selben Ort »der Zugang der Menschen zu und ihr Kontakt mit Jhwh nunmehr fundamental gestört und bis auf weiteres sistiert«. (Leuenberger, 353f.) Eine Pointe dieser Theologie ist die Naherwartung jenes Gerichts, in dem der Kontakt zu Gott unterbrochen, die Wirklichkeit unheimlich, aber die Präsenz Gottes im Verborgenen nicht verloren ist. Im Gegenteil: Die Berufung Jesajas erzählt vom Überleben, vom Durchgehen und Durchstehen auf Hoffnung hin. Ich halte diese Botschaft für das Angebot eines dringend ersehnten Fundaments in Zeiten(wenden) von Pandemie, ökologischer Krise und Kriegswüten. In aller Ernsthaftigkeit und Konsequenz werden wir durch das Erleben dieser, letztlich ja nur angedeuteten – also im Bildsinne zu deutenden – Gegenwart Gottes darauf gestoßen, jene Entwicklungen in den Blick zu nehmen, die, menschlich schuldhaft, in diese Situation geführt haben. Der Rest Glaubensland, Vertrauensstumpf, Hoffnungsterebinthe wird sich dabei als heilig, ja als das Kostbarste im Durchstehen erweisen. Diese Hoffnung macht Jesaja gewiss. Voraussetzung dafür dürfte sein, dass das ins Rutschen und Wanken Geratene des Lebens im Nachvollzug der Jesaja-Schau zum Stehen gekommen ist. Ja, darin selbst liegt ein Angebot der Berufungsvision: Während der Grund erzittert, werden wir sistiert, also gehalten, gestellt. Und neu gesandt.

III Impulse: Vom Wanken und Sistieren. Er ist's

Die Impulse dieses biblisch bedeutungsvollen Textes sind so mannigfach, dass Konzentration eine entscheidende Hilfe für die Hörenden der Predigt sein sollte. Eine Grundentscheidung ist, ob die Predigende sich eher mit Jesaja identifiziert oder sich textpragmatisch zu den die Berufung Betrachtenden stellt. Ich rate zu Letzterem. Die Aufgabe angemessener Gerichtspredigt zerrinnt sonst allzu schnell in falschem Gestus des Predigenden. Der Text fordert dazu heraus von (alten und neuen) Jesajas zu erzählen, aber nicht, sie zu sein.

Der regelmäßige Austausch mit einzelnen Mitgliedern der Gruppe Scientist Rebellion hat mir jüngst einen Eindruck vermittelt, welche Naherwartung und welche Hingabebereitschaft gerade jüngere Menschen angesichts der ökologischen Krise umtreiben. Den nur schleppenden politisch-ökologischen Umbau erleben sie als Verstocktheit, die sich angesichts des jahrzehntelangen Wissens um das Gebotene immer weiter aufbaut. Was es heißt, durch Konfrontation mit ökologischen Zusammenhängen die Abwehr derselben noch zu verschärfen, erleben sie – gerade auch durch die Wahl ihrer Methoden, die von Regelverstößen und Schockmomenten leben – am eigenen Leibe. Die ökologische Herausforderung hat existenzielle, dabei individuelle wie globale Züge. Falsche Koalitionen, gewohnte und bequeme Abhängigkeiten und Lethargie im Umsteuern haben eine schiefe Ebene geschaffen, deren Unheimlichkeit immer öfter in extremen Wetterereignissen zu Tage tritt.

Weder Jesajas Berufung noch unsere Predigt sollte allerdings von Angstmache leben. Gericht predigen heißt gerade nicht, sich im Namen Gottes zum Gerichtsvollzieher aufschwingen zu wollen, sondern genau hier die Gnade im Gericht und durch das heilsame Aufdecken der eigenen Verstocktheit hindurch laut werden zu lassen. Meine Frage an B wäre deshalb, wie die notwendige systematisch-theologische Einordnung für die zu Jes 6 zu haltende Gerichtspredigt aussehen kann? Ohne eine solche Verortung könnte die Predigt zur simplen Pose entgleiten. Gott sistiert, bleibt und nimmt so noch in der Verkehrung unserer selbst zumindest die Angst, verloren zu sein. Man wird wohl besser sagen: das zu erleben, ist Erfahrung Gottes. Die zeigt sich im Jahr des Königs Usia nicht anders als im Jahr 2023. So bleibt womöglich an diesem Tag auch Raum für jenen verzweifelten Dichter, der am 4. Juni Geburtstag hat: Eduard Mörike. Kein Biedermeier, vielmehr steht er in aller Erfahrung von Unerträglichkeit für den Versuch, aus derselben mit Sprache auszubrechen. Schöpfung durch Worte, durch Poesie neu zu erleben, zu erringen. Gerade in Zeiten des schwer Erträglichen kommt es auf diesen »Rest« von Gottes Schöpfen, Retten und Hoffen in uns an, der dann, aber ja: durchtragen wird. *Er ist's.*

Literatur: *Martin Leuenberger*, Die Begründung der Gerichtspräsenz des Königs Jhwh Zebaoth in Jesaja 6, in: Joachim J. Krause u. a. (Hg.), Eigensinn und Entstehung der Hebräischen Bibel (FAT 136), Tübingen 2020, 341–354.

Wilhelm Gräb

B

IV Entgegnung: Auf Hoffnung hin

Den Einstieg in meine »Entgegnung« macht A mir leicht. Denn er fragt mich nach der »systematisch-theologischen Einordnung für die zu Jes 6 zu haltende Gerichtspredigt« – und gibt die Antwort durch den Drive, den seine Textauslegung gewinnt, im Grunde selbst. Denn das Ziel, auf das er im Aufbau seines Predigtgedankens zusteuert, ist gerade kein die finale Katastrophe heraufbeschwörendes Gottesgericht, sondern die Hoffnung auf den Gott, der seine Gnade erweist im Gericht und die Erwartung eines neuen Anfangs festhalten lässt. Nicht die Verstockung und der mit ihr verbundene Unwille zur Umkehr haben das letzte Wort, sondern die Aussicht darauf, dass wir auf keinen Fall ganz verloren sind, dass es neue Möglichkeiten geben wird, dass sich die Dinge doch noch zum Besseren wenden.

Obwohl die Versexegese zu einer Gerichtspredigt drängt und der Verstockungsauftrag eine dunkle uns unbegreifliche Seite Gottes zeigt, übernimmt bei A das Evangelium die Regie. »Die Berufung Jesajas erzählt vom Überleben, vom Durchgehen und Durchstehen auf Hoffnung hin.« In systematisch-theologischer Perspektive könnte man sogar sagen, dass A in diesem Text die evangelische Rechtfertigungsbotschaft entdeckt: Die Botschaft von dem Gott, der ganz und gar die uns Selbst- und Lebensgewissheit schenkende Liebe ist, die wieder gut machende Vergebung, die rettende Gerechtigkeit.

Um dieses Evangelium in der Gerichtsbotschaft des Jesaja zu entdecken, muss A keinen christologischen Bogen schlagen, was sich für Predigten zu alttestamentlichen Texten ohnehin verbietet. Es genügt, darauf aufmerksam zu werden, dass vor dem Auftrag an Jesaja, dem verstockten Volk das Gericht anzusagen, die ihn aufrichtende und in Dienst nehmende Gottesbegegnung steht. Zwar versetzt die direkte Konfrontation mit der erschütternden Macht des Heiligen Jesaja zunächst in Angst und Schrecken, denn er weiß sich solidarisch mit dem gottverlorenen Volk und nimmt sich nicht heraus aus dem selbstverschuldeten Verhängnis, in das alle geraten sind. Aber dann erweist sich ihm Gott doch als der, der die Schuld vergibt, aus der Verlorenheit errettet und ihn ganz persönlich des Sinns und der Bestimmung seines Lebens gewiss macht. Ist das nicht das Versprechen an alle, die in die Beziehung zu Gott finden und in ihm den »Grund und die Tiefe allen Lebens« (A) erkennen?

Eine Schwierigkeit mit diesem Text ist dann jedoch, dass Jesaja dem gottvergessenen Volk das zerstörerische Gericht nicht nur ansagen, sondern er es in die Gottvergessenheit noch tiefer und gewissermaßen unumkehrbar hineinführen soll. Der Verstockungsauftrag ist eine verstörende Dunkelheit in diesem Text. Sie schlägt für mich aber nicht bis zu einer Dunkelheit in Gott selbst durch, reflektiert vielmehr die frustrierende Erfahrung der Gerichtspropheten, mit ihrer Botschaft kein Gehör zu finden.

Gott ist auch in diesem gewaltigen Text der, der »durchtragen wird« (A). Gott ist gut, ausschließlich gut, der, der »Bund und Treue hält ewiglich und nicht fahren lässt das Werk seiner Hände«. Wie könnte ich sonst auf ihn mein ganzes Vertrauen setzen? Wie sonst könnte er der verlässliche Halt in unserem gefährdeten und auch durch eigene Schuld bedrohten Leben sein?

V Erschließung der Hörersituation: Woher nur kommt die Zuversicht?

Wenn die Dinge ins Rutschen und Wanken kommen, dann schauen wir, woran wir uns doch noch festhalten können oder wie wir wieder festen Grund unter die Füße bekommen. So schnell geben wir nicht alles verloren. Wir tun, was wir können, um die drohende Katastrophe abzuwenden oder zumindest aufzuhalten. Gewiss, nie geschieht genug. Wir müssten noch sehr viel mehr tun! Wir könnten auch sehr viel mehr tun, wenn da nicht unsere Trägheit wäre, wenn wir uns nicht so bequem eingerichtet hätten im Status quo.

Manchmal ist es allerdings auch so, dass wir uns verhängnisvollen Entwicklungen mehr oder weniger machtlos gegenübersehen. Geopolitische Zusammenhänge sind kompliziert, und es fehlt an zentralen Entscheidungsinstanzen und global koordinierter Handlungsfähigkeit. Schicksalsschläge, die uns in unserem persönlichen Leben treffen, zeigen uns unsere Grenzen auf. Wir kämpfen weiter, aber ob es gut ausgeht, steht nicht in unserer Macht. Es gibt Situationen, in denen wir fragen: Was kann ich machen, wenn ich nichts mehr machen kann?

Auf wie dünnem Eis wir uns bewegen, dass wir jederzeit einbrechen können, das wissen wir im Grunde selbst. Das müssen uns die Religion, das Christentum, die Predigt eigentlich nicht sagen. Gerade diejenigen, die zum Gottesdienst kommen, erwarten etwas anderes: dass sie einen verlässlichen Halt finden, wenn die Dinge ins Wanken und Rutschen kommen.

Während der Pandemie hat ein zuvor um ein Schlussvotum eher verlegener Moderator der Tagesthemen (Ingo Zamperoni) zu der Aufforderung gefunden, die er dann beibehielt: »Bleiben Sie zuversichtlich!« Ich weiß nicht, ob er bereit wäre, darüber Auskunft zu geben, woher für ihn diese Zuversicht angesichts all der schrecklichen Ereignisse, drohenden Katastrophen und Untergangsszenarien, von denen er zuvor berichtet hat, kommen soll. Aber er kann damit eigentlich nicht nur unsere Fortschritte in der Wissenschaft, unsere Friedensbemühungen und Schadstoffreduktionen meinen. Für mich hat diese fast gar einer Zusage gleichkommende Aufforderung eine religiöse Grundierung. Sie enthält den Verweis auf einen transzendenten Grund, der uns über das in unserer Macht Stehende hinaus und durch das bedrohlich auf uns Zukommende hindurchträgt.

Der Tagesthemenmoderator tut gut daran, die religiöse Grundierung seines Schlussvotums nicht offenzulegen. Es gäbe vermutlich heftige Proteste, weil das zu Recht als übergriffig empfunden würde. Denn so sehr Gott als der »Grund und die Tiefe allen Lebens« (A) da ist, gegenwärtig da ist – es würde sonst ja alles zusammenstürzen – so sehr spüren wir seine uns erhaltende und durchtragende Kraft nur dann, wenn wir unser ganzes Vertrauen auf ihn setzen. Die Präsenz Gottes ist kein objektiv zutage liegender Sachverhalt, so sehr sie objektiv wahr ist. Aber dass sie für mich wahr wird – selbst dann noch, wenn alles verloren scheint –, das setzt voraus, dass ich mich selbst an Gott halte, ihm als dem verlässlichen Halt und Grund meines Lebens vertraue.

Wer zur Predigt und in den Gottesdienst kommt, erwartet, diese Verbindung mit Gott zu finden. Wie aber soll er sie dort finden, wenn so von Gott geredet wird, dass nicht klar ist, was wir von ihm zu halten haben? Ist er lieb oder manchmal nicht doch auch böse? Verurteilt uns sein Gericht zum Untergang oder ist er der, der seine Gnade über uns walten lässt und uns deshalb eine unüberwindliche Lebenszuversicht ermöglicht?

Ich denke, die Predigt muss sich in dieser Frage klar entscheiden. Denn auf einen Gott, dessen ich nicht als eines solchen gewiss sein kann, der es letztlich gut mit mir und aller Welt meint, kann ich beim besten Willen nicht mein ganzes Vertrauen setzen. Gott ist gut und voller Liebe – und nicht auch noch anders. Vom Zorn und Gericht Gottes ist deshalb nicht zu predigen!

Damit macht die Predigt dann einen energischen Unterschied. Sie reiht sich nicht ein in die Stimmen der Untergangspropheten, die heute so zahlreich – allerdings nicht unter Berufung auf Gott, sondern auf Studien und Prognosen der Wissenschaft – auftreten. Sie spricht von dem Gott, der sich Menschen wie Jesaja als derjenige zeigt, der die Welt liebevoll in seinen Händen hält (»alle Lande sind seiner Ehre voll!«). Dieser Gott ruft Jesaja in seinen Dienst und findet bei ihm Gehör, weil Jesaja merkt, dass es jetzt auf ihn und seine Bereitschaft (»Hier bin ich!«) ankommt, sich von Gott senden zu lassen.

Jesaja erfährt, dass Gott in seiner heiligen Macht doch uns Menschen ganz nahe ist, dass uns die Begegnung mit ihm, obwohl wir an der selbstverschuldeten Trägheit aller teilhaben und uns der eigenen Schuld am drohenden Verhängnis bewusst sind, zu neuer Selbstgewissheit, Handlungsfähigkeit und Lebenszuversicht ermutigt.

VI Predigtschritte: Eine ermutigende Gottesbegegnung

Mit dem Propheten Jesaja identifizieren möchte ich uns nicht. Dafür ist mir die visionäre Gottesbegegnung, sind mir die archaischen Bilder, in denen sie beschrieben wird, zu gewaltig – und auch zu furchterregend. Aber mich und die ganze Gemeinde dem Jesaja an die Seite stellen, das möchte ich. Jesaja begegnet Gott. Er erfährt seine ebenso macht- wie liebevolle Nähe. Er spürt leibhaft, wenn auch auf schmerzvolle Weise, dass Gott die Sünde nicht zurechnet, dass er die Schuld vergibt und ihn für sein letztlich auf Rettung und Bewahrung zielendes Handeln in Anspruch nimmt.

Ich will das mich am Text dennoch Verstörende nicht verschweigen: dass Jesaja die Verstockung der Menschen, ihren Unwillen und ihre Unfähigkeit, ihr Verhalten zu ändern, nicht nur anklagen, sondern noch steigern soll, dass die Katastrophe unabänderlich scheint. Untergangsvisionen entsprechen ja nur zu genau dem Lebensgefühl der »Last Generation« oder »Scientist Rebellion«. Aus ihnen erwachsen die apokalyptischen Ängste.

Doch wenn wir uns in der Predigt an die Seite des Jesaja stellen, dann sehen wir, dass es auch anders geht. Dann haben wir ein Beispiel für die tiefe Verbundenheit eines Menschen mit Gott, die sich auch durch gegenteilige Erfahrungen, die sehr viel eher für Gottes Ferne und seinen uns dunklen Willen sprechen, nicht irritieren lässt.

Für Jesaja bleibt Gott der nahe und liebevolle Gott. Der Gott, der uns angesichts drohender persönlicher oder weltgeschichtlicher Katastrophen nicht in Resignation verfallen, sondern mit kühlem Kopf handeln lässt, der Gott, der hindurchträgt – und deshalb täglich neu unsere Lebenszuversicht erneuert. Wir sollten dem Beispiel des Jesaja folgen.

Liedvorschläge: EG 440; 299; 351.

1. Sonntag nach Trinitatis – 11.06.2023

1 Johannes 4,(13–16a)16b–21

Liebeslieder

A

Matthias Lemme

I Eröffnung: Gott? Drei zu eins für die Liebe

Komplizierte Kiste, die Liebe, komplex genug – und nun werden Gott höchst und persönlich noch Urheberinnenrechte daran zugeschrieben. Mitspielen möge Gott und dabei sicher nicht nur das erste Wort haben. Theologisch tanzen die Gedanken, wenn ein hohes Lied auf die Liebe gesungen wird. Auf die Liebe, die nicht immer und exakt Gott ist (Heckel, 223) – aber andersrum gedreht zumindest einer der schönsten Vornamen Gottes. Man könnte sofort loslegen: Die Liebesgebote warten auf Besprechung, Gottes Wege in die Welt auf eingehende Betrachtung. Die energetischen Schöpfungsszenarien locken zum Urstudium der Liebesquellen. All das zum Auftakt der unendlichen Trinitatiszeit – wenn das keine Einladung ist, grundsätzlich zu werden. Mit Blick auf geübte Gottesdienstbesucher*innen und Kirchenjahr-Tourist*innen ist das verlockend: an diesem und weiteren Trinitatis-Sonntagen die Verhältnisse zu klären. Genügend Zeit, um das Drama von Passion und Ostern, Himmelfahrt, Pfingsten und Trinitatisfest zu erklären. Was ist passiert? Was bleibt? Wer liebt wen? Hat das am Ende was mit uns zu tun?

Ja, was hat das eigentlich mit mir zu tun? Weil für diese Frage oft nur das Ende und deshalb wenig Zeit bleibt, beiße ich mir auf die Zunge. Ich bezweifle, dass die protestantische Paradedisziplin des Reflektierens und Einordnens dem Schrei nach Liebe in 1Joh 4 gerecht wird. Einem Reden darüber vermag sie auf die Sprünge helfen, einer teilhabenden Bewegung in ihr, in der göttlich-menschlichen Liebe, vermutlich weniger. Ich möchte zuerst fragen, was die Gott-Liebe mit unseren *love affairs* zu tun hat. Es ist Juni, wir lassen Luft an die Haut und das Herz fühlt mehr als es denkt. Gibt's bei 1Joh 4 was zu holen? Für unser Lieben und Sehnen und Leiden?

Über einen Graben müssen wir dabei sowieso springen: Die Wirkmacht von Gott bzw. Göttern galt im Kontext des Briefeschreibers als normal und gegeben, die Verbindung zwischen Gott und Liebe dagegen als kühn. Da hat sich der Wind gedreht. Das Geheimnis der Liebe touchiert alle und jede, kaum einer würde ohne Liebe leben wollen – die Relevanz aber von Gott bzw. Göttern spielt dafür eine Nebenrolle, wenn überhaupt. (Hauschildt, 312) Der Graben könnte so zur Predigt-Chance werden: Wie würden sich unsere Beziehungskisten verändern, wenn wir mit 1Joh 4 einer dritten Dimension das Fenster öffneten? Nicht vor allem Gott, sondern uns zuliebe.

II Erschließung des Textes: Nächstes Level im Liebes-Spiel

Gott ist Liebe – der Abschnitt 1Joh 4,7–21 leuchtet diese Überzeugung in Variationen aus und verspricht Gott und Mensch existenziell miteinander. Das Eine ist nicht ohne das Andere zu denken, zumindest nicht, wenn es gut gehen soll. Die Liebe Gottes verkörpert sich in der Sendung Christi (V.7–10), die ausgestrahlte Liebe über Sohn und Geist ist augenfällig und ruft nach Bestätigung und Bekenntnis (V.11–15), schließlich zeigt sich die Qualität von Gott-Liebe darin, dass sie von Angst befreien und die geschwisterliche Liebe vertiefen kann (V.16–21). Der Briefeschreiber wirbt mit Verve für das Anerkennen dieser Verquicktheit. Im Miteinander des Adressat*innenkreises muss es ordentlich gerappelt haben – das mantrahafte Wiederholen des göttlichen Liebe-Vermögens lässt Dringlichkeit erahnen.

Ob ab V.13 oder erst V.16b gepredigt werden soll? Den engeren Kontext zu beachten, macht auf jeden Fall Sinn: V.13 erweitert die Spannbreite der Liebe trinitarisch, V.16a streift das Dreifachgebot der Liebe (»Wer in der Liebe bleibt …«) und führt hin zu mindestens vier Facetten der miteinander versprochenen Liebe: Es geht um die Liebe, die Gott ist, um die Liebe zu Gott, um die Liebe zur Nächsten und auch um die Liebe zu sich selbst. Dass all das mehr ist als Schön-Wetter-Gerede, zeigt der Kern des Abschnitts V.16b–21: Die Gott-Liebe kann der menschlichen Furcht ein Ende machen, sofern sie Resonanz erfahre. Hier ist es die Angst vor dem Tag des Gerichts – der Angst werde durch gelebte Gott-Liebe die Grundlage entzogen. Und der Mensch – je nach Übersetzung – redend, freimütig, zuversichtlich oder eben furchtlos. Das klingt nach Befreiung, die leicht und fröhlich macht. Diese Gefühle, verbunden mit unseren Liebesbemühungen, lassen auch heute aufhorchen. Die Bilder von einem Gericht am Ende des Lebens mögen verblassen, die Angst aber, das Leben nicht ausgelebt zu haben und in Beziehungen unversöhnt oder unter den Möglichkeiten geblieben zu sein, kennen die meisten Menschen gut. Aus den alten Gerichtsbildern ist die (auch selbstverantwortete) Vermessung des gelingenden Lebens geworden. Ob es Angst vor dem Scheitern ist, vor Selbstenttäuschung oder einfach Beklommenheit – davon befreit zu werden, ist ein existenziell-verlockendes Angebot. Die Gott-Liebe, so betont der Briefeschreiber, war zuerst da, sie ist umsonst, mehr als zugreifen und hineinspringen muss man nicht. Ob man sich mit ihr ummantelt, ob man ihre Wirkung zulässt, wird sich im geschwisterlichen Miteinander zeigen. Denn darauf wird beharrt: Wer meint, in der Liebe Gottes zu baden, gleichzeitig aber seine Geschwister schlecht behandeln oder gar hassen zu können, ist ein Lügner. Vor Gott, vor allem aber vor sich selbst. Gott-Liebe schlägt Wellen; tut sie es nicht, ist es eine Mogelpackung. Für alles Zwischenmenschliche, seien damit Lebensnachbar*innen, Freund*innen oder Liebespartner*innen gemeint, gilt dann: Gott gibt was dazu. Gott mischt mit in diesem Liebesspiel – und dieser Gedanke nimmt manche Last von den Schultern. In jeder Beziehung wäre dann mehr Ursprung und Wirkung, mehr Kraft und Ziel angelegt, als es die in Beziehung stehenden Menschen garantieren können und müssen. Gott-Liebe hat dann tatsächlich Macht, sie spielt Dimensionen wie Geschaffensein, Angenommensein, Sinnhaftigkeit und Unendlichkeit in die menschliche Liebe ein. Die wird in die Lage versetzt, bei anderen Menschen Böses »hinwegglauben« und Gutes »hinzuglauben« zu können (Hauschildt, 315 bzw. Kierkegaard, 325) – Gott steht dafür ein.

III Impulse: Die Schöpfung ans Bett bringen

Was es bei 1Joh 4 zu holen gibt? Vor allem eine bewusstseinserweiternde Zutatenliste für die Liebe. Gott mischt mit in der ewig-sensiblen Gemengelage (oder »Herzscheiße«, wie es der Sänger Funny van Dannen nennt). Und das kann entlasten. Für einen der klügsten Sätze aus der Beratungsszene halte ich diesen: »Wir wissen alle nicht, wie Beziehung geht.« (Christoph Joseph Ahlers) In der Predigt wird es um die Zutat Gott-Liebe gehen. Statt aber bei der Nächstenliebe zu verharren (die bekommt in Kirchen zumindest verbal genügend Aufmerksamkeit), möchte ich die Relevanz der Gott-Liebe für unsere Liebesfähigkeit in wie auch immer gearteten Paarbeziehungen beleuchten. Ich möchte Fragen stellen – und Leerstellen für stille Antworten lassen: Fühlst du dich geliebt? Wie fühlt sich das an? Wie viele Lieben passen in ein Leben? Welche Zutaten braucht die Liebe? Wie bemisst du ihre Qualität? Was fehlt dir?

Wir wissen alle nicht, wie Beziehung geht. Wir können aber üben, ein Leben lang. Und die Gott-Liebe dabei abschmecken. Hilft die weiter? Wo nehme ich sie wahr? Die Kunst wird sein, die Balance zu halten. Zwischen romantischen Liebesbildern, die ihre Faszination behalten, ihre übermächtige Prägekraft aber verlieren dürfen – und pragmatischeren Fühl-Weisen. Pragmatisch könnte es sein, sich von der Übermacht der Bilder von den zwei Seelen, die sich finden, lieben und einander ewig alles geben, zu lösen. Und mit Gott auf den Boden zu kommen. Übermächtige Erfüllungsphantasien müssen wir nicht auf Partner*innen projizieren, wir können sie Gott hinhalten. Das könnte erden, entlasten – und auf andere Weise dankbar machen. Die energetische Fülle der Gott-Liebe stellt unser Lieben dreidimensional in Zeit und Raum – die Liebe ist in Bewegung, Beziehungen bleiben Risiko, aber eben auch Abenteuer. Liebe muss nicht in moralische Setzkästen verstaut werden, sie bleibt unübersichtlich und meistens unordentlich. Denn auch Gott-Liebe hat manchmal anderes zu tun, als die Socken wegzuräumen. Um möglichst in der Liebe zu predigen, gemeinsam mit denen, die da sind, suche ich nach Lieblingsliebesliedern. Nach diesen Gefühlsräumen, in denen Gott und Geliebte ineinandergreifen, in denen Heiliges und Profanes mit Sanftmut und Wucht der Fallhöhe trotzen. Sich mit solchen Worten in die Liebe predigen, ohne Resümee, aber mit Vertrauen aufs unverfügbar Elektrisierende – das könnte schön werden.

»Für dich bringe ich dir die ganze Schöpfung / so wie du's am liebsten magst, ans Bett«, singt die ostdeutsche Band Keimzeit schon vor Jahren. Oder: »Ich will, dass jeder Stern dort bleibt, wo ich mit dir ihn sah, / das gäbe mir genügend Halt.« (Album: Stabile Währung Liebe, Lied: Mit dir)

Oder Silbermond: »Gib mir 'n kleines bisschen Sicherheit / in einer Welt, in der nichts sicher scheint. / Gib mir in dieser schnellen Zeit, / irgendwas das bleibt.« (Album: Nichts passiert, Lied: Irgendwas bleibt)

Und auch als Credo – ein Echo auf V.13–16a – lässt sich das Gefühl von erlebter Gott-Liebe mit heutigen Worten ausrollen: »Dass du da bist und mich siehst, mich in deine Welt reinziehst, / dass du liebst und mir vergibst, mir was zutraust und mich schiebst, / du hast alles ausgedacht und das Licht hier angemacht: / Darauf vertrau ich, das glaub ich, / da drauf, da bau ich: Ich brauche dich.« (Monatslied-Projekt der Nordkirche: Darauf vertrau ich)

Literatur: *Eberhard Hauschildt*, GPM 70 (2016), 311–317; *Theo K. Heckel*, Die Briefe des Jakobus, Petrus, Johannes und Judas (NTD 10), Göttingen 2019; *Søren Kierkegaard*, Der Liebe Tun (GW 19), Düsseldorf/Köln 1966; *Georg Strecker*, Die Johannesbriefe (KEK 14), Göttingen 1989; *Uwe Weise/Nicole Beckmann*, PrSt(S) 2015/16 (V/2), Freiburg 2015, 35–42.

Internet: *Christoph Joseph Ahlers*, Interview in der Süddeutschen Zeitung, www.sueddeutsche.de/leben/sex-beziehung-therapeut-1.4557744.

Monatslied-Projekt der Nordkirche: www.monatslied.de (alle zuletzt abgerufen am 15.10.2022). Die Liedtexte von Keimzeit und Silbermond finden sich in den gängigen Lieddatenbanken im Internet.

CD: *Funny von Dannen*, Herzscheiße, 2003.

Christian Nottmeier

B

IV Entgegnung: Gott und unsere *love affairs*

Eindrücklich hat Friedrich Niebergall zu diesem Text formuliert: »Dann haben wir in der ganzen Stelle wieder eine prächtige, klare und stimmungsvolle Zusammenfassung alles dessen, was Christentum ist: Zuversicht und Bruderliebe, angelehnt an die Erkenntnis Gottes als der Liebe – was will man mehr? Dafür kann man ganze Stöße von exponierten Katechismen und auch noch manche Schrift über das Wesen des Christentums hingeben«. (Niebergall, 588) A folgt dieser Spur, die weniger ins Deuten als ins Erleben führt und weitet zugleich den Blick auf alle Liebesdinge, nicht nur die Nächstenliebe. Das Ding Gottes ist wohl die Liebe oder die Liebe das Ding Gottes.

»Gott mischt mit in diesem Liebesspiel«, so hat es A formuliert und diesen Gedanken will ich aufnehmen. Wie spiegelt sich Gott, der die Liebe ist, in unseren Liebesdingen wider – kompliziert, vielfältig, bunt, mal erfüllt und dann wieder gebrochen? Wobei solche Dreiecksgeschichten ja auch nicht ohne Risiko sind. So wie die Liebe, darin dem Glauben ähnlich, ein Wagnis ist, auch des Vertrauens und Sich-Einlassens.

Also: Was hat Gott zu tun mit unseren *love affairs*, und dann noch im Juni, wenn das Herz spazieren geht, der laue Sommerwind weht und manches auf Neuanfang gepolt sein mag? Warum nicht Gott das Fenster öffnen, als Belebung und Entlastung? Denn die Liebe kämpft auch mit dem Erwartungsmanagement. Paarberatungen wissen davon zu berichten, üben das ein, was nicht nur reflektiert und besprochen, sondern zuallererst gelebt werden will.

Was will man also mehr? A mag moderne Songs und hat schöne Texte dazu rausgesucht. Das kann ich gut nachvollziehen und gehe gerne mit. Melodien gehören zur Liebe dazu und spiegeln Sehnsüchte, Erwartungen und die ganze Klaviatur der Gefühlsregungen wider. Auch das kann im Gottesdienst zum Klingen kommen. Und den Liedern, die A nennt, will ich noch einen Klassiker der Lieder über die Liebe an die Seite stellen.

»All you need is love« – kein Song der Beatles ist so bekannt wie dieser. 1967 hat John Lennon Strophe und Refrain geschrieben. Es ist ein echter Hit geworden.

Das Lied mit leicht verständlichem englischen Text, aber zahlreichen musikalischen Zitaten von Johann Sebastian Bach bis zur französischen Nationalhymne, brachte und bringt ein Lebensgefühl zum Ausdruck. Liebe verbindet. Liebe ist das, was alle Menschen brauchen. Liebe lässt uns das Leben und die Welt mit neuen Augen sehen. Auch deshalb hat der Song nach mehr als 50 Jahren nichts von seinem Schwung verloren.

Liebe schenkt ungeahnte Kräfte. So singen es auch die Beatles: »There's nothing you can do that can't be done.« Frisch Verliebte können das bestätigen. Das Leben bekommt einen anderen Grundton, es erscheint leichter, beschwingter. Das Herz schlägt eben schneller, wenn sie oder er einem ganz nah ist. Plötzlich ist vieles mit Sinn erfüllt, weil da dieser Mensch ist, auf den ich mich ganz ausrichten kann und der sich auf mich einlässt. Das gibt Kraft zum Leben.

Die Liebe gehört zu den Sinnerfahrungen unseres Lebens, die wir nicht einfach hinterfragen. Ich bin noch nie einem Menschen begegnet, der behauptet, Liebe mache keinen Sinn. Trotzdem können wir Liebe auch als leidvoll oder schmerzhaft erfahren. Dann, wenn wir nicht geliebt werden, wenn wir verletzt oder enttäuscht sind. Auch das bleibt in der Liebe nicht aus. Es gibt manches, was nicht Liebe ist: Abhängigkeit, Vereinnahmung, bloßes Nebeneinanderher-Leben. Nicht jede Liebe dauert ewig.

»She loves you« – daran muss man sich manchmal im Trubel des Alltags auch erinnern lassen. Sonst versinkt die Liebe im Kampf um Haushalt, Erziehungsfragen und unterschiedlichen Seriengeschmack. Die Liebe lebt davon, den oder die andere immer neu zu entdecken. Ja, »all you need is love«. Manchmal, wenn es schwierig ist, muss man eben auch noch einmal genau hingucken, die eigene Liebe neu entdecken.

»All you need is love« und »Gott ist die Liebe«. Gott also mitten in unseren *love affairs*, aller Sehnsucht nach Liebe, die wir zum Leben brauchen? Liebe und Religion stehen jedenfalls in einem nicht leugbaren Zusammenhang, der gerne theologisch vorschnell überspielt wird. Der Lebensphilosoph Wilhelm Schmid stellt die Frage so: »Hat die Liebe mit Religion zu tun? Jedenfalls wurde selbst für Verächter aller Religion die Liebe in moderner Zeit zur säkularen religiösen Erfahrung, zuweilen auch zur einzigen Singgebung des Lebens, wenn die Vergötterung der Liebe an die Stelle des Gottes der Liebe trat. […] Immer aber geht es um das, was mutmaßlich über die Grenzen der menschlichen Existenz, über ihre Wirklichkeit und Endlichkeit hinausgeht. Dieses Hinausgehen über die Grenzen, die für Menschen in räumlicher und zeitlicher Hinsicht gewöhnlich gelten, der Rückbezug auf eine mögliche Herkunft aus der

Unbegrenztheit und Unendlichkeit, die Bindung der Haltung und des Verhaltens an das, was vor diesem Hintergrund als wesentlich erscheint, kann als Religion verstanden werden. Sehnen Menschen sich nach einem solchen Horizont der Horizontlosigkeit, um im Denken und im Fühlen nicht an der Mauer ihrer Endlichkeit abzuprallen, können sie in hohem Maße in der Liebe fündig werden: Das Antlitz des Anderen [...] bedeutet das Unendliche«. (Schmid, 324f.)

Wenn Gott die Liebe ist, dann ist die Sache mit Gott höchst leidenschaftlich und zugleich höchst ambivalent. Wie die Liebe ist auch Gott unverfügbar, er kann sich entziehen, verflüchtigen und dann plötzlich ganz nahe sein. Auch wenn Silbermond die Liebe als die Sicherheit besingt, die bleibt, ist es keineswegs sicher, dass die Liebe bleibt. Und trotzdem singen wir von ihr, geben uns ihr hin und den Momenten jenes »Sekundenglücks« (so ein Song von Herbert Grönemeyer), das in vielen Formen der Liebe aufscheint und wie eine kleine Ewigkeit wirkt.

VI Predigtschritte: Die Liebe in vielen Bildern malen

Martin Luther hat es in einer Predigt aus dem Jahr 1532 so gesehen: »Wenn jemand wollte Gott malen und treffen, so müsste er ein solch Bild treffen, das eitel Liebe wäre, als sei die göttliche Natur denn ein Feuer offen und Brunst solcher Liebe, die Himmel und Erden füllet.« (WA 36, 424)

Sich auf die Liebe einzulassen ist freilich wie das glaubende Gottvertrauen immer auch ein Wagnis. Dass Gott die Liebe ist, ist dann alles andere als ein einfacher oder harmloser Gedanke. Denn Liebe – so malen es die manchmal theologisch vorschnell domestizierten biblischen Bilder etwa des Hohelieds und anderer biblischer Texte aus – ist eben auch überwältigend und erschütternd zugleich, eine »Flamme des Herrn« (Hld 8,6), wie Luther wohl mit Absicht den eigentlichen Text schon interpretierend übersetzte. Die Liebe ist manchmal erschreckend gewaltig und kaum zu zügeln. Sie kann den Menschen ganz in Besitz nehmen und ihm kaum eine Wahl lassen. Sie ist stark wie, ja stärker als der Tod, weil sie Grenzen des Irdischen übersteigt. In all dem verbinden sich Liebe und Religion in ihren unterschiedlichen Gestalten. Liebe ist gerade in ihrer Leidenschaft nicht normal, sondern sie glaubt auch an die Überwindung der Normalität. Oft lässt sie sich mit Gründen nicht rechtfertigen oder gar erklären. Sie ist gerade unberechenbar und kommt damit in der Erfahrung einem Geschenk, ja fast einer göttlichen Offenbarung gleich. Sie ist nicht planbar und kann alle Lebenspläne über den Haufen werfen. Sie fügt sich nicht in die Schubladen, die man sich für das Leben zurechtgelegt hat. Liebe macht verletzbar und wehrlos. Liebe kann zerbrechen, verschwinden, einem unter den Händen, unmerklich zunächst, zerbröseln und sich so verflüchtigen. Liebe bleibt unverfügbar, unerklärbar. Vielleicht wäre es sogar besser, schmerzfreier, ohne die

Liebe auszukommen. An der Liebe kann man auch leiden, kann sie verlieren, wiederfinden, um sie ringen und kämpfen. Es gäbe also viele vernünftige Gründe nicht zu lieben. Und doch wäre ein Leben ohne Liebe wohl auch ein Leben, dem das *mysterium fascinans* wie das *mysterium tremendum* (Rudolf Otto) fehlten.

Luther will die Liebe malen. Mit einem Bild, das »eitel Liebe« wäre. So predigt er 1532. Auch die Lieblingsliebeslieder, von denen A spricht, malen solche Bilder. Was sind meine Bilder von »eitel Liebe«? Vielleicht ist das ein Hinweis auch für die Predigt, die nicht über, sondern in der Liebe predigt, Spuren zeigt, Fährten eröffnet? Eine Predigt, die nicht den eingefahrenen Fährten der Nächstenliebe (A) folgt, sondern sich an den Bildern der Liebe in ihrer Vielfalt erfreut und ernst nimmt, dass wir alle nicht wissen, wie Beziehung geht und so auf wohlfeile Beziehungstipps verzichtet. Also warum nicht die Liebe feiern, Bilder von ihr malen, in den Liedern und Geschichten, die mir als Predigendem bedeutsam sind? Und dabei ins Nachsinnen kommen, dazu anregen, einladen und Resonanzräume eröffnen, über die eigenen Liebesdinge nachzudenken, sich in Dankbarkeit und Sehnsucht an Gegenwärtigem wie Vergangenem zu erfreuen, weil darin wohl auch eine Spur des Göttlichen zu finden ist. »Den Worten deines Mundes und die Blüte / Irdischer Liebe nahm ich mir zum Pfand / für eine Welt des Geistes und der Güte«, dichtet Marie-Luise Kaschnitz.

Fröhlich und ernst also, zuversichtlich und entlastend. Das kann Gott sein in unseren *love affairs*. Und dann mit solchen Bildern, Liedern, Worten, achtsam für die eigene Liebe, hinausgehen in einen lauen Junisonntag, das wär doch was am 1. Sonntag nach Trinitatis. Vielleicht sogar mit dem Lied »Immerfort« von Herbert Grönemeyer, das er manchmal ganz am Ende seiner Konzerte singt, fast wie ein Liebessegen: »Gebt auf eure Liebe Acht. […] Seid ein seliger Akkord, immerfort, immerfort.«

Nicht nur um Gottes, sondern auch um der Liebe und des eigenen Lebens willen. So mischt Gott mit im Liebesspiel.

Literatur: *Marie-Luise Kaschnitz*, Überallnie. Gedichte, München [2]1995; *Friedrich Niebergall*, Praktische Auslegung des Neuen Testaments, Tübingen [3]1920; *Wilhelm Schmid*, Die Liebe atmen lassen. Von der Lebenskunst im Umgang mit Anderen, Berlin 2010.

Internet: *Herbert Grönemeyer*, Immerfort: https://www.songtexte.com/songtext/herbert-gronemeyer/immerfort-g2382e0ab.html; *Martin Luther*, Predigt zu 1 Joh 4, in: WA 36, online unter: https://archive.org/details/werkekritischege36luthuoft/page/416/mode/2up (alle zuletzt abgerufen am 15.10.2022).

Lukas 14,(15)16–24

Kommt, es ist alles bereit

Michael Schneider

I Eröffnung: Schmerzliche Absagen

Es ist wie so häufig bei lukanischen Texten – sie hinterlassen beim Lesen und Hören einen schmerzenden Stachel: Ich würde mich gerne mit dem barmherzigen Samariter identifizieren, bemerke aber schnell, dass mein sozialer Status dem des Priesters und des Leviten eher entspricht (Lk 10). Ich wünsche mir paradiesische Geborgenheit wie Lazarus in Abrahams Schoß, muss aber eingestehen, dass mein tägliches Leben viel eher dem des reichen Mannes entspricht, dem Qualen und Schmerzen prophezeit werden (Lk 16). Und wer möchte nicht dabei sein beim großen Festmahl im Reich Gottes, von dem der Predigttext in Lk 14 spricht? Und wieder wird deutlich: Ich bin weder arm noch verkrüppelt, noch verbringe ich meine Tage an Wegen und Zäunen. Die zuerst Eingeladenen, die mit allerhand Besitztümern beschäftigt sind und daher absagen, sind mir schon deutlich ähnlicher. Es ist schmerzlich für mich, mich in diesen Menschen wiederzuentdecken. Es ist schmerzlich für den Hausherrn, gerade von diesen nur Absagen zu bekommen.

Ein Blick auf die Menschen, die sich üblicherweise in unseren Gottesdiensten versammeln, zeigt mir: Ich bin wohl nicht allein mit meiner Wahrnehmung. Vermutlich geht es sogar der Mehrheit der Menschen, die diesen Text in einem Sonntagsgottesdienst hören, genauso wie mir. Eine eigentümliche Situation: Die versammelte Gemeinde an diesem 2. Sonntag nach Trinitatis im Jahr 2023 hat ja eine Einladung zur Feier des Gottesdienstes gerade nicht ausgeschlagen. Da sitzt also der Trinitatiszeit-Rest einer volkskirchlich geprägten Mittelschicht im Gottesdienst und hört einen Predigttext, in dem der Hausherr genau über solche Menschen zornig wird: die Grundstückseigentümer, die Besitzenden und Familiengründer.

Mit genügend historischem Abstand verliert der Text freilich an Schärfe. Wenn ich ihn als Streitgespräch zwischen Jesus und den Pharisäern seiner Zeit lese, stehe nicht mehr ich in der Kritik, sondern die Anderen. Der historisch interessierte Bildungsbürger kann sich wieder zurücklehnen und fragt sich, wie diese Pharisäer, überhaupt die gesamte Hörerschaft Jesu, nur so unverständig sein konnten. Historisierendes Erklären kann aber nicht das Ziel der Predigt sein. Sobald ich frage, was unsere gegenwärtige Situation mit dem Predigttext zu tun hat, fühle ich mich wieder als Besitzender und familiär Gebundener angesprochen.

Mit diesem Schmerz gehe ich in die Erschließung des Textes: Menschen wie ich kommen nicht gut weg bei Lukas.

II Erschließung des Textes: Absage oder Zusage?

Gastmähler kommen im Lukasevangelium mehrfach vor. Die Stimmung ist dabei häufig alles andere als feierlich. Das Mahl im Haus des Zöllners Levi (Lk 5,27–32) ist Anlass für einen Streit zwischen Pharisäern und Jüngern. Der gastgebende Pharisäer in Lk 11,37–52, der sich über Jesu Verzicht auf eine Waschung wundert, wird von seinem Gast mit Weherufen konfrontiert. Und in der Mahl-Szene im Haus eines führenden Pharisäers (ab Lk 14,1), aus der der Predigttext entnommen ist, steht Jesus von Anfang an unter Beobachtung – keine gute Voraussetzung für die übliche kultivierte Konversation im Symposium. Ein richtiges Gespräch kommt auch nicht zustande: Jesus spricht und die anderen reagieren zunächst mit Schweigen (V.4.6). Jesus nimmt einen weiteren Anlauf und redet gegen die Selbsterhöhung der Anwesenden an (V.7) – mit der bekannten Pointe in V.11. Ohne eine Reaktion der anderen Gäste abzuwarten, spricht Jesus nun den Gastgeber direkt an: Den »Armen, Krüppeln, Lahmen und Blinden« (V.13) soll bei Einladungen der Vorzug gegenüber den »Freunden, Brüdern, Verwandten und reichen Nachbarn« (V.12) gegeben werden. Und auch der Beginn des Predigttextes in V.15 knüpft nur formal (Seligpreisung in den V.14.15), nicht aber inhaltlich an den bisherigen Diskurs an. Immerhin gibt die selbstsichere Aussage des Gastes mit erwarteter Sitzplatzgarantie am Tisch im Reich Gottes den Anlass für Jesu Reaktion: die Parabel über das große Mahl. Der Predigtabschnitt endet, und auch auf das Fluchwort in V.24 gibt es keine Resonanz; stattdessen fährt Jesus im Monolog fort.

V.15 und V.24 verknüpfen die Parabel mit der Kommunikationssituation des stattfindenden Gastmahls und sollten deswegen auch berücksichtigt werden. Die Pragmatik der Parabel erschöpft sich aber keineswegs in diesen Rahmenversen. Am Anfang der Geschichte steht weder die Selbst-Seligpreisung des Gastes noch die Absage der Besitzenden, sondern eine große Zusage: Viele sind eingeladen und alles ist bereit! Jesus nimmt sein Essen mit Pharisäern (Lk 14,1) und Sündern (Lk 15,2) ein, und auch das Reich Gottes ist hier ganz konkret Essen und Trinken. Dabei geht es um ausgelassene Freude, gelingende Gespräche und gemeinschaftliches Feiern; Erinnerungen an Schilderungen des eschatologischen Freudenmahls (Jes 25) werden aufgerufen. Problematisch ist, dass auch die aktuelle Revision der Lutherübersetzung hier von Abendmahl spricht. Die Gleichsetzung von Mahl im Reich Gottes mit Abendmahl ist zwar theologisch – nicht nur für Luther – plausibel. Vom griechischen Text liegt aber die weniger aufgeladene Übersetzung »großes Mahl« nahe. Predigthörende in der Gegenwart werden zudem beim Stichwort Abendmahl eher liturgische Feiern im Hier und Jetzt vor Augen haben. Gleichwohl wirft die Lutherübersetzung hier die Frage nach dem Zusammenhang der gottesdienstlichen Abendmahlsfeier mit der eschatologischen Mahlgemeinschaft auf. Die drängende Sorge des Hausherrn, dass sein Haus voll werde, gewinnt ihre Schärfe jedenfalls in einer eschatologischen Perspektive.

Auffällig ist die Ausführlichkeit der Begründungen für die Absagen der ersten Gruppe. Im Kontext des Streitgesprächs mit den Pharisäern wird das Fernbleiben wohl nicht zufällig mit »Frau, Knecht, Magd, Rind, Esel noch alles, was sein ist« begründet. Lukas ruft Ex 20,17 auf und liefert in der Parabel eine Konkretion und Verschärfung des zehnten Gebots. Der wesentliche Vorwurf an die erste Gruppe ist nicht, dass diese aus heutiger Perspektive gesprochen ein bürgerliches Leben mit Berufstätigkeit, Besitz und Familie führen. Der Predigttext kritisiert vielmehr, dass das Begehren der Güter – nicht nur der Güter des Nächsten wie im Dekalog, sondern der je eigenen – die Teilnahme am großen Mahl verhindert. Das zehnte Gebot wird so in besonderer Weise zur Explikation des ersten. Nicht vor Besitz als solchem, sondern vor der Bevorzugung des Besitzes gegenüber der göttlichen Einladung wird gewarnt. Güter sollen keine »Götter neben mir« sein.

Die zornige Reaktion des Hausherrn sollte nicht allzu schnell als Verweis auf den Zorn Gottes im Rahmen göttlichen Gerichtshandelns gedeutet werden. Der Begriff, der hier in einer Verbform (nicht als Substantiv) gebraucht wird (*orgizō*), lässt durchaus auch die Übersetzung als menschliche Emotion zu. Und durch dieses Zornigwerden vollzieht sich eine bemerkenswerte Änderung im Denken und Verhalten des Hausherrn: Er lädt nun andere ein. Durch den Zorn über die einen wendet er sich den anderen erst zu. Der Hausherr wird großzügiger, was seine Einladungen angeht und erweitert seine Zusage: »Alles ist bereit.« In dieser Perspektive wird umso deutlicher, dass *anagkazō* (V.23) nicht zur Legitimation von Zwangs-Mission (Bovon, 517, bietet einige Beispiele für dieses falsche Verständnis) herangezogen werden kann. Eine solche dekontextualisierende Interpretation fällt zunächst auf die Auslegenden selbst zurück. Die dritte Gruppe wird ja erst angefragt, weil die zuerst Eingeladenen ihre Plätze abgelehnt haben. Die pointierte Einladung ist vielmehr nötig, weil es für die dritte Gruppe offensichtlich nicht selbstverständlich ist, zum Mahl eingeladen zu werden. So stellt V.23 besonders vor die Aufgabe, auch denen von der großen Einladung zu erzählen, die mit einer Ansprache erst einmal nicht rechnen, weil sie bisher nicht geladen wurden. Menschen, die der Überzeugung sind, dass die Aussicht auf das große Mahl »das Größte, das Schönste und Beste […] und Allergewißte, aus allen Schätzen, der edelste Hort« (EG 449,10) ist, werden die Einladung weder leichtfertig ausschlagen, noch anderen vorenthalten.

Aus der Perspektive des Hausherrn rahmen nicht die Absage der ersten Gruppe und das Fluchwort, sondern die Zusage »alles ist bereit« und die Einladung derer, die das Haus voll machen, die gesamte Perikope.

III Impulse: Feiern

Für das Problem »mehr Gäste als geplant« gibt es die bekannte, sprichwörtliche Lösung: »Fünf waren geladen, zehn sind gekommen. Gieß Wasser in die Suppe, heiß' alle willkommen.« Nun beschreibt der Predigttext ja gerade das umgekehrte Problem »Zehn sind geladen, keiner ist gekommen«. Mit dieser Problembeschreibung, die zudem die Hörenden als Grundstückseigentümer, Besitzende und Familiengründer direkt anspricht, könnte eine Predigt einsteigen.

Vielleicht wäre es aber wichtiger, in diesem Gottesdienst Abendmahl zu feiern als ausführlich zu predigen: als Fest in der festlosen Trinitatiszeit, als leibliche Erfahrung in einem ansonsten textzentrierten Gottesdienst, als irdischer Vorgeschmack auf das Mahl im Reich Gottes. Nicht die Absage an die erste Gruppe, sondern die im Verlauf der Parabel erweiterte Zusage sollte im Mittelpunkt stehen. Dazu bieten sich beide Wochenlieder als Predigtlied an: »Kommt her, ihr seid geladen« (EG 213) und »Gott selber lädt uns ein« (EG 225) unterstreichen das »Alles ist bereit«.

Literatur: *François Bovon*, Das Evangelium nach Lukas (EKK III/2), Zürich u. a. 1996.

B

Kristian Fechtner

IV Entgegnung: »Das Fest …«

Das »Gleichnis vom großen Gastmahl« – die Überschrift der Zürcher Bibel passt besser als Luthers Rede vom Abendmahl – hat einen »schmerzenden Stachel«. Diesen spüre ich ebenso wie A. Unwillkürlich identifiziere ich mich (oder werde identifiziert) als einer der Ersteingeladenen. Und die kommen tatsächlich durch die redaktionelle Rahmung der Parabel »nicht gut weg«: Der eine, zu dem Jesus spricht, und der am Anfang wie selbstverständlich mit am Tisch sitzt und scheinbar selbstgewiss dazugehört, muss bangen, ob er dann auch beim großen Fest des Lebens dabei ist (V.15). Am Ende gehört er womöglich zu denen, die außen vor bleiben, weil sie es verpasst haben (V.24). Keine gute Lage, in die mich der erste und letzte Vers der Perikope bringen; die Perspektive jedenfalls macht mir Druck, den ich als Leser oder Hörerin kaum loswerde. Dies umso mehr, als mir die handfesten Entschuldigungsgründe der Ersteingeladenen durchaus einleuchten und mir nicht sonderlich fremd erscheinen. Unter diesen Vorzeichen spüre ich ein schlechtes Gewissen und den Zorn des Gastgebers, am Ende erhalte ich die Quittung, wenn ich zuvor die falsche Entscheidung getroffen habe. Wenn ich all dies nicht noch in der Predigt verstärken will, muss ich in und mit der Gleichniserzählung einen Dreh finden. A schlägt deshalb vor, sich nicht auf die Absage (und ihre Folgen) zu fokussieren, sondern die Zusage zu akzentuieren: »Alles ist bereit.« Dem kann ich folgen.

Der Fluchtpunkt des Gleichnisses und der Predigt könnte dann sein, dass das Fest stattfindet, trotz aller Widrigkeiten. Was unter den gegebenen Umständen ganz unwahrscheinlich erscheint, tritt gleichwohl ein und verweist auf eine erhoffte Wirklichkeit: dass am Tisch (Gottes) Arme an einer reichgedeckten Tafel sitzen, Bedürftige satt werden, Marginalisierte mittendrin und ehedem Ausgeschlossene mit von der Partie sind. Das große Gastmahl ist das »Arrangement einer phantastischen Feier« (Harnisch, 251). Und das Haus wird voll sein. Damit löst sich der Schmerz derjenigen nicht auf, die zuvor abgesagt haben. Weil sie nicht dabei sind, fehlt ihnen der Vorgeschmack aufs große Fest; sie schmecken es nicht. Aber sie wissen darum. Im Lichte eines Festes, das eine andere Wirklichkeit schafft, wird die Absage zu einer Rückfrage an mich als Leser oder Hörerin: Was hindert mich daran, mit dabei zu sein? Was hindert mich daran, Leben als geschenktes Leben zu genießen? Es ist doch alles bereit. Wo sich diese Fragen einstellen, mischt sich in den Schmerz, etwas versäumt zu haben, Sehnsucht.

V Erschließung der Hörersituation: Helens Geschichte

Aus dem homiletischen Tagebuch: Helens Tochter feiert ihren 18. Geburtstag groß. Essen, Trinken, Musik, Tanzen, Gespräche und Lachen, Geschenke, Bilder, Erinnerungen. Zukunftspläne. Man kann einen ganzen Abend unbeschwert sein, vielzählig und nah beieinander. Interessante Menschen, die was zu erzählen haben. Helen jedoch war nicht dabei, ausgerechnet sie, die Mutter. Weil sie auf Dienstreise war, »ich konnte mich einfach nicht freimachen, es tut mir so leid«, entschuldigt sie sich. Und merkt selbst, dass das eigentlich nicht geht, Fehlen bei diesem Fest. Weil auch andere abgesagt haben, hat die Tochter noch etliche eingeladen, die ursprünglich nicht auf ihrer Liste standen. Einen alten Schulfreund, der ziemlich unter die Räder gekommen ist. Das war ein Wagnis. Das war es auch, als sie ihre ehemals beste Freundin eingeladen hat. Die ist in der Clique geächtet, seitdem rauskam, mit welchen Deals sie ihr Geld verdient. Helen hat die Stirn gerunzelt, als sie von den Einladungen erfuhr. Und einen heftigen Stich hat es ihr versetzt, dass die Tochter auch ihren Vater eingeladen hat; die Eltern sind im Streit getrennt. »Ich habe ihn eingeladen, als du abgesagt hast; ihr beide zusammen, das wäre ja gar nicht gegangen«, sagt die Tochter und Helen hört als Unterton: selbst schuld. Es ist ein rauschendes Fest geworden bis tief in die Nacht. Weniger Abschied, mehr Aufbruch, das fanden alle, die mit dabei waren. »So soll sich mein Leben künftig anfühlen«, die Tochter ist erfüllt von ihrer Feier. Helen schweigt. Da hat sie unwiederbringlich etwas Entscheidendes verpasst.

Was *gelungene Feste* ausmacht und welche Bedeutung sie haben, wissen wir. Sie führen über den Alltag hinaus, sind Anderszeit. Sie verausgaben, was das Leben bereithält; sie sind gemeinsam geteilte und erfüllte Zeit. Sie rufen Erinnerungen hervor. Sie haben ihre eigene Atmosphäre, Dramaturgie und Logik. Sie dienen keinem Zweck, aber haben einen Sinn in sich. An den Festen kann man ablesen, wie Leben gemeint ist. Insofern sind sie auch ein Zeichen fürs Ganze und sie verweisen auf etwas, was erhofft wird. Festen ist eine Verheißung eingestiftet. Gewiss, wir erleben auch mickrige und holprige Möchtegernfeste. Aber dann und wann eben auch große. Jedenfalls sprechen uns Erzählungen von Festen auf eigene Sehnsuchtsbilder an. So wie das Gleichnis vom großen Gastmahl mit seinen Einladungen an diejenigen, die von Hause aus nicht dazugehören und die sie gar nicht erwidern können. Die nichts mitbringen können und müssen. Das Bild vom Gastmahl fügt die Getrennten zusammen und gibt reichlich denen, die nichts haben. Alle sind hier eingeladen, also jede und jeder.

Aber nicht alle kommen. Dabei steigert das Gleichnis die geläufige Erfahrung, dass immer mal jemand fehlt, ins Übermaß: Niemand der Ersteingeladenen findet sich ein. Die Überzeichnung wendet das Nicht-Kommen ins Prinzipielle. Gerade diejenigen, denen die Einladung zuerst gilt, bleiben fern. Wertet man das sich selbst entschuldigende Fernbleiben moralisch als Fehlverhalten, dann erhöht man – siehe den Vorbehalt oben – den Druck: Die Einladung wäre dann eine Art Einberufung (vgl. Voigt, 309), der (Glaubens-)Gehorsam geschuldet werden muss; wer dies Angebot ablehnt, der muss mit Konsequenzen rechnen. So kann es kaum gemeint sein. Womöglich ist es theologisch geboten, die *Kategorie der Entscheidung* nicht zu hoch zu hängen. Denn die Eingeladenen lehnen die Einladung ja nicht ab, sondern kommen ihr in diesem Fall aus je unterschiedlichen Gründen nicht nach. Das Nichtkommen hat damit eher einen *Zug ins Tragische*: Wer, wie Helen, sich nicht freimachen kann von den Ansprüchen seiner Umwelt und seines Über-Ichs, wird die richtige Entscheidung nicht treffen können. Und sie oder er versäumt dann das, was (lebens-)wichtig ist. In dieser Lesart ist V.24 auch weniger ein Droh- oder definitives Ausschlusswort, es ist eher eine nüchtern-bittere Feststellung: Wer sich selbst darin hindert, mitzufeiern, wird auch nichts von dem schmecken können, was das Leben erfüllt.

Auch das *Motiv der Einladung* ist nicht so harmlos, wie es daherkommt. Kirchlich und homiletisch ist es gängig und zielt auf eine Praxis der offenen Arme. Wir sprechen gerne und aus guten Gründen von einer offenen Kirche, die wir sein wollen. Aber steckt darin nicht doch die Vorstellung, dass man die anderen ins eigene Haus lässt? Und nicht selten begegnet in Predigten die Wendung: »Wir sind zum Glauben eingeladen (oder: der Glaube ist ein Geschenk) – wir müssen es nur annehmen.« Die Tücke steckt im »nur«. Wie viel Freiheit und Widerstand, Anspruch und Erfahrung wird mit dem unscheinbaren Wörtchen, das die Sache einfach machen will, abgedeckt? Eine Einladung unterscheidet sich von einer Vorladung (vgl. Voigt, 309) dadurch, dass man jener eben nicht zwingend nachkommen muss. Aber dann ist man, wie Helen, womöglich nicht dabei. Für die Zweit- und Drittgeladenen scheint es weniger schwierig zu sein; sie kommen, weil sie es brauchen und wollen, weil es sie zieht.

Vor der Einladung steht die Gastgeberin zu ihrer Sache und bleibt ihr auch nach der Entscheidung treu: Sie bereitet ein Fest vor und feiert es dann auch. *Keine Absage ändert etwas daran, dass alles, was es zum Leben und Feiern braucht, da ist.* Dass das Gastmahl stattfindet und alle eingeladen sind, ist nicht an Bedingungen geknüpft; es speist sich aus Voraussetzungen, die nicht von den Gästen hervor- oder mitgebracht werden. *Und keine Absage von Seiten der Eingeladenen führt zur Absage des Festes*; die Einladung wird nicht zurückgezogen, sondern erweitert. Das Fest des Lebens kommt zur Aufführung, auch und gerade mit denjenigen, die von sich aus nicht vom Leben begünstigt sind. Manchmal sogar, wie bei Helens Tochter, in einem rauschenden Fest, das bis tief in die Nacht reicht. Spürbar Leben.

VI Predigtschritte: »... findet statt«

Die Predigt könnte mit dem Fest beginnen und mit dem Gastmahl aufhören. Oder umgekehrt. Dazwischen liegen die ambivalenten Erfahrungen von Einladungen und Absagen, Hindernissen und Entschuldigungen, Sehnsucht und Schmerz. Alles unter dem Leitmotiv: Das Fest findet statt.

Literatur: *Wolfgang Harnisch*, Die Gleichniserzählungen Jesu. Eine hermeneutische Einführung. Göttingen 1985; *Gottfried Voigt*, Der schmale Weg. Homiletische Auslegung der Predigttexte. Neue Folge: Reihe 1, Göttingen 1978.

3. Sonntag nach Trinitatis – 25.06.2023

A

Jona (3,10)4,1–11

Erbarmen gegen die Erwartung – Grund unserer Freude

Felix Roleder

I Eröffnung: Fremder Jona oder der Jona in uns?

Gott hat Mitleid mit Ninive – und Jona verzweifelt eben daran. Jonas Reaktion irritiert, vollziehen die Menschen von Ninive doch eine bilderbuchhafte Umkehr (Jona 3) und gehört doch das Bekenntnis zum barmherzigen Gott zum Kernbestand des christlichen Glaubens (Jona 4,2). Jonas Mitleidslosigkeit wirft die Frage nach den gegenwärtigen Grenzen des Mitleids auf. Wie und mit welchen Folgen gewähren oder verweigern wir, als Individuen und als Gesellschaft, Mitleid?

Zweitens gerät Jona in eine existenzielle Sinn- und Glaubenskrise. Gottes (Nicht-)Handeln konfligiert mit Jonas Selbst- und Fremdidentität sowie mit seiner religiösen Vorstellung von Gerechtigkeit. Jona als Bruder Hiobs ist uns darin nahe, dass die Lebensdynamik seine bisherigen Glaubensgewissheiten zur Revision herausfordert, dass er sich auf seiner Sinnsuche gegenüber den Autoritäten von Gott und Bekenntnis selbstbewusst und authentisch positioniert (Jona 4,2) und dass seine Suche ohne vorweggenommenes Ergebnis in die Offenheit führt (Jona 4,11).

II Erschließung des Textes: Mitleidsgrenze und Sinnkrise

Das überraschende große Bösesein Jonas (Jona 4,1) und seine existenzielle Sinnkrise (Jona 4,3.9) werden ausgelöst durch den Widerruf des Unheilswortes gegenüber Ninive durch Gott (Weimar, 357). Jona vollzieht die Reue Gottes, ausgelöst durch Gottes anteilnehmendes, mitfühlendes Sehen (Jona 3,10), nicht mit, gerät mit Gott in Konflikt und stürzt in eine tiefe Sinn- und Glaubenskrise.

Der historische Sitz im Leben erschließt Jonas Beweggründe. Die Jonaerzählung lässt sich verstehen als dichterischer »Versuch der Bewältigung erlittener Geschichte« (Weimar, 463) des Volkes Israel in der nachexilischen Zeit. In der Reaktion des Jona kulminiert der nachexilische Diskurs über das Verhältnis Israel gegenüber den anderen Völkern sowie über die Frage nach der Gerechtigkeit Gottes (Weimar, 380). Jona verkörpert die Perspektive Israels als Opfer, das unter der feindlichen Großmacht Assur mit der Hauptstadt Ninive gelitten hat und in nachexilischer Zeit ebenso unter anderen Großmächten leidet. Ninive erscheint als feindliche Macht, geradezu als Urböses und als Gegengröße zum erwählten Israel. Jona »kann den Gedanken nicht fassen, dass das erwählte Volk sein tiefstes Geheimnis – das Wissen von der Übermacht der Reue Gottes über seinen Zorn – mit der Macht teilen soll, die es bis zu Jonas Gegenwart unterdrückt und gequält hat« (Jeremias, 156). Das Mitleid Gottes mit Ninive stellt Jonas Selbstverständnis als JHWH-Gläubiger, das Verständnis Israels als erwähltes Volk und die Fremdidentität Ninives als gottlose Stadt in Frage.

Die Rizinusszene (Jona 4,5–9) setzt diese Erfahrung fort. Zunächst begrüßt Jona Gottes Schutz und Fürsorge durch den lebensspendenden Schatten. Jedoch verkehrt der Ostwind, ein für Jona unverständliches Gerichtswerkzeug Gottes, diese Erfahrung sogleich in ihr Gegenteil. Gottes für Jona unverständliches Handeln führt den Propheten in eine existenzielle Gottesverdunkelung. Jonas Todeswunsch drückt seine letzte Flucht vor Gott und seine radikale Absage an Gott aus. Die Rizinusszene erscheint so als ein »Traktat über die Unbegreiflichkeit, ja Unberechenbarkeit Gottes«. (Weimar, 430)

Demgegenüber entwickelt der Schluss (Jona 4,10f.) die Perspektive der Universalisierung des Mitleids Gottes. JHWH stellt das Mitleid mit der fremden Stadt Ninive als JHWHs von Anfang an bestimmende Handlungsraison vor. Der offene Schluss will die Ausweitung des göttlichen Mitleids als theologische Neubestimmung für die angesprochenen Leser:innen plausibel machen. JHWH wird implizit als vom Mitleid für seine Geschöpfe bewegten Schöpfer der Stadt Ninive vorgestellt. In der historischen Situation bot der Schluss den israelitischen Leser:innen so die Deutung an, das anstößige Fortbestehen der fremden Großmächte als Ausdruck des universalisierten Mitleids JHWHs zu verstehen.

In sozialpsychologischer Perspektive lässt sich die Mitleidsgrenze von Jona gegenüber Ninive als typisches Phänomen des verminderten Mitleids gegenüber Mitgliedern einer Out-Group verstehen (vgl. Seppälä). Zur Ausbildung sozialer Identität kategorisieren Menschen sogenannte In-Groups (»wir« – die JHWH-Gläubigen) und Out-Groups (»die anderen« – Ninive). Gegenüber Mitgliedern von Out-Groups empfindet man weniger Mitleid und verhält sich weniger prosozial.

Die Philosophin Judith Butler entwickelte das Konzept der Betrauerbarkeit (grievability) von Leben. Ausgehend von der Beobachtung, dass Gesellschaften manche Opfergruppen intensiv betrauern, während anderen Opfern die Betrauerung systematisch vorenthalten wird, setzt sie sich mit Medien, Kultur und Diskursen auseinander, die Populationen entsprechend der Unterscheidung betrauerbar/nicht betrauerbar einteilen. Ob Opfer als betrauerbar anerkannt werden, entscheidet darüber, ob sie als Lebende Schutz, Fürsorge und Mitleid erfahren (vgl. Butler). Die Verweigerung von Betrauerbarkeit markiert eine Mitleidsgrenze.

Die Ausweitung des Mitleids JHWHs fordert dazu heraus, individuelle und kollektive Mitleidsgrenzen kritisch zu reflektieren. Die Weite des Mitleids Gottes vermag die Begrenzungen des menschlichen Mitleids zu weiten.

Als ein zweites Thema lohnt ein Blick auf die Sinnkrise des Jona, die gegenüber Hiob nochmals eine Radikalisierung erfährt. Während Hiob am Ende zur Einsicht kommt (Hiob 42), endet die Jonaerzählung aus Jonas Perspektive mit einer offenen Wunde. Ich verstehe Jona nicht als einen störrischen Propheten, sondern als Repräsentant des Glaubens, der die Trostlosigkeit und die Sinnkrise dieser Welt nicht abblendet. Vielmehr setzt sich Jona mit dieser Wirklichkeit in Klage und Anklage auseinander. Mit Henning Luther sind die Verzweiflung, die Sinnkrise und die Solidarität der Trostlosen als elementare Ausdrucksgestalten des christlichen Glaubens zu rehabilitieren (vgl. Luther).

III Impulse: Wir sind alle Fußballfans! / Die Fragen selbst liebhaben

Mitleid als emotionale Begegnung mit dem Leid der anderen kann prosoziales Verhalten anstoßen. Ich verstehe den Text erstens als Anlass, mit den Hörer:innen über individuelle und kollektive Mitleidsgrenzen ins Gespräch zu kommen. Welche Konkretionen herangezogen werden sollten, hängt von der spezifischen homiletischen Situation ab. Doch seien als mögliche benannt: die verborgen leidenden Arbeiter:innen in den Fabriken der globalen Produktion, Drogenkranke und Hartz-IV-Empfänger:innen, verborgen leidende Tiere in Ställen, »Wirtschaftsflüchtlinge« vs. politische Flüchtlinge, Fragen vom Anfang und Ende des Lebens, Kirchenausgetretene und Konfessionslose. Der christliche Rechtspopulismus diskutiert darüber, ob das Gebot der Nächstenliebe nur für »Deutsche« gelte (vgl. Merle/Watzel, 127ff.).

Man kann die Lebensgeschichte eines/r Hartz-IV-Empfänger:in erzählen, die weder faul noch selbst schuld ist. Die bewusste Erinnerung an selbst erfahrenes Mitleid (Jona im Bauch des Fisches) oder gelungene Solidarität (Flutkatastrophe an der Ahr) kann eigenes Erbarmen anstoßen. Es ist empirisch erwiesen, dass inklusive soziale Identitäten die Mitleidsgrenzen erweitern. Fußballfans verhalten sich zueinander solidarischer, wenn sie sich alle gemeinsam als Fußballfans verstehen, als wenn sie sich gegenseitig als partikulare Anhänger:innen verschiedener Vereine wahrnehmen (vgl. Seppälä, 281). Eine universalistisch ausgerichtete Schöpfungstheologie kann eine inklusive religiöse Identität begründen. Wenn man auf »die anderen« zugeht, stellt man fest, dass sich manches Vorurteil als unzutreffend erweist. Das gottlose Ninive ist, für Jona überraschend, fähig zu Gotteserkenntnis und Umkehr (Jona 3). Die Pastorin Nadia Bolz-Weber formuliert: »Das Blöde ist, immer wenn wir eine Grenze zwischen uns und den anderen ziehen, steht Jesus auf der anderen Seite.« (Bolz-Weber, 85)

Eine andere Predigt könnte zur Integration von Sinnkrise, Verzweiflung, Klage und Solidarität der Trostlosen als elementare Ausdrucksgestalten des christlichen Glaubens einladen. Rainer Maria Rilke schreibt über das Leben im Aushalten der offenen Fragen an einen jungen Dichter: »Ich möchte Sie [...] bitten, [...] Geduld zu haben gegen alles Ungelöste in ihrem Herzen und zu versuchen, *die Fragen selbst* lieb zu haben wie verschlossene Stuben und wie Bücher, die in einer sehr fremden Sprache geschrieben sind. Forschen Sie jetzt nicht nach den Antworten, die Ihnen nicht gegeben werden können, weil Sie sie nicht leben könnten. Und es handelt sich darum, alles zu leben. Leben Sie jetzt die Fragen. Vielleicht leben Sie dann allmählich, ohne es zu merken, eines fernen Tages in die Antwort hinein.« (Unglaub, 32f.)

Kirchenlieder, die Sinnambivalenzen thematisieren, sind: EG 382, Manchmal kennen wir Gottes Willen (Kurt Marti), Ich werfe meine Fragen hinüber (Ulrich Fick).

Literatur: *Nadia Bolz-Weber*, Ich finde Gott in den Dingen, die mich wütend machen, Moers 2015; *Judith Butler*, Frames of War. When is Life Grievable?, London/New York 2009; *Jörg Jeremias*, Der Zorn Gottes im Alten Testament. Das biblische Israel zwischen Verwerfung und Erwählung (BThSt 104), Neukirchen-Vluyn 2009; *Henning Luther*, Die Lügen der Tröster. Das Beunruhigende des Glaubens als Herausforderung für die Seelsorge, in: PrTh 33 (1998), 163–176; *Kristin Merle/Anita Watzel*, Religion und Rechtspopulismus/-extremismus. Analysen von Narrationen vorurteilsbezogener Kommunikation und Hassrede online, in: EKD (Hg.), Zwischen Nächstenliebe und Abgrenzung. Eine interdisziplinäre Studie zu Kirche und politischer Kultur, Leipzig 2022, 99–169; *Emma Seppälä u. a.*, The Oxford Handbook of Compassion Science, Oxford 2017; *Erich Unglaub* (Hg.), Briefe an einen jungen Dichter. Mit den Briefen von Franz Xaver Kappus / Rainer Maria Rilke, Göttingen 2019; *Peter Weimar*, Jona (HThK.AT), Freiburg 2017.

Jörg Schneider

B

IV Entgegnung: Von der Stärke der Gefühle

A gibt die Richtung vor. Es geht um den Umgang von Menschen miteinander – und Gottes Umgang mit uns und umgekehrt. Mich beschäftigt das Wort »Mitleid«. Es könnte ein zu schwacher Begriff sein. Mitleid hat man mit anderen. Manche sind selbstmitleidig. Man unterlässt vielleicht etwas aus Mitleid, obwohl eine Aktion gerechtfertigt wäre, bleibt aber beim Urteil. Mitleid im heutigen Sprachgebrauch kann etwas Herablassendes haben. Bei Ungerechtigkeit braucht es kein Mitleid, sondern eine Veränderung der Verhältnisse! Bei Missbrauch jeglicher Art braucht es kein Mitleid, sondern eine Bestrafung der Täter:innen und klare Aktion zur Verhinderung weiterer Taten! Mitleid ist eine Sache der Gnade, nicht der juristischen Gerechtigkeit – und damit wären wir doch wieder bei der herausragenden Eigenschaft Gottes, und A hätte, zumindest was Gott betrifft, sein Recht.

Vielleicht wäre das alte Wort Erbarmen treffender? Da höre ich eine vollständige Zuwendung zu einem Menschen. Bei Erbarmen geht mir die Lage des anderen selbst unter die Haut, fährt mir in Mark und Bein. Ich denke, dass der Vater im Gleichnis vom Verlorenen Sohn (Lk 15,11 ff.), das im Gottesdienst unseres Sonntags gelesen wird, eben kein Mitleid hatte, sondern Erbarmen. Mitleid erhoffte der Heimkehrer, Erbarmen erhielt er. Der Gutsbesitzer und Schweinefarmer hatte Mitleid, aber kein Erbarmen.

Man könnte noch über das Wort Mitgefühl nachdenken. Wer in der religiösen Sprachwelt zuhause ist, müsste mit »Erbarmen« am meisten verbinden können. Wer dort keine Heimat hat, sollte/könnte in der Predigt eine Ahnung davon bekommen, was gemeint ist.

In der Lutherübersetzung 2017 sind andere Worte als Mitleid leitend: das Jammern und die Reue. Gott könnte etwas reuen, also im Nachhinein leidtun. Lieber handelt Gott gegen seine Prinzipien, gegen sein eigenes Recht, um nicht später vor irreparablen Schäden und Verhältnissen zu stehen. Ein vorsichtiger, ein weitsichtiger, ein selbstreflektierter, für uns vielleicht unberechenbarer Gott! Daraus entsteht ein Streitgespräch – A hat schon auf das Hiobbuch hingewiesen, das ähnliche Strukturen hat.

Außerdem zur Textstruktur der Perikope: A hat auf die historischen und religionsgeschichtlichen Hintergründe des Textes hingewiesen. Ich möchte zur Kleinstruktur ergänzen, dass parallel gebaute Satzteile das Dialogische betonen. Im Austausch von Formeln wie »ich möchte lieber tot sein als leben« oder »dass du/ich mit Recht zürnst« wird der theologische Charakter eines Disputs betont. Gott übersteigt das Hin- und Her mit der lösenden rhetorischen Frage, die seine Macht und Autorität außer Frage stellt. Gott übersteigt den menschlichen Horizont im Vergleich vom Kleineren zum Größeren. Was soll man da noch sagen?!

Und schließlich: Die Predigt muss vom protestantischen Kopf, die Probleme der Welt in den Fokus zu rücken, auf die Freudenfüße des Sonntagsthemas gestellt werden. Der Wochenspruch (Lk 19,10) stimmt den Ton der Freude bereits an, andere Texte des Sonntags legen diese Freude aus. Der Jona-Text ist vielleicht nicht leichtfüßig wie die Freudenbotinnen (Ps 68,12), er stellt sich einem selbst gestellten Problem. Dennoch weist er über sich hinaus, indem er auf die unermessliche Gnade Gottes hinlenkt und sie im letzten Satzzeichen, im Fragezeichen, das das Undenkbare und Glaubhafte aufreißt, gewitterartig aufleuchten lässt.

Der Text fragt auf der existenziellen Ebene offensichtlich danach, ob man sich eher als Bewohner:in Ninives sieht oder als Jona oder als Christ:in – wenn das überhaupt Alternativen sind. Wie bewertet man andere, warum be- und verurteilt man sie? A nennt als Beispiele »die verborgen leidenden Arbeiter:innen in den Fabriken der globalen Produktion, Drogenkranke und Hartz-IV-Empfänger:innen, verborgen leidende Tiere in Ställen, »Wirtschaftsflüchtlinge« vs. politische Flüchtlinge, Fragen vom Anfang und Ende des Lebens, Kirchenausgetretene und Konfessionslose. Hier bekommt die Auslegung ihr Gewicht. Ihr erstes Gewicht. Denn der liturgische Ort ist die Trinitatis-Zeit. In dieser geht es um die Eigenschaften und Wirkungen Gottes – am heutigen Sonntag um seine Annahme der Sünder, die zu Freude führt.

Wo kommt nun die Freude im Leben der Hörer:innen vor? Klar ist es einfacher, über die Probleme zu sprechen. Da kann man allgemein bleiben oder die Nachrichten analysieren. Der Zustand der Welt, der Gesellschaft, Europas etc. gibt massenhaft Beispiele. Die kirchliche Situation gibt auf jeden Fall zu denken, die gemeindliche je nach konkreter Situation ebenfalls. Sicher herrscht nicht überall Freude – aber hoffentlich Hoffnung. Suchen wir die Freude »auf Hoffnung hin« (Röm 4,18; 8,20.24). Ich denke, dass es viele lokale Beispiele gibt, über die man sich freuen kann. Sie sind mehr als nur die kleine Münze der Hoffnung auf letzte Erlösung. Ein Gemeindehaus wird renoviert sein, ein Projekt laufen, ein Konfirmand:innen-Jahrgang die richtigen Fragen stellen, eine Kasualie alles umfasst haben – das kann auch eine Aussegnung tun und ihre besondere Art Freude ausdrücken. Der Schweizer Bundesrat Adolf Ogi hat auf seine eigene Weise im Jahr 1992 einen Ausdruck geprägt, den viele Schweizer:innen immer noch, zuweilen leicht ironisch, benutzen: »Freude herrscht!« Ogi hatte den Weltraumflug des ersten Schweizer Astronauten im Fernsehen kommentiert. Es muss in einer Gemeinde kein Weltraumflug sein, der Freude auslöst. Aber über die Routine der Klage und des Alltags hinaus wird es nicht Fernliegendes geben, das einen angeregten Ruf auslöst. Viel Freude beim Suchen – ich wette: Die Suche dauert nicht lange. Die Predigt wird Resonanz finden, denn solche Predigten gehen gegen die Erwartung.

Friedrich Nietzsche hatte es umgedreht verwendet: Wenn Christen an die Erlösung glauben würden, müssen sie fröhlicher aussehen. »Bessere Lieder müssten sie mir singen, dass ich an ihren Erlöser glauben lerne: erlöster müssten mir seine Jünger aussehen!« (Zarathustra) Das ist eine Herausforderung, weil das Klischee ja durchaus einen Grund hat, dass gerade traditionell Evangelische nicht zu feiern und sich zu freuen verstünden und sich nicht an Leben und Schöpfung erfreuen könnten vor lauter drückendem Sündenbewusstsein und Aufblick aus der Tiefe auf den Gekreuzigten, nicht auf den Auferstandenen. Dazu ist zu erinnern, dass die Tradition den Ort der Kreuzigung und das Grab Jesu in der Hauptkirche Jerusalems in unmittelbarer Nähe zueinander positioniert. Es spricht Bände, dass diese Kirche auf Griechisch Anastasis heißt und auf Deutsch, von den Protestanten her, Grabeskirche … Sie existiert nur in Beziehung beider Worte. Würde eines fehlen oder auch nur zurückgesetzt, wäre das Gebäude eine vollgestellte und zugleich sinnlose Hülle. Heute zumindest, an diesem Sonntag, geht der Gang von Golgotha zum Grab. Es ist leer wegen der Reue Gottes, die schon Jonas Kleinlichkeit überstiegen hat. »Freuet euch, ihr Christen alle!« (EG 34)

VI Predigtschritte: Schritte der Freudenbotinnen

Ich achte bei meinem Predigtschreiben darauf, nicht in ein starres Zweierschema zu verfallen. Also nicht breit über die Probleme der Welt zu reden und dann einen Evangeliums- und Freudenteil anzuhängen. Obwohl es naheliegt, die Struktur des christlichen Glaubens zu benennen. Wir glauben nach Paulus Worten gegen den Anschein »auf Hoffnung hin«. Die Christenfreude im fröhlichen Wechsel ist kein Galgenhumor. Sondern sie speist sich daraus, dass die Hoffnung ernst genommen wird. Daraus folgt eine Freude, die sich ihres Grundes versichert. »In dir ist Freude« (EG 398), eben im Auferstandenen. Die Freude ist verwoben in die Art und Weise, wie diese Welt existiert und funktioniert. Die Freude über die Erlösung lässt uns die Realitäten nicht leichtnehmen oder übergehen, aber relativieren, d.h. in Beziehung zum Ende und zum Erlöser setzen.

Die kirchenjahreszeitliche und liturgische Einordung gibt den Ton der Freude vor. Haupttext ist das Gleichnis vom verlorenen Sohn. Man fragt sich, ob dieses Gleichnis im Ohr bei der Lektüre von Jona nicht den Gedanken aufbringt, wer nun der oder das Verlorene sei: Jona oder Ninive? Oder die Leser:innen bzw. Hörer:innen? Vom Wochenspruch her stellen sich ähnliche Fragen: Wer ist verloren? Wer wird gesucht? Und viel wichtiger: Wie reagiert man auf sein eigenes Gefundensein? »Kyrieleis, des sollen wir alle froh sein.« (EG 99; EG 120) Den Gedanken fortspinnend, dass es in der Trinitatiszeit vor allem um Gottes Eigenschaften und Art geht, sammle ich biblische Bezüge. Das Wort »jammern« bietet aufregende Befunde über Jesus. Er ergrimmt nicht nur, es jammert ihn öfters. Menschen jammern ihn. Was passiert da? Mit solchen Überlegungen hätte man etabliert, dass die Jona-Perikope nicht nur theologische Theorie ist, sondern einen Grundzug des Glaubens thematisiert. Die Freude ist mit Erstaunen gepaart. Denn »Jesus nimmt die Sünder an«! (EG 353) Nicht die Gerechten, die es gar nicht geben kann. Ninive ist einfach diese Welt. Und Jona ist uns näher, als wir manchmal wahrhaben wollen (siehe das Zitat von Bolz-Weber bei A). Vertrauen wir also – ob als Bewohner:innen Ninives oder als Jona – der Reue Gottes. Freuen wir uns über diese Reue. Über die ethischen Implikationen und Bedingungen der Umkehr kann man dann ein anderes Mal predigen …

Internet: *Friedrich Nietzsche*, Also sprach Zarathustra, Bd. 2, https://www.deutschestextarchiv.de/book/view/nietzsche_zara-hustra02_1883?p=25; *Adolf Ogi*, Freude herrscht!, https://youtu.be/cLC4j0B_boE (beide zuletzt abgerufen am 27.08.2022).

4. Sonntag nach Trinitatis – 02.07.2023

1 Petrus 3,8–17

Gesegnet, Segnen, Segen-Sein

A

Christopher Spehr

I Eröffnung: Unerreichbare Forderungen?

Wenn es doch nur so einfach wäre! So zu leben, wie es hier gefordert wird: gleich gesinnt, mitleidig, geschwisterlich, barmherzig und demütig. Nicht Böses mit Bösem vergelten, seine Zunge hüten, vom Bösen abwenden und das Gute tun, dem Frieden nachjagen, Hoffnung, Sanftmut und Gottesfurcht leben, das Leiden ertragen und sogar die segnen, mit denen ich im Streit liege.

Beim ersten Lesen des Textes schaue ich beschämt zur Seite und frage mich, ob es nicht fast unmöglich ist, so zu leben. Sind das nicht christliche Illusionen und unerreichbare Forderungen, fernab der Realität im Alltag? Ist dieser Predigttext aus dem 1. Petrusbrief nur etwas für Friedensboten, Liebesengel und Glaubenshelden? Für Menschen, die sich bedingungslos in die Nachfolge Christi berufen lassen und diese Nachfolge mit allen Konsequenzen leben? Personen der Kirchengeschichte wie beispielsweise Justin der Märtyrer, Elisabeth von Thüringen, Franz von Assisi, Friederike Fliedner, Dietrich Bonhoeffer oder Frère Roger fallen mir ein. Sie lebten die christliche Botschaft von Glaube, Liebe und Hoffnung beherzt, konsequent und beeindruckend. Diese Glaubensvorbilder dürften die Forderungen erfüllt haben, aber ich?

Beim erneuten Lesen bemerke ich aber Aspekte, welche über die mir als Illusion erscheinenden Mahnungen hinausgehen. Wir sind berufen, haben Hoffnung und Christus in unseren Herzen. Das sind starke Zusagen, die meine Existenz als Christ konstituieren und zwar als Gesegneter, der segnet und zum Erbe des Segens wird (V.9b). Was dies im Alltag heißen kann, darüber lohnt sich, weiter nachzudenken.

Der 1. Petrusbrief zählt zu den sieben sogenannten katholischen Briefen, die sich an die gesamte Christenheit wenden. Konkrete Vorkommnisse in einer konkreten Gemeinde stehen – anders als in den meisten Paulusbriefen – nicht im Fokus (Vahrenhorst, 18). Der Autor des 1. Petrusbriefes ist ebenso unbekannt wie die adressierten Gemeinden. Immerhin greift der Verfasser aber auf die Autorität des »Petrus« zurück und redet christliche Hausgemeinden im hellenistisch-römischen Umfeld an, die »in Pontus, Galatien, Kappadozien, der Provinz Asia und Bithynien« in der Zerstreuung leben (1,1). Die Situation dieser Christen ist im Alltag herausfordernd, da sie aufgrund ihres Glaubens nur noch eingeschränkt oder überhaupt nicht mehr am religiösen und gesellschaftlichen Leben teilnehmen. Sie ecken durch ihren Lebenswandel an, erfahren Ausgrenzungen und Demütigungen und erleiden Repressionen und Diskriminierungen. Auf diese existenziellen Gefährdungen reagiert der 1. Petrusbrief mithilfe einer dreidimensionalen Strategie in seelsorglicher, ökonomischer (d. h. das Haus betreffenden) und sozial-politischer Perspektive (Wagner/Vouga, 1f.) und erweist sich damit als Trost- und Ermutigungsschrift.

Die an die ganze Gemeinde gerichteten Ausführungen von 3,8–17 stehen im zweiten Hauptteil des Briefes unter dem Thema »Die Bewährung in der Fremde« (2,11–5,11) und bilden ein Scharnier zwischen den zwei Abschnitten über die »Bewährung in der Gesellschaft«. Diese akzentuieren einerseits die »Unterordnung unter die Gewalt als Zeugnis« (2,11–3,12), andererseits »Anfeindungen der Mitwelt als Herausforderung« (3,13–4,6). (Feldmeier, 15)

V.8–9 erweitern die zuvor skizzierten Empfehlungen universal und betonen nicht im Imperativ, sondern als Aufforderung sowohl das geschwisterliche Verhalten untereinander (gleich gesinnt, mitleidig, brüderlich) als auch das christliche Verhalten im Haus und Alltag (barmherzig, demütig, keine Vergeltung). Geschwisterlichkeit und offensive Gewaltlosigkeit sind Ausdruck der geschenkten christlichen Identität, die durch den Segen Gottes bekräftigt wird. Hierbei wird Segen nicht als etwas Unverfügbares, sondern als Kraft verstanden, die erneuern und verändern kann. Segen bedeutet im 1. Petrusbrief Zuwendung Gottes zu den Menschen, worauf diese segnend antworten. Denn als Gesegnete haben die Christen Teil an Gottes Segen, an seiner Zuwendung und Zusage, die sie weitergeben können und sollen – auch an ihre Verfolger und Peiniger. Zu diesem christusgemäßen Verhalten sind die Gesegneten berufen, auf dass sie »den Segen erben« (V.9b) und somit Erben des Segens werden.

Und weil zum Christsein das Leiden in der Nachfolge Jesu dazu gehört – so der Grundtenor des Briefes –, ist das erlittene Leid für den Autor gerade als Ausdruck des Gesegnetseins zu verstehen. Die Christen erfahren das Leiden als Konsequenz ihrer Zugehörigkeit zu Christus und ihres Verzichts auf Vergeltung, Rache und Gewalt. Und so wird das die gesellschaftlichen und politischen Alltagsmechanismen durchbrechende friedfertige Handeln der Christen selbst zum Segen. Ihr Leiden in der Nachfolge ist Gnade bei Gott (2,20f.) und Segen (Ostmeyer, 124).

Von dort her sind auch die vertiefenden Empfehlungen (Mahnungen oder Ermahnungen klingt m.E. zu moralisch) aus Ps 34,13–17 (V.10–12) sowie die Verheißungen und Verhaltensempfehlungen gegenüber der Mitwelt zu perspektivieren (V.13–17). Zusammengehalten wird dieser Abschnitt über das »Tun des Guten« durch die Frage: »Und wer ist's, der euch schaden könnte, wenn ihr dem Guten nacheifert?« (V.13) Die Antwort ist fast banal und doch hoch komplex: Niemand kann heute und in Zukunft die Gesegneten in ihrer Identität zerstören, weil sie Christus in ihren Herzen und somit die Hoffnung in sich tragen (V.15). Insofern erhalten die anfänglich paränetisch klingenden Verse eine christologische, eschatologische und ekklesiologische Zuspitzung, die in seelsorglicher (Ihr seid selig. Fürchtet euch nicht!), ökonomischer (mitleidig, geschwisterlich u. a. sein) und sozial-politischer Dimension (Frieden suchen; bereit zur Verantwortung vor jedermann sein) konkret entfaltet wird. Als Gesegnete Gottes bleibt den Christen das Leiden nicht erspart, doch erhält das Leiden eine von Christus her geschenkte heilvolle und zum Heil führende neue Qualität – als Erben des Segens.

III Impulse: Lasst uns segnen!

Die Situation der Christen heute in Mitteleuropa ist eine andere als die der Adressaten damals im 1. Petrusbrief. Aktive Repressionen, Diskriminierungen und andere Leiden aufgrund des christlichen Glaubens stehen – Gott sei Dank – bei uns nicht mehr im Vordergrund. Anders sieht es aktuell z. B. in vielen Ländern Asiens und Afrikas aus. Erfahrungen mit Repressionen und Diskriminierungen aufgrund ihres christlichen Glaubens haben aber auch zahlreiche ehemalige Schülerinnen und Schüler sowie jüngere und ältere Menschen in der DDR erlebt. Vor gerade einmal einer Generation konnten – je nach Haltung der Verantwortlichen aus Partei und Staat – die Konfirmation zum Ausschluss vom Abitur oder die Mitgliedschaft in der evangelischen Kirche zur Versagung des Wunschstudiums führen. Verweigerung des Militärdienstes aus Gewissensgründen wurde vielfach geahndet. Berufswege wurden wegen des christlichen Glaubens verhindert.

Leid und Anfechtungen, Neid und Missgunst, Drohungen und Streit gehören gleichwohl auch heute zu unserem privaten, beruflichen und gesellschaftlichen Alltag, so dass der Predigttext auf facettenreiche Resonanzen stoßen und ins Zentrum unserer Identität führen wird.

Hierbei kommt der Zusage, Erben des Segens zu sein, eine hermeneutische Schlüsselrolle zu. Die Gemeinde damals und uns heute verbindet, dass wir Erben sind. Erben der lebendigen Hoffnung durch die Auferstehung Jesu Christi von den Toten (1,3f.). Wir haben Anteil an Gott, weil Gott uns seinen Segen schenkt. Durch seine Zuwendung zu uns werden wir zu Gesegneten und dürfen den Segen als Kraft und Mehrung erfahren. Martin Luther hat einmal formuliert: »Segen heißt eigentlich Mehrung. Wenn wir segnen, so tun wir nichts mehr, als dass wir Gutes wünschen; aber das, was wir wünschen, können wir nicht verrichten. Aber Gottes Segen klingt aus in Mehrung und ist sogleich kräftig, wie andererseits auch sein Fluch eine Verminderung ist, die auch sogleich kräftig ist.« (Übersetzung nach Luther, WA 42, 40,14–18)

Segen liegt nicht in unserer, sondern in Gottes Hand. Indem wir segnen, werden wir jedoch zu Segensvermittlern. Wir wünschen Gutes denen, die wir segnen. Bei Menschen, die wir schätzen und mit denen wir verbunden sind, fällt das leicht. Zur Herausforderung und Zumutung wird es dann, wenn wir auch die segnen sollen, die uns anfeinden, mit denen wir im Streit liegen, die uns bedrücken. Weil aber der Segen auf Mehrung und Veränderung angelegt ist, dürfen wir darauf hoffen, dass Gott uns und unsere Peiniger und Anfechter verändern wird. Durch ihn werden wir achtsam auf uns selbst und auf die anderen.

Es ist eine Kultur des Segens, die wir als Christen pflegen dürfen. Durch den Segen Gottes und unser Segnen eröffnen sich uns und anderen neue Perspektiven und Resonanzen vor Ort und weltweit mitten in den Anfechtungen der Zeit. Wir dürfen getrost als Segensvermittler wirken, zu Hause am Küchentisch, an unserem Arbeitsplatz, in der Schule, im Sportverein, in der Kirchengemeinde oder an anderen Orten unseres Lebens. Denn Gott schenkt uns als Gesegnete die nötige Kraft und den Mut, Gerechtigkeit zu üben, Liebe und Geduld zu leben und dem Frieden im Alltag nachzujagen.

Daher lasst uns segnen! Und darauf vertrauen, dass Gottes Segen immer wieder in uns und in unserem Gegenüber wirkt.

Literatur: *Reinhard Feldmeier*, Der erste Brief des Petrus (ThHK 15/1), Leipzig 2005; *Martin Luther*, Werke. Kritische Gesamtausgabe (= WA), Bd. 42, Weimar 1911; *Karl-Heinrich Ostmeyer*, Der Segen nach dem Neuen Testament – Kontinuitäten und Spezifika, in: Martin Leuenberger (Hg.), Segen (Themen der Theologie 10), Tübingen 2015, 111–133; *Martin Vahrenhorst*, Der erste Brief des Petrus (ThKNT 19), Stuttgart 2016; *Gerald Wagner/François Vouga*, Der erste Brief des Petrus (HNT 15/II), Tübingen 2020.

IV Entgegnung: Zum Segen werden

Der Predigttext überfordert: Viele Themen werden angeschnitten, große Erwartungen formuliert. Viele gutgemeinte Ratschläge sind zu hören. Das Zuhören fällt nicht leicht. Die im Text enthaltenen Zusagen herauszustellen, spricht mich an. Ich kann A gut folgen. Doch zugleich frage ich mich, ob da nicht der ein oder andere An-Spruch bei allem Zu-Spruch überdeckt wird. Der Predigttext geht davon aus, dass Glaube im Leben sichtbar und in der Gemeinschaft erfahrbar wird. Ich stimme A zu, dass das nur geht, wenn wir uns als Gesegnete und Erb*innen des Segens verstehen.

Doch heißt das nicht nur, dass wir den Segen Gottes weitergeben, sondern eben auch, dass wir selbst zum Segen werden, uns erkennbar verändern lassen. »Wen Gott (ge)segnet (hat), der/die kann ihrerseits zum Segen werden, genauer noch: dem/der ist es *geboten*, ein Segen zu werden.« (Frettlöh, 350) Auch der Wochenspruch aus Gal 6,2 geht davon aus, dass Glaube tätig wird und so seine Erfüllung findet: »Einer trage des andern Last, so werdet ihr das Gesetz Christi erfüllen.« Wer gesegnet ist und Segens-Erb*in, wird verändert und kann selbst Veränderung bewirken.

V Erschließung der Hörersituation: Sehnsucht nach Verständigung

Der Ton wird rauer. Da sind auf der einen Seite die und auf der anderen wir. Oder jede und jeder in der eigenen Blase, Verständigung scheint kaum möglich. Es scheint, als wäre der Kitt, der die Gesellschaft zusammenhält, verloren gegangen. An kontroversen Debatten oder Diskursen scheinen immer weniger interessiert.

Hinzu kommt: Die Coronapandemie ist kaum vorüber, Inflation, Krieg, Energie oder Klima heißen die nächsten Krisen. Die Schere zwischen Arm und Reich geht weiter auseinander. Wie die Situation in den nächsten Monaten oder gar im nächsten Jahr aussehen wird, ist kaum vorhersagbar. Die Welt, das Land, die Einzelnen stehen vor Veränderungen und Herausforderungen, immer wieder neu. Das ist anstrengend und kostet Kraft.

Verschiedene Initiativen, Förderprogramme und Organisationen bemühen sich, dem etwas entgegenzusetzen. Beispielsweise die Initiative des Europarates gegen Hassreden im Internet (www.no-hate-speech.de) oder verschiedene Demokratieprojekte wie das FIT-Projekt in der Diakonie Hessen: Für Integration und Teilhabe! (www.diakonie-hessen.de/info/themen/fuer-integration-und-teilhabe).

In solchen Bestrebungen wird die Sehnsucht nach Verständigung und besserem gesellschaftlichen Miteinander greifbar. Dafür ist wichtig, dass Menschen aufeinander zugehen, vielleicht auch neue Wege ausprobieren. Kirchengemeinden arbeiten zunehmend gemeinwesenorientiert und vernetzen sich mit anderen gesellschaftlichen Partner*innen.

Diese Vernetzung beinhaltet auch eine neue Sprachfähigkeit, gerade auch über das, was uns selbstverständlich geworden ist. Mit dem Predigttext kann hier von der Bereitschaft gesprochen werden, Auskunft über die eigene Hoffnung zu geben (V.15). Ich höre hier die Aufforderung, Gesprächen nicht aus dem Weg zu gehen und Unterschiede auszuhalten. Innerhalb und außerhalb der Kirche. Bei Anfragen »soll dann jedes einzelne Gemeindeglied jederzeit und nicht nur in besonderen Situationen dazu in der Lage sein, Auskunft zu geben über die Hoffnung, die die Gegenwart schon jetzt bestimmt. Das verlangt von allen Gemeindegliedern ein hohes Maß an Kompetenz«. (Vahrenhorst, 149) Im Dialog sind Christ*innen gefragt, eigene Überzeugungen zum Ausdruck zu bringen und so Profil zu zeigen. Hoffnung ist ein Zeichen des christlichen Profils ebenso wie die Berufung, Segen zu erben. Das darf sichtbar und spürbar werden: indem anderen mit Respekt begegnet wird (V.16: mit Sanftmut und [Gottes-]Furcht) oder nicht auf jede Provokation eine weitere Provokation folgt (V.9: nicht Böses mit Bösem vergelten oder Drohung mit Drohung).

In diesen Verhaltensweisen spiegelt sich die Glaubens-Haltung, durch den Segen zu Gott zu gehören und diesen Segen Gottes weiterzugeben. Ein Rückzug aus der Gesprächsbereitschaft ist nicht denkbar. Das kann auch bedeuten, mit dieser Haltung auf Widerstand, Unverständnis oder Anfeindung zu stoßen. Das ist keine Verfolgungssituation, aber Christ*innen stoßen mit ihrer Botschaft nicht nur auf offene Türen. All das ist anstrengend und kostet Kraft. Jedoch sind wir durch den Segen auch mit unserer Kraftquelle verbunden. »Durch das Segnen wird eine Verbindung zu Gott hergestellt, unabhängig von wem es ausgeht und auf wen es bezogen ist. In diese Segensbeziehung werden andere Menschen und Dinge hineingenommen.« (Häusl/Ostmeyer, 516)

Der Segen verändert Menschen, indem er sie in Beziehung zu Gott und zueinander setzt. Segnen ist also immer auch ein soziales oder integratives Geschehen. So ist nicht verwunderlich, dass der Segen immer Konjunktur zu haben scheint: Gottesdienste mit Einzelsegnung (beispielsweise Thomasmessen) sind oft gut besucht und es gibt unzählige Karten mit Segenswünschen. Die Initiative »Ich brauche Segen« ermöglicht, sich online jederzeit einen Segen zusprechen zu lassen (www.segen.jetzt).

Der Segen, in die individuelle Situation hinein zugesprochen, tut Menschen gut und wird oft als niedrigschwelliges Angebot wahrgenommen. »Der Segen ist der Ort höchster Passivität«. (Steffensky, 29) Ich muss erst einmal nichts und darf nur sein: Gesegnete*r. Zugleich kann der Segen mehr: Seine affirmative Kraft (Frettlöh, 380) stärkt und ermutigt, diese Segenserfahrung weiterzutragen.

VI Predigtschritte: Auf das Wirken des Segens vertrauen – vom Wirken des Segens erzählen

Es liegt nahe, wenn der Segen im Zentrum steht, im Gottesdienst nicht nur vom Segen zu reden, sondern auch zu segnen, z. B. in Einzelsegnungen oder mit einem speziellen Reisesegen für die Sommerzeit, die für viele Ferien- und Urlaubszeit ist.

Neue und alte Lieder bitten um den Segen, auch das Wochenlied »Komm in unsre stolze Welt« (EG 428) kann so verstanden werden. Andere Lieder sprechen Segen zu. Zum Predigttext passen vielleicht die Lieder besser, die den Segen auch als Ermutigung zum Handeln verstehen, beispielsweise »Herr, wir bitten: Komm und segne uns« von Peter Strauch (EG 590 Regionalteil Hessen). Auch das Lied »Ins Wasser fällt ein Stein« (EG 621 Regionalteil Hessen) singt davon wie Gottes Liebe weiter wirkt.

Die Predigt steht vor der Herausforderung den Zu-Spruch und die An-Sprüche des Predigttextes ernst zu nehmen, ohne sich dabei einzureihen in die vielen guten Ratschläge, die überall zu hören sind.

»Du bist ein Segen«, kann ein Einstieg in die Predigt sein: Das gilt für den gelangweilten Konfi ebenso wie für die Dame, die jeden Sonntag auf demselben Platz sitzt und eifrig zuhört. Das gilt, auch wenn ich es selbst vergesse. Robert Gernhardt erzählt in seinem Text »Trost im Gedicht« vom Trüffelschwein, das – einmal gedacht – nicht mehr wegzudenken ist. Vielleicht ist das mit dem Segen-Sein genauso: Wer einmal als Segen gedacht wurde, kann nicht mehr anders angesehen werden. Und auch für den Segen gilt: »Musst ihm nur Sein verleihn.« (Gernhardt, 33) Eine große Aufgabe, die uns zugetraut wird. Manchmal aber ist sie so leicht wie ein Trüffelschwein hin und wieder weg zu denken.

In der Predigt kann erzählt werden, wie Segen wirkt, wie Menschen anderen zum Segen werden. Das können alltägliche, kurze Geschichten sein oder auch so eine große, inzwischen weltberühmte wie die der ziemlich besten Freunde, von denen die Regisseure Olivier Nakache und Éric Toledano im gleichnamigen Film von 2011 erzählen. Eine wahre und doch unglaubliche Geschichte: Der wohlhabende Philippe ist auf Hilfe angewiesen, vom Hals ab gelähmt sitzt er im Rollstuhl. Driss, gerade aus dem Gefängnis entlassen, will die Stelle als Pfleger, auf die er sich bewirbt, eigentlich gar nicht haben: Er braucht nur den Stempel, um Sozialhilfe zu bekommen. Doch irgendwie finden die beiden zueinander und überwinden in ihrer ungewöhnlichen Freundschaft Grenzen. Sie werden zum Segen füreinander. Ich denke, das liegt auch daran, dass sie im Gespräch sind – auch wenn sie einander nicht immer verstehen. Für Philippe spielt Geld kaum eine Rolle, er hat mehr als genug. Anders Driss, der einen viel pragmatischeren Blick auf die Welt hat – auch auf die Welt der Kunst: In dem roten Fleck auf der weißen Leinwand erkennt Philippe ein modernes Kunstwerk, mehrere 10.000 Euro Wert. Driss rechnet dagegen, dass er mit Materialien aus dem Baumarkt für 50 Euro ein ähnliches Werk herstellen könnte. Beides stimmt, obwohl sich beides gegenseitig auszuschließen scheint. Dass der Film davon mit Leichtigkeit und Humor erzählt, ist ebenfalls ein Segen.

Literatur: *Magdalene L. Frettlöh*, Theologie des Segens. Biblische und dogmatische Wahrnehmungen, Gütersloh ²1998; *Robert Gernhardt*, Reim und Zeit. Gedichte, Stuttgart 2005; *Maria Häusl/Karl-Heinrich Ostmeyer*, Art.: Segen / Fluch, in: Frank Crüsemann u. a. (Hg.) Sozialgeschichtliches Wörterbuch zur Bibel, Gütersloh 2009, 515–518; *Fulbert Steffensky*, Das Haus, das die Träume verwaltet, Würzburg ⁹2006; *Martin Vahrenhorst*, Der erste Brief des Petrus (ThHKNT 19), Stuttgart 2016.

5. Sonntag nach Trinitatis – 09.07.2023

A

Johannes 1,35–51

Begegnung gesucht, Gemeinschaft gefunden

Johannes Vortisch

I Eröffnung: Gemeinschaft aus Einzelnen

»*Du* bist in die Nachfolge Jesu gerufen!« Der 5. Sonntag nach Trinitatis lenkt den Blick darauf, dass sich die Gemeinde aus konkreten Individuen aufbaut und nicht als Kollektiv besteht. Die Anwesenden kommen aus unterschiedlichen Hintergründen und mit verschiedenen Haltungen zusammen, um ihren je eigenen Lebensweg (mit Jesus) gemeinschaftlich zu gestalten. Diese individuelle Berufung in das Kollektiv der Gemeinde wird im Johannesevangelium deutlich herausgestellt. Nicht der Zwölferkreis kommt in den Blick, sondern konkrete Einzelpersonen: Wir begegnen in der Erzählung vier namentlich genannten und einem anonymen Jünger, die mit ihrem ersten Auftritt mehr Konturen erhalten als die überwiegende Zahl der Jünger in den synoptischen Evangelien. Gleichwohl scheint der Fokus der Perikope weniger auf den Berufenen zu liegen, sondern vielmehr auf demjenigen, der in die Nachfolge ruft. Exemplarisch wird an Andreas, Philippus und Nathanael herausgestellt, wer Jesus für sie persönlich ist: Messias, Sohn Josefs, Sohn Gottes. Dadurch finden sie nicht nur in die Nachfolge, sondern zugleich zur Mission: Wer für sich eine Antwort findet, wer Jesus ist, der kann anderen von ihm erzählen und zu ihm führen. Insofern sehe ich das Predigtthema für diesen Sonntag in der Reflexion meiner persönlichen Haltung zu Jesus Christus. Die Predigt lädt dazu ein, mit anderen Individuen im Gottesdienst über diese Frage ins Gespräch zu kommen und auf den Vielklang zu hören: »Wer ist Jesus für dich?«

II Erschließung des Textes: Durch Begegnung zum Bekenntnis

Der Zeitmarker »am nächsten Tag« (Joh 1,35.43; vgl. bereits Joh 1,29) gliedert die Erzählung in zwei Abschnitte. Es dominieren Verben der Wahrnehmung: durch sehen, gesehen- bzw. gefunden-werden treten die Personen miteinander in Beziehung. Die beiden Erzählabschnitte folgen einem ähnlichen Aufbau: (1) Menschen sehen Jesus bzw. werden von ihm gefunden und treten so in Beziehung (Joh 1,35–39/1,43f.), (2) die Jünger erzählen anderen, dass sie Jesus gefunden haben und führen sie zu ihm (Joh 1,40–42a/1,45–46a), (3) Jesus sieht die »Herangeführten« und spricht sie in besonderer Weise an (Joh 1,42b/1,46b–51). Durch diese Verse (3) wird Jesus als allwissend charakterisiert, der die ihm zuvor unbekannten Menschen so anspricht, wie sie (wirklich) sind bzw. sein werden.

Es fällt auf, dass der »vermittelte« Weg in die Christusnachfolge, der direkten Ansprache (Joh 1,43) – wie sie in der synoptischen Tradition dominiert (vgl. Mk 1,17.20; 2,14 parr.) – vorangestellt ist. Andreas und ein namenloser Jünger, der wahrscheinlich mit dem »Jünger, den Jesus liebte« identifiziert werden soll (Joh 13,23 u.ö.), werden von Johannes dem Täufer auf Jesus aufmerksam gemacht. Vermutlich liegen darin eigene Erfahrungen der johanneischen Gemeinde: Der Ruf in die Nachfolge erfolgt in der Vermittlung durch andere Gläubige; womöglich spiegelt sich die Konkurrenz zwischen der Gemeinde und Nachfolgekreisen des Täufers in der Erzählung wider.

Am Anfang der Jesusnachfolge im Johannesevangelium steht, dass sich Menschen auf den Weg zu Jesus machen, vielleicht eine vage Vorstellung mitbringen und durch die Begegnung erkennen, wer Jesus ist. Diese Dynamik zeigt sich durch die ersten Worte Jesu im Evangelium: »Was sucht ihr?« – »Kommt und seht!«. Erst durch die Begegnung mit ihm kommen sie zu einem Bild, das sie anderen kommunizieren. Die persönliche Begegnung mit Jesus führt sowohl Andreas als auch Philippus dazu, anderen gegenüber sprachfähig zu werden und über Jesus Zeugnis abzulegen. Dass dies keineswegs zur blinden Übernahme führt, verdeutlicht die Episode um Nathanael. Er reagiert zunächst abwehrend auf die Mitteilung, dass der in den Schriften Verheißene aus Nazareth stammen soll. Die Herkunft wird allerdings nicht negiert (vgl. Joh 7,41f.; diff. Mt 1/Lk 2), sondern als nicht entscheidend markiert: Als Jesus sich Nathanael gegenüber als allwissend offenbart, findet er zum Glauben und zu seinem Bekenntnis (Joh 1,49).

Die Erzählung bildet so in nuce Missionsdynamiken ab, in welchen die Jünger ihr jeweils eigenes Verständnis von Jesus anderen Menschen erzählen und so zu ihm führen. Diese finden in der Begegnung wiederum zu ihrer eigenen Formulierung. Dabei fällt auf, dass jede Jesusbegegnung zu einer neuen Redeweise über Jesus führt. Für Johannes den Täufer ist Jesus »das Lamm Gottes«, für Andreas zunächst ein »Rabbi«, später bekennt er ihn gegenüber Petrus als »Messias/Christus«, für Philippus ist Jesus derjenige, »von dem Mose im Gesetz und die Propheten geschrieben haben« zugleich aber auch der »Sohn Josefs«, für Nathanael schließlich zunächst »der aus Nazareth« nach der Begegnung aber »der Sohn Gottes« und »der König Israels«; Jesus selbst legt den Titel »Menschensohn« dazu. Im ersten Moment könnte darin eine Hierarchisierung vermutet werden, insofern das Offenbarungswort in Joh 1,51 durch die Anspielung auf Gen 28,12 den Menschensohn als den Ort bestimmt, an dem sich Himmel und Erde verbinden. Dies wird im weiteren Verlauf des Evangeliums v.a. durch die Einheit von Vater und Sohn herausgestellt (vgl. u.a. Joh 1,14; 14,8–14). Es ist indes wahrscheinlicher, dass die Vielzahl der Titel gleichberechtigt nebeneinanderstehen und sich »(gegenseitig) interpretieren, ergänzen und verdeutlichen, so daß sie die göttliche Würde Jesu am Beginn des Evangeliums umfassend zur Geltung bringen«. (Dschulnigg, 446)

Entsprechend scheinen erst die vielen Meinungen über Jesus und die einzelnen individuellen Erkenntnisse zu seiner Person einen vielschichtigen Klangraum auszubilden, um der Person Jesus ihre Kontur zu geben. Manche Titel greifen auf traditionsgeschichtliche Bilder zurück, andere werden neu gebildet. Dieser Prozess bleibt unabgeschlossen und offen für neue Bekenntnisse. Gerade darin liegt der implizite Auftrag an die Leserschaft, das eigene Jesusverständnis anderen zu kommunizieren. Dieses je eigene Auskunft-Geben über Jesus, so vielfältig und unterschiedlich es auch sein mag, hängt eng mit dem Weg in die Nachfolge Jesu zusammen. Nachfolge beginnt, wo ich sprachfähig werde, über Jesus Zeugnis zu geben. Die Perikope regt mich daher zu einer Predigt an, die die Gemeinde zur Auskunftsgabe über Jesus motiviert.

III Impulse: Sprachtraining für Nachfolgende

Wenn es bei der Nachfolge Jesu nach dem Johannesevangelium darum geht, dass Menschen über Jesus Auskunft geben bzw. Zeugnis ablegen können, dann sollte dies durch die Predigt ermöglicht und eingeübt werden. Es ist zwar nicht für jede Gemeindesituation geeignet, aber ich denke zunächst daran, die Predigt zwischendurch zu unterbrechen und die Gemeinde aufzufordern, sich in Murmelgruppen, d. h. mit zwei bis vier Personen in der näheren Umgebung darüber auszutauschen, wer Jesus für sie ist. Unterstützend werden Impulsfragen mitgegeben: »Über Jesus weiß ich …« »Wenn mich jemand fragt, wer Jesus ist, sage ich …«

Bei Gemeinden, denen eine solche Gesprächsphase nicht zuzumuten ist, könnte alternativ eine synchrone Onlineumfrage mit freier oder vorgegebener Stichworteingabe (bspw. Mentimeter) in den Gottesdienst integriert werden oder eben diese Abfrage am Eingang auf einem Flipchart erstellt werden.

Auf dem Weg zum Gespräch wird analog zum Evangelium deutlich, dass es keine »falschen« Aussagen über Jesus gibt. Daher wähle ich einen Einstieg bei dem verschiedene, mitunter kontroverse Jesusbilder nebeneinander zu stehen kommen. Je nach Gemeindesituation lässt sich dabei auf Zitate/Meinungen von Prominenten (bspw. https://promisglauben.de/) oder auf facettenreiches geistliches Liedgut zurückgreifen (bspw. »Der Gammler« von Andreas Malessa). Im Nachgang dieser Murmelgruppenphase geht die Predigt darauf ein, dass wir uns durch das Gespräch erneut in die Nachfolge Jesu gestellt haben: Nachfolge heißt an diesem Sonntag von Jesus reden, anderen Menschen von ihm erzählen, bekennen, wer er für uns ist. Eine mögliche Pointe ist der Zuspruch an die Anwesenden: Was im Gottesdienst gelingt, darf auch im Alltag gelingen: »Kommt und seht.«

Literatur: *Peter Dschulnigg,* Die Berufung der Jünger. Joh 1,35–51 im Rahmen des vierten Evangeliums, in: FZPhTh 36, 427–448; *Udo Schnelle,* Das Evangelium nach Johannes (ThHK 4), Leipzig [4]2009; *Ulrich Wilckens,* Das Evangelium nach Johannes (NTD 4), Göttingen [17]1998.

Internet: https://promisglauben.de/; https://www.evangeliums.net/lieder/lied_man_sagt_er_war_ein_gammler_der_gammler.html (alle zuletzt abgerufen am 29.09.2022).

Anna-Maria Semper

B

IV Entgegnung: Geschenkte Begegnung mit anderen

»DU bist in die Nachfolge Jesu gerufen!«: Die Fokussierung auf den Einzelnen und seinen individuellen Weg in die Gemeinschaft der Glaubenden, die A stark macht, leuchtet mir ein. Jeder der Protagonisten der Perikope kommt zu einem etwas anders akzentuierten Christusbekenntnis – und diese Bekenntnisse bleiben gleichberechtigt nebeneinander stehen. Mit A möchte ich die Vielschichtigkeit der Bekenntnisse in Joh 1,35–51 als Aufforderung an die Hörenden der Gegenwart verstehen, über ihr eigenes (an die Tradition rückgebundenes, aber dabei doch auch individuelles) Christusbekenntnis und ihren eigenen Weg der Nachfolge nachzudenken.

A setzt in seinem Impuls für die Predigtgestaltung den Schwerpunkt auf das missionarische Potenzial der eigenen Auskunftsfähigkeit und regt zu einem Sprachtraining für Nachfolgende an: Das wäre in der Tat eine charmante Ver-Gegenwärtigung wesentlicher Aspekte der in Joh 1,35–51 geschilderten Nachfolgedynamik. Problematisch würde es jedoch meines Erachtens, bliebe die Predigt an diesem Punkt stehen: Den Hörenden die Bedeutung ihres individuellen Bekenntnisses vor Augen zu führen und das Bekennen einzuüben, kann – dies deutet A am Schluss von III selbst an – nicht schon das Ziel der Predigt sein. Angesichts der häufig zu beobachtenden Hemmungen selbst regelmäßiger Gottesdienstbesucherinnen und -besucher, Aussagen über ihren eigenen Glauben frei zu formulieren, besteht sonst die Gefahr, dass das Sprachtraining im Rahmen der Predigt mehr als Entmutigung denn als Ermutigung zur Nachfolge erlebt wird. Bei aller Betonung des individuellen Bekenntnisses braucht es Raum auch für den Zuspruch, dass Nachfolge nicht einfach durch mich als Einzelne machbar oder trainierbar ist, sondern vor allem Geschenk Gottes. Diese Spur ist deutlich angelegt im Wochenspruch aus Eph 2,8 (Aus Gnade seid ihr gerettet durch Glauben, und das nicht aus euch: Gottes Gabe ist es), und auch der Predigttext selbst setzt deutliche Akzente in diese Richtung. A hat sie unter II bereits selbst herausgearbeitet: So sehr man das je individuelle Bekenntnis der Protagonisten in Joh 1,35–51 hervorheben kann, ist dort doch auch deutlich zu erkennen: Es ist immer die geschenkte Begegnung mit anderen, die diese Protagonisten ins Bekenntnis führt. Die Begegnung mit Jesus selbst. Oder aber die Begegnung mit anderen Suchenden. Erst das Zeugnis des Johannes bringt Andreas und den anderen Jünger in Bewegung – und erst das Zeugnis des Andreas dann wiederum Simon, das Zeugnis des Philippus den Nathanael. Über Nachfolge nachzudenken, muss für mich an diesem Sonntag also auch heißen: Nachdenken über die Begegnungen mit Menschen, die mich in meinem Glauben geprägt und mir so bei der Nachfolge geholfen haben, muss bei aller Individualität auch heißen, die Gemeinschaft mit anderen Glaubenden als Geschenk und Gnade Gottes sehen lernen, die mir Mut machen und den Rücken stärken will. In dieser Akzentuierung kann ich die Gedanken von A als Zuspruch an uns heute hören.

»Was sucht ihr?« (V.38): Der allererste Satz, den Johannes Jesus in seinem Evangelium sprechen lässt, ist eine Frage – gerichtet an Andreas und den anderen Jünger. Die beiden geben Jesus keine eindeutige Antwort. Vielleicht können sie es selbst nicht so richtig in Worte fassen. Ihre Gegenfrage »Wo wirst du bleiben?« lässt sich doch aber so verstehen, dass sie in irgendeiner Weise die *Nähe* Jesu suchen. Sie bleiben bei ihm – und drei Verse später sind sie gewiss, dass sie etwas *gefunden* haben: den Messias. Was genau zwischen V.38 und V.41 geschieht, scheint Johannes für seine Erzählung nicht wichtig zu sein. Entscheidend ist die *Begegnung* mit Jesus. Sie führt in den Glauben, in die Gewissheit, in die Nachfolge.

»Was sucht ihr?« – die erste Frage Jesu ist existenziell und zeitlos. Als Menschen sind wir immer auch Suchende. Wie die Jünger in der Perikope nicht immer in der Lage sind, konkret zu benennen, was es eigentlich ist, das wir suchen, sind wir manchmal dennoch plötzlich gewiss, Bedeutendes gefunden zu haben.

»Was suchen wir? Diese Frage Jesu stellt sich jedem. Ein Leben lang sind wir auf der Suche. Wir suchen nach Sinn und Wahrheit, nach Glück und Frieden, nach dem Ich und dem Du. Wir fragen nach dem Worum und Wozu, dem Woher und Wohin und in allem nach Gott. Jesu erste Frage trifft uns mitten ins Herz, sie weckt unsere Sehnsucht nach dem Fragen.« (Oberthür, 20)

Eine Predigt zu Joh 1,35–51, die den Horizont hinter der Frage Jesu so weit macht wie hier Rainer Oberthür, bietet die Chance, dass sich die Hörerinnen und Hörer mitnehmen lassen in die Nachfolgegeschichte der Jünger, weil sie sich darin in ihrem eigenen Suchen und Fragen gesehen und angesprochen fühlen: Die eigene Sehnsucht nach Mehr, nach etwas, das Himmel und Erde verbindet (vgl. V.51), nach Gesehen- und Gekannt-Werden kann darin Resonanz finden, wie die Jünger in der Geschichte die Begegnung mit Jesus erleben. Vielleicht verbindet sich für die Hörerinnen und Hörer die Erfahrung der Jünger in Joh 1,35–51 mit Erinnerungen an exemplarische Momente, in denen sie sich selbst von Gott gesehen und angesprochen gefühlt haben. Etwa bei der Taufe der eigenen Kinder. Einer wohltuenden, plötzlichen Umarmung in einer schweren Lebenssituation. Oder in einer wegweisenden Begegnung mit anderen Menschen, die ihnen neue Perspektiven auf den eigenen Glauben eröffnete. Im Rahmen von Kasualgesprächen oder Gesprächen in der Gemeinde erlebe ich immer wieder, dass es am ehesten solche Momente sind, in denen sich Menschen im Rückblick als »angekommen« oder als »von Gott gesehen« beschreiben. Meiner Erfahrung nach verbinden sich die Beschreibungen solcher Momente nur selten mit so konkreten Jesusbekenntnissen wie denen in der Perikope. Aber immer wieder ist zu spüren, dass es solche Momente sind, die die Personen, die von ihnen erzählen, darin bestärken, an ihrem Glauben festzuhalten, »nachzufolgen«.

Daher wäre es lohnenswert, die Perikope (auch) so zu lesen: Nachfolge beginnt – anders als von A beschrieben – schon mit dem *Gefühl*, »gefunden« zu haben, von Gott gesehen zu sein – einem Gefühl, das Gott uns immer wieder neu schenkt. Durch Begegnungen mit sich. Und mit Menschen, die vor uns und mit uns auf dem Weg des Glaubens unterwegs sind. So wie es Andreas und der andere Jünger in ihrer Begegnung mit Jesus, dem *logos* Gottes erleben. So wie es Simon, Philippus und Nathanael erleben. »Aus Gnade seid ihr gerettet durch Glauben, und das nicht aus euch: Gottes Gabe ist es.«

VI Predigtschritte: Im Suchen gefunden

Aus den bisherigen Überlegungen folgt als zentraler Gedanke der Predigt: Nachfolge ist zuallererst Geschenk Gottes an jede und jeden einzelnen. Sie speist sich aus der Begegnung – mit Gott und mit anderen Menschen. Das Bekenntnis, in das sie mündet, klingt bei jedem individuell und verbindet sich zu einem großen Klangraum.

Dieser Gedanke soll die Hörerinnen und Hörer dazu ermutigen, Nachfolge als »gemeinsam auf dem Weg des Glaubens sein« zu begreifen, über ihren Glauben nachzudenken und über ihren Glauben im Gespräch zu bleiben.

Konkret könnte die Predigt die Perikope zunächst aus der Perspektive der verschiedenen suchenden Jünger nacherzählen und sie dabei mit der unter V beschriebenen Situation der Hörerinnen und Hörer der Gegenwart ver-sprechen. Die Erzählung dieses Suchens und Findens sollte sprachlich so gestaltet sein, dass die Hörerinnen und Hörer darin Raum für ihr eigenes Suchen und Fragen haben, aber auch für Momente des Findens und Gesehen-Werdens aus ihrer eigenen Erfahrungswelt.

Es bietet sich an, sich dabei nicht auf nur einen der Jünger zu konzentrieren, sondern zunächst bewusst der Verschiedenheit der Charaktere Raum zu geben und als Kontrast dazu die *verändernde Begegnung mit Jesus und mit anderen Suchenden* als das Verbindende stark zu machen: Andreas und der andere Jünger. Simon. Philippus. Nathanael. Fünf ganz unterschiedliche Typen, fünf ganz unterschiedliche Charaktere, die Jesus da begegnen. Aber eins verbindet sie bei aller Unterschiedlichkeit dann eben doch miteinander: ihre Sehnsucht. Ihre Sehnsucht nach Leben. Nach Leben mit Tiefgang. Leben mit Sinn. Leben mit Gott. Und bei Jesus, da spüren sie alle, jeder auf seine Weise: Bei ihm hat meine Sehnsucht, bei ihm hat mein Suchen und Fragen einen Ort, ein Ziel. Bei ihm bin ich gesehen, angenommen mit allem, was zu mir gehört. Und sie bleiben. Bei ihm. Und beieinander. Teilen miteinander, was sie erlebt haben. Und begreifen: Angekommen sein, gesehen sein: Das ist ein großes Geschenk. Nichts, was ich selbst einfach machen kann. Aber ein Geschenk, das sich zu teilen, weiterzugeben lohnt. Und weitergegeben, das wurde es. Bis zu uns heute, die wir im Juli 2023 miteinander Gemeinde sind, einander begegnen, Glauben teilen.

Die Predigt ließe sich beschließen mit meditativem Raum für die Hörerinnen und Hörer – ggf. untermalt von Musik –, für sich ganz persönlich über folgende Fragen nachzudenken: Was suchst du? Wo hast du dich einmal ganz gesehen/angenommen gefühlt? Welche Menschen haben dich auf deinem Glaubensweg geprägt? Für welche Begegnungen bist du dankbar? Gelegenheit zum Austausch über diese Gedanken könnte ein sich anschließendes Kirchkaffee bieten.

Literatur: *Rainer Oberthür,* Jesus. Die Geschichte eines Menschen, der fragt, München 2021.

6. Sonntag nach Trinitatis – 16.07.2023

Jesaja 43,1–7

Wichtigtuerei

A

Katharina Krause

I Eröffnung: »Du bist mein!?«

»Fürchte dich nicht. Ich habe dich bei deinem Namen gerufen« – ein treffendes Wort, denke ich, als ich es dem Täufling zuspreche. Kein Wunder, dass es Eingang in die Taufliturgien gefunden hat. Schließlich geht es doch genau darum: dass Gott da ist. Bedingungslos. Beim Wasserritus haben die Äuglein des Kindes alles mitverfolgt. Von einem Moment auf den andern legt sich nun aber Unmut auf sein Gesicht. Es beginnt zu weinen. Hektisch suche ich den Blick der Eltern, die angespannt nicken und fahre klopfenden Herzens fort, ein Kreuz auf die Stirn des mittlerweile laut protestierenden Babys zu zeichnen. Noch während ich das angefangene Wort zu Ende bringe, wird mir unbehaglich: »Du bist mein!?«

II Erschließung des Textes: Der Herr der Geschichte – und wir sind das Volk?

Zwei Hindernisse sehe ich, den Text unverwandt im Sinne des Kasus – Tauferinnerung – zu verbrauchen. Das erste verweist auf die eingangs beschriebene Szene: Was für ein Gott tritt uns hier eigentlich entgegen? Fraglos eine dominante Figur, die alle Handlungsmacht für sich beansprucht: Sie erschafft, macht, bringt hervor, errettet, beschützt, sammelt – um der eigenen Ehre willen. Aus Liebe auch. Aber einer, die nicht davor zurückschreckt, auf Kosten anderer ins Werk gesetzt zu werden. Wollen wir uns diesem Gott wirklich aussetzen? Kann ich mich einer solch einnehmenden Macht wirklich anvertrauen? Wo bleiben da noch Gestaltungsspielräume? Vermutlich kann man sich ihm nur unterwerfen.

Mein Unbehagen freilich ist Ausdruck eines Missverständnisses. Womit wir beim zweiten Hindernis wären: An wen ist dieses Beziehungsangebot adressiert? Zuallererst an Jakob/Israel. So legt es Schalom Ben-Chorin in einer Predigt 1983 auch aus: Zu den Verbannten in Babylon gesprochen wirkt es – eben, weil es Gotteswort ist – bis in unsere Zeit und darüber hinaus. Bewährt hat es sich für ihn in der Staatsgründung Israels nach der Schoah. Was fragen lässt: Kann man diesen Text, der in einem kollektiven Sinn gemeint ist, auch in einem individuellen Sinne verstehen und aneignen?

Der Text spricht in eine Situation, in der der Exilsprophet eine Wende heraufkommen sieht. Durch die Niederlage gegen die Babylonier 590 v. Chr. wurden Jerusalem und der Tempel zerstört und die Oberschicht nach Babylon deportiert. Jetzt, gut anderthalb Generationen später, zeichnet sich ab, dass die Perser die Macht der Babylonier endgültig brechen werden. Die Entwicklungen, die 539 v. Chr. in der Eroberung Babylons kulminieren, können den Zeitgenossen kaum entgangen sein. Dass Kyros seinen Siegeszug angetreten hat, muss jedem halbwegs wachen Beobachter klar gewesen sein. Auch hat sich herumgesprochen, dass die Perser den Judäern das Recht auf Rückkehr einräumen. Die Grundaussage des Propheten lautet daher: Jetzt gilt es zu packen und zu gehen. Dazu will er motivieren: Geht heim! Zieht aus! (Jes 48,20; 49,9) Und tut damit aller Welt kund, dass JHWH Jakob gerettet hat (Jes 48,20). Ein Motivationsruf und nicht etwa Trost- oder Beruhigungsruf, der im Rahmen der nahen Erwartung ergeht, dass sich die Ablösung durch Kyros einstellen wird.

Offenbar nämlich war das Bedürfnis, zurückzukehren, nicht gleichermaßen verbreitet. Kein Wunder – es sind Judäer in zweiter und dritter Generation, die es zu überzeugen gilt. Die sich fragen, ob man gehen oder nicht doch lieber bleiben sollte. Der Prophet plädiert für Ersteres, indem er argumentiert: Wer ist für diese Wende verantwortlich? JHWH und nicht etwa die babylonischen Götter wie in der Selbstdarstellung auf dem sogenannten Kyros-Zylinder (TGI Nr. 50) propagiert. *Er* ist der souverän Handelnde. *Er* hat Kyros bei der Hand ergriffen und als sein Werkzeug zum Weltherrscher eingesetzt (Jes 44,28; Esr 1,1–6). *Er* lenkt die Geschichte – und zwar von Beginn an. *Er* hat uns geschaffen – und wird uns auch herausführen. *Er*, Gott allein. Leidenschaftlich wird die Existenz anderer Götter geleugnet (Jes 42,8).

Gott der Schöpfer und Herr der Geschichte hat dies vorherbestimmt und sein Plan sieht vor, dass ihr zurückkehrt – um diesem Argument Gewicht zu verleihen, kommt es in Form eines Heilsorakels daher. Ursprünglich an Einzelne gerichtet – etwa als priesterliches Heilsorakel an einen Kranken oder als prophetisches Heilsorakel an einen König (zum Gattungsformular vgl. Westermann 35f.; Utzschneider/Nitsche, 194) – macht der Prophet nun aber das Kollektiv Israel zum personifizierten Du, an das die mit der Botenformel eingeleitete Gottesrede ergeht. V.1b.c und V.5a greifen auf das Gattungsformular zurück, um das Gesagte als unmittelbares Wort JHWHs zu autorisieren (Begrich, 82). Zusätzlich Gewicht verleihen die hyperbolische Rhetorik und der Vergleich mit Institutionen des Familienrechts (V.3f.): In Schuldknechtschaft geratene Angehörige können bzw. müssen, wenn dadurch der Fortbestand der Familie bedroht ist, durch Lösegeld wieder ausgelöst werden. Dieser Vorgang wird auf Gott übertragen mit dem bemerkenswerten Unterschied, dass es nun JHWH selbst – also der Geschädigte – ist, der das Lösegeld zahlt (Janowski, 29).

III Impulse: Gegenseitige Wichtigtuerei

Gottes- und Selbstbilder erzeugen einander wechselseitig. Wer oder was Gott für uns ist oder soll ist immer Ausdruck jener Positionierung, von der aus wir uns dieses Bild machen. Umgekehrt gilt aber auch: Biblische Gottesbilder erheben, sofern wir sie uns aneignen und durch Rituale (wie die Taufe oder Tauferinnerung) autorisieren, einen positionierenden Anspruch: Wo Gott Lösegeld bezahlt, fragt sich, inwiefern wir uns verschuldet haben. Wo er Retter sein soll, ist uns wohl nicht mehr anders zu helfen. Wo er uns wie eine Mutter umarmt, bedürfen wir offenbar des Trostes. Da Gott Jes 43,1ff. zufolge vieles – wenn nicht alles – selbst tut, ergeben sich unzählige Verankerungsmöglichkeiten in den (unterstellten) Lebenssituationen der Gemeinde. Entsprechend selektiv verfährt auch die persönliche Frömmigkeit, wie der Chat zur Einspielung des den Predigttext wörtlich aufnehmenden Lobpreislieds *Fear not!* beweist: »Such a timely song as I wait for biopsy results.« Oder: »The song encouraged me while writing my board exam.«

Angesichts des Umstands, dass der Prophet die Gattung des Heilsorakels für seine Zwecke adaptiert, scheint mir dies weniger problematisch, solange nicht – wie bei seiner Kanonisierung als Wochenspruch in den frühen 1930ern geschehen (Arndt, 67f.) – bewusst ausgeblendet wird, dass das Wort zunächst einmal Israel gilt. Würde man gleichwohl versuchen, sämtliche Gottesaussagen in ein homiletisches Entsprechungsverhältnis zu bringen, bliebe das Risiko, dass sich die Gemeinde angesichts dieses übermächtigen Gottes klein gemacht sieht. Und das widerspricht letztlich doch der Textintention, die theologisch viel zu belangvoll ist, um nicht auch in ihrem ursprünglichen Kontext wahrgenommen zu werden.

In meiner Predigt möchte ich darum auch den historischen Zusammenhang der Perikope zur Geltung bringen. Das schöpfungstheologische Argument des Propheten lege ich dann aber, da möglicherweise viele Kinder auf Einladung zur Tauferinnerung gekommen sind, in den Mund eines Kindes: »Gott hat mir Leben gegeben, weil er gewollt hat, daß es mich gibt! Gott will aber nur etwas, was wichtig ist. Und ich bin wichtig!« (Sedivy, 113) Genau darauf heben nicht zuletzt auch die (verstörenden) Aussagen in V.3b.4 ab: Du bist mir kostbar. Wenn wir beim Nachdenken darüber, was mit der Taufe über uns und Gott gesagt ist, auf dieses Prophetenwort zu sprechen kommen, sollten wir neben dem Schöpfungsgedanken auch die Geschichtsmächtigkeit Gottes im Predigttext ernst nehmen. Die Aussage »Ich bin wichtig« kann dann nämlich nicht mehr als Ausdruck eines fragwürdigen Geltungsbewusstseins oder -bedürfnisses verstanden werden. Vielmehr ließe sich profilieren: Aus der Taufe leben heißt, in der Gewissheit leben, dass es (auch wenn ich manchmal selbst daran zweifle) einen guten Sinn hat mit meinem Leben, insofern Gott mit mir etwas vorhat und es nicht gleichgültig ist, ob ich existiere oder nicht. Aus der Taufe leben heißt dann aber auch, genau dies im Zwischenmenschlichen anzuerkennen. Kurz: einander wichtig sein lassen. Vielleicht lässt sich diese Überlegung auf die Formel einer »gegenseitigen Wichtigtuerei« bringen, für die ich mit meiner Predigt einstehen würde. Ein Miteinander, bei dem wir einander Raum geben, um das, was Gott an uns wichtig ist, (durch Versuch und Irrtum) herauszufinden und zu kultivieren, damit es für alle zum Segen werden kann.

Literatur: *Timotheus Arndt,* Der Wochenspruch aus Jesaja 43,1 und seine Implikation, leqach 9 (2009), 41–70; *Joachim Begrich,* Studien zu Deuterojesaja, München 1963; *Schalom Ben-Chorin,* Fürchte dich nicht! Predigt über Jesaja 43,1–7, ThBeitr 15 (1984), 1–3; *Kurt Galling (Hg.),* Textbuch zur Geschichte Israels, Tübingen [3]1979; *Helmut Utzschneider/Stefan Ark Nitsche*, Arbeitsbuch Literaturwissenschaftliche Bibelauslegung. Eine Methodenlehre zur Exegese des Alten Testaments, Gütersloh [4]2014; *Bernd Janowski*, Auslösung des verwirkten Lebens. Zur Geschichte und Struktur der biblischen Lösegeldvorstellung, in: Ders., Gottes Gegenwart in Israel, Neukirchen-Vluyn 1993, 5–39; *Marianne Sedivy,* Über Gott und Gummibärchen, Freiburg 1996; *Claus Westermann*, Prophetische Heilsworte im Alten Testament (FRLANT 145), Göttingen 1987.

Internet: https://www.youtube.com/watch?v=IvR6vrmHcJo (zuletzt abgerufen am 05.08.2022).

IV Entgegnung: Einer für alle und alle für einen

V.1b des Predigttextes ist so bekannt, dass regelmäßige Gottesdienstbesucher*innen die Worte schon mitsprechen können, zumindest nicht mehr davon überrascht werden. Auf mich hat der Vers eine beruhigend vertraute Wirkung, so wie ein seit frühester Kindheit bekanntes Schlaflied. Ich höre und verwende das Prophetenwort im liturgischen Gebrauch als individuelles Segenswort, als Sendwort nach dem Abendmahl, als Zusage bei der Taufe und natürlich als Wochenspruch am 6. Sonntag nach Trinitatis.

A weist darauf hin, dass dieser Text in seiner Ursprungsintention jedoch keineswegs an ein neu Geborenes oder eine europäische Christin beim Empfang des Abendmahls gerichtet ist, sondern in einem kollektiven Sinn die Gemeinschaft der exilierten Judäer in Babylon im Blick hat. Mich weckt das auf und ich meine, das Bewusstsein dafür, dass hier eine soziale Gruppe angesprochen und in ihrer Zugehörigkeit zueinander gemeint ist, könnte ein neues Hinhören evozieren. Vom schöpfungstheologischen Argument des Propheten her wäre der Adressat*innenkreis einer Predigt im Sommer 2023 dann die Gemeinschaft derer, die an Gott als ihren und den Schöpfer der ganzen Welt glauben und auf seinen Ruf hören. Auch in der Gemeinschaft der Getauften kann das Kollektiv der Adressat*innen gesehen werden, was zwar eine Verengung bedeuten, dem Proprium des Sonntags jedoch entsprechen würde.

A schlägt eine Predigt vor, in der sie für eine »gegenseitige Wichtigtuerei« einsteht, für ein »Miteinander, bei dem wir einander Raum geben, um das, was Gott an uns wichtig ist, [...] herauszufinden und zu kultivieren, damit es für alle zum Segen werden kann«. Ich stelle mir eine Predigt vor, in der ich als Predigerin genau das tue und meinen Adressat*innenkreis wichtig mache, und zwar nicht nur als Einzelne, sondern auch als Kollektiv. Damit ziehe ich die Linie, die A zieht, weiter und spitze ihre Aussage zu: Deine Existenz ist wichtig, weil dein Handeln wichtig ist – als Individuum und als Kirche in der Welt. Diese Aussage treffe ich nicht mit erhobenem Zeigefinger, sondern in der Form der Zusage: Dein Handeln hat Bedeutung. Daran lässt sich ja in Anbetracht der vielfältigen Krisen, in denen wir uns in der ersten Hälfte der 20er Jahre des 21. Jahrhunderts als kleiner und größer umrissene Gruppen und Gesellschaften bis hin zur Weltgemeinschaft befinden, mitunter zweifeln: Was kann ich als Einzelperson schon tun? Was können wir als Kirche tun?

A arbeitet heraus, dass das Predigtwort von seiner Gattung her ein Heilsorakel ist und bezeichnet es als »Motivationsruf«. Und einen Motivationsruf haben wir heute bitter nötig: als Menschengemeinschaft, als Kirche und als Einzelne; einen Motivationsruf, der sich in einem Halt gründet, der Raum und Zeit überdauert und in der Gegenwart ins Handeln führt. Auf dieser Spur möchte ich weiter gehen.

V Erschließung der Hörersituation: Im Krisenmodus

Die Krisen, in denen wir leben, häufen sich: Die Klimakrise wird von einer lange schon mitlaufenden Hintergrundmelodie immer mehr zum Taktgeber öffentlicher Debatten und Besorgnisse. Die Coronakrise ist noch nicht überstanden, da weitet sich der Ukraine-Krieg auf das ganze Land aus und hält die NATO in Atem. Im Herbst 2022, während ich diese Studie schreibe, drohen Energiekrise und Inflation – ganz zu schweigen von all den anderen Kriegs- und Krisenherden dieser Welt. Ich schreibe diese Zeilen und im Iran gehen Frauen auf die Straße und schneiden sich öffentlich die Haare ab, um gegen das Regime ihres Landes und religiös motivierte Femizide zu protestieren. Wir leben in einem Informationszeitalter, in dem wir nicht nur wissen können, was in unserem Dorf, sondern was auf der ganzen Welt passiert. Diese Fülle an Informationen lässt sich unmöglich verarbeiten, sowohl als Predigende wie als Predigthörende kennen wir Ohnmacht und Resignation angesichts der Nachrichten, die uns täglich erreichen. Einige der Menschen, die unsere Gottesdienste besuchen, sind über-informiert, andere haben sich entschieden, ganz auf Nachrichtenkonsum zu verzichten. Die gesellschaftliche, politische Großwetterlage ist eine krisenhafte.

Dass ein Gottesdienst im Juli 2023 nur sommerlich leicht und unbeschwert begangen wird, ist daher zu bezweifeln. Der Sommer 2022 hatte überdurchschnittlich viele Hitzetage, in einigen Bundesländern gab es extreme Dürre und Trockenheit. Es ist davon auszugehen, dass das im Sommer 2023 nicht anders sein wird. Der Klimawandel wird immer sicht- und am eigenen Leib spürbarer. Ein Heilsorakel, aber ein realistisches, müsste her, eine gute Aussicht, die zum Handeln, zum Weitermachen in dieser Welt motiviert. Die Krisen, in denen wir leben, sind kollektive Krisen, die auch nur als Kollektiv gelöst werden können. Die Fridays-for-Future-Bewegung zeigt eindrücklich, dass ein Handeln im Kollektiv gegen das Gefühl von Ohnmacht hilft. Beim 11. Globalen Klimastreik im September 2022 waren beeindruckende 28.000 Menschen auf der Straße.

Der Prophet Jesaja spricht in eine Situation hinein, in der es einen Ausweg gibt: Die Perser werden den Judäern die Rückkehr aus dem babylonischen Exil ermöglichen. Doch wie es bei Menschen so ist: Nicht alle schätzen Situationen gleich ein, was gutes, sinnvolles und lebensdienliches Handeln ist, ist in einer Gruppe in aller Regel nicht einfach ausgemacht. Für den Propheten ist klar: Wenn ihr zurückkehrt, ehrt ihr den einen Gott JHWH, der den Lauf der Geschichte lenkt. Der Schöpfer-Gott ist auf das Handeln der Menschen angewiesen, die die Auswege auch gehen, die er ihnen zeigt. Die Umweltaktivistin Luisa Neubauer hat 2021 gesagt: »Gott wird uns nicht retten. Die Klimakrise ist menschengemacht, da müssen wir uns selbst rausholen.« Ich meine, dass Gott und die Menschen sich nicht in dieser Weise auseinanderdividieren lassen, sondern dass Gott, um mit Dietrich Bonhoeffer zu sprechen, »auf aufrichtige Gebete und verantwortliche Taten wartet und antwortet« (Bonhoeffer, 19).

Ich stelle mir eine Predigt gegen das Erstarren in Ohnmachtsgefühlen und Resignation vor, einen Motivationsruf, der zu einer allgemein verbreiteten Überforderungsstimmung nicht noch eine weitere Überforderung hinzufügt, sondern vom göttlichen »Fürchte dich nicht!« ausgehend zu einem Handeln gegen die Angst ermutigt – als Einzelne und als Kollektiv.

VI Predigtschritte: Good news movement – die gute Botschaft im Ohr

Eine Predigt am 6. Sonntag nach Trinitatis im Juli 2023 könnte mit einer guten Nachricht beginnen. Zum Beispiel mit der des 78-jährigen Hikmet Kaya aus der türkischen Schwarzmeerprovinz Sinop, dem zugeschrieben wird, eine 10.000 Hektar karge Landschaft durch das Pflanzen von 30 Millionen Setzlingen in einen üppigen Wald verwandelt zu haben. Laut Euronews pflanzte er während seiner 24-jährigen Amtszeit als türkischer Forstverwaltungschef all diese Bäume zusammen mit seinem Team und den Anwohnern. Er selbst sagt: »Die Umwandlung dieser Gebiete in Wälder war mein größter Stolz.« Und gefragt nach dem Grund für seine Anstrengung sagt er: »Vor allem ist es die Liebe zur Menschheit.« Die Geschichte von Hikmet Kaya ist im Juni 2022 eine von vielen guten Nachrichten, die die Website »good news movement« veröffentlicht hat. Die Verantwortlichen dieser Seite haben es sich zur Aufgabe gemacht, positive Nachrichten zu sammeln und sie zu veröffentlichen, um inmitten der Informationsflut von zumeist negativen Nachrichten durch positive Neuigkeiten dazu zu ermutigen, selbst ins positive Handeln zu kommen und Gutes zu tun.

Auch die Judäer im Babylonischen Exil bekommen eine gute Botschaft, die sie zum Handeln bewegen soll: Der Weg nach Hause ist frei. Er muss nur noch gegangen werden. »Und nun spricht der HERR, der dich geschaffen hat, Jakob, und dich gemacht hat, Israel«, lässt JHWH seinem Volk in der Fremde durch den Propheten ausrichten: »Fürchte dich nicht, denn ich habe dich erlöst; ich habe dich bei deinem Namen gerufen; du bist mein!«

Die Predigt zu Jesaja 43,1–7 kann aus meiner Sicht im Fortgang als »Motivationsruf« changieren zwischen der Anrede des einzelnen Gegenübers und der Gemeinschaft der Hörenden und dazu ermutigen, mit der guten Botschaft im Ohr gute Nachrichten schreiben: »Fürchte dich nicht …, Du, Kirche, du, Gemeinschaft der Getauften, du, von Gott geliebtes Kind. Du kannst! Wir gehören nicht den Krisen und der Angst, sondern dem Gott, der uns geschaffen hat. Nichts, was du tust, ist zu klein. Wir können gute Nachrichten schreiben.«

Als Segen mögen an diesem Sonntag Worte von Hermann Traub den Gottesdienst beschließen: »Sei gesegnet, ohne die Sorge zu haben, dass nicht genügt, was du tust. Sei gesegnet, ohne die Angst zu haben, dass nicht ausreicht, was du bewegst. Sei gesegnet, ohne die Furcht zu haben, dass nicht zählt, was du tust. Du bist gesegnet! Vor Gott genügt, zählt und reicht immer aus: seine Gnade.«

Literatur: *Dietrich Bonhoeffer*, Einige Glaubenssätze über Gottes Walten in der Geschichte, in: Widerstand und Ergebung, Gütersloh [16]1997.

Internet: Interview mit Luisa Neubauer in: https://chrismon.evangelisch.de/artikel/2022/52496/luisa-neubauer-ueber-den-kampf-gegen-die-oekologische-katastrophe; Artikel zu Hikmet Kaya in: https://www.thegoodnewsmovement.com/turkish-man-transforms-barren-landscape-into-a-green-oasis; Segen von Hermann Traub in: https://ev-akademie-wittenberg.de/diskurs/gut-genug-gesegnet (alle zuletzt abgerufen am 25.09.2022).

7. Sonntag nach Trinitatis – 23.07.2023

A

Apostelgeschichte 2,41–47

Bleibt alles anders

Holger Treutmann

I Eröffnung: Leben in Zeiten des Umbruchs

»Es ist nichts Selbstverständliches für den Christen, daß er unter Christen leben darf«. (Bonhoeffer, 10) Zu Anfang seiner Schrift »Gemeinsames Leben« (1939) macht Dietrich Bonhoeffer deutlich, dass die Diaspora für die Gläubigen der Normalfall ist. Die verfasste Kirche ist keine Form, die zwingend Bestand haben wird. Vereinzelung gehört zur christlichen Existenz, sie sehnt sich aber nach Gemeinschaft. Ob das heute auch so ist?

Der Bibeltext wirft die Frage auf, wie das Verhältnis von individuellem und kollektivem Leben zu bestimmen ist; im Blick auf Glauben und

Kirche, aber auch grundsätzlich im Blick auf das Zusammenleben einer Gesellschaft. Dabei kommen lebenspraktische Leitlinien zur Sprache, die den Alltag der Einzelnen erheblich beeinflussen.

Durch Corona, Klimakrise und Krieg – mit seinen Folgen bis in unseren Alltag – sehen nicht nur kleine Teile der Bevölkerung bislang stabile Verhältnisse in Frage gestellt. Wir leben in Zeiten des Umbruchs. Dass wir unser Leben ändern müssen, liegt für viele auf der Hand und bietet die Chance unsere »Vertikalspannung« (Sloterdijk) neu zu trainieren. Wie umfassend solche Änderungen nötig werden, ob wir sie freiwillig ergreifen oder sie aus Not ertragen, und wie wir bei aller Ungewissheit der Zukunft die Balance halten zwischen individuellen Freiheiten und gemeinschaftlicher Verantwortung, kann mit diesem Bibeltext thematisiert werden.

Mit seinem Rückblick auf eine vermeintlich ideale erste Christenheit hält der Evangelist Lukas die Sehnsucht auch heutiger Zeitgenossen nach gelingender Gemeinschaft wach, die als Triebfeder für eine erstrebenswerte Zukunft wirksam werden könnte.

II Erschließung des Textes: Essentials im Glauben

Die Predigtperikope aus der Apg legt die Grundlagen einer Ekklesia, die aus den Worten ihres gekreuzigten Herrn und aus verstörend beglückender Begeisterung über Volksgrenzen und Sprachen hinaus bleibende Christusgegenwart in alltäglicher Gemeinschaft zu gestalten sucht. Dabei wird neben dem Interesse »Bericht zu geben« und in »guter Ordnung« aufzuschreiben, was mit und nach Jesus von Nazareth geschehen ist (Lk 1,1–4), auch erste Enttäuschung über die realen Bedingungen der Glaubensgemeinde zu bearbeiten gewesen sein. Lukas zeichnet im zweiten Teil seines Doppelwerkes ein Idealbild der ersten Gemeinde. Sie ist der theologisch begründete Bauplan für die Konstruktion eines Hauses, das Kirche Jesu Christi in der Gegenwart beheimaten will.

Die Perikope ist eingebettet in die Konversionsthematik. V.40 ruft auf zur Umkehr aus diesem »verkehrten Geschlecht«. V.47 endet mit dem Hinweis über den täglichen Missionserfolg. Sie zeigt damit einen Weg auf aus der Verstrickung in persönliche und gesellschaftliche Lebensverhältnisse hin zu einem besseren, weil sinnvollerem Leben in neuer Gemeinschaft.

Die Fundamente für das Zusammenleben der Christen orientieren sich an der Art und Weise, wie Jesus selbst in der vorfindlichen Welt gelebt und gehandelt hat.

Am Anfang steht die Taufe. Auch Jesus hat sich der Johannestaufe zur Umkehr unterzogen. Nach diesem einmaligen Konversionsakt wirbt Lk für eine permanente Ausübung von vier Lebensvollzügen, die als Keimzelle spezifisch christlicher Lebensgestaltung etabliert wird.

Die Lehre der Apostel: Die Worte und Erzählungen Jesu sollen regelmäßig tradiert werden. So wie Jesus selbst Traditionen aus Gesetz, Propheten und Weisheit weitergetragen, durchlebt und interpretiert hat, sollen auch seine Worte überliefert werden. Die Lehre der Apostel vergegenwärtigt die Ereignisse der irdischen Wirksamkeit und transponiert Jesu Botschaft in die Gegenwart. Sie wird zur Anrede des Christus auch für nachfolgende Generationen.

Die Gemeinschaft: »Wer nicht allein sein kann, der hüte sich vor der Gemeinschaft« und: »Wer nicht in der Gemeinschaft steht, der hüte sich vor dem Alleinsein«. (Bonhoeffer, 67) In dieser Dialektik liegt für Bonhoeffer der Schlüssel gemeinschaftlichen Lebens. Rückzug in die Einsamkeit kann zum Gottvertrauen führen. Wer in die Stille geht oder die Wüste sucht, darf hoffen, dass seine Sinne sich öffnen für eine Begegnung mit Gott. Dennoch wird eine Gottesbeziehung auf Dauer nur im Austausch und Engagement für andere lebendig bleiben.

Wie herausfordernd das Leben in Gemeinschaft sein kann, zeigt V.45. Wie Jesus die Armut nicht fürchtete, üben auch die, die ihm nachfolgen, Verzicht. Sie geben den Besitz nicht auf, aber ab, um ihn der Gemeinschaft zur Verfügung zu stellen. Dabei bestimmt der konkrete Bedarf das Maß der Zuteilung an den einzelnen. Solche Armut wird seliggepriesen (Mt 5,3).

Steuergesetzgebung, Solidaritätsbeiträge, Spenden suchen solche Ideale in eine pekuniär strukturierte, gesetzlich geordnete Gegenwart zu übersetzen. Sie sind als Maßnahmen eines Sozialstaates zu würdigen. Ein Anspruch darauf kann aus christlicher Sicht nicht abgeleitet werden. Vielmehr hängt ihre Wirksamkeit davon ab, wie bereitwillig Menschen Verzicht üben und darin Lebensqualität entdecken. Die Teilhabe aller an den Gütern der christlichen Gemeinde scheint für Außenstehende äußerst attraktiv gewesen zu sein (V.47).

Das Brotbrechen: Brot war für Jesus typisch. Man erkannte ihn daran, wie er es brach und es Gott zur Segnung gab. Ohne Worte wurde das Brotbrechen und Essen am Tisch für Sünder zum Akt der Vergebung. Er spricht von einer Begegnung jenseits unserer Welt über und mit dem Brot. Wer das Brot teilt in seinem Namen, darf auf die Gegenwart Gottes vertrauen. Wer Brot bricht und Leben teilt, kann sich sicher sein, dass es nicht weniger wird.

Wenn Energie- und Getreidepreise steigen, kommen die Bäcker in den Blick; meist erst dann. Das Alltäglichste kann zum Kostbarsten werden. Die vielfältigen Krisen dieser Tage lassen neu fragen, wie wir nachhaltiger produzieren, gerechter teilen, fair bezahlen und weniger Überfluss produzieren. Erhebliche Veränderungen unseres Wirtschaftens und unseres Lebensstils gehen damit einher.

Vom Zweitakt der liturgischen Gemeinschaft im Tempel und dem Brotbrechen zu Hause spricht V.46. Vertrauliche Atmosphäre und kollektive Ereignisse beleben den Glauben und erzeugen Sinn, der über persönliche Nützlichkeitserwägungen hinausgeht.

Das Gebet: Beten ist gelebte Gottbeziehung. Man kann sich Gott anthropomorph vorstellen. Auch abstraktere Gottesvorstellungen sind möglich. Gerade wenn Kirchen und Gemeinden im Gespräch bleiben wollen mit einer säkular geprägten Umwelt, lohnt es sich, auch ungewöhnliche Kommunikation mit den Ewigen ernst zu nehmen. Allein das Du sollte nicht aufgegeben werden. Gott ist ein Gegenüber und will in Beziehung treten mit seiner Schöpfung. Gott redet; nicht nur, aber auch durch Worte; und Menschen können mit ihm reden; nicht nur, aber auch mit der kostbaren menschlichen Begabung der Sprache.

III Impulse: Gesellschaftliche Transformation geistlich begleiten

Welchen Weg wird die Predigt einschlagen? Mir schweben zwei mögliche Richtungen vor.

Entweder sie konzentriert sich auf den derzeitigen Zustand der Gemeinde vor Ort bzw. der verfassten Kirche und versucht mit dem Text, die vier konstitutiven Elemente *martyria*, *koinōnia*, *diakonia* und *leiturgia* für eine Kirche von morgen neu zu buchstabieren.

Oder sie sucht die Vision des Lukas im Blick auf die Gestaltung unseres Gemeinwesens zu transformieren und beschäftigt sich dabei mit dem Verhältnis von Individuum und Gemeinschaft in moderner Zeit.

Gibt es einen dritten Weg; eine Synthese aus beidem, die die Grenzen zwischen Glaubensgemeinschaft und Welt eher fließend beschreibt?

Tilmann Haberer, Marion und Werner Tiki Küstenmacher legen in »Gott 9.0« ein Stufenmodell spiritueller Entwicklung der Menschheitsgeschichte vor. Wie Ontogenese und Phylogenese in der Biologie Analogien aufweisen, so bilden sich auch im spirituellen Bewusstsein des neuzeitlichen Menschen Phasen der religiösen Geistesgeschichte ab. In vorfindlichen Religionen und Weltanschauungen – so die These – lassen sich bis zu acht Stufen verifizieren. Eine neunte kündigt sich an. Jeder Mensch nimmt mehr oder weniger bewusst auf einer bestimmten Stufe persönlicher Spiritualität Platz und ist prinzipiell offen für eine Weiterentwicklung. Interessant ist, dass die großen Themen der jeweiligen Stufen nacheinander zwischen »Wir« (Gemeinschaft) und »Ich« (Individuum) pendeln und sich spiralförmig erweitern, d. h. vorhergehende Stufen mitdenken.

Welche Ausdrucksformen müsste die christliche Gemeinde künftig finden, um ihre Wahrheit auch mit denen zu teilen, die weltanschaulich und spirituell nicht (mehr) mit den Narrativen der jüdisch-christlichen Tradition vertraut sind? Wie treten wir in einen Dialog mit einzelnen Menschen auf ihrer je spezifischen spirituellen Entwicklungsstufe?

Mit dem Predigttext könnten vier Grundfragen menschlicher Existenz angesprochen werden: Welche Worte sind dir heilig und sollen unbedingt gelten? – Welche Beziehungen sind dir wichtig und wie willst du Gemeinschaft pflegen? – Was brauchst du, um satt zu sein und worauf kannst du zu Gunsten anderer verzichten? – Wem vertraust du dich an, wenn keiner helfen kann, und wie tust du das?

Diese elementaren Fragen könnten im Kirchenraum als Erlebnisstationen gestaltet sein. Buch, Brief, Brot, betende Hände könnten symbolisch Impulse für eine persönliche Antwort geben.

Literatur: *Dietrich Bonhoeffer*, Gemeinsames Leben, München [23]1987; *Marion Küstenmacher/Tilmann Haberer/Werner Tiki Küstenmacher*, Gott 9.0 – Wohin unsere Gesellschaft spirituell wachsen wird, Gütersloh [9]2020; *Peter Sloterdijk*, Du musst dein Leben ändern, Frankfurt 2009.

B

Marie-Luise Karle

IV Entgegnung: Wo bleibt der Bruch?

Was leuchtet mir ein? Förmlich leuchtet es aus diesem Predigttext, der in seiner Idealisierung voller kostbarer Schätze des christlichen Glaubens ist, die traulich und heimatlich verlockend einladen hinzuzutreten. Die von A zusammengetragenen Assoziationen zu Stichworten aus dem Text wie Gemeinschaft, Gebet und Brotbrechen verstärken diese starke Ausstrahlung.

Und doch kann ich nicht mit. Als würde man das Licht nur durch ein Fenster schimmern sehen, während man selbst im Kalten draußen steht – kritisch blicke ich aus der Perspektive der Predigthörer auf den heimeligen Text und das darin beschriebene Idyll. Die eigene Irritation, wie fremd die Rituale und Glaubensäußerungen christlicher Gemeinde den meisten heutigen Menschen geworden sind, lassen mich an der Anschlussfähigkeit des Textes für eine Predigt, wie A sie annimmt, zweifeln. Zu schnell und bruchlos scheint mir der Weg, die vorgefundenen Stichworte in neue Formen zu überführen, um dann als Kirche damit weiterzuleben, als wäre nichts gewesen.

V Erschließung der Hörersituation: Gräben brauchen Brücken

Stellen Sie sich vor, es sitzen mal nicht nur die üblichen Verdächtigen an den angestammten Plätzen in den Kirchenbänken. Die Trauerfamilie, die zum Gedenken ihres Verstorbenen in die christliche Versammlung geraten ist, legt unauffällig das Gesangbuch wieder aus der Hand. Konfirmand*innen, die zum ersten Mal beim Abendmahl mitfeiern, kichern, weil es so ernst zugeht, und wundern sich, dass das Brotstück so klein ist, wenn es angeblich satt machen soll. Sie alle sind Teil einer Volkskirche mit einem eingeschworenen Gemeindekern, dessen Vereinsstruktur und dafür erforderlicher unbedingter Einsatz diejenigen abschrecken, die nur neugierig ein wenig am Rand stehen wollen. Wie sie wohl diesen Predigttext hören, mit seiner innigen Gemeinschaft, dem vielen Beten und selbstverständlichen Teilen aller Habe? Sie, die im Gespräch mit dem Pfarrer – »Wir sind keine Kirchgänger« – schnell den nötigen Sicherheitsabstand schaffen, bevor es zu eng wird am Kaffeetisch beim Geburtstagsbesuch. Der Predigttext und auch eine bruchlose Weiterführung seines Idealbildes in der Predigt nimmt ihre Sehnsucht nach Gemeinschaft weniger auf, als ihnen einen Platz in der zweiten Reihe zuzuweisen.

Dabei bedeutet diese Distanz nicht unbedingt eine mangelnde Religiosität, vielmehr hat diese ihren Ort im Verborgenen. Sich (religiös) bedürftig zu zeigen, fällt schwer in einer Welt, die Wohlbefinden über Erfolg definiert, und in der Religion zu alledem weitgehend aus dem öffentlichen Raum verschwunden ist. Dabei findet diese Haltung sogar biblisch ihre Bestätigung, wenn Jesus seinen Jüngern aufträgt: »Wenn du aber betest, so geh in dein Kämmerlein und schließ die Tür zu und bete zu deinem Vater, der im Verborgenen ist« (Mt 6, 6). Das vorausgesetzt, lässt sich das Problem, vor das die Hörersituation den Predigenden stellt, auch dahingehend zuspitzen: »Nicht ob oder wie individuelle Religion kirchlich werden kann, steht zur Debatte, sondern umgekehrt: Die Religionsfähigkeit der Kirche steht auf dem Prüfstand. Für eine offene Volkskirche scheint mir das die Lebensfrage zu sein. Wird kirchliche Praxis so gestaltet, dass in ihr der Zeitgenosse, die Zeitgenossin vorkommen mit seiner, ihrer Form gelebter Religion?« (Fechtner, 20)

In diesem Spannungsfeld liegt meines Ermessens die Herausforderung einer Predigt zu Apg 2,42–47: Gerade als Predigende sich der vertrauten Seite, der Verlockung des beschriebenen Ideals bewusst zu sein, dessen Fremdheit in den Ohren einer zunehmend säkularen Hörerwelt ernst zu nehmen und gerade deshalb den Schatz, den der Text anschaulich macht, nicht zu verleugnen, sondern sich und anderen aufzuschließen.

VI Predigtschritte: Kirche als Ereignis, das Raum lässt

»Nein, das ist meins!«, schallt es durch die Kirche, während der kleine Kirchenbesucher sein Erntedankkörbchen mit aller Kraft festhält. Die anderen Körbchen stehen schon schmuck um den Altar verteilt, die Glocken läuten und die Kinder aus dem Kindergarten werden in die ersten Bankreihen verteilt. »Nein!«, hallt es lautstark durch den Kirchenraum, während die Erzieherin hektisch am Korb des kleinen Jungen zieht. Da kommt ein zweites Kind dazu. »Hast du Hunger?«, fragt es, und hält dem Jungen sein Körbchen hin. Schnell nimmt er einen roten Apfel heraus.

»Ich schenke meine Sachen den Kindern, die nichts haben«, erklärt ihm das kleine Mädchen. Es stellt seinen Korb ab und läuft davon. Der Junge staunt und kaut, und stellt dann sorgsam seinen Korb dazu.

Vor dem Hintergrund der beschriebenen Fremdheitserfahrung mit dem Predigttext ist es nötig, sich schon in der Vorarbeit zunächst von romantischen Klischees zu lösen, die sich an Apg 2,42–47 angelagert haben, um anschließend neu füllen zu können, was christliche Gemeinschaft qualitativ ausmacht. Das bringt Dietrich Bonhoeffer treffend auf den Punkt: »Die Geisteinheit der Gemeinde ist [...] nicht durch Einigkeit, Gleichartigkeit, Seelenverwandtschaft ermöglicht oder mit Stimmungseinheit zu verwechseln, sie ist vielmehr gerade dort wirklich, wo die scheinbar härtesten äußeren Gegensätze walten, wo jeder sein ganz individuelles Leben führt und sie ist vielleicht gerade dort nicht, wo sie am meisten zu walten scheint«. (Bonhoeffer, 128f.) In diesem Sinn betrachtet Bonhoeffer die Gemeinschaft der Kirche als *iustitia passiva*, die sich geistgewirkt ereignet und nicht durch die Formen der Institution gewährleistet ist. Diese Form charakteristisch christlicher Gemeinschaft ist also nicht herstellbar und auch nicht an bestimmte Räume oder Formen gebunden. Sie entsteht im Moment der Begegnung, wenn Gräben zwischen Menschen durch Brücken überwunden werden, selbst scheinbare Gegner einander zuhören und ängstlich auf ihren Vorteil Bedachte zu teilen lernen. Kirche ist, wenn Gottes Geist Gemeinschaft stiftet, nicht wenn wir sie durch Nettigkeit oder Prinzipien erzwingen wollen. Darin ist sie lebendig, wächst an einer Stelle und verwelkt an einer anderen, bleibt aber getragen vom Bewusstsein, dass nicht wir sie schaffen.

Dies sollte auch die Predigt spiegeln, indem sie weniger dogmatisch über die Gestalt christlicher Gemeinschaft spricht als spielerisch ausmalt, wie diese aussehen könnte, wo sie sich evtl. auch schon gezeigt hat, spontan und erfahrbar in beispielhaften Erfahrungen – oder wo sie besonders fehlt, weil Streit und Rechthaberei ihr im Wege stehen. Das kann geschehen durch narrativ-dramaturgische Elemente, in denen sich die Erfahrung von Gemeinschaft, von Kirche ausmalen lässt.

Die Verbindung verschiedener kurzer Szenen bietet Raum für intensive wie tastende Annäherung, in der sich verschiedene Menschen wiederfinden. Auch können die Erzählungen durchflochten werden mit dem Ideal des Predigttextes und dadurch die Hörenden selbst dazu anregen, die Gemeinsamkeiten zwischen dem Text und alltäglichen Situationen zu entdecken bzw. für sich in Frage zu stellen, ob diese kleinen Wunder des Gemeinde- und Glaubensalltags ihnen tatsächlich schon genügen, um darin auch selbst Kirche zu sein. Auch eine Einladung zum Gespräch nach dem Gottesdienst könnte sich anschließen, bei dem mit einer Tasse Kaffee Gelegenheit ist, die eigenen Wahrnehmungen und die der Kirchengemeinde auszutauschen.

Vielleicht ist die Predigt, die am Ende steht, gar nicht so weit entfernt von der, die A schreiben würde. Es sind Nuancen und vor allem die Haltung des Predigenden, an denen sich entscheidet, ob diese Predigt zum Ideal der ersten Gemeinde gelingt: Ob sie durch eine ungebrochene Idealisierung die Hürden zwischen einem drinnen und draußen verstärkt oder einladend die Schwellen senkt und ermöglicht, dass gedankliche Räume entstehen, in denen Gemeinde wachsen kann.

Eigentlich war sie sich gar nicht sicher, ob sie ihr Kind taufen lassen wollte. Also – früher schon, als alles so war, wie sie es sich vorgestellt hatte: Vater, Mutter, Kind, und das Taufkleid von der Oma wollte sie nehmen, in dem sie selber mal getauft wurde. Aber nur mit ihrem Kleinen da vorn stehen, und die neugierigen Blicke der anderen, wo sie den Mann dazu gelassen hat? Eigentlich ist es doch gar nicht so wichtig, ob man getauft ist. Und ihr Kind sollte das vielleicht besser später selbst entscheiden … Aber dann war ihre Nachbarin vorbeigekommen und hatte sie zum Tauffest eingeladen. Ein richtiges Sommerfest mit Kaffee und Kuchen draußen im Freien; und jetzt ist sie dabei, zwischen vielen anderen Familien und Kindern, ganz entspannt und selbstverständlich.

Literatur: *Dietrich Bonhoeffer*, Sanctorum Communio, Eine dogmatische Untersuchung zur Soziologie der Kirche (DBW 9), Güthersloh [2]2005; *Kristian Fechtner*, Plädoyer für eine offene Volkskirche, in: Ders., Späte Zeit der Volkskirche. Praktisch-theologische Erkundungen (PThh 101), Stuttgart 2010, 11–21; *John D. Zizioulas*, Communion and Otherness. Further Studies in Personhood and the Church, London/New York [3]2009.

Internet: *Herbert Grönemeyer*, Bleibt alles anders (1998), Text: https://www.google.com/search?client=safari&rls=en&q=grönemeyer+bleibt+alles+anders+text&ie=UTF-8&oe=UTF-8 (zuletzt abgerufen am 12.11.2022).

A

Matthäus 5,13–16

Licht und Salz …?

Jan Petersen

I Eröffnung: Dunkelheit und Ohnmacht

Einer Umfrage des Institutes für Demoskopie Allensbach vom Februar 2022 zufolge meinen 25 % der Menschen im Westen Deutschlands und 40 % im Osten, dass die Gesellschaft sich in einer schweren Krise befindet, die nur durch einen politischen Systemwechsel gelöst werden kann. Diese Frage wird seit 30 Jahren gestellt und es zeigt sich über die Jahrzehnte hinweg, dass dieser Aspekt des radikalen Denkens, anders als oft angenommen wird, derzeit nicht zunimmt, sondern eher abnimmt. Auch wenn diese Abnahme eine gute Nachricht ist, ist dies kein Ergebnis, das einen beruhigt. Die absoluten Zahlen sind zu hoch. 74 % der AfD-Wähler vertreten die Position, dass es einen politischen Systemwechsel braucht. Einen Zusammenhang zu diesen Zahlen lässt sich zur Schulbildung herstellen. 23 % derer, die über das Abitur oder über einen Studienabschluss verfügen, stimmten der These zu. Befragte mit einfacher Schuldbildung stimmten zu 31 % zu. Gleichzeitig widersprachen der These ausdrücklich 39 % der Befragten mit einfacher und 57 % mit höherer Schulbildung.

Dem korreliert, dass das Marktforschungsinstitut Ipsos in seinem Bericht »What worries the world?« vom September 2022 herausfand, dass die größten Sorgen der Menschen in Deutschland in Inflation, Armut, sozialer Ungleichheit und Klimawandel liegen. Alle vier Aspekte können dem politischen System angelastet werden. Sowohl das politische System als auch diese genannten Befürchtungen haben einen erheblichen Affekt auf das eigene Leben, doch bei keinem dieser Affekte hat man den Eindruck, dass man sie nennenswert beeinflussen könnte. Daraus entsteht das Gefühl, seine Zukunft nicht selber in der Hand zu haben, sondern ihr ohnmächtig ausgeliefert zu sein. Dem entsprechend kann diese Zeit als Dunkelheit empfunden werden, in der Licht fehlt.

II Erschließung des Textes: Licht und Weisheit gegen Dunkelheit und Ohnmacht

Die Zeit Jesu hatte alles Potenzial, als dunkle Zeit empfunden zu werden. Israel hatte keine politische und nur eine bedingte religiöse Freiheit.

Die römische Besatzungsmacht war nicht akzeptiert (Feldmeier, 49) und forderte Steuern bis zur Verarmung der Bewohner des Landes. Es gab Hungersnöte und Seuchen. Aus der Verzweiflung oder dem sich einstellenden Ohnmachtsgefühl bildeten sich radikale Gruppierungen wie die Zeloten oder religiöse Sekten wie die Gemeinschaft der Essener (Wilcox, 159ff.). Eine dunkle Zeit, die Licht und Salz brauchte.

Bemerkenswert ist, dass V.13b auch mit »wenn aber das Salz dumm wird« übersetzt werden kann. Zurückzuführen ist diese Bedeutung auf ein aramäisches Wort, das sowohl »salzlos sein« als auch »dumm reden« bedeutet (Luz, 222; Klaiber, 94). Salz steht in der rabbinischen Literatur auch für Weisheit (Luz, 226, vgl. Kol 4,6). In der weisheitlichen Literatur werden Licht und Weisheit gemeinsam erwähnt. Weisheit ist Licht auf dem Wege JHWHs (Spr 6,23, Ps 105; 119, Koh 2,13). Es ist also zu vermuten, dass Jesus mit der Bedeutung des Salzes als Weisheit spielt.

Den Hörern wird zugesprochen, was sie sind: Salz und Licht. Weder ein Futur noch ein Imperativ, der dazu auffordert, es erst noch zu werden. Nein! Sie sind es bereits: Salz und Licht. Ohne weitere Bedingung. Präsentisch – wie sie dort sind und auf Jesu Worte hören. Doch darin sollen die Hörer nicht stehen bleiben. Salz und Licht soll sein, was es ist. Das Salz darf nicht dumm sein und sein Licht soll man leuchten lassen (V.16).

Aufschlussreich ist eine semantische Betrachtung der Zeichen Salz und Licht. Beides ist nur das, was es ist, indem es sich aufgibt. Salz ist ein Kristall, dass sich in der Speise ganz auflöst. Die Öllampe leuchtet nur, sofern das Öl verbrennt. Weder Salz noch Licht darf es um sich selbst gehen. Während sie wirken, haben sie den Auflösungsprozess bereits hinter sich. Doch dieses Bild darf nicht überzogen werden. Es handelt sich um eine Bildrede. Der Mensch ist weder Salz noch Licht. Es ist eine Frage der Balance im Sinne des Dreifachgebotes der Liebe zu suchen: Gott lieben und seinen Nächsten wie sich selbst. Nicht nur Gott und der Nächste werden geliebt, sondern man liebt sich selbst ebenso. Das schließt eine völlige Selbstaufgabe, wie es sie bei Salz und Licht gibt, aus.

III Impulse: Vertrauen

Salz und Licht brauchen ein Energiegefälle, damit sie als das erscheinen, was sie sind. Licht scheint in der Dunkelheit und Salz konserviert oder bringt Geschmack in die Speise. Wenn Licht und Salz unter sich bleiben, entfalten sie keine Wirkung. Dies kann als Kritik an einer Kirche verstanden werden, die sich in Ausschüssen und Synoden nur mit sich selbst beschäftigt. Die Christen in ihr sind zwar Licht und Salz, doch das Licht ist nicht erkennbar und das Salz salzt nicht. Es ist, als ob das Licht unter einem Scheffel stehen würde oder das Salz dumm wäre.

Jesu Worten nach sind wir bereits Licht. Ist das so? Wir sind sicher immer mal wieder Licht, aber ist man noch Licht im Zweifel und in den dunklen Stunden seines Lebens? Habe ich als Christ selbst genug Licht und Glauben in mir, um zu leuchten? Zweifel gehören zum Glaubenden. Hier kann man stehen bleiben und stark machen, dass den Hörenden zugesprochen wird, dass sie Salz und Licht sind, während sie das Wort hören. Die Bedingung, um Salz und Licht zu sein, besteht folglich in der vertrauensvollen Beziehung zu Jesus.

In meiner Predigt würde ich auf die politische und gesellschaftliche Großwetterlage eingehen, die dringend Salz/Weisheit und Licht braucht. Der Wunsch nach einem Systemwandel, die Angst vor Inflation, sozialem Abstieg und Klimawandel verdichten sich zu einer dunklen und möglicherweise braunen Brühe. Was fehlt ist Vertrauen in die Zukunft und unsere Demokratie. Das geht einher mit einem erstaunlich rudimentären Wissen um unsere politischen Strukturen. Das Institut für Demoskopie Allensbach hat die Korrelation zwischen dem Bildungsabschluss und dem Vertrauen in das System aufgezeigt. Die Predigt am Sonntag ist m.E. weniger der Ort für politische Bildung, aber einzelne Topoi, die einem im persönlichen Gespräch mit Gemeindegliedern begegnet sind, mag man sehr wohl nennen. Es gilt, politisch wach zu bleiben, aufzuklären und dadurch Salz zu sein – nicht nur auf der Kanzel. Der protestantische Bildungsauftrag ist nicht auf den Gottesdienstraum oder den Konfirmandenunterricht beschränkt.

Das eigentlich große Thema hinter dieser Situation ist m.E. die Ohnmacht und das fehlende Vertrauen. Die Ohnmacht wäre ohne die unmittelbaren Ängste nicht so bewusst. Dem politischen System gegenüber war man früher genauso sehr oder genauso wenig ohnmächtig gegenüber wie heute, doch stellte dies kein Problem dar, solange es keine Ängste wie den sozialen Abstieg oder den Verlust des Lebensraums durch den Klimawandel gab. Zweifel und Kritik an einem politischen System sind durchaus erlaubt. Das Christentum lebte und überlebte in zahllosen politischen Systemen an den verschiedensten Orten durch die Zeit hindurch. Es gibt nicht das eine christliche System. Doch die Kritik, die derzeit am deutschen politischen System geäußert und der Zweifel, der gesät wird, sind wirr, demagogisch, destruktiv, kaum faktenbasiert und ohne konstruktives Element. Hier sind wir aufgefordert Salz und Licht zu sein. Salz und Licht zu sein, kann einem hierbei etwas kosten: Reputation, Freundschaften oder finanzielle Einbußen. So wie Salz und Licht sich selbst hingeben.

Licht des Christen ist sein Vertrauen und sein Halt in Gott. Es ist der Glaube an das Gute, dass Gott im Letzten die Welt in seiner Hand hält. Zweifel ist Vertrauensverlust. Das Vertrauen in Gott ist gerade relevant, wenn Kontrollverlust erlebt wird bzw. man selber ohnmächtig ist. Vertrauen in die Zukunft, in das Leben und der Glaube an Gott sind untrennbar miteinander verbunden, wenn nicht eins. Im Zweifel brauche ich das Licht und den Zuspruch des Anderen. Wie Bonhoeffer sagt: »Der Christus im eigenen Herzen ist schwächer als der Christus im Worte des Bruders; jener ist ungewiß, dieser ist gewiß.« (Bonhoeffer, 20)

Nach Luther wird der Glauben durch den Heiligen Geist gewirkt. Doch der Heilige Geist lässt sich nur einladen. Wir können die Segel setzen, auf dass er hineinfährt und in uns Glauben und Vertrauen wirkt. Dies kann unter anderem dadurch geschehen, dass wir die Nähe Gottes im Gebet suchen oder indem wir uns seine Nähe und Güte Tag für Tag bewusst machen. Das kann unser Anteil sein, damit wir Kraft haben, Salz zu sein und Licht, um zu leuchten.

Liedvorschläge: EG 262/263, 351, 365, Neueres Liedgut: »Es scheint ein helles Licht« (Text: Lothar Kosse), »Zünde an dein Feuer« (Text: Berta Schmidt-Eller).

Literatur: *Dietrich Bonhoeffer*, Gemeinsames Leben, Gütersloh [24]1993; *Reinhard Feldmeier*, Die Welt des Neuen Testaments, in: Grundinformation Neues Testament, hg. von K.-W. Niebuhr, Göttingen 2011, 46–61; *Walter Klaiber*, Das Matthäusevangelium. Teilband 1: Mt 1,1–16,20 (BNT), Neukirchen-Vluyn 2015; *Ulrich Luz*, Das Evangelium nach Matthäus (EKK I/1) Zürich u.a. 1985; *Max Wilcox*, Jesus in the Light of his Jewish Environment, in: ANRW, II/25.1 (1982), 131–195.

Internet: *Institut für Demoskopie Allensbach*, Politischer Radikalismus und die Neigung zu Verschwörungstheorien, Februar 2022 (https://www.swr.de/unternehmen/kommunikation/pressemeldungen/story-im-ersten-tankstellenmord-114.pdf); *Ipsos*, What worries the world, September 2022, https://www.ipsos.com/sites/default/files/ct/news/documents/2022-09/Global-report-what-worries-the-world.pdf (alle zuletzt abgerufen am 11.11.2022).

Roger Jensen

B

IV Entgegnung: Wen spricht Jesus an?

Ich möchte indessen noch ein wenig bei der Exegese verweilen. Nach den Seligpreisungen der Bergpredigt (Mt 5,1–10[12]) geht Jesus in unserer Perikope über zur direkten Anrede (V.13–16) – von »Selig sind, die …« zu »Ihr seid …«. Während die Seligpreisungen sich deutlich an konkrete Gruppen wenden –die geistlich Armen, die Leidtragenden, die Sanftmütigen usw. –, erleben wir nun die direkte Anrede mit »Ihr seid …« Wen spricht Jesus hier an, wem spricht er die Eigenschaften des Salzes und des Lichtes zu? Sind dieselben Menschen wie in den Seligpreisungen gemeint? Sind es Teilnehmer am heutigen Gottesdienst?

In einer synoptischen Perspektive spricht wenig dafür, dass es sich um dieselben Zuhörer handelt, denn in den anderen Evangelien finden wir die Worte über das Salz und das Licht an unterschiedlichen Stellen – und nicht auf die Seligpreisungen bezogen wie hier bei Matthäus: Salz und Licht finden sich bei Markus im Gespräch Jesu mit seinen Jüngern (Mk 4,21; 9,50). Bei Lukas ist das Wort vom Salz (Lk 14,34–35) und Licht (Lk 8,16) mit dem Leben als Jünger verbunden. Die Redaktion der Worte Jesu bei Matthäus zielt einleitend auf zwei Zielgruppen – sowohl das Volk (Mt 5,1a) als auch die Jünger (Mt 5,1b). Ich meine deshalb, dass wir die Worte über das Salz und das Licht als auf die Jünger bezogen verstehen sollten und nicht auf das Volk, wie wir dies auch bei Matthäus lesen können.

Weiter ist interessant, dass A auf die rabbinische Literatur verweist, in der Salz und Licht auf die Weisheit bezogen werden (vgl. Luz, 222.226; Klaiber, 94). In der exegetischen Forschung werden diese Begriffe gerne an Jesu Botschaft oder Jesus selbst gebunden, wie dies Eduard Schweizer darstellt (Schweizer, 99). Schweizer betont ferner, dass Salz und Licht auch auf das israelitische Gesetz bezogen werden konnten (ebd.).

A verweist auf das dreifache Liebesgebot, Gott und den Nächsten wie sich selbst zu lieben, und darüber hinaus allgemein auf Wissen und Weisheit. In welchem Grad zielt die Rede vom Salz und Licht auf Ethik und Moral? Inwieweit sind die Jünger Jesu das Salz und Licht der Welt im Blick auf eine *Lehre* des dreifachen Liebesgebots oder im Blick auf ein *Leben,* das geprägt ist von diesem Gebot? Was ermöglicht es den Jüngern, das Salz und Licht der Welt zu sein?

V Erschließung der Hörersituation: Offene Sinnsuche und Kritik

Wenn sich heutige Religionssoziologen in einem einig sind, dann darin, dass die Menschen der jüngeren Generationen in der Sinnfrage offen sind und neue Wege suchen. Menschen suchen nach Quellen der Lebensdeutung und -bewältigung jenseits der traditionellen Konfessionsgrenzen, die früher nicht nur kirchliche, sondern auch nationale Grenzen definierten. Entsprechend suchen Menschen auch jenseits der traditionellen Religionsgrenzen nach Sinnquellen, wo insbesondere östliches Denken oft in traditionell christliche und westliche Denkmuster einfließt, was häufig als Patchwork-Religion bezeichnet wird (vgl. Wuthnow, 2). Auf der einen Seite distanziert man sich zunehmend von etablierten Religionen und definierten Religionsgemeinschaften, auf der anderen Seite macht man sich religiöse Traditionen immer noch zunutze, oft punktuell und überschneidend. Religionssoziologen neigen dazu, die heutige religiöse Landschaft als durch Spiritualität gekennzeichnet zu charakterisieren, die als offen und suchend verstanden wird, während Religiosität als Merkmal etablierter und definierter religiöser Identität und Zugehörigkeit verwendet wird (vgl. Woodhead/Heelas).

Erscheint den Menschen heute die Kirche als Salz und Licht, geprägt von einer Ethik und einer moralischen Praxis, die in der Hoffnungslosigkeit Hoffnung schenkt und Mutlosen Mut macht? Es genügt, das Wort Kindesmissbrauch oder Missbrauchsskandal zu sagen. Die grausamen Enthüllungen treffen alle Konfessionen. Nicht ohne Grund erscheint die Kirche in der westlichen Öffentlichkeit zunehmend suspekt. Die Enthüllungen der jüngsten Zeit treiben die Säkularisierung weiter voran.

Gleichzeitig ist es immer noch so, dass die Menschen vor Ort mit ihrer Kirche und ihrem Pfarrer bzw. ihrer Pfarrerin oft zufrieden sind. Die persönlichen Begegnungen und Beziehungen im Zusammenhang mit den Kasualien, insbesondere der Beerdigung, bieten immer noch sinnvolle Erfahrungen. – Norwegen unterscheidet sich in vielerlei Hinsicht von Deutschland, fast 50 % aller norwegischen Neugeborenen werden noch in der lutherischen norwegischen Kirche (in welcher der Autor tätig ist) getauft und rund 85 % aller Toten werden kirchlich bestattet (vgl. SSB). Aber die Zahlen sind rückläufig (andere Konfessionen sind hier nicht berücksichtigt).

VI Predigtschritte: Hoffnungsträger zu sein!

Wer ist der Adressat der Anrede Jesu? Inwiefern lassen sich Salz und Licht mit Ethik und Moral verbinden? Inwieweit kann der heutige Prediger seiner Gemeinde verkünden, dass sie Salz und Licht sind? Inwieweit kann sich die Kirche durch ihre Führung selbst verstehen und versuchsweise eine Rolle als Salz und Licht einnehmen?

In seinem Artikel »Öffentliche Theologie als Theologie der Hoffnung« stellt Heinrich Bedford-Strohm drei eher traditionelle Modelle zum Nachdenken über theologische Ethik und die Kirche als gesellschaftlichen Akteur vor. Diese charakterisiert er als *karitative Ethik*, als *politisches Beratungsmodell* und schließlich als *fundamentalkritische Ethik*. Als Kontrast und Alternative zu diesen dreien betont er eine *Öffentliche Theologie* – eine Ethik und Theologie, die von verschiedenen professionellen interdisziplinären Perspektiven geprägt ist und mit ihnen in Dialog tritt, um eine präsente und relevante Stimme in der pluralistischen Gesellschaft zu sein.

Das Charakteristikum der Öffentlichen Theologie besteht *einerseits* darin, die Theologie durch unterschiedliche interdisziplinäre Perspektiven auf Mensch und Gesellschaft sowohl zu informieren als auch ins Gespräch zu bringen, und *andererseits* die Verbindung von Theologie und Ethik sowohl auf der individuellen als auch der gesellschaftlichen Ebene zu wahren.

Bedford-Strohm selbst versteht diese aktive kirchliche und theologische Rolle als Erweiterung von Jürgen Moltmanns *Theologie der Hoffnung*, in der betont wird, dass das Kommen des Reiches Gottes auch durch aktive soziale Verantwortung vorangetrieben werden muss. Das Ziel der Öffentlichen Theologie besteht für Bedford-Strohm darin, der Gesellschaft Orientierung in Fragen öffentlicher und politischer Natur zu geben, nicht nur durch das Aufzeigen von Dilemmata und Komplexität, sondern auch durch die Teilnahme an allen Zusammenhängen, in denen die Debatten geführt werden, als klare kritische Stimme und mit einer versuchsweise ethisch-normativen Rolle.

Jesu Worte über Licht und Salz sind in vielerlei Hinsicht interessant. Sie laden den heutigen Prediger zur kritischen Selbstreflexion im Namen der Kirche ein, die nicht immer im Dienst des Evangeliums stand und Licht und Salz war. Manchmal war die Kirche das Gegenteil. Inwieweit können oder sollen die Worte vom Salz und Licht ethisch-moralisch verstanden werden? – Ich würde dem Prediger empfehlen, in dieser Hinsicht vorsichtig zu sein.

Anstatt Salz und Licht direkt mit Moral und Ethik zu verknüpfen, würde ich den Prediger ermutigen, Jesu Appell an seine Jünger an Jesus selbst zu binden. Dass die Jünger Licht und Salz sein können, dass wir als Christen Licht und Salz sein können, liegt nur daran, dass Jesus Licht und Salz in unserem Leben ist. Wir dürfen auf Jesus zeigen. So wie Jesus uns Hoffnung für das Leben und die Zukunft gibt, sollen wir Träger der Hoffnung, Salz und Licht sein: nicht im Blick auf uns selbst oder auf die Kirche als Organisation, sondern durch den Verweis auf Jesus.

Gibt es also keinen Zusammenhang zwischen Hoffnung und gelebtem Leben, zwischen Glauben und Moral und Ethik? Doch, es gibt ihn, aber die Verbindung ist anfällig und zerbrechlich. Genau davon spricht Luther in den Hauptschriften der Reformation. Einerseits betont er, dass ein guter Baum gute Früchte trägt, andererseits unterstreicht er, dass nicht die Frucht den Baum trägt, sondern der Baum die Frucht. Damals ging es darum, sowohl ein Denken über Verdienst (*meritum*) und befriedigende Werke (*satisfactio operis*) in der Heilsfrage abzulehnen und gleichzeitig den Zusammenhang von Glaube und Werk zu betonen, dass ein guter Baum gute Früchte trägt. Heute indessen geht es m.E. mehr darum, das Licht und Salz, das Jesus für uns ist, im Glauben zu bewahren und gemeinsam auf ihn zu weisen.

Wir selbst sind nicht die *Quelle* unserer Hoffnung, wir haben keine Hoffnung, über die wir selbst *verfügen*. Unsere Hoffnung soll das Licht und Salz in unserem Leben sein, das Licht und das Salz, das wir als Pfarrer in Wort und Sakrament spenden. Unsere Versuche, Hoffnung im gelebten Leben zu verwirklichen, sind fehlbar und scheitern oft, aber das bedeutet natürlich nicht, dass wir es nicht versuchen sollten – und es wagen, auch von der Kanzel aus über unsere Versuche zu sprechen.

Literatur: *Heinrich Bedford-Strohm*, Öffentliche Theologie als Theologie der Hoffnung, IJOTh 3/1 (2012), 38–50; *Jürgen Moltmann*, Theologie der Hoffnung. Untersuchungen zur Begründung und zu den Konsequenzen einer christlichen Eschatologie, Gütersloh 1997; *Eduard Schweizer*, The Good News according to Matthew, Atlanta 1975; *Linda Woodhead/ Paul Heelas*, The Spiritual Revolution. Why Religion is Giving Way to

Spirituality, Oxford 2005; *Robert Wuthnow*, After Heaven: Spirituality in America Since the 1950s, Berkeley 1998. Zu Ulrich Luz und Walter Klaiber vgl. die Literaturangaben bei A.

Internet: Statistics Norway, www.ssb.no/kultur-og-fritid/religion-og-livssyn/statistikk/den-norske-kirke (zuletzt abgerufen am 07.11.2022).

9. Sonntag nach Trinitatis – 06.08.2023

1 Könige 3,5–15(16–28)

Man hört nur mit dem Herzen gut

A

Beate Kobler

I Eröffnung: Wozu wir Vorbilder brauchen

Menschen brauchen Vorbilder. Und so sucht sich fast jeder von uns im Lauf seines Lebens Personen, deren Verhalten oder Lebensweg ihm nachahmenswert erscheint, Personen, die Orientierung geben und motivieren. Sind es anfangs noch die Eltern, wandeln sich die Vorbilder spätestens in der Pubertät hin zu Fußballern, Popstars oder Influencer:innen in den Sozialen Medien. Allerdings scheint es in jüngster Vergangenheit eine Veränderung gegeben zu haben. Eine Studie aus Österreich etwa zeigt, dass es Jugendlichen heute weniger um Oberflächliches geht, sondern vielmehr Charakter, feste Grundsätze, Gemeinsinn, Willensstärke oder bestimmte Fähigkeiten eines Vorbilds im Vordergrund stehen. Daher verwundert es auch nicht, dass derzeit Martin Luther King und Greta Thunberg an der Spitze von Vorbilder-Rankings stehen (Die neuen Vorbilder der Jugend 2021).

Von einem solchen Vorbild handelt auch unser Predigttext aus 1Kön 3, der aus der Anfangszeit von König Salomo erzählt. Es geht hier zwar nicht um eine reale, sondern um eine idealisierte Person, um den »Salomo der Legende« (Knauf, 162), aber auch sie kann uns Vorbild sein – im Blick auf ihre Haltung zum Leben, ihre Beziehung zu Gott und ihre Verantwortung in der Welt. Um seine Verantwortung wahrnehmen zu können, bittet Salomo Gott um ein gehorsames und hörendes, ein weises und verständiges Herz (1Kön 3,9.12), und Gott schenkt es ihm als Grundbedingung dafür, dass Salomo seine Gaben zielgerichtet einsetzen kann. So wird auch die Einordung des Textes in das Thema des 9. Sonntags nach Trinitatis verständlich, an dem es um »Begabung und Verantwortung« geht.

Die erste Hälfte des ersten Könige-Buches handelt von der Herrschaft König Salomos. Dieser Kapitelkomplex ist eine Sammlung disparater Stoffe, und innerhalb von 1Kön 3–11 begegnen mehrere Salomo-Bilder: der historische Salomo des 10. Jahrhunderts v. Chr., vor allem aber der ideale Salomo aus nachexilischer Zeit. Das erste Könige-Buch sollte daher nicht als Geschichtsschreibung gelesen werden, sondern als Theologie in erzählter Form, als eine Erzählung, die im deutenden Rückblick versucht zu erklären, wie es zur Katastrophe des Exils kommen konnte, und dabei das Verhalten der Könige und ihre Einstellung zu Gott zum entscheidenden Kriterium macht. In der Darstellung wird daher die Verehrung anderer Gottheiten hart verurteilt, die Alleinverehrung des Gottes Israels gefordert und die Kultzentralisation am Jerusalemer Tempel propagiert, die Salomo zum Abschluss führte. (Schmitz/Weller-Holtmann, 556)

Als Salomo in Gibeon war, einer bedeutenden Höhe, auf der die Menschen vor dem Bau des Tempels Opfer für Gott darbrachten, erschien ihm Gott im Traum – wie so vielen anderen Menschen, von denen die Bibel erzählt (vgl. z. B. Num 12,6; Mt 1,20; 2,13). Gott stellt sich nicht weiter vor, sondern kommt gleich zur Sache und fordert Salomo auf (V.5): »Bitte, was ich dir geben soll!« Das erinnert an Märchen, in denen sich Menschen von einem verwunschenen Prinzen, von einem Flaschengeist oder von Gott etwas wünschen dürfen, was allerdings für die Gierigen fast immer in einer Katastrophe endet (vgl. »Der Fischer und seine Frau«, »Aladin und die Wunderlampe« oder »Die drei Wünsche«).

Bevor Salomo seine Wünsche äußert, spricht er zunächst über David, seinen Vater, erinnert an dessen gottgefälliges Leben und preist die Barmherzigkeit Gottes, die David erfahren hat. Als Zeichen von Gottes Barmherzigkeit sieht Salomo auch sein eigenes Königtum, das er von Gott übertragen bekam – und das, obwohl er noch jung ist und »weder aus noch ein« weiß (V.7). Unabhängig davon, ob man diese letzten Worte des Verses als Hinweis auf »die königliche Pflicht« deutet, »das Heer dem Feind entgegen und danach wieder wohlbehalten nach Hause zu führen« (Knauf, 169) oder sie in Anlehnung an das Begriffspaar »Ausgang und Eingang« in Ps 121,8 (wo dieselben Verben stehen) allgemeiner versteht, sehe ich darin ein Zugeständnis der Unerfahrenheit Salomos und ein Zeichen seines Respekts, vielleicht sogar seiner Angst vor dem Amt. Beides macht den sonst so idealen König menschlich und nahbar.

Wenn man an die genannten Märchen denkt, wäre zu erwarten, dass sich Salomo Reichtum und ein langes Leben wünscht. Er bittet Gott jedoch um ein gehorsames Herz, damit er seinem Volk Recht sprechen und zwischen Gut und Böse unterscheiden kann. Gott freut sich über Salomos Wunsch, darüber, dass er eben keine »normalen« Wünsche geäußert hat, und entspricht seinem Wunsch: Durch sein Wort schenkt Gott Salomo »ein weises und verständiges Herz« und sagt ihm dann auch das zu, worum Salomo gar nicht gebeten hat – Reichtum und Ehre und, wenn er sich an Gottes Gebote hält, auch ein langes Leben.

Nach alttestamentlichem Verständnis ist das Herz nicht nur Sitz der Gefühle, sondern die Mitte der Person, die Zentralinstanz im Inneren eines Menschen, in der neben dem Fühlen auch Denken und Wollen verortet sind und die zwischen dem Inneren des Menschen und der Außenwelt vermittelt. Als innerste Wesensmitte eines Menschen ist das Herz auch der Ort, an dem Gott und Mensch sich begegnen.

Salomo erbittet von Gott ein hörendes, weises und verständiges Herz und bekommt es. Nun kann er Gott »von ganzem Herzen« lieben, wie es die Einleitung ins deuteronomistische Gesetz Dtn 6–11 fordert (Knauf, 169). Gleichzeitig ist er in der Lage, auf das zu hören, was um ihn herum geschieht.

Im Anschluss an den Soziologen Hartmut Rosa versteht Bernd Janowski das menschliche Herz im AT als »Resonanz- und Beziehungsorgan des Menschen«. Im Blick auf das *hörende* Herz spricht er »von einer resonanten Weltbeziehung, der zufolge die Außenwelt nicht stumm bleibt, sondern dem vernehmenden, nicht in sich verschlossenen […] Selbst auf vielfältige Weise ›antwortet‹«. (Janowski, 151f.)

Nach dem Gespräch mit Gott wacht Salomo auf und merkt, dass er geträumt hat. Als erste Reaktion auf die Gottesrede geht er nach Jerusalem und opfert vor der Bundeslade und veranstaltet ein großes Festmahl – im Wissen darum, dass es nicht richtig war, in Gibeon zu opfern (Knauf, 171).

Ich persönlich würde es bei V.5–15 als Grundlage für die Predigt belassen, auch wenn der folgende Abschnitt in V.16–28 eine stimmige Ergänzung der Perikope darstellt: die Parabel vom Salomonischen Urteil, die davon erzählt, wie sich die von Gott erbetene und erhaltene Begabung, Recht zu sprechen und Salomos weises und hörendes Herz konkret positiv auswirken und in seinem klugen Gerichtsurteil bewähren, das in ganz Israel Eindruck machte (V.28).

III Impulse: Ermutigung, wie Salomo vor Gott zu treten

Die Erzählung aus 1Kön 3 enthält viele Aspekte, die in einer Predigt vertieft werden könnten: die Frage, wie Gott heute mit Menschen spricht, das Nachdenken über die Gabe der Unterscheidung von Gut und Böse (vgl. Gen 3) oder die Verknüpfung von Verheißung und Gebotserfüllung in V.14.

Ich persönlich möchte die Beschreibung Salomos als Anlass zu einer Predigt nehmen, die Menschen dazu ermutigt, sich mit diesem idealen Gläubigen zu identifizieren und es mit ihm als Vorbild zu versuchen.

Als Einstieg eignet sich das Nachdenken darüber, welchen Vorbildern wir heute folgen und was wir von diesen Vorbildern erwarten. Danach könnte eine erzählende Vergegenwärtigung und Zuspitzung des Predigttextes auf die Fragen und Aspekte folgen, die im weiteren Verlauf der Predigt relevant werden. Diese werden im dritten Teil der Predigt vertieft und anhand nachstehender Fragen ausgeführt: Wie kann es aussehen, wenn wir ehrlich vor Gott treten? Wie können wir unsere eigenen Unzulänglichkeiten anerkennen, aber auch unsere Gaben wahrnehmen? Wie geht es uns, wenn wir vor herausfordernden Aufgaben stehen? Wo haben wir in unserem Leben die Barmherzigkeit Gottes erlebt? Ich möchte die Zuhörenden ermutigen, sich selbst in der Beziehung zu Gott wahrzunehmen und ihn immer wieder neu um ein hörendes Herz zu bitten. Das heißt um ein Herz, das auf ihn hört, ihn liebt und seinen Willen für diese Welt ernst nimmt. Genauso aber auch um ein Herz, das auf die Welt hört, auf die Schöpfung genauso wie auf unsere Mitmenschen in der Nähe und in der Ferne. Um ein Herz, das versucht, beides zusammenzubringen, die Liebe zu Gott, die Liebe zu sich selbst und die Liebe zum Nächsten, wie Jesus es im Doppelgebot der Liebe fordert (Mk 12,29–31). Denn ich vertraue darauf, dass wir, wenn wir tief in unserem Inneren, in unserem Herzen in Beziehung zu Gott stehen, Kraft bekommen, unsere Verantwortung in der Welt wahrzunehmen.

Als Psalmgebet schlage ich den Wochenpsalm 62 vor (EG 729), zum Thema passende Lieder sind z. B. »Gelobt sei deine Treu« (EG.Wttgb 665, bes. Strophen 1 und 2) oder aus dem neuen Liederbuch »Wo wir dich loben, wachsen neue Lieder« plus (München 2018): »Gib uns Ohren, die hören« (Nr. 42); »Herr, ich komme zu dir« (Nr. 51); »Schenke mir Gott ein hörendes Herz« (Nr. 190).

Literatur: *Barbara Schmitz/Sigrun Weller-Holtmann*: Über die Zeit der Königinnen und Könige, in: Bibel in gerechter Sprache, hg. v. Ulrike Bail u. a., Gütersloh ²2007, 555 f.; *Ernst Axel Knauf*, 1 Könige 1–14 (HThKAT), Freiburg/Basel/Wien 2016; *Bernd Janowski*, Anthropologie des Alten Testaments. Grundfragen – Kontexte – Themenfelder, Tübingen 2019.

Internet: Die neuen Vorbilder der Jugend 2021: https://jugendkultur.at/die-neuen-vorbilder-der-jugend-2021/ (zuletzt abgerufen am 05.11.2022).

IV Entgegnung: Dem Herzen folgen

A will in der Predigt einladen, »sich mit diesem idealen Gläubigen zu identifizieren und es mit ihm als Vorbild zu versuchen«. Dieser Einladung zu folgen, fällt mir schwer – und zwar aus zwei Gründen.

Zum einen ist Salomo ein zweifelhaftes Vorbild. Durch eine Hofintrige ist er an die Macht gekommen, viel Blut ist zu Beginn seiner Herrschaft geflossen. Unser Predigttext macht das vergessen. Lässt sich Salomo tatsächlich als Vorbild nehmen, um mich und die Hörer:innen in der Predigt, wie von A vorgeschlagen, zu fragen: »Wie kann es aussehen, wenn wir ehrlich vor Gott treten? Wie können wir unsere eigenen Unzulänglichkeiten anerkennen, aber auch unsere Gaben wahrnehmen?« Gibt das der Text im Kontext gelesen her? Nur um den Preis, den Perspektivenbruch zwischen 1Kön 1–2 und 1Kön 3 zu überspringen und die Idealisierung des Salomo, die A richtig konstatiert, unausgesprochen mitzuvollziehen. (Abgesehen davon wird mir persönlich ein ideales Vorbild leicht langweilig. Anregend finde ich Vorbilder mit Ecken und Kanten, Figuren, an denen die Widersprüche des Lebens sichtbar werden.)

Zum anderen ist die Funktion, die der, der da im Traum mit seinem Gott spricht, inne hat, weit entfernt vom Erfahrungskontext der Hörer:innen: Salomo, der frisch gebackene König, Herrscher und Richter über ein großes Volk, ein Mann der Elite. Und ich frage mich angesichts der heute weit verbreiteten Elitenskepsis (mag sie angesichts von Korruption berechtigt, mag sie eine problematische populistische rhetorische Figur sein), ob ein Mann der Elite als Vorbild tatsächlich verfängt. Zumal von ihm gesagt wird, dass seinesgleichen vor ihm nicht gewesen sei und nach ihm nicht kommen werde.

Gerne möchte ich der zweiten Spur folgen, die A in Anschluss an Hartmut Rosa und Bernd Janowski aufzeigt: das hörende Herz als »Resonanz und Beziehungsorgan des Menschen«. Im Herzen verbinden sich Denken, Fühlen und Wollen, es ist »Schnittstelle zwischen der Leibsphäre und der Sozialsphäre« (Janowski, 66), es ist Organ der Gottesbegegnung. An diesem Herz-Stück biblischer Anthropologie lässt sich spürbar machen, welchen Schatz die jüdisch-christliche Tradition für das Nachdenken über Identität und Weltbeziehung heute bereithält: Erkennen, verstehen und urteilen passieren nicht im Individuum als in sich geschlossener, abgekapselter Monade, sondern in der Beziehung zu unserer Mit-Welt, unseren Mitmenschen, zu Gott. Mit dem Herzen finden wir uns im Leben zurecht.

Es ist bereits deutlich geworden: Der Graben zwischen der Figur Salomo, wie sie uns im Predigttext entgegentritt, und der Alltagswirklichkeit der Hörer:innen ist tief. Vertieft wird er durch den märchenhaften Beginn unseres Textes, auf den A bereits verwiesen hat. Allzu traumhaft erscheint die Frage, die Gott dem Salomo stellt: Was willst du, dass ich dir gebe? Wer wurde solches je gefragt ... Die Grunderfahrung der Hörer:innen lautet viel eher: Das Leben ist kein Wunschkonzert. Angesichts der Inflationsspirale zumal, die die ganz normalen Lebenshaltungskosten immer weiter nach oben schraubt. Angesichts des Krieges in Europa, der uns die Zukunft als ungewiss erfahren lässt. Angesichts der Klimakrise, die so grundlegende Änderungen unserer Lebensweise – christlich gesprochen Umkehr – verlangt, dass lähmende Angst die häufigere Reaktion zu sein scheint als beherztes Handeln.

Unsere Welt wird immer komplexer und komplizierter. Groß ist die Sehnsucht nach einfachen Lösungen. Doch die gibt es nicht. Unsicherheit ist zum gesellschaftlichen Grundgefühl und zur existenziellen Lebenserfahrung der Zeitgenoss:innen geworden. Diese Lebenserfahrung lässt sich durchaus auch im Predigttext aufspüren: Salomo weiß weder aus noch ein. Auf die exegetischen Deutungsmöglichkeiten hat A ja hingewiesen. Ihr folgend, halte ich es für homiletisch legitim, »weder aus noch ein [zu] wissen« allgemein zu lesen als Unsicherheit und Überforderung (Bilder im Text für Überforderung sind jung sein und die Größe des Volkes). So ließe sich der Graben zwischen heutiger Lebenswirklichkeit und Text überbrücken und die königliche Figur des Salomo demokratisieren. Dieses Gefühl, weder aus noch ein zu wissen, kennt wohl jede und jeder.

Worin genau liegt die Überforderung? Als König muss Salomo sein Volk richten. Dazu muss er verstehen, was gut und was böse ist. Ein gehorsames Herz wünscht er sich. Verstand, um auf das Recht zu hören. Verstehen und urteilen. Wir sind in der Sphäre der Ethik gelandet. In unserer demokratischen, pluralen Gesellschaft ist nun das Urteilen nicht mehr Sache des Königs, sondern des:der Einzelnen. Jede und jeder muss selbst zu verstehen suchen, was gut und was böse ist. Keine äußere Instanz kann uns das vorgeben. Der richtende König ist eine innere Instanz geworden – Kant spricht vom inneren Gerichtshof, evangelisch sprechen wir von Freiheit und Verantwortung. Wir müssen selbst urteilen und unser Urteil – anderen, unseren Mitmenschen und Gott gegenüber – verantworten. Und das in einer Welt, die immer komplexer wird. Einer Welt voller Widersprüche, Ambivalenzen und Konflikte. Ob ethische Fragen am Lebensende, Krieg, Klimakrise oder auch berufsethische Fragen im Feld der Diakonie – wir finden uns in Dilemmata wieder. Das Gute und Richtige auf der einen und das Böse und Falsche auf der anderen Seite sind so klar, einfach und eindeutig nicht zu haben. Kein ja oder nein, kein schwarz oder weiß. Unsere Herzen müssen Widersprüche, Ambivalenzen und Dilemmata aushalten – so groß unser Wunsch nach Eindeutigkeit und vermeintlich moralisch reinen Urteilen auch ist.

Dieser Wunsch nach Eindeutigkeit spiegelt sich in gesellschaftlichen Debatten wider. Die Komplexitäten und Unsicherheiten, Ambiguitäten und Ambivalenzen, die in Themen wie Sterbehilfe, Klimakrise oder Krieg stecken, sind schwer artikulier- und vermittelbar. Es gilt: entweder oder; ja oder nein; richtig oder falsch; gut oder böse. Und böse sind immer die anderen. »Da haben wir keine Debatten mehr darüber, wie wir leben wollen, wie wir unsere jeweilige Lebensform einrichten, sondern die anderen sollen's Maul halten«, formuliert Hartmut Rosa zugespitzt in einem Vortrag mit dem Titel »Demokratie braucht Religion«. (Rosa, 43)

Er schlägt die Brücke zu seiner Analyse eines Aggressionsverhältnisses zur Welt, das er begründet sieht in einem Zwang zur Steigerung und Verfügbarmachung: Ob in Wirtschaft, Politik, Wissenschaft, Technik oder alltäglicher Lebensführung – es geht darum, die Welt berechenbar, beherrschbar, kontrollierbar zu machen. Immer mehr, immer schneller, immer besser. Die To-do-Listen explodieren. In diesem Aggressionsmodus funktioniere Demokratie nicht, ist Rosa überzeugt, und er sieht im zentralen Motiv unseres Predigttextes einen Anknüpfungspunkt, um aus dem Aggressionsverhältnis zur Welt heraus- und in Resonanz zu kommen: »Es reicht nicht, dass ich eine Stimme habe«, es braucht »dieses hörende Herz, das die anderen hören und ihnen antworten *will*«. (Rosa, 53)

VI Predigtschritte: Auf-hören

Die existenzielle Erfahrung, bei der ich in der Predigt ansetzen wollen würde, sind die Widersprüche und Konflikte, die unser Leben in dieser Immer-schneller-immer-weiter-Welt prägen, und die Sehnsucht nach Eindeutigkeit. Die Predigt benennt diese Erfahrungen und ermutigt, sie auszuhalten. Der Schwerpunkt kann stärker auf Dilemmata liegen, in denen sich der:die einzelne im Alltag wiederfindet, oder stärker auf gesellschaftlichen Konflikten. Ich möchte jedenfalls dazu ermuntern, diese Grunderfahrung exemplarisch und narrativ zu erschließen.

Strukturieren könnte die Predigt ein dreifaches *Auf-Hören*. (vgl. dazu Rosa, 56 f.) Die Predigt lädt im ersten Schritt dazu ein, *aufzuhören im Sinne von stoppen, anhalten, unterbrechen*. Aus dem Aggressionsmodus herauszutreten, indem ich aufhöre zu fragen: Was habe ich davon? Was will ich noch erreichen? Was kann ich kontrollieren? (Hier ließe sich gegebenenfalls anknüpfen an die nicht ganz so rühmliche Vorgeschichte Salomos, wie sie in 1Kön 1–2 erzählt wird.) Aufzuhören mit der Überzeugung, dass es die eine reine, wahre und gute Position oder Lösung gibt, und Widersprüche auszuhalten. Im zweiten Schritt lädt die Predigt ein, *aufzuhören im Sinne von sich anrufen lassen*: Was lässt mich aufhorchen? Körperlich nachvollziehbar in der Bewegung raus aus einer Haltung, in der ich den Kopf nach unten gerichtet in mich selber gekehrt bin – aufhorchend den Kopf heben – in eine Haltung, die offen ist, in der eine andere Stimme, die Stimme Gottes, die Stimme anderer Menschen, mein Herz erreichen kann. Im dritten Schritt *aufhören im Sinne von aufeinander hören* wird das Aufhören zu einem lebendigen Beziehungsgeschehen: Ich höre und ich antworte. Verbindung entsteht. Ich kann auf das, was mich anruft, vielleicht auch anficht, reagieren.

Gott hat mir ein hörendes Herz geschenkt, darum kann ich das: offen sein für die Widersprüchlichkeiten in meinem Leben und in unserer Welt; verständig über gut und böse nachdenken; mich ausrichten an dem, was mir Gottes Wort über das, was recht ist, sagt; mir ein Urteil bilden und aushalten, dass es nicht perfekt ist.

Literatur: *Bernd Janowski*, Konstellative Anthropologie. Zum Begriff der Person im Alten Testament, in: Christian Frevel (Hg.), Biblische Anthropologie. Neue Einsichten aus dem Alten Testament (QD 237), Freiburg im Breisgau 2010, 64–87; *Hartmut Rosa*, Demokratie braucht Religion, München 2022 (e-Book).

10. Sonntag nach Trinitatis / Israelsonntag: Kirche und Israel – 13.08.2023

A

5 Mose 4,5–20

Die Freude über die lebendige Tora

Hans-Ulrich Probst

I Eröffnung: Der Israelsonntag im Wandel der Zeit

Die Gestaltung des Israelsonntages hat sich in seiner Geschichte stark gewandelt: Ursprüngliches Proprium des 10. Sonntages nach Trinitatis stellte das Gedenken an das Gerichtshandeln Gottes gegenüber dem Volk Israel, das sich in der Zerstörung Jerusalems zeigte, dar. Im 19. Jahrhundert war der Israelsonntag der Tag, an dem die Unterstützung der Judenmission eine besondere Rolle spielte. Heute steht nun die Reflexion des jüdisch-christlichen Verhältnisses nach der Shoah und im Schatten des weiterhin präsenten Antisemitismus im Zentrum des Sonntages (Mildenberger, 30–82; Volkmann, 20–95). Die Reflexion des christlichen Verhältnisses zu Israel bzw. zum Judentum kann in unserer Zeit aus unterschiedlichen Perspektiven geschehen: Sei es als Bußtag, an dem das gemeinsame Trauern über die Zerstörung Jerusalems im Mittelpunkt steht, wie es auch die Nähe zum jüdischen Gedenktag 9. Av nahelegt (liturgische Farbe: violett). Oder es werden die Besinnung auf und die Freude über das Miteinander von Kirche und Israel im Gottesdienst fokussiert (liturgische Farbe: grün).

Der Israelsonntag ist somit *das* herausgehobene Datum des Kirchenjahres, an dem über das jüdisch-christliche Verhältnis nachgedacht wird. Das ist kein Randthema christlicher Selbstvergewisserung, sondern ein zentraler und tiefschürfender Aspekt, wenn über christliche Identität nachgedacht wird. Der Israelsonntag ist damit ein »überindividueller Kasus«, denn er geht alle Besucher:innen dieses Gottesdienstes gleichermaßen an (Rössler, 265).

II Erschließung des Textes: Die vielfältige Rolle der Tora

Der Predigttext in Dtn 4,5–20 findet sich als Abschluss der ersten Moserede im Dtn und stellt *in nuce* das vergangene, gegenwärtige und zukünftige Handeln Gottes mit seinem Volk Israel dar. Für die christliche Leserin bzw. Hörerin sind insbesondere diejenigen Aspekte des Textes von Bedeutung, in denen das Verhältnis Israels zu den anderen Völkern thematisiert wird. Auf die Diskussion der diachronen Textanalyse, in der die Einheitlichkeit und die Beziehung zur Priesterschrift und zu den folgenden Teilen des Dtn betrachtet werden, soll hier nicht vertieft eingegangen werden.

Im Mittelpunkt des biblischen Textes steht unzweifelhaft die Rolle der Tora, die hier als das Zentrum des göttlichen Handelns mit Israel vorgestellt wird und en passant aus unterschiedlichen Perspektiven beleuchtet wird: So lässt Mose mit den Geboten und Gesetzen, die er erhalten hat, eine Lehr- und Lerntradition beginnen, die auch in der Weitergabe an die nächsten Generationen seine Fortsetzung finden soll (V.9). Die Kette der Lehr- und Lerntradition besteht gleichzeitig in der vielfältigen Auslegungstradition des Judentums bis heute fort und hat in Dtn 4 eine von zahlreichen biblischen Wurzeln. Tora ist erstens immerwährender Lehr- und Lernstoff! Dann ist mit der Gabe der Tora bereits explizit gemacht, dass die Annahme sich nur im konkreten Handeln nach den Geboten ausdrücken kann. Sie ist also nicht lebloses Studienobjekt, sondern zeigt sich im konkreten Tun. Die Tora wird zweitens also nur dann relevant und lebendig, wenn nach ihr im Leben gehandelt wird. Doch die Tora ist nicht nur Maßstab für das Handeln der Töchter und Söhne Israels im Land Israel, an dessen Schwelle die Israelit:innen hier textimmanent stehen. Die Tora zeichnet drittens das Volk Israel mit Weisheit aus. Tora, Israel und Weisheit bilden in Dtn 4 eine Wesenseinheit, wie dies erst in der späten Weisheitsliteratur (bspw. Sir 28) formuliert wird. Und schlussendlich wird die lebensdienliche Bedeutung der Tora herausgestellt: Sie tut der Seele gut und soll im Herzen der Menschen sein (4,9).

Die Tora ist das ausschlaggebende Israel-Erkennungszeichen für die anderen Völker, die in den V.6b–8 in den Blick kommen. Tora ist für das Selbstverständnis des Judentums identitätsstiftend, was auch die Völker wahrnehmen sollen. Staunend und anerkennend werden dann Israel und die Tora betrachtet: Weisheit und Verstand sind die Kategorien, die mit der Tora denjenigen, die danach handeln, zugesprochen werden. Ein besonderes Augenmerk muss darauf gelegt werden, welche wertschätzende Reaktion erfolgt, wenn Nicht-Juden die Handlungen nach der Tora sehen bzw. die Tora selbst zu hören bekommen (V.6). Die Wertschätzung der Tora wird mit dem Attribut der Weisheit formuliert und in zwei rhetorischen Fragen in V.7f. auf den Punkt gebracht, wenn gefragt wird: Gibt es ein anderes Volk, das sich durch diese Gebote der Nähe Gottes sicherer sein kann? Gibt es ein anderes Volk, dessen Gesetze diese Form der Gerechtigkeit erreichen? Weniger geht es hier um die national-religiöse Überhöhung, sondern um die Paränese zum weisheitlichen Handeln nach der Gerechtigkeit und zum Leben in Bezogenheit auf den Gott JHWH. Die eigene Identität wird demnach nicht durch die Abwertung der anderen Völker, die hier als Hörende der Tora dargestellt werden, sondern im intakten Verhältnis zum Gott Israels fest verankert.

Die Annahme der Tora begründet der biblische Text nicht durch eine autoritäre Weitergabe durch Mose, sondern durch die Erinnerung an die eigene Erfahrung der Offenbarung am Horeb, die hier wieder erneuert und aktualisiert wird. Die wundersame Offenbarung in den Extremen der Dunkelheit und des Lichtes, in Wolken und Flammen steht den Israeliten hier visuell vor Augen bzw. auditiv in den Ohren: Neben die Tora tritt nun komplementär die Erinnerung an den Bundesschluss und den verschrifteten Dekalog. Damit verbinden sich verschiedene Motive des über die Zeiten gültigen Handelns Gottes mit Israel hier zu einem Ganzen: Die Tradition des Bundesschlusses, des Dekalogs und der gesammelten Gebote, die Mose an das Volk Israel weitergibt, bilden eine Klammer für das Selbstverständnis für Israel.

Der Predigttext mündet in eine aggadische Relecture des Schöpfungsberichtes (Gen 1,14–27), wenn das Bilderverbot des Dekalogs erneuert wird. Dabei werden in umgekehrter Reihenfolge zum ersten Schöpfungsbericht die Schöpfungswerke abgeschritten, die nicht zum vergöttlichten Kultbild werden dürfen. Nicht in der Figur eines Menschen, nicht in der Form eines Tieres und ebenso nicht in Gestalt einer kosmischen Größe: Gott lässt sich nicht materiell in den Werken seiner Schöpfung darstellen.

Den Abschluss des Predigttextes bildet eine modifizierte Bundesformel in V.20, die eine weitere Erinnerungsdimension in den Text einpflegt: Nicht nur die Tora, wie es in den vorangegangenen Abschnitten formuliert wurde, konstituiert das Verhältnis zwischen Gott JHWH und Israel. Das rettende Handeln in Ägypten (hier bildlich als »Schmelzofen« bezeichnet) ist der Erweis dessen, dass Gott sich seinem Volk zuwendet und rettend an ihm handelt.

III Impulse: Wie wird heute auf die Tora gehört?

Das Verständnis von Tora in der christlichen Theologie und Kirche, aber auch im alltäglichen Sprachgebrauch hat bisweilen weiterhin einen negativen Unterton: Dann, wenn abwertend von der einengenden und freiheitseinschränkenden Wirkung des »Gesetzlichen« die Rede ist und dies im Kontrast zum Geist des Evangeliums in Stellung gebracht wird. Wenn die Toragelehrten bzw. Pharisäer als Antipoden zu Jesus und seiner Gefolgschaft fungieren. Die Debatte um die zweifelhafte Bedeutung der Tora im Korpus der christlichen Bibel wird zwar in den kirchlichen und wissenschaftlichen Publikationsorganen gerade nicht geführt, sie hat aber zuletzt vor zehn Jahren zum Ausdruck gebracht, welche zustimmenden Resonanzen erzielt werden, wenn für die Ausgrenzung der Tora aus der christlichen Bibel optiert wird. Die Enterbungslehre, nach der die Tora ihre heilsame und lebensstiftende Bedeutung an die christliche Botschaft abgetreten hat, ist weiterhin präsent. Warum fällt es schwer sich einzugestehen, dass die Tora der immerwährende Gültigkeitsraum der eigenen christlichen Gottesbeziehung ist?

Die Predigt am Israelsonntag 2023 kann hier einen wichtigen Impuls setzen, wenn in Bezug auf den biblischen Text nach der Relevanz der Tora für Israel, aber eben auch für das jüdisch-christliche Verhältnis gefragt wird. Die Tora ist zunächst partikular an Israel adressiert, sie ist identitätsstiftendes Element zwischen den Generationen und ist Richtschnur für das konkrete Handeln im Judentum. Wenn Nicht-Juden auf die Tora hören bzw. blicken, dann sollen sie dies in einer wertschätzenden und anerkennenden Weise tun. Dann kann die Einsicht wachsen, dass das Ziel der Tora ein Handeln nach der Gerechtigkeit und in Nähe zum Gott Israels ist; dass die Tora eine lebensdienliche und weisheitliche Kraft für Israel ist, die in der Geschichte des Volkes Israel mit seinem Gott in vielfacher Weise wurzelt. Wer wertschätzend diese Perikope liest, wird dann für sich annehmen können, dass Tora und Israel nur in maximal enger Verbindung miteinander zu verstehen sind. Wer in einem intakten Verhältnis zum Judentum leben möchte, muss danach die Tora im Stile von Dtn 4 betrachten.

Es ist sicherlich eine Herausforderung für eine christliche Gemeinde, sich in diesem Sinne in den Predigttext einzuhören. Die Hörer:innen in einem christlichen Gottesdienst sind nicht die erste Adressatengruppe. Sie sind vielmehr die in V.6b–8 erwähnten anderen Völker, die anerkennend auf das Verhältnis zwischen Israel, Tora und Gott blicken. Die Predigt könnte auf diese vielleicht zunächst als randständig wahrgenommene Position explizit hinweisen und von dieser ausgehend über das jüdisch-christliche Verhältnis in Geschichte und Gegenwart reflektieren: Wo erkennen wir, dass der anerkennende Blick auf die Tora in der christlichen Tradition (auch innerhalb der neutestamentlichen Tradition) nicht gelebt wurde? Welches Beziehungsgeflecht zwischen Judentum und Christentum könnte sich aus diesem Text ergeben, wenn diesem wertschätzenden Blick gefolgt wird?

Literatur: *Irene Mildenberger*, Der Israelsonntag: Gedenktag der Zerstörung Jerusalems, Berlin 2004; *Dietrich Rössler*, Grundriss der Praktischen Theologie, Berlin [2]1994; *Evelina Volkmann*, Vom »Judensonntag« zum »Israelsonntag«: Predigtarbeit im Horizont des christlich-jüdischen Gesprächs, Stuttgart 2002.

B

Hans-Ulrich Gehring

IV Entgegnung: Die lebendige Freude an der Tora

Wie diese Männer tanzen! Alte und junge sieht man, schwarze Anzüge, weiße Gebetsmäntel, Tsitsit, Bärte, Schläfenlocken – ausgelassen dreht sich alles um den einen, der die sorgsam umhüllte Torarolle mit seinen Armen fest umschließt, dabei aber selbst auch in Bewegung ist, Teil dieses Reigens um den kostbar gekrönten Schatz. Groß und schwer doch eigentlich, unhandlich, aufrecht kaum in Balance zu halten, scheint auch die Tora selbst auf einmal leicht zu sein, wie zu schweben: *Simchat Tora* – die ganze Synagoge singt und bebt vor Ausgelassenheit an diesem jüdischen Jubeltag der »Freude an der Tora«, der auch in diesem Herbst, beginnend am Abend des 7. Oktober 2023, wieder begangen werden wird. Fasziniert, irritiert und mit leisem Befremden vielleicht betrachtet, wer nicht zur Synagogengemeinde gehört, dieses geistlich-tolle Treiben.

So könnte er zumindest *auch* aussehen, der »anerkennende«, »wertschätzende Blick«, für den A in seinem Beitrag plädiert. Ein Blick, der begreift, mindestens ahnt, welch inniges Verhältnis das jüdische Volk von jeher mit Gottes Weisung verbindet. Ein Verhältnis, das heiligen Ernst ebenso fordert und fördert wie pure Lebenslust, Ehrfurcht ebenso wie tägliche Vertrautheit und Orientierung in allen Lebenslagen. Dieser Blick auf Judentum und Tora wird ja, gerade wenn er historisch informiert ist, kaum ganz unbefangen sein. *Wie* blicken wir auf das jüdische Volk, auf jüdisches Leben, wenn wir denn Gelegenheit dazu haben und sie dann auch wahrnehmen? Ein Zögern meldet sich bei mir auch bei diesen Formulierungen »Anerkennung« und »Wertschätzung«: Könnten nicht selbst sie noch von Paternalismus, von gönnerhaftem Wohlwollen kontaminiert sein? Ich suche für die Predigt nach einer Situation, die uns aus der Reserve lockt, die uns Christ:innen irritierte, aber auch faszinierte Blicke entlocken kann.

Gottes Tora ist für das jüdische Volk »immerwährender Lehr- und Lernstoff«, schreibt A. Und ich ergänze: ebenso *und zugleich* ein immerwährender Quell von Inspiration, Trost und Lebensfreude. Ich schließe mich auch der Formulierung von A an, wonach »Tora und Israel nur in maximal enger Verbindung miteinander zu verstehen sind. Wer in einem intakten Verhältnis zum Judentum leben möchte, muss danach die Tora im Stile von Dtn 4 betrachten«. Aber dann wäre doch aufregend, einen genaueren Blick dafür zu bekommen, warum und wie dieses Lernen konkret geschieht und warum daraus immer neue enge Bindungen entstehen! Das festliche Szenario vom *Simchat Tora*, dieses tanzende Bild also fällt mir ein, wenn ich die Bedeutung unserer Perikope für christliche Predigthörer:innen zu entfalten versuche. Die Gabe der Tora ist (nicht nur) für Israel eine solide Basis für lebenslanges Lernen und Grund zur Freude, ja, bei Gelegenheit macht sie einem geradezu Beine und Flügel. Und die naheliegende Reaktion von christlicher Seite wäre schlicht – sich mitzufreuen!

V Erschließung der Hörersituation: Weise Wege durch die Wüste

Das Bild der tanzenden Tora erschließt für mich aber auch in anderer Hinsicht heutigen Hörer:innen neue Horizonte: V.6 spricht davon, das konkrete Be-Folgen der Tora sei Ausdruck von Weisheit und Verstand. Gottes Volk, das diesen Weg beschreitet, nötigt anderen Völkern Respekt und das staunende Eingeständnis ab: »Was für weise und verständige Leute sind das, ein herrliches Volk!« Hier ist in unserem Text mehrfach von *Weisheit* die Rede. Die Weisheit ist es, die nach Spr 8 von allem Ursprung an Gottes Schöpfungswerk begleitet und beflügelt – lachend und mit Freude an Erdenkreis und Menschenvolk, »frohlockend«, wie Klaas Huizing übersetzt. Weit entfernt davon, nur Last zu sein, bleïernes, starres »Gesetz« angeblich im Sinne eines fatalen christlichen Zerrbildes, birgt die Tora Gottes schlicht eine Lebensenergie, die Verhältnisse zum Tanzen bringen kann. Weisheitlich leben, das Rechte tun und dabei zu feiern und zu tanzen wissen – unsere Verse rufen damit existenzielle Fragen auf nach einem Leben in Wahrhaftigkeit und Leichtigkeit. Sie wecken Bedürfnisse und Sehnsüchte auch unserer Zeit. Auch unsere Gegenwart ist bestimmt von großen Transformationen, ist eine Zeit des Übergangs. Freilich scheint es, als führe *unser* Weg nicht heraus, sondern stracks in die Wüste hinein! Dystopische Szenarien sind heute weit verbreitet und erzielen Wirkungstreffer in der Seele. Alle Aussicht auf ein »gelobtes Land« scheint dagegen völlig verdunstet. Unsere Verse liefern auch Christ:innen lösende, leibgesättigte Bilder dafür, wie man in der Weisheit der Tora Wüstenwege bewältigen kann.

Das Fest der Torafreude wird nach sieben Tagen in Sukkot gefeiert, zur Laubhüttenzeit also. Menschen haben ihre eigenen vier Wände verlassen, nehmen sich eine Auszeit, gedenken der Wüstenzeit Israels, der Entbehrungen unterwegs ebenso wie der Verheißungen Gottes, seines Mitziehens in Zelt und Wolke. Die Tora, schreibt der jüdische Lehrer, Psychologe und Sänger Gabriel Strenger, »konnte nur in der Wüste gegeben werden«. Sie ist eine Weg-Gabe, und gerade das Laubhüttenfest *inszeniert* dieses bleibende Unterwegssein des Gottesvolkes, an das im Neuen Testament der Hebräerbrief erinnert. Dieses periodische Verlassen der vertrauten Umgebung stellt Fragen nach Sicherheit und Vertrauen, nach der Fähigkeit, sich lösen zu können von dem, was man hat, und aufzubrechen aus Routinen. Pointiert schreibt Strenger: »die Tora fordert uns auf, etwas vom Hippie-Traum zu erhalten. Lass manchmal alles stehen und liegen und geh in die Wüste. Beweg dich von Ramses nach Sukkot. Das Leben in *Sukkat Schelomecha*, in der Hütte des göttlichen Friedens, stimuliert den Geist, zündet die Liebe und erweckt in uns eine besondere Freude: *Simchat Tora*, die Freude an der Tora.« Unsere Verse autorisieren die Predigt dazu, sich von Blickfixierungen frei zu machen. Auch auf der Titanic wurde angeblich getanzt bis zuletzt. Die Predigt über unseren Text freilich darf zu einem anderen, zum Tanz mit der Tora auffordern. Sie darf sich einreihen in den Reigen der Geschichten Israels auf seinem Weg mit Gott durch die Wüste. Die Zukunft ist und bleibt sein Land!

VI Predigtschritte: Le(i)bhafte Predigt

»Transzendenz wird vor Ort des Leibes als Urraum der Resonanz (auch) des Göttlichen ausgemacht«, schreibt Klaas Huizing in seinem erfrischenden Entwurf einer weisheitlich geprägten christlichen »Lebenslehre«. Das Bild der spielenden (»tanzenden«?) Weisheit in Spr 8 bezeichnet Huizing als Schlüsselmotiv seines Ansatzes. Die jüdische Tradition hat eine Vielfalt verschiedener Formen der leibhaften Aneignung von Gottes Gabe und Weisung hervorgebracht und getreu weitertradiert. Der Tapetenwechsel von Sukkot, der Tanz mit der Tora, das Essen und der Wortwechsel der Generationen an Pessach, das Aufstöbern der letzten »sauren Reste« am Vorabend – all das sind lebensvolle »Inkorporierungen« von Tora. Schon bei der Heranführung von Kindern setzt das ein. Sie bekommen, das ist vielfach jüdischer Brauch, an ihrem ersten Unterrichtstag ein süßes Stück Gebäck in Form eines hebräischen Buchstabens. So verbindet sich das Kind, schreibt der Leiter des Zürcher Lehrhauses, Michel Bollag, »von früh an gleichsam körperlich, physisch mit der Schrift« (zitiert nach Bieritz, 137). Auch auf solche Weisheit des Lehrens und Lernens könnte gerade die protestantische Predigt einen anerkennenden, anregungsbereiten Blick werfen. Appetit auf Gottes Weisung zu machen, Geschmack an seinen Geboten zu finden, wäre keine schlechte Zielrichtung.

Als Christ:innen sind wir gemeinsam unterwegs mit dem jüdischen Volk, teilen, auch wenn wir unterschiedliche Brillen tragen, das gemeinsame Studium der Schrift, die Entdeckerfreude an Texten wie dem, der hier zu bedenken und dann zu predigen ist. Eine selbstkritische Prüfung der Bilder und Blicke, ein Lösen von vielen Fixierungen, die unsere Vorstellung vom Judentum prägen, wäre erfrischend. Ein wenig Tapetenwechsel nicht nur in unseren liturgischen Vollzügen könnten auch wir vertragen. Mit der Altarbibel wird bei uns, soweit ich sehe, eher selten getanzt, bisher jedenfalls. Bieritz dazu: »Der Tanz mit der Tora – ein Korrektiv zu unserem sinnzentrierten, deutungsversessenen Umgang mit der Schrift? Aber wie könnte das aussehen – wenn evangelische Prediger und Predigerinnen samt ihren fleißigen Predigthelfern mit der Bibel tanzen? Dass das nur metaphorisch gemeint sein kann, ist klar. Klar ist aber auch, dass ein bisschen mehr Präsenzkultur beim Umgang mit den Texten nicht von Übel wäre.« (Bieritz, 141f.) Womöglich ist gerade der, der tanzt, dann auch gerne zur Tat geneigt. Womöglich ist gerade die, die ab und an auf Wüstenwegen geht, wieder offen für die unbändige Lebendigkeit, die Gott in seine Schöpfung ausgegossen hat, für Einsichten auch darüber, wie viel und wenig man zum Leben braucht. Und vielleicht lehrt uns ein Abschnitt aus der Hebräischen Bibel wie dieser den anerkennenden, wertschätzenden, manchmal geradezu staunenden Blick (Übersetzung der BasisBibel): »Wie weise und vernünftig ist doch dieses große Volk!«

Literatur: *Karl-Heinrich Bieritz*, Zwischen-Räume. Eine Meta-Meditation zum Ort der Predigtmeditation zwischen Text und Predigt, in: Alexander Deeg/Martin Nicol (Hg.), Bibelwort und Kanzelsprache. Homiletik und Hermeneutik im Dialog, Leipzig 2010, 137–157; *Klaas Huizing*, Lebenslehre. Eine Theologie für das 21. Jahrhundert, Gütersloh 2022; *Gabriel Strenger*, Jüdische Spiritualität in der Tora und an den jüdischen Feiertagen, Basel 2016.

A

Lukas 7,36–50

Kann denn Liebe Sünde sein?

Marcel Brenner

I Eröffnung: Eine aufsässige Frau

Die USA vor gerade einmal knapp 70 Jahren: Parkbänke oder Aufzüge tragen Schilder mit der Aufschrift *Whites only*. Die ersten vier Sitzreihen im Bus sind ausschließlich für Weiße reserviert. In der Mitte dürften auch *People of Color* (PoC) sitzen. Wenn allerdings ein weißer Fahrgast Platz nehmen will, haben dort eventuell sitzende PoC die Reihe sofort zu räumen und während der Fahrt zu stehen. Mich schaudert es, wenn ich darüber nachdenke. Gott sei Dank kennt meine Generation diese Umstände nicht. Genau diese Situation entstand am 01.12.1955. Aber die Passagierin Rosa Parks weigerte sich, wie andere schwarze Fahrgäste ihren Platz freizugeben, nur weil dort ein Weißer sitzen will. Bekanntlich wurde sie verhaftet und zu einer Geldstrafe verurteilt. Bekanntlich stieß sie damit den Busboykott und eine Bürgerrechtsbewegung an, die bis heute zumindest die meisten rassistischen Strukturen auflösen konnte. Dennoch wissen wir, dass auch heute noch auf der Nord- wie auf der Südhalbkugel kolonialistische Arroganz PoCs den Zugang zur Gesellschaft deutlich erschwert – insbesondere *Women of Color* wie Rosa Parks.

Rosa Parks schuf eine ähnliche Situation wie die namenlose Sünderin. Sie hinterfragte ihren sozialen Status durch ihr Handeln und schaffte es letztendlich tatsächlich, rehabilitiert zu werden und aus dieser Nische zu entkommen – weitestgehend.

II Erschließung des Textes: Liebe und Vergebung

Ironischerweise lädt einer von denen, die Jesus als »Fresser und Weinsäufer« (Lk 7,34) bezeichneten, ihn zum Essen ein. Eine Gesellschaft einflussreicher Männer, die von sich selbst überzeugt sind und prüfen wollen, ob dieser Jesus klug, gefährlich, ein Bürgerrechtler, Prophet oder gar der Messias sei – beim Essen. Relativ unbemerkt hat sich eine Frau Zugang verschafft und nähert sich aus dem Hintergrund. Von jetzt auf gleich steht sie da. Sie setzt sich zu Jesu Füßen und weint. Das Spotlight richtet sich auf sie. Alle sind schockiert. Keiner weiß, was man dazu sagen soll. Sie ist in der Stadt bekannt. Niemand will oder darf mit ihr zu tun haben. Irgendwas hat sie getan, das sie für immer als Sünderin brandmarkt.

Ist sie eine Prostituierte? Für Bovon ist deutlich, dass Lk in ihr »eine Dirne« sehe (Bovon, 390), doch »in der Stadt« (V.37) kann auch heißen, »›man‹ kennt sie als Sünderin« (Oberlinner, 274). Oberlinner zeigt sehr ausführlich, dass der Text eben von einer Sünderin, nicht explizit und eindeutig von einer Prostituierten spricht (269–274). Ja, ihre Nähe zu Jesus ist sehr intim. Allein das Öffnen der Haare und das Salben der Füße, nicht des Hauptes, rücken die Szene in eine gewisse Anrüchigkeit. So spricht Bovon vom »Bereich der perversen Sitten« und »nach den damaligen Klischees erotischen Gesten«, aber dass sie weint, zeigt »den wahren Sinn ihres Handelns« (Bovon, 392), bzw. die Motivation, mit der sie Jesus aufsucht. Die Debatte um die Art ihrer Sünde ist deshalb interessant, weil sich daran die Stigmatisierung zeigt. Es ist egal, ob sie für Geld mit Freiern schläft. Es geht darum, dass sie im sozialen Status als Dirne gilt. Sie wird von der Mehrheitsgesellschaft als unrein und verschwistert mit der Sünde bezeichnet und damit ausgestoßen. Eine Prostituierte ist meistens Opfer der Umstände und leidet unter den Folgen ihrer sozialen Stellung. Mal abgesehen davon, dass die Freier und Zuhälter viel sündiger sind, hatte sie für ihren Teil nicht einmal die Chance auf Rehabilitation. »Reinheit verbietet nicht nur das persönliche Begehen von (Tat-)Sünden, sondern fordert darüber hinaus auch ein sich Distanzieren von allen, die als Sünder gelten«. (Wandel, 173) Das verkörpert der Pharisäer.

Die Frau wittert ihre Chance, wenigstens um Vergebung bitten zu können und ergreift sie, als sie von Jesus hört. »[T]he woman is identified with a distinguishable label as a sinner as if to immediately cast her in an injurious light. […] Her weeping is an expression of deep repentance. In this sense, her position and direct proximity to Jesus is seen as an act of worship.« (Blair, 136) Sie betet ihn an, verehrt ihn, zeigt ihm, dass sie lieben kann. Jesus gibt ihr die Chance und lässt zu, dass sie sich ihm nähert. Mehr noch: Er stellt heraus, dass ihre Taten von Liebe geprägt sind. Er spricht ihr Vergebung zu. So restituiert er sie. Sie kann in Frieden gehen. Ihre soziale Rolle ändert sich. Sie ist wieder jemand, bekommt vielleicht einen Namen, ist jedenfalls nicht mehr einfach nur »die Sünderin«. Es geht um Liebe und Vergebung. Liebe als Folge der Vergebung und Vergebung der Liebe wegen.

Wenn die folgende Liebe umso größer wird, je größer die zu vergebende Schuld war, würde das Gleichnis (V.41f.) dazu dienen, den Pharisäer, der denkt, er brauche keine Vergebung, zu belehren über Liebestaten, die aus der Vergebung *folgen*. Dann ist aber V.48 »nicht im Sinne eines performativen Sprechaktes, sondern lediglich in Form einer öffentlichen Proklamation eines bereits vollzogenen Ereignisses« zu verstehen (Wandel, 184) – mal davon abgesehen, dass bei der Quantifizierung ein theologisches Problem entsteht. Die Liebe kann auch als *Bedingung* der Vergebung verstanden werden. »Entscheidend für die Erteilung der Vergebung sind einerseits die Vollmacht und die Barmherzigkeit Jesu, andererseits die Taten der Frau, die keinen Zweifel an ihrer inneren Verfasstheit und ihrer Haltung gegenüber Jesus zulassen«. (Wandel, 188) Die Sünderin ist bußfertig, vollzieht eine *metanoia* (Umkehr). M.E. kann nicht aufgeschlüsselt werden, ob nun die Haltung der Reue, die sich in ihren Liebestaten zeigt, vorausgehende Bedingung sein muss, dass ihr performativ Vergebung zugesprochen wird, oder ob Liebe im Sinne von Dankbarkeit folgt, weil sie schon weiß, dass Gott ihr vergibt. Auch kann es nicht um die Frage der Liebes-Quantität gehen. Die Perikope zeigt: Es sind die Kranken, die des Arztes bedürfen (Lk 5,31). Es sind die von Privilegierten an den Rand gedrängten, die jeder Chance auf einen Neuanfang beraubt sind, die die Zuwendung brauchen. Es sind Stumme und Ungehörte, denen eine Stimme verliehen werden muss. Wer – aus welchen Gründen auch immer – ausgeschlossen ist von der Liebe, braucht die performativ zugesprochene Liebe Gottes. Gott sucht das Verlorene. Gott liebt die von Menschen Ungeliebte. Gott wendet sich der Namenlosen zu und sie wird wieder in die Beziehung zu Gott gesetzt, weil sie liebt, hofft, dankt. Inwiefern sie das vorgängig oder resultierend tut, ist zweitrangig: Vielmehr greift beides ineinander. Aus der Gottesbeziehung folgt Liebe und aus der Liebe folgt, mit Gott in Beziehung zu sein.

III Impulse: Aufsässige Liebe

Absurd, dass ausgerechnet zwei Männer Anregungen zu dieser Perikope geben, in der doch eine Frau ihre soziale Rolle infrage stellt. Die Predigt bietet aber die Chance, dieser Frau einen Namen zu geben, ihre Geschichte zu erzählen, ihre Befreiung aus dem sozialen Status, in den sie gedrängt wurde, zu erinnern – zunächst unabhängig von unseren jeweiligen Geschichten und gleichzeitig so, dass wir uns mit ihr identifizieren. Eine Chance, mit der Sünderin anderen Namenlosen Gehör zu verschaffen, ihren Sozialstatus zu hinterfragen und sie zu reintegrieren.

Ich beginne meine Predigt mit einem Erlebnis, als ich zum ersten Mal bei der Massage war. Ich freue mich über eine Stunde Entspannung und gehe dort ohne viele Erwartungen hin. Die ersten Minuten kosten mich Überwindung, bis ich entspannen kann. Ich bin fast nackt und die Masseurin reibt mich mit wohlriechendem, warmem Öl ein. Es ist eine intime Berührung, aber professionell. In der Perikope ist das anders. Weder von dieser Frau noch an diesem Ort ist es angemessen, ihm die Füße mit Öl zu salben. Warum ist sie so aufsässig? Die Sünderin ist eine Namenlose, die ihre Hoffnung in Jesus setzt. Eine Namenlose, deren sozialer Status in der Predigt hinterfragt werden soll, um ihr einen Namen und eine Stellung zu geben.

Ungehörten Gehör zu verschaffen und Ungesehenes zu beleuchten, bietet die Chance, diejenigen, die am Rand der Gesellschaft sind, von dort wegzuholen. Unrechte gesellschaftliche Strukturen müssen angeprangert werden – z. B. wie es Rosa Parks tat. Es gibt unzählige ungesehene Stigmatisierungen, die Menschen aus der Gesellschaft verdrängen. Manchmal auf Basis eines Fehlers, meistens aber ohne die Chance, wiedereingegliedert zu werden. Es gibt unerhört viel häusliche Gewalt und alltäglichen Rassismus oder Klassismus. Die Leserschaft kennt die Frau nicht. Dadurch können einerseits individuelle Geschichten in diese exemplarische hineingelegt werden, andererseits aber wird die Frau anonymisiert, wie es oft geschah und heute noch geschieht. Vielleicht litt die Frau im Text einfach unter dem Patriarchat, Klassismus oder Rassismus. Vielleicht war sie Sünderin, will ihr Leben aber ändern. Vielleicht haben äußere Umstände sie verwickelt, aber sie kommt allein nicht mehr heraus.

Der Text hat die »Überwindung der Sünde« zum Thema, oder »besser gesagt die Beseitigung der vernichtenden Vorurteile in der Gesellschaft (der Klischees, die von den Drogensüchtigen bis zu den Bankiers reichen) wie die eigene Selbstprüfung (wo liegt meine Sünde?) beim *Individuum*«. (Bovon, 396)

Die Predigt erzählt die Geschichte einer Frau. Erzählt, wie sehr sie ausgeschlossen ist. Was der Grund ist, ist gar nicht mehr nachvollziehbar. Sie erzählt von ihrer Hoffnung, ihren gesellschaftlichen Status für immer zu verändern, jemand zu sein, wertvoll zu sein. Erinnert an Liebe, die diese Veränderung bewirkt.

Literatur: *Yvette R. Blair*, Womanish and sassy: Remembrance, Retelling, and Liberation of Her, RExp 117 (2020), 131–139; *François Bovon,* Das Evangelium nach Lukas (EKK III/1), Zürich/Neukirchen 1989; *Lorenz Oberlinner*, Begegnungen mit Jesus. Der Pharisäer und die Sünderin nach Lk 7,36–50, in: Marlis Gielen (Hg.), Liebe, Macht und Religion: Interdisziplinäre Studien zu Grunddimensionen menschlicher Existenz, Stuttgart 2003, 253–278; *Simon Wandel,* Gottesbild und Barmherzigkeit. Lukanische Ethik im Chor hellenistischer Ethikkonzeptionen (WUNT II/548), Tübingen 2021.

Stephan Seidelmann

B

IV Entgegnung: Das Beziehungsdreieck wahrnehmen

Der Predigttext ist spannend, aber lang und komplex. In drei Szenen wird die Begegnung einer Frau mit Jesus geschildert und im Gespräch mit Simon, einem Pharisäer, kommentiert und interpretiert. A reduziert die Komplexität der Perikope durch eine Konzentration auf die Sünderin. Eine Fokussierung ist notwendig, um die Hörer:innen der Predigt nicht zu überfordern. Allerdings läuft eine Konzentration auf die Sünderin Gefahr, die theologische Pointe der Auseinandersetzung zwischen Jesus und Simon in den Hintergrund zu rücken. Denn in der Erzählung geht es eben nicht nur um die Rehabilitierung einer Frau, sondern auch um den Umgang mit Verfehlungen. Dabei ist es eben gerade nicht nur die namenlose Sünderin, die Fehler gemacht hat, sondern auch der Pharisäer Simon, der »Richtigtuer«. (Engemann, 121) Sein Ziel ist es, immer alles korrekt zu handhaben. Dabei läuft er Gefahr, unbarmherzig zu werden: »In der Welt der Reglements und dessen, was Recht ist, zu Hause, macht er nun im Gegenüber zu Jesus seinerseits die Erfahrung, wie vergeblich und leer seine honorigen Gesten und ehrenwerten Haltungen sind, die er für sein Leben hielt.« (Engemann, 121)

Jesus weist beiden den Weg ins Leben. Der Sünderin, indem er ihr vor aller Augen die Sünden vergibt, was immer auch heißt, dass sie in ihren Beziehungen tatsächlich gefehlt hat. Und Simon erhält einen Impuls für sein Leben, indem Jesus ihm den blinden Fleck seines scheinbar perfekten Lebens aufzeigt. Ihm fehlt die Liebe, die auch einmal bereit ist, das Richtige und Anständige aus den Augen zu verlieren. So wird er auf seinen zentralen Fehler hingewiesen (Lk 7,47).

So unterschiedlich die Sünderin und Simon sein mögen, so unterschiedlich sie in der Perikope beschrieben werden, hierin haben sie eine Gemeinsamkeit: Durch Jesus erhält ihr Leben, ihr Leben in Beziehungen, einen heilsamen Impuls. Für Simon ist es eine theologische Zurechtweisung, für die Sünderin der Freispruch und damit die Rehabilitation. Die Unterschiedlichkeit Jesu Handelns eröffnet ein weites Reflexionsfeld für Lebenssituationen: Einerseits sind da Menschen, die es sich eingerichtet haben und sicher sind, das Richtige zu tun. Andererseits leben Frauen und Männer auch mit einer Schuld, von der sie sich befreien wollen.

A weist zu Recht auf die politische Dimension der Perikope hin, wie bereits auch andere Interpreten (z. B. Engemann, 123). In dieser werden gesellschaftliche Zuweisungen und Klassen durch Jesus in Frage gestellt. Entsprechend regt sich auch Widerspruch (Lk 7,49). In meinen Augen ist es aber eine schwierige Verkürzung, sich in der Auslegung allein hierauf zu konzentrieren. Die Akteure werden als Individuen vorgestellt und nicht allein als Vertreter einer bestimmten Schicht.

V Erschließung der Hörersituation: Liebesfragen in Zeiten der Ferien

In ganz Deutschland sind Ferien. Viele Gottesdienstbesucher:innen, die gewöhnlich zum Gottesdienst kommen, werden verreist sein. Das ist eine Herausforderung und Chance zugleich. Die Herausforderung ist es, überhaupt die Bänke zu füllen. Die Chance ist, dass die Möglichkeit besteht, die bekannten Wege zu verlassen. Eine Reihe von Anregungen hierfür bietet die Arbeitshilfe »Sommergottesdienste« aus der Reihe GottesdienstPraxis. Die unterschiedlichen Entwürfe halten Gottesdienste an neuen Orten, beziehen Taufen mit ein und das örtliche Winzerfest. Dabei bauen letztlich alle Entwürfe darauf auf, dass die Sommerzeit eine besondere Zeit ist: »Die vielen kleinen Zwänge und Einschränkungen unseres Lebens, und seien sie nur terminlicher und konditioneller Natur, haben [...] erst einmal Pause. Und wir können etwas von der Freiheit wohltuender Ferientage kosten. Und darauf hoffen, dass Gott uns in den heilsamen Lücken des Lebens entgegen- und nahekommt.« (Schächtele, 62)

Die Freiheit des Sommers führt zu den großen Fragen des Lebens, den stillen Sehnsüchten und Träumen. Dabei geht es im Predigttext nicht allgemein um die großen Lebensfragen, sondern sehr konkret um Liebesbeziehungen – genauer, um deren Realisierung im Alltag. Diese Frage ist nach wie vor aktuell: »Die Suche nach Glück und Gemeinsamkeit erscheint heute wichtiger denn je. Viele Menschen sehnen sich nach klaren Orientierungen und dauerhaften Bindungen, obwohl diese nicht einfach zu gewinnen und zu realisieren sind. Die Liebessehnsucht der Moderne trifft zusammen mit dem Autonomiestreben ihrer Individuen«. (Karle, 49) Zudem gibt es unterschiedliche Formen von Beziehungen zu gestalten. Menschen sind sich nahe, übernehmen Verantwortung füreinander in der Ehe, als Freund:in oder Lebenspartner. Einfach ist die Suche nach dem großen Liebesglück dennoch nicht. Simon und die Sünderin geben zwei Antworten bei dieser Suche: Die Sünderin lässt alle sozialen und moralischen Regeln hinter sich, stürzt sich in das Abenteuer der Liebe und bereut es ebenso heftig. Simons Verhalten ist das Gegenteil. Er hat sich im Griff. Ihm unterläuft kein Ausrutscher, wahrscheinlich noch nicht einmal die Gefahr eines Fehltritts.

VI Predigtschritte: Leben in Liebe

Wenn das Wetter schön ist, werden viele der Hörer:innen nach dem Gottesdienst noch einen Ausflug machen. Die Sachen dafür liegen vielleicht sogar schon im Auto an der Kirche. In dieser unbeschwerten Atmosphäre lege ich einen besonderen Wert auf einen verständlichen Zugang zu der Komplexität des Predigttexts, dessen verschiedene Gesprächsebenen sich nicht beim ersten Hören erschließen. Ebenso wichtig scheint mir, dass die Thematik – Schuld in Liebesbeziehungen – ein emotional schweres, wenn auch spannendes Thema ist, aber gerade auch davon viele der Hörer:innen in der einen oder anderen Weise betroffen sind. Ich wähle daher als Einstieg den bekannten Schlager »Kann denn Liebe Sünde sein?«, den Zarah Leander bekannt gemacht hat. Damit ist die Thematik des Predigttextes als Frage eingeführt, die im Laufe der Predigt beantwortet wird.

Die Frage – Kann die Liebe Sünde sein? – wird in dem Liedtext zu Beginn gestellt – und nicht gleich beantwortet. Vielmehr erklärt sich das lyrische Ich. Das Glück der Liebe wird beschrieben als ein Vergessen von allem, da erscheint immer nur der eine Mensch in Gedanken, dem es alles schenken möchte. Mit den ersten Zeilen wird die Gefühlslage umschrieben, die überhaupt erst die Problematik eröffnet: Frauen und Männer haben die Sehnsucht nach einem Glück, das sie zutiefst erfüllt – und finden es in der Liebe. Und erst dann stellt sich die Frage, ob Liebe überhaupt Sünde sein kann. Der Schlager ist dabei durchaus provokant, denn er nimmt auch die auf's Korn, die allzu schnell einfache Antworten geben: »Jeder kleine Spießer macht das Leben mir zur Qual. Denn er spricht nur immer von Moral. Und was er auch denkt und tut, man merkt ihm leider an, dass er niemand glücklich sehen kann.«

Diese Liedzeile schlägt eine Brücke zu dem Pharisäer Simon. Er versteht Jesu Barmherzigkeit nicht. Wobei die Sünderin – und das scheint mir ein ganz entscheidender Unterschied zu dem Schlager zu sein – um die Schwere ihrer Schuld weiß und sie bereut. Sie leidet an dem, was sie getan hat. Sie scheut weder die Kosten für das Salböl, noch scheut sie die Öffentlichkeit, um ihre Schuld einzugestehen. Sie zeigt ihre Verzweiflung mit Tränen und ihrer gebeugten Haltung vor Jesus. Die zentrale Frage muss aus der Perspektive der Sünderin also mit »Ja« beantwortet werden: Liebe kann Sünde sein – und Menschen leiden unter dieser Sünde. Sie spüren, dass sie nicht nur ihren Partner hintergehen, sondern auch ein Leben führen, das sie von sich selbst entfremdet, ihnen nicht guttut.

Ich wäre vorsichtig an diesem Punkt mit allzu konkreten Beispielen oder Praktiken. In einer pluralen Gesellschaft ist vieles im Fluss, auch in Fragen der Liebe. Sicher ist, dass alles schwierig ist, was mit einem Partner nicht abgesprochen ist und damit im Geheimen geschieht. In den Mittelpunkt der Predigt würde ich Lk 7,47 stellen: »Ihre vielen Sünden sind vergeben, denn sie hat viel geliebt; wem aber wenig vergeben wird, der liebt wenig.« Jesus fragt nach dem Beweggrund des Handelns und kommt zu dem Schluss, dass die Frau aus Liebe gehandelt hat. Sie war also nicht allein auf ihren Vorteil aus, hat nicht nur ihre Lust befriedigt oder allein ihr persönliches Netzwerk erweitert, sondern fühlte echte Zuneigung für ihre Partner.

Jesus hat eine realistische Perspektive auf das menschliche Miteinander. Wo Menschen zusammenkommen, sich austauschen und Geborgenheit schenken, da kann eine Nähe entstehen, die im Rückblick falsch ist, auch wenn es aus Liebe geschehen ist. Liebe kann Sünde sein, aber lieber ein solcher Fehltritt als ein Leben ohne Liebe.

Literatur: *Wilfried Engemann*, Lukas 7,36–50: Kein Spiel auf Distanz, in: PrSt(S) 2006/2007 (Band V/2), 119–123; *Isolde Karle*, Seelsorge in der Moderne – Eine Kritik der psychoanalytisch orientierten Seelsorgelehre, Neukirchen-Vluyn 1996; *Traugott Schächtele*, Theologie der Ferien, in: GottesdienstPraxis Serie B: Sommergottesdienste, Gütersloh 2021, 59–62.

Internet: *Zarah Leander*, Kann denn Liebe Sünde sein?, https://musikguru.de/zarah-leander/songtext-kann-denn-liebe-suende-sein-335703.html (zuletzt abgerufen am 31.10.2022).

Jesaja 29,17–24

Träum weiter – aber realistisch!

Rainer Mogk

I Eröffnung: Die »Große Wandlung« vor dem Hintergrund ökologischer Krisen

Globale Erderwärmung, zunehmende Extremwetterlagen, Artensterben, Vermüllung der Meere … eine alarmierende Schlagzeile über eine Natur, die empfindlich aus dem Gleichgewicht geraten ist, jagt die andere. Wurde früher mit der Ansage gemahnt, es wäre bereits fünf vor zwölf, wird jetzt mitunter betont, es wäre schon halb eins. Die Zeit, den dramatischen, von Menschen verursachten Wandel der Natur noch grundsätzlich aufhalten zu können, scheint für manche bereits vorbei zu sein. Der Blick in die Zukunft changiert zwischen dramatischen Appellen zur Veränderung und pessimistischen Untergangsszenarien. Da setzt ein Bibeltext unter der Überschrift »die große Wandlung« (Lutherbibel) einen deutlichen Kontrapunkt, zumal wenn die Veränderung zum Guten bald, unvermittelt und ohne menschliche Mitwirkung geschehen soll. Dem erstaunlichen Wandel der Natur korrespondiert die nicht minder wunderbare Veränderung der Menschen. Schließlich stellt sich Gott selbst vor (Botenformel, V.22) als der, der dies alles wirken will in einer »kleinen Weile«. Für heutige Hörer klingt das vielleicht hoffnungsvoll. Doch viele werden vermutlich mit den Achseln zucken. Sind sie damit die Tauben, die die Worte des Buches nicht hören und »irren im Geist« – gerade unter Berufung auf den gesunden Menschenverstand (s. Fohrer) – und sich »belehren lassen« werden (V.24)? Wie kommen wir dazu, dass die beschriebene Wandlung für uns zu einem stärkenden Hoffnungsbild wird?

II Erschließung des Textes: Die Wandlung in Natur und bei den Menschen trifft auf Fromme, Realisten und Böse

Der wahrscheinlich lange nach dem Propheten als Jesaja-Auslegung entstandene Text (u. a. Duhm, Wildberger, anders Beuken) wirbt mit einer rhetorischen Frage (»nicht wahr?«, V.17a) um Zustimmung. Das legt für mich eine Predigt nahe, die ebenso fragend mit den Hörern um Nachvollzug ringt.

Das Hoffnungsbild von neuer Fruchtbarkeit der Natur hat für Heutige durchaus Potenzial, wobei V.17 schwer verständlich bleibt: Der hohe (wohl kahl gedachte) Libanon(gebirgszug) soll ein (Obst-)Garten (gleiches Wort wie das Karmel-Mittelgebirge!) werden und der (Obst-)Garten zu einem Wald. Wie ist diese Veränderung gemeint (vgl. Jes 32,15)? Der karge Libanon wird zum fruchtbaren Garten und der Garten bekommt nochmal eine dichtere und höhere Vegetation (»Wald«)? Dann würde sich die Natur zum Positiven wenden (s. Wildberger, Beuken), indem sich Fruchtbarkeit anhand der Bewuchsdichte zweimal steigert. Mir scheint aber ein antithetischer Parallelismus (s. Fohrer, Berges) wahrscheinlicher in dem Sinne, dass der (abgeholzte?) Libanon ein fruchtbarer Kulturgarten wird, während der schöne Garten (mit Trauben und Feigen u. a.) zum (Ur-)Wald verwildert. Das hat sprachliche Gründe, weil »Wald« negativ konnotiert zu sein scheint (vgl. Hos 2,14). Steht dabei vielleicht im Hintergrund, dass der Bestand der begehrten Libanonzedern schon so dezimiert ist, dass der Libanon kahl wirkt? Hier könnte es eine dünne exegetische Brücke zum heutigen Raubbau an der Natur geben. Diese positive – und in V.17b wohl auch negative – Veränderung der Natur verstehe ich als ein eschatologisches Interpretament, von dem, was dann auf die Veränderung im menschlichen Bereich hinausläuft (Wende zum Guten und wohl auch Erniedrigung für die Machthaber). Mir scheint der Wandel der Natur für die biblischen Menschen mehr als ein bloß beliebiges und austauschbares Bild zu sein, sondern eine Grundkorrespondenz von Natur- und Menschenveränderung ist mitgedacht.

Klarer wird es im Folgenden: Die im übertragenen Sinn Blinden und Tauben (V.18) bzw. die Irrenden und Murrenden (V.24) können nun die göttliche Wahrheit erkennen. Die Worte des Buches (Rückbezug auf Jes 29,11) sind wohl die eschatologische Hoffnung, die Jesaja mitgeteilt hat und die bei den Zeitgenossen unseres Verfassers mehrheitlich auf Ablehnung oder mindestens auf Gleichgültigkeit stößt. Diese Haltung wird »bald« bzw. »an jenem Tag« überwunden. »Zum Hören werden die Tauben imstande sein, wenn die Ereignisse selber sprechen und dem geoffenbarten Wort recht geben.« (Wildberger, 1140) Hier entsteht ein Zirkel, weil eschatologisches Gotteshandeln und rechtes Schriftverständnis zusammenfallen. Es gibt aber auch »Unbelehrbare« bzw. Feinde (exemplifiziert an den Rechtsverdrehern und ihrem Machtmissbrauch), die nicht zur Einsicht kommen und verschwinden werden. Das Los der Armen und Elenden kehrt sich um so, wie auch schon Abraham erlöst wurde (singulär im AT, kaum zu erhellen). Ihr künftiges Heil besteht in Freude, Erkenntnis und Heiligung des Namens JHWHs (vgl. Vaterunser-Bitte), also in Glauben und Gehorsam.

Die Wandlung trifft somit drei Gruppen (s. Fohrer, Kaiser): Erstens gibt es die »Frommen«, die sich in dieser biblischen Spätzeit wohl selbst als »Arme« (bzw. »Demütige«) bezeichnen und sich als wahres Gottesvolk verstehen. Sie sind gesellschaftlich und religiös marginalisiert. Ihre materielle Armut lässt sie von Gott abhängig sein. Dann sind da zweitens die »Realisten«, also die Gleichgültigen bis Ablehnenden (Blinde, Irrende, Murrende [vgl. Wüstenzeit] genannt). Diese, möglicherweise größte Gruppe wird ihre Einstellung ändern. Und schließlich bilden die irreversibel »Bösen« eine dritte Gruppe, freilich ohne Zukunft. Reizvoll könnte es sein, wenn wir uns mit der mittleren Gruppe identifizieren. So können unsere Vorbehalte gegenüber einer Hoffnung auf gottgewirkte Wandlung angesprochen und die Bedingungen für das Aufkeimen von Hoffnung überlegt werden. Indem wir, die wir uns als »Realisten« verstehen, durch den Text in die Ecke der »Blinden« gestellt fühlen, kommen wir auf das Thema, was in Bezug auf die Zukunft der Welt das Eigentliche sein könnte, das wir (noch!) nicht sehen.

III Impulse: Realisten glauben an Wunder

Den Einstieg bildet die Vision einer plötzlich zum Besseren veränderten Natur in Form einer Übertragung des Bildes vom zum Obstgarten gewandelten Libanon auf heutige Zeit: Beim Schnorcheln in einem abgekühlten und sauberen Meer sind die Korallenriffe wieder farbenfroh und unzerstört und es wimmelt von Fischarten.

Doch – so könnten die Hörer in der Predigt gefragt werden – mögen wir solche (naiven?) Visionen gerne hören und brauchen wir sie heute für unsere Zukunftsgestaltung? Können solche Bilder uns neu motivieren und unsere Hoffnung bestärken? Oder sollte uns Helmut Schmidts bekanntes Diktum »Wer Visionen hat, sollte zum Arzt gehen« (vgl. z. B. Duden 12, 622 f.) daran erinnern, dass wir lieber ganz nüchtern realistische Ziele für unser politisches und ökologisches Handeln setzen?

Ich kann nun in Bezug auf die Vision bei Jesaja meine Sympathien für die Gruppe der Realisten andeuten und kritisch fragen, wieso diese Vision wahr werden sollte. Hier können damalige und heutige Einwände aufgeführt werden: Warum sollte sich die Natur mit einem Schlag verbessern und wir Menschen bald grundlegend neu werden können? Natürlich ist es nicht optimal, wie es ist. Es gibt viele Probleme, die angegangen werden sollten. Wir brauchen Veränderung, um die wir uns aber doch selbst bemühen müssen.

Kann, will und wird Gott die »Bösen« und ihre rechtsbrecherische Gewaltherrschaft ausschalten und Natur und Menschen wieder so leben lassen, wie es ursprünglich gedacht war?

Alles hängt letztlich von Gott ab, der diese Wandlung bewirken will. Dabei leitet die »Erlösung Abrahams« (V.29) zurück zur Geschichte Gottes mit seinem Volk bis hin zu Jesus Christus. Gottes Handeln in der Vergangenheit kann also den Nährboden liefern, auf dem für uns Zukunftshoffnung keimen kann.

Aber Gottes vergangenes Handeln lässt leicht nach hinten statt nach vorne schauen, gerade dann, wenn die Gegenwart mühsam ist und gottgewirkte Wandlung auf sich warten lässt. Mit dem Stichwort »Murren« (V.24) wird in die Wüstenzeit Israels zurückverwiesen. Und diese Situation zwischen den Fleischtöpfen Ägyptens und dem noch nicht sichtbaren Gelobten Land mit Milch und Honig kann unsere gegenwärtige Situation gut beschreiben. Auch an dieser Stelle können die Argumente der Realisten zur Geltung kommen.

Zuletzt kann der Sinn und Nutzen von Visionen gerade in Wüstenzeiten bestimmt werden, in Abgrenzung von bloßen Träumereien von einem Schlaraffenland. Es bleibt im Kern die Hoffnung auf Gott selbst, der seine Erde und seine Menschen wieder heil macht. Die Predigt könnte mit einer Vision enden von frischem Obst, das im schattigen Garten genossen wird und von wunderbaren Fischen, die durch saubere Meere ziehen. Recht herrscht und wird gesprochen. Menschen jubeln und sind froh. Niemand steht dem mehr im Weg. Ist das ein Wunder? Ja, es ist ein Wunder, das Gott allein wirkt. »Wer nicht an Wunder glaubt, ist kein Realist.« Das soll der israelische Staatsgründer David Ben Gurion gesagt haben (es wird auch dem Physiker Niels Bohr zugeschrieben). Also auch und gerade wenn wir die Gegenwart nüchtern betrachten, können wir auf den hoffen, der alle Möglichkeiten hat: auf Gott.

Literatur: *Ulrich Berges*, Das Buch Jesaja. Komposition und Endgestalt (HBS 16), Freiburg u. a. 1998; *Willem A.M. Beuken*, Der Prophet Jesaja. Kapitel 28–35 (HThKAT), Freiburg u. a. 2010; Duden 12, Zitate und Aussprüche, Berlin ^{5}2019; *Bernhard Duhm*, Der Prophet Jesaja (HK III/1), Göttingen 1914; *Georg Fohrer*, Das Buch Jesaja. Kapitel 24–39 (ZBK 19/2), Zürich ^{2}1967; *Otto Kaiser*, Der Prophet Jesaja. Kapitel 13–39 (ATD 18), Göttingen 1973; *Hans Wildberger*, Jesaja. Kapitel 13–39 (BK X/3), Neukirchen-Vluyn 1982.

B

Bernhard Liess

IV Entgegnung: »Allein Gott in der Höh«?

Ein anschaulicher Hoffnungstext – so mein Eindruck beim ersten, noch oberflächlichen Lesen. A schafft es, die Schwierigkeiten des Textes aufzudecken. Aber macht er es nicht zu kompliziert? Das Bild vom Wandel des Libanon in V.17 verstehe ich mit Beuken (141) als positiv. Es ist für mich das Hoffnungsbild einer Wandlung zum Guten. Und es ist ein Bild. Die Deutung von A auf die Folgen des Klimawandels ist m. E. nicht falsch, engt aber den Blick etwas ein und könnte falsche Hoffnungen wecken, Gott werde den Klimawandel schon ab- oder ins Gute wenden. Jesajas Naturbild ist ein umfassendes Bild für die Hoffnung auf Wandel und menschliche Zukunft in einer Welt der Krisen, Kriege, Umbrüche und Verwerfungen.

Sehr ansprechend finde ich die Identifizierung von A mit den »Realisten«. Ob Blinde, Irrende, Murrende tatsächlich Realisten sind, mag aber dahin gestellt bleiben. Ist das nicht eine gewollte Deutung? Andererseits: Christinnen und Christen sollten ja einen realistischen Blick auf die Welt haben – nüchtern, sachlich, aber mit Hoffnung und Zuversicht. Wie schnell werden auch Realistinnen und Realisten blind, stumpfen ab, resignieren oder »murren« über den Weltenlauf. Daher ist es gut, wenn Realisten auch an Wunder glauben, aber eben an realistische Wunder. Die Korallenriffe, die A anführt, werden nicht einfach so wieder intakt werden.

Jedoch: Was ist mit den »Elenden« und »Ärmsten«, die A sehr schnell zu den »Frommen« und damit zum wahren Gottesvolk macht? Sind es nicht auch die Bedürftigen, deren sozialrechtlicher Status nicht übersehen werden darf, damit eine Gesellschaft achtsam auch gegenüber den Schwachen bleibt? Sind nicht auch wir Realisten bedürftig an Leib und Seele? Etwas vorschnell spiritualisiert A die »Ärmsten« zu den Frommen und lässt den gesellschaftskritischen Aspekt in den Hintergrund treten.

Ich freue mich über V.20: Die Tyrannen und die vielen Unheilstifter werden nicht das letzte Wort haben. Aber warum und wie stiften Menschen Unheil? Gerne würde ich dazu noch mehr hören. Genauso interessieren mich diejenigen, die dank Gottes Hilfe »Verstand annehmen« (V.24). Das ist doch ein wunderbares Bild für christliche Existenz: Gott will mündige Menschen, die Verstand annehmen, verständig handeln und sich diskursiv austauschen. A hofft ganz auf Gott, »der alle Möglichkeiten hat« – und damit hat er Recht. Aber ist es nicht etwas einfach, dass Gott selbst es ist, »der seine Erde und seine Menschen wieder heil macht«? Wo bleibt der mündige Mensch, der Verstand annimmt und verantwortlich handelt? Wie A bin ich gerne Realist oder nüchterner Protestant, der Gott auch etwas zutraut und der doch – A schreibt es ja auch – »sich bemühen und anstrengen« muss.

V Erschließung der Hörersituation: The Waste Land

The Waste Land, Das wüste Land – unter diesem Titel veröffentlichte T.S. Elliot 1922 ein großes Gedicht, das die Welt vor 100 Jahren im Umbruch mit all ihren Schrecken schildert. Jesajas Bild geht ähnlich tief. Die Verhältnisse, die sich ändern, sind nicht nur oberflächlicher Art, sie ergreifen die Natur und erfassen auch die Vegetation. Die Erlösung des Menschen wird bildlich gefasst in der – zugespitzt gesagt – Erlösung der Natur. Der Bezug von A auf die Auswirkungen des Klimawandels ist daher insofern richtig, als sich das Heil bzw. Heilwerden des Menschen auch in einer intakten Natur und Schöpfung widerspiegelt. Das wüste Land ist damit ein Bild für den erlösungsbedürftigen Menschen, der verloren geht. Und die Heilung, die Fruchtbarwerdung der Natur bildet das Heilwerden des Menschen ab. Natur und Mensch – unzertrennlich gehören sie zusammen.

Jesajas Schilderung des Ist-Zustands eröffnet viele Möglichkeiten für die Erschließung der heutigen Hörersituation. Das Land ist wüst geworden und wartet auf Wandlung – Menschen sind müde, erschöpft, dünnhäutig, weit jenseits ihrer Kräfte. Der Ukraine-Krieg, die ungewisse wirtschaftliche Situation, extrem steigende Energiekosten, Kirchenaustrittszahlen im freien Fall: Ein Gefühl der Ohnmacht macht sich breit. Aber auch zeitlose existenzielle Situationen können in diesem Jesaja-Text identifiziert werden.

Taube, die »Worte des Buches« hören: Wie viele sind abgestumpft und haben resigniert. Manchmal gibt es die Haltung: Ich kann die Nachrichten nicht mehr hören, werde »taub« gegenüber all dem Leid, gegenüber all der Barbarei. Gibt es nicht eine große Sehnsucht nach »Worten des Buches«, d. h. Worten, die tragen, verlässlich sind, eben keine Worthülsen, kein Kirchensprech? Mit den »Worten des Buches« ist hier nicht die Bibel gemeint, sondern die konkreten Verheißungen Gottes. Welche Worte benötigen Menschen, damit sie berührt werden? Welche Worte treffen sie, lassen sie aufhorchen? Welche Sprache sprechen wir als Vertreterinnen und Vertreter von Kirche und Glauben in einer zunehmend säkularen Welt? Was ist angemessene Rede von Gott? Wie sprechen Realistinnen und Realisten von Gott?

Die Augen der Blinden, die »aus Dunkel und Finsternis sehen« werden: Was übersehen wir nicht alles, wofür sind wir blind geworden? Sehen wir die großen und kleinen Wunder in unserem Leben und in der Welt noch, oder haben wir nur noch Augen für die Finsternis? Wie bekommen Menschen wieder den Blick frei für Hoffnung und Zuversicht? Selma Lagerlöf hat die berühmten Zeilen geschrieben: »Nicht auf Lichter und Lampen kommt es an, und es liegt nicht an Mond und Sonne, sondern was nottut ist, daß wir Augen haben, die Herrlichkeit Gottes sehen zu können.« Augen zu haben für die Herrlichkeit Gottes – trotz allem: Das könnte in aller Widersprüchlichkeit der Welt doch Ausdruck christlichen Glaubens und christlicher Sehnsucht sein, ohne dass wir dabei aufhören, Realistinnen und Realisten zu bleiben.

Tyrannen, Spötter und »alle, die darauf aus sind, Unheil anzurichten«: Jesajas Wort trifft heute auf eine gesellschaftspolitische Situation, in der das Modell einer demokratischen, liberalen und pluralistischen Gesellschaft zunehmend auf Feinde oder Spötter stößt. Autokratische Systeme setzen auf militärische Macht und erklären den »Westen« für dekadent; sog. illiberale Demokratien stellen Grundrechte in Frage; Populisten berufen sich auf den vermeintlichen Volkswillen und locken mit vorgeblich einfachen Antworten auf komplexe Fragen. Wo bleiben die von A genannten Realistinnen und Realisten, die die Welt nüchtern und sachlich betrachten und sich konstruktiv, dialogisch und kompromissbereit um zukunftsfähige Lösungen bemühen?

»Jakob soll nicht mehr beschämt dastehen«: Unser eigenes Verhalten kann uns beschämen: Hätte ich dies nicht anders machen müssen? Müsste ich nicht …? Beschämt zu sein kann auch das Ergebnis eines Reflexionsprozesses sein: Ich werde nachdenklich über meinen Lebensstil und meine Achtlosigkeit. Oder auch: Wir scheitern an eigenen, unrealistischen Perfektionsansprüchen, genügen nicht, schämen uns, weil wir uns nicht ausreichend optimieren.

»Sein Antlitz soll nicht mehr erblassen«: Entsetzen, Angst und Sorge lassen Gesichter erblassen. Es sind die persönlichen Geschichten und Tragödien von Krisen, Krankheiten und Schicksalsschlägen, aber auch das weltpolitische Geschehen, die fassungslos machen. Wie können christliche Realistinnen und Realisten damit umgehen, ohne den Lebensmut zu verlieren?

»Sie werden Verstand annehmen«: Die Welt als »Narrenschiff«, das den Verstand verloren hat, die aus den Fugen geratene Welt, der Irrsinn des Alltags – die Hoffnung, dass Menschen Verstand annehmen, ist so alt wie die Menschheit. Sie sollte allerdings nicht zu Überheblichkeit führen. Auch ich selbst bin auf Verstand angewiesen, um nicht verloren zu gehen in einer unübersichtlichen Welt. Verstand annehmen in einer überkomplexen Welt – was bedeutet das für christliche Realistinnen und Realisten? Vielleicht ja auch die realistische Erkenntnis, nicht alles verstehen zu können, nur begrenzt kompetent zu sein.

VI Predigtschritte: Sinn und Geschmack fürs Endliche

Über Visionen zu predigen ist gefährlich. Man muss nicht so weit gehen wie Helmut Schmidt. Visionäre müssen nicht zum Arzt, wenn sie Bodenhaftung bewahren und Realisten bleiben (vgl. A). In der Predigtvorbereitung wird es darauf ankommen, den Bezug zum Alltag herzustellen, und vor dem »Sinn und Geschmack fürs Unendliche« und das ganz Große erst einmal das Endlich-Irdisch-Alltägliche zu identifizieren. Jesajas Bild wird Menschen nur dann erreichen, wenn die Bedürftigkeit, die Sehnsucht nach Heilwerden konkrete Anknüpfungspunkte hat. Reale Situationen müssen also gefunden werden, in denen sich Menschen als taub, blind, beschämt, erblassend, irrend erfahren: Z.B. das Paar, dessen Beziehung und deren Vision eines bestimmten Lebensentwurfs gescheitert sind. Warum nicht Menschen in den Mittelpunkt stellen, deren persönliche Visionen erst einmal gescheitert sind? Ich hatte immer gehofft, dass wir einmal … Zerplatzte Träume, gescheiterte Lebenspläne – so könnte die Predigt realistisch bleiben und Jesajas Naturbild als Seelenlandschaft deuten, die sich nach Heilwerden sehnt. Aber Realistinnen und Realisten stumpfen nicht ab. Nicht die ganz große Vision globalen Heils muss entworfen werden, sondern Spuren werden aufgezeigt: Ich höre wieder »Worte des Buches«, ich sehe wieder Schönes, ich kann wieder leben und blühe auf, ganz behutsam kehrt das Leben zurück. Eine Predigt der kleinen Schritte legt sich mir also nahe: Ich entdecke fruchtbares Land in meinem Leben und in der Welt, trotz allem und manchmal auch gegen allen Augenschein.

Literatur: *Willem A.M. Beuken*, Der Prophet Jesaja. Kapitel 28–35 (HThKAT), Freiburg u.a. 2010; *Thomas S. Eliot*, The Waste Land. Das öde Land, Englisch und Deutsch, Berlin 2008; *Selma Lagerlöf*, Die heilige Nacht, in: Sophie Härtling (Hg.), 24 Weihnachtsgeschichten zum Vorlesen, Frankfurt am Main 2006.

13. Sonntag nach Trinitatis – 03.09.2023

A

1 Johannes 4,7–12
Liebe-voll

Antonia Rumpf

I Eröffnung: Love is all you need (?)

Was für ein schöner Text! Auf den ersten Blick lädt er zum Schwelgen ein: Gott ist Liebe, wir sollen einander lieben. Es klingt so einfach. All you need is love! Oder?

Im September 2022 fand in Bremen eine Mahnwache für eine trans* Frau statt, die in der Straßenbahn von einer Gruppe Teenager attackiert worden war und anschließend im Krankenhaus behandelt werden musste. Nur wenige Tage zuvor war in Münster ein trans*Mann an den Folgen eines Angriffs am Rande des Christopher Street Day verstorben. Die Stimmung war von Trauer, Angst und Wut geprägt. Eine der Redner*innen sagte: »Ich sehe die Wut und die Trauer, und ich fühle sie auch. Und gleichzeitig frage ich mich: Was können wir tun, um trotz aller Wut und Angst in der Liebe zu bleiben?« Der Zuspruch blieb verhalten. Die nächste Rednerin griff die Vorlage auf: »Liebe ist ja schön und gut, aber es wäre vor allem wichtig, dass konkrete solidarische Handlungen folgen.« Entschieden lauterer Applaus folgte. Offenbar verstand die Mehrheit der Anwesenden »Liebe« und »konkrete solidarische Handlungen« als unterschiedliche Dinge.

Das Verständnis von Liebe in vielen biblischen Texten, auch dem Predigttext für diesen Sonntag, ist ein anderes. Was sagt uns 1Joh 4,7–12 zur Liebe?

Liebe ist der »cantus firmus« (Bull, 9) des 1. Johannesbriefes: Nach 2,7–11 und 3,11–17 steht sie in unserer Perikope zum dritten Mal im Zentrum. Dabei fallen insbesondere ab V.9 die zahlreichen intertextuellen Verweise auf Joh 3,16 auf (vgl. Klauck, 244.252; Beutler, 109f.) Das andere Leitthema des Briefs ist die Abgrenzung von falschen Interpretationen der johanneischen Tradition. Der Verfasser verwebt diese Themen eng miteinander: Das Bleiben in der Liebe ist Anzeichen für das Bleiben im (richtigen) Glauben. Beides zeigt sich im Halten der Gebote (vgl. 2,3–11) sowie in der Abkehr von der Welt (2,15f.) und der Sünde (8,8–10, vgl. Bull, 2).

Dabei hat der Text einen grundsätzlich poetischen Charakter (vgl. Schnackenburg, 232). Es gilt bei der Predigt zu bedenken, dass 1Joh keine dogmatische Abhandlung ist, sondern ein poetisch-mystischer Text. Die Formulierung »Gott ist Liebe« ist entsprechend nicht im Sinne einer Definition Gottes zu verstehen. Das ist auch auf der Textebene daran zu erkennen, dass Liebe nicht nur *Gott ist* (V.8), sondern zugleich *aus Gott ist* (V.7), analog dazu, wie Gott in Kapitel 1 sowohl *das Licht* als auch *im Licht* ist (1Joh 1,5.7). Es geht dem Verfasser nicht darum, Gott mit der Liebe zu identifizieren oder gar darauf zu reduzieren. »Es soll hier nur zum Ausdruck gebracht werden, daß die auf jeden Fall Gott verfehlen, die an der Liebe scheitern, wie andrerseits die Gott zugehören, die sich von seiner Liebe ergreifen lassen […]. In diesem Sinn ist hier in der Tat die Theologie des 1. Joh. auf eine Formel gebracht.« (Balz/Schrage, 199)

Was charakterisiert nun diese Liebe in den Augen des Verfassers? Sie ist als »eine Erfahrung des Angenommenseins, der Rettung und Befreiung zu verstehen […], die die ganze Existenz des Menschen betrifft«. (Balz/Schrage, 199) Entsprechend ist zu betonen, dass es hier nicht in erster Linie um ein Gefühl geht, sondern um eine Praxis (vgl. Balz/Schrage, 201). Das gilt nicht nur für die Menschen, sondern auch für Gott: »Gottes Wesen und sein Handeln sind nicht zu trennen.« (Schnelle, 149, vgl. Beutler, 107)

Dass die Liebe immer von Gott ausgeht (Beutler, 109), bedeutet für den Verfasser auch, dass Liebe nur durch den Glauben an Gottes Handeln in Jesus in voller Gänze zugänglich ist. Mehrere Kommentare betonen den darin implizit enthaltenen Alleingeltungsanspruch des Christentums. Rezeptionsgeschichtlich ist interessant, dass Liebe dagegen mittlerweile oft gerade als verbindendes Element zwischen den Religionen verstanden wird. So nannte z. B. Martin Luther King 1967 die Liebe eine »Kraft, die alle großen Religionen als das oberste einigende Prinzip des Lebens kennen. Liebe ist der Schlüssel, der die Tür zur höchsten Realität öffnet. Dieser hinduistisch-muslimisch-christlich-jüdisch-buddhistische Glaube über die höchste Realität ist wunderschön im ersten Brief des Johannes zusammengefasst. ›Wir wollen einander lieben; denn die Liebe ist aus Gott und jeder, der liebt, stammt von Gott und erkennt Gott.‹« (zitiert bei hooks, 117f.)

Die Praxis der Liebe beinhaltet die vollständige Hingabe an andere: So wie Jesus sein Leben für die Menschen gab, sollen sie ihr Leben füreinander geben. So wie Gott sie geliebt hat, sollen sie nun einander lieben. Dass die Liebe sich auf die Nächsten richtet anstatt (nur) auf Gott zurück, stellt auf rhetorischer Ebene einen »Überraschungseffekt« dar (Beutler, 111, vgl. Balz/Schrage, 199f.). Hierin ist der Standpunkt enthalten, dass Glaube und Gottesliebe nicht in einem persönlichen Gottesverhältnis zur Vollendung kommen, sondern im tätigen Einsatz für den Nächsten. In der Evangeliumslesung für diesen Sonntag (Lk 10,25–37) wird dieser Aspekt narrativ entfaltet, aber auch im Predigttext wird das Tun der Liebe zum entscheidenden Kriterium: »Hier entscheidet sich, wer dem Wesen der Offenbarung entsprechend lebt und wer zum gottfernen Kosmos gehört«. (Bull, 9)

Während der Text also auf den ersten Blick mit rosaroter Brille daherzukommen scheint, stellt er bei näherem Hinsehen einen hohen Anspruch: Lasst euren Glauben und euer Handeln kein Stück weit auseinanderklaffen und bleibt in einer Liebe, die bis zur Selbstaufopferung geht.

III Impulse: »Liebe ist, was Liebe tut« (bell hooks)

»[P]raktisch alle durchleben eine Glaubenskrise, wenn es darum geht, biblische Theorien der Liebe im Alltag umzusetzen«, schreibt die Literaturwissenschaftlerin und Feministin bell hooks (hooks, 28). Tatsächlich kann der Text mit seinem hohen Anspruch und ausgeprägten Dualismus Krisen auslösen: Es ist eine große Herausforderung, wirklich konsequent »in der Liebe zu bleiben«, und viele Menschen scheitern (oft aus verständlichen Gründen) daran. Sollten alle diese Menschen also »Gott nicht kennen«? Hier gilt es, sich an den Charakter des Textes zu erinnern: Dem Verfasser geht es nicht um eine systematische Reflexion darüber, wie man Liebe im Alltag praktisch umsetzt, sondern um eine poetische Annäherung an Gott. Die Predigt kann dieses Genre aufnehmen – oder die psychologischen und lebenspraktischen Herausforderungen ansprechen, die der Text beinhaltet. In jedem Fall sollte sie sich bemühen, die Hörenden nicht mit dem Gefühl zurückzulassen, in Sachen Liebe vor einer unerfüllbaren Aufgabe zu stehen. Gleichzeitig sollte das Wissen darum, wie hoch der Anspruch des Textes ist, nicht als Ausrede dafür herhalten, beim Einsatz für Liebe Abstriche zu machen. Liebe ist schwierig, aber deshalb nicht weniger nötig.

Hilfreich ist es, den großen Begriff Liebe möglichst konkret zu füllen: »Eine Ethik der Liebe bedeutet, dass wir in unserem Alltag alle Dimensionen der Liebe nutzen – ›Fürsorge, Hingabe, Vertrauen, Verantwortung, Respekt und Wissen‹. [...] Ein sensibilisiertes Bewusstsein ermöglich es uns, unser Handeln kritisch unter die Lupe zu nehmen und zu überlegen, was wir benötigen, um fürsorglich, hingebungsvoll, verantwortungsbewusst, respektvoll und lernbereit zu sein«. (hooks, 140)

Inspiration und weitere Konkretion kann das Video »Love has no labels« bieten: Hier wird anschaulich dargestellt, dass Liebe keine Kategorien wie Geschlecht, ethnische Zugehörigkeit bzw. *race*, Behinderung, Alter oder auch Religion kennt. Vermutlich hatte das Produktionsteam in erster Linie Liebe als Gefühl im Blick, und die Reaktionen des Publikums erinnern an spontane Reaktionen auf den Predigttext: Ach, wie schön! Ja, so einfach ist es! *Amor vincit omnia!* Und zugleich wird am Video die Leerstelle dieses Verständnisses von Liebe deutlich: Natürlich können Menschen des gleichen Geschlechts, eine schwarze Frau und ein weißer Mann, eine Frau ohne und ein Mann mit Behinderung einander lieben – aber höchstwahrscheinlich werden sie in diesen Beziehungen mit Queerfeindlichkeit, Rassismus oder Ableismus konfrontiert. Wer die Liebe als Praxis versteht, wendet sich diesen strukturellen Lieblosigkeiten zu und fragt mit bell hooks: Wer benötigt vor Ort Fürsorge, wem wird Respekt verweigert, wo fehlt Wissen – und wie kann ich das ändern? Solche Fragen führen in das Tun der Liebe hinein.

Literatur: *Horst Balz/Wolfgang Schrage*, Die Briefe des Jakobus, Petrus, Johannes und Judas (NTD 10), Göttingen 1973; *Johannes Beutler*, Die Johannesbriefe (RNT), Regensburg 2000; *bell hooks*, alles über liebe. Neue Sichtweisen, Hamburg 2021; *Hans-Josef Klauck*, Der erste Johannesbrief (EKK XXIII/1), Braunschweig/Neukirchen-Vluyn 1991; *Udo Schnelle*, Die Johannesbriefe (ThHK 17), Leipzig 2010; *Rudolf Schnackenburg*, Die Johannesbriefe (HThKNT XIII/3), Freiburg/Basel/Wien 1975.

Internet: *Ad Council*, Love Has No Labels, 3.3.2015, https://www.youtube.com/watch?v=PnDgZuGIhHs&ab_channel=AdCouncil; *Klaus-Michael Bull*, Johannesbriefe, in: WiBiLex, https://www.bibelwissenschaft.de/fileadmin/buh_bibelmodul/media/wibi/pdf/Johannesbriefe__2017-10-10_11_39.pdf (alle zuletzt abgerufen am 27.09.2022).

IV Entgegnung: Liebe ist radikal

Die Formulierung, dass Gott die Liebe ist, ist ein für das Christentum zu zentraler Satz, um ihn nicht radikal ernst zu nehmen. A deutet die Radikalität dieser Aussage an einigen Stellen an, sie muss m.E. noch weiter auf die Spitze getrieben werden: Was uns in dieser Welt an »struktureller Lieblosigkeit« begegnet, zeichnet sich nicht nur in den Extremformen von »Queerfeindlichkeit, Rassismus oder Ableismus« und der sich gegen marginalisierte Gruppen richtenden Hasskriminalität ab. Diese Phänomene scheinen eher die grausame Spitze des Eisbergs zu sein. Eine grundlegende Lieblosigkeit bestimmt auch abseits davon die Lebenserfahrung vieler Menschen.

Hinzu kommt: Liebe, gerade wenn sie »einander« gilt und die Gestalt der Nächstenliebe annimmt, muss immer auch mit ihrer Tendenz zu Macht und der Gefahr des Missbrauchs umgehen. Die Liebe, zu der der 13. Sonntag nach Trinitatis auffordert, ist eine Praxis, die sich ganz und gar dem anderen zuwendet. Erst diese Hingabe macht sie vollkommen. Nur in solcher Radikalität wird deutlich, »dass es hier nicht in erster Linie um ein Gefühl geht«.

V Erschließung der Hörersituation: In einer lieblosen Welt …

Wir leben in einer lieblosen Welt. Mit zunehmenden Krisenerfahrungen verstärkt sich diese Einsicht. Es ist aber damit zu rechnen, dass im September 2023 die Angst vor einem erneuten »kalten Winter« Verteilungskämpfe, Egoismus und Neid hervorruft. Lieblos zurückgelassen bleiben dann die, die auch zuvor schon weit unter dem Existenzminimum lebten. Auch die Tendenz, eigenes und fremdes Leben, Natur und Umwelt lieblos zu zerstören, wird sich fortsetzen. Die Folgen von Kriegen, Rezession und Klimaveränderung rufen Zukunftsängste hervor. Gerade am Ende eines hoffentlich beschwingteren Sommers, wenn die Sorgen und Nöte des Alltags wieder präsent sind, ist in der gesellschaftlichen Debatte eine deutliche Tendenz zur Entsolidarisierung zu spüren. Es ist eben nicht so, dass sich »die Schwächeren in unserem Land in dieser herausfordernden Situation auf die Solidarität der Stärkeren verlassen« können, wie Diakoniepräsident Lilie in einem Blogeintrag unter dem Titel »Die Systemrelevanz der Starken« forderte.

»Die Starken«, auf deren Solidarität wir als Gesellschaft bauen, scheint es immer weniger zu geben. Jeder und jede erlebt sich als Spielball oder Objekt anderer. Der Neurobiologe Gerald Hüther sieht die lieblose Welt als Grundursache aller destruktiven Verhaltensweisen. In Interviews und mehreren seiner Bücher definiert er: »Andere zum Objekt seiner eigenen Absichten zu machen, das ist eigentlich die wissenschaftliche Definition für Lieblosigkeit.« (Hüther, 19:25–19:35) In einem solchen Geschehen findet keine Begegnung, kein Austausch zwischen Subjekten mehr statt. Lieblose Menschen machen sich gegenseitig zu Objekten ihrer jeweiligen Interessen, Erwartungen und Bewertungen. Es kommt zu erniedrigendem Hass, vor allem gegenüber schwächeren, kleineren oder anderen Randgruppen (s. das Beispiel von A). Oder es kommt zu vernichtender Ignoranz gegenüber dem Bedürfnis, wahrgenommen zu werden und Teilhabe zu erfahren, wie es Lilie im Blick auf sozial benachteiligte Personengruppen wahrnimmt.

Der schlichte Apell »lasst uns einander liebhaben« hilft da nicht weiter. Formen der Erniedrigung und Ignoranz können auch im Schafspelz der Liebe daherkommen. Auch Liebe, insbesondere die Gestalt der Nächstenliebe, kann andere Menschen zum Objekt der eigenen Interessen machen. Jacques Prévert hat diese Erfahrung unter dem Titel »Pour toi mon amour« (Für dich, meine Liebe) in eindrückliche Poesie verpackt: »Ich war auf dem Vogelmarkt / Und habe ein Vögelchen gekauft / Für dich / Meine Liebe / Ich war auf dem Blumenmarkt / Und habe Blumen gekauft / Für dich / Meine Liebe / Ich war auf dem Eisenmarkt / Und habe Ketten gekauft / Schwere Ketten / Für dich / Meine Liebe / Und dann war ich auf dem Sklavenmarkt / Und habe dich gesucht / Aber ich habe dich nicht gefunden / Meine Liebe« (Übersetzt nach: Prévert).

Was käuflich erworben, in einen Käfig gesperrt und an Ketten gelegt wird, ist kein Subjekt mehr, sondern ein Objekt. Die von Gott in die Welt gebrachte Liebe entzieht sich schönem Schein und ist nicht auf dem Sklavenmarkt zu erwerben. Sie steht nicht in unserer Macht, sondern wird uns erst durch Gottes Gabe zu eigen gemacht: »Jesus, Paulus und ›Johannes‹ erfassen in vergleichbarer Weise die Liebe, die Zuneigung der Menschen zueinander, als eine dem Menschen nicht natürlich zuhandene Möglichkeit, sondern als Wesen und Wesensäußerung Gottes selbst, die er den Menschen schenkt […]« (Wischmeyer, 145).

Als Wesensäußerung Gottes ist es das entscheidende Kennzeichen der Liebe, dass sie sich ganz dem Schmerz und Elend der Welt hingibt. Sie bleibt nicht distanziert außen stehen, sondern macht sich im wörtlichen Sinn die Hände schmutzig. In der Liebe gibt es keine Zuschauer, nur Betroffene. Und in einer Gemeinschaft von Betroffenen verliert sich unmittelbar jede Form von Macht. Stattdessen stehen verletzliche Subjekte Seite an Seite.

Gerade weil wir die Liebe nicht selbst erwerben, sondern sie uns von Gott zukommt, vermag sie Verantwortung für andere zu übernehmen: »Ist Gott aber das Gegenteil eines Zuschauers, so wird die Position dessen, der Gott zuschaut, ebenfalls eine unmögliche, irreale, trotz unserer

Versuche, gerade diese Position einzunehmen und zu halten.« (Marti, 25) Zuschauen, beobachten, ein- und abschätzen von Objekten, das ist Kennzeichen einer lieb- und gottlosen Welt.

»Aber da sind Menschen des Lichts, Menschen, die geben und teilen, Verdammnis durchbrechen.« (Oosterhuis, 218) Es gibt sie, die Erfahrung, dass es auch anders geht. Menschen, die sich aufmachen und anderen als Mensch begegnen. Die sich geliebt wissen und nicht als Objekt höherer, bedrohlicher Mächte erleben. Wer sich gestärkt weiß, kann seine Stärke nutzen und anderen zur Verfügung stellen. Er oder sie kann sich verletzbar und betroffen zeigen, ohne Angst haben zu müssen, dass die eigenen Bedürfnisse nicht ausreichend berücksichtigt werden. Auf ein solches Leben zielt die Aufforderung des Predigttextes: Die christlichen Gemeinden sollen »Verwirklichungsfeldern dieser Liebe Gottes« (Wischmeyer, 145), ansteckende Vorbilder in einer lieblosen Welt sein. Konkret heißt das: Hinsehen, wo Unrecht geschieht. Sich davon betreffen lassen, wenn Menschen zu Objekten von Hass oder Macht gemacht werden. Einschreiten für das Recht jedes einzelnen auf ein würdevolles Leben. Aufmerksamkeit erzeugen für die, die ihre eigene Würde nicht mehr verteidigen können. Geliebte, wie die Anrede in V.7 betont, sind wir Christen auch in einer lieblosen Welt. Wir sind nie schwache Opfer, sondern mit Liebe ausgestattet. Der Auftrag, zu lieben ergeht an uns als starke und befähigte Menschen.

VI Predigtschritte: … liebevoll solidarisch sein

»Eine friedvolle, liebende Welt will (fast) jeder haben. Aber keiner will etwas dafür tun. Auf dem Sofa sitzen und mit dem Kopf nicken ist ja sooo viel einfacher ...!« So hat ein User (Codi P.) unter ein Video von Hans-Joachim Maaz zu Ursachen und Folgen eines lieblosen Lebens notiert. Der Predigttext setzt dem die klare Aufforderung entgegen: Liebt einander! Christen sind mitten in einer lieblosen Welt dazu befähigt und berufen zu lieben. Diese Liebe zeigt sich in der radikalen Solidarität mit den Schwachen unserer Gesellschaft. Das zu vermitteln ist Auftrag der Predigt und des Gottesdienstes.

Der Wochenpsalm (Ps 112) in der Übertragung von Huub Oosterhuis bringt die Spannung zwischen liebloser und Liebe ersehnender Welt gut zum Ausdruck. Und er betont, dass diese Liebe keine Utopie bleibt, sondern dort ein Gesicht bekommt, wo Menschen geben und teilen, einander Mut zusprechen und stärken. Der Psalm ist daher besser nicht als gemeinsames Gebet, sondern als An- und Zuspruch aus der Gemeinschaft der Feiernden (z. B. durch ein Gemeindeglied) zu lesen.

Die Predigt präzisiert diesen Gedankengang, indem sie zunächst dem Phänomen der Lieblosigkeit auf den Grund geht (s. Hüther) und auch den möglichen Missbrauch von Liebe zum Thema macht (s. Prévert). Einem solchen Umgang, der andere Menschen zum Objekt eigener Interessen macht, steht die Liebe Gottes gegenüber, die sich ganz und gar entäußert und hingibt. Auch die eigene, kirchliche Fürsorgetätigkeit kann kritisch befragt werden: Werden dort Menschen zu Empfangsobjekten der Hilfstätigkeit anderer? Mit Bezug zum Gleichnis vom Samariter wird deutlich, dass die Anwesenheit eines Anderen immer zu einer solidarischen Praxis auffordert. Die Begegnung mit Notleidenden macht mich zu ihrem Nächsten. Ein solches Handeln aus Liebe hat sich am Maßstab Gottes auszurichten. Statt paternalistischer Fürsorge geht es um gemeinsame Betroffenheit, Wegbegleitung und auch Anwaltschaft für die, die selbst nicht für ihre Rechte einstehen können.

Literatur: *Kurt Marti,* Zärtlichkeit und Schmerz, Neuwied/Berlin [4]1984; *Huub Oosterhuis*, Psalmen, Freiburg 2014; *Jacques Prévert*, Pour toi mon amour, in: Ders., Œuvres: Paroles. Spectacles (Folioplus classiques 29) Paris 2004, o.S.; *Oda Wischmeyer*, Liebe IV. Neues Testament, TRE 21 (1991), 138–146.

Internet: *Codi P.*, auf: Salve Weltkanal (12.03.2019: Hans-Joachim Maaz – Ursachen und Folgen einer lieblosen Kindheit [Youtube], https://www.youtube.com/watch?v=6bsKGmAGwTA; *Gerald Hüther*, in: Salve Weltkanal (11.05.2018): Hans-Joachim Maaz – Liebevoll bleiben in einer lieblosen Welt [Youtube], https://www.youtube.com/watch?v=KkIt-8MOKkfw; *Ulrich Lilie,* Die Systemrelevanz der Starken. Blogeintrag am 22.07.2022, https://praesident.diakonie.de/2022/07/22/die-systemrelevanz-der-starken/ (alle zuletzt abgerufen am 07.09.2022).

14. Sonntag nach Trinitatis – 10.09.2023

Lukas 17,11–19

Dankbarer Glaube

A

Martin Vetter

I Eröffnung: Undank ist der Welten Lohn

Die biblischen Texte und Lieder dieses Sonntags rücken das Motiv der Dankbarkeit in den Mittelpunkt. Wer sein Leben auf den Grundton der Dankbarkeit stimmt, begegnet dem Leben mit einer anderen Haltung. Dankbarkeit sensibilisiert für die Fülle der Beziehungen. Sie färbt ab auf die Weise, wie wir uns anderen Menschen mitteilen. Die Perikope von den zehn Aussätzigen erinnert daran, dass Dankbarkeit keineswegs selbstverständlich ist. Oft ärgere ich mich selbst über wenig Resonanz oder ausbleibenden Dank. Deshalb kommt mir der Text beim ersten Lesen langweilig vor. Ist die Moral von der Geschichte nicht ein wenig platt? – Zehn aussätzige Männer begegnen Jesus. Der heilt die gesamte Gruppe. Doch von den Gesundeten kehrt nur einer – ausgerechnet ein Samaritaner – zurück, um Jesus zu danken. Aus Jesu Sicht beschreibt ein Sprichwort die Pointe: Undank ist der Welten Lohn!

Doch es lohnt sich, genauer hinzuschauen. Die Erzählung bietet noch andere Identifikationsangebote. Social Distancing etwa, wie es die aussätzigen Männer praktizieren, haben in Deutschland während der Coronapandemie alle erlebt. Viele kennen die damit verbundenen Gefühle wie Einsamkeit, Trauer oder auch Angst. Sie teilen wohl auch mit den zehn Aussätzigen die Erfahrung, dass die erzwungene Schicksalsgemeinschaft im Moment der Genesung wieder zerfällt. Im Unterschied zu den Leidensgenossen von gestern, die rasch zum gewohnten Alltag übergehen, unterbricht der Samaritaner seine Rückkehr in das alte Leben. Denn es ist ihm wichtiger, Gottes rettendes Heil zu preisen, das in Gesundheit und Wohlergehen nicht aufgeht. Wie ließe sich diese Dankbarkeit als Grundgestimmtheit im Alltag der Hörer*innen erkunden?

II Erschließung des Textes: Der dankbare Samaritaner

Das Lukasevangelium gliedert die Perikope von der Heilung der zehn Aussätzigen in eine »zweigipflige« Erzählung (V.14b.19, vgl. Ostmeyer). Der erste Teil berichtet das eigentliche Wunder (V.11–14). Eingangs erfahren die Leser*innen, dass Jesus auf seiner Wanderung nach Jerusalem durch das Gebiet zwischen Samarien und Galiläa zieht (V.11). Die Darstellung der Begegnung Jesu mit den zehn Aussätzigen (V.12–13) und deren Heilung schließen daran an (V.14). Von Handlungen oder Worten, mit denen Jesus die Heilung bewirkt, wird nichts erzählt. Wichtiger als die Darstellung der Heilung ist für Lukas der weitere Verlauf der Geschichte. Hier beschreibt der Akklamationsbericht im zweiten Teil der Erzählung die Beglaubigung des Wunders (V.15–19). Neben der Resonanz der Männer auf deren Heilung (V.15–16) reflektieren Jesu Worte, mit denen er das Geschehen deutet (V.17–19), die soteriologische Zuordnung von Glaube und Heilung.

Liest man die Heilungserzählung im sozial- und realiengeschichtlichen Kontext, gerät die Gruppe der Aussätzigen und deren Herkunft in den Blick. Die Gegend, die Jesus durchwandert – das »Gebiet zwischen Samarien und Galiläa« –, und das Dorf, in dem ihm die Aussätzigen begegnen, bleiben unbestimmt. Da die Samaritaner einen eigenen Kult praktizierten, ist das Auftreten einer gemischten Gruppe jüdischer und samaritanischer Aussätziger ungewöhnlich. Vielleicht mussten sich die Männer aus ihrem jeweiligen sozialen Kontext in der Weise lösen, dass sie zu einer neuen Gruppe zusammenwachsen. Dass die Männer in einiger Entfernung stehen bleiben, erklärt sich aus dem Gebot, dass Aussätzige sich von anderen Menschen fernzuhalten haben (vgl. Lev 13,46). Aussatz – das griechische Wort Lepra (*lepros*) meint nicht, was wir damit verbinden (sc. Morbus Hansen), – bezeichnet auffällige Hautkrankheiten wie Schuppenflechte und weitere harmlose Hautveränderungen. Auch wenn sich die körperlichen Beschwerden der zehn Männer in Grenzen gehalten haben dürften, weil Aussatz meist keine lebensbedrohliche Krankheit war, hatte die damit verbundene soziale Stigmatisierung für die Betroffenen weitreichende Folgen. Der Aussatz grenzt die zehn Männer aus der Gemeinschaft der Gesunden aus. »Jesus, erbarme dich unser!«, rufen sie Jesus an. Das Anrufen des Wundertäters ist ein gattungsspezifischer Topos neutestamentlicher Heilungswunder, doch nutzen sie dafür die Sprache der Psalmen, die auch sonst die Hinwendung zu Gott und die Bitte um Errettung vermitteln (vgl. Ps 6,3; 50,3 u. ö.). So eint die Gruppe der Aussätzigen nicht nur das gemeinsame Leid, sondern auch das Vertrauen darein, dass Jesus helfen kann. Der wiederum verweist die ihn anrufenden Männer an die Priesterschaft im Tempel, deren Reinheitserklärung über die Wiederaufnahme der vormals Ausgegrenzten in die Gesellschaft entscheidet. Die Frage, welchem Priester sich der Samaritaner hätte zeigen sollen (etwa einem Priester auf dem Berg Garizim in Samaria), spielt hier keine Rolle. Als sich die Männer der Anweisung folgend in Bewegung setzen, um sich den Priestern zu zeigen, verlieren sie ihren Aussatz (vgl. Lk 17,14b).

Der zweite Teil der Heilungserzählung transformiert nun allerdings – und das ist für die Predigt entscheidend – die dyadische Struktur der Akteure (Jesus, zehn Aussätzige) zu einer Handlungstriade: Dem Helden der Geschichte, Jesus, stehen zwei Protagonistengruppen gegenüber, die unterschiedliche Handlungsoptionen verkörpern.

Die Bitte um Jesu Erbarmen hatte die Zehn geeint. Nun aber verkennen neun auf dem Weg nach Jerusalem den rechten Ort der Verherrlichung Gottes. »Wo sind aber die neun?« – Jesu Frage kritisiert deren mangelnde Dankbarkeit und deren Distanz zum Heil. Der Samaritaner hingegen verwirft die Anweisung Jesu, sich den Priestern zu zeigen. Kaum, dass er gesund ist (*iathē*, Aorist), kehrt er um. Denn für ihn wird Jesus zum Priester, dem er sich zeigt und der ihm Rettung verspricht (mit Ostmeyer, 642). So entdeckt der Samaritaner im Dank eine angemessene Form der Gottesverehrung. Sein Gotteslob ist weder auf den Tempel in Jerusalem noch auf den Garizim fixiert (vgl. Joh 4,24). Dabei fällt auf, dass die Aussage: »Dein Glaube hat dich gerettet« sich nicht wie an anderer Stelle des Evangeliums (vgl. etwa Lk 7,50) auf ein Verhalten bezieht, das der Heilung vorausging. Sondern »die Rückkehr des Samaritaners, sein Gotteslob und fußfälliger Dank« (Wolter, 574) sind der Grund für die folgende Zusage der Rettung. Das ist prägnant, weil es das Thema

Dankbarkeit und Glaube in einen Zusammenhang bringt. Normalerweise assoziieren wir Glauben mit Vertrauen. Der abschließende Satz der Perikope weist darauf hin: »Dein Glaube hat dich gerettet.« Die Heilungserzählung bringt mit der Dankbarkeit einen anderen Aspekt des Glaubens zum Leuchten.

III Impulse: Dankbarer Glaube

Diese rettende Dankbarkeit möchte ich in der Predigt näher entfalten, indem ich die Auslegung der Heilungsgeschichte mit Überlegungen zum Phänomen der Dankbarkeit (vgl. Barth, 80ff.) verbinde.

Viele Menschen erleben Dankbarkeit im eigenen Leben. Ich denke an eigene Glücksmomente, in denen sich Dankbarkeit breitmacht: beim Sonnenaufgang an der Alster zum Beispiel. Wenn ich höre, dass es den Kindern gut geht. Wenn sich die befürchtete Diagnose der Ärztin über die erkrankte Mutter doch nicht bestätigt. Oft ist dieses Gefühl des Glücks kurz. Manchmal verbindet es sich auch mit einem spontanen: »Ich danke dir Gott!« Leider verschwindet der Dank schnell, so wie er gekommen ist. Wie kann aus empfundener Dankbarkeit eine Glaubenshaltung werden?

Anregungen dazu gibt der Predigttext: Dankbar wendet sich der Samaritaner an Jesus, als er bemerkt, dass er vom Aussatz geheilt ist. Im Kontext unserer Dankkultur, die auf dem Austausch von Gabe und Gegengabe beruht, können wir das gut nachvollziehen. Wie der Samaritaner reagieren auch wir in der Regel mit Dank auf ein Ereignis. »Danke für dein Geschenk!« Doch artikuliert der Samaritaner mit seiner Rückkehr mehr als den persönlichen Dank für die Heilung vom Aussatz. Zuerst lobt der Samaritaner Gott, dann dankt er Jesus (V.15–16; vgl. EG 325,1). Auf dieses Lob bezieht sich Jesus, wenn er sagt: »Dein Glaube hat dich gerettet.« (vgl. auch Lk 7,50 u. ö.) Der Dank richtet sich über die Begegnung mit Jesus hinaus auf Gott, den Grund allen Lebens. Auch wenn man persönlich keine Heilung erlebt hat, steckt diese rettende Dankbarkeit an. Im Gottesdienst nehmen Psalmen und Loblieder diese Gestimmtheit auf (vgl. EG 333). Eindrücklich beschreibt die Philosophin Hannah Arendt den Geschenkcharakter des Lebens. Sie rät, das Leben von der Geburt her zu denken (Natalität). Niemand hat sich selbst geboren. Jedes Leben beginnt als verdanktes Leben. Wer sein Leben auf den Grundton der Dankbarkeit stimmt, begegnet dem Leben mit einer anderen Haltung.

Dankbarer Glaube weiß, dass alles, was mir im Leben geschieht, geschenkt ist. Er schließt gute wie schlechte Zeiten ein. Diese Worte können wie Hohn klingen für Menschen, deren Leben gezeichnet ist vom Verlust. Hiobs Maxime, auch das Unheil, den Verlust von Gott (dankbar?) zu empfangen (vgl. Hiob 2,10b), wird nicht für alle gelten. Das dem

14. Sonntag nach Trinitatis als Predigttext zugeordnete prophetische Danklied verschränkt die Klage über das zerstörte Jerusalem mit der Hoffnung auf zukünftiges Heil vom Zion (vgl. Jes 12). Angesichts individueller Verlusterfahrungen oder kollektiver Traumata versteht sich Dankbarkeit nicht von selbst, sondern ist selbst Gegenstand des Danks (vgl. EG 334,6).

Literatur: *Hannah Arendt*, Vita activa oder Vom tätigen Leben, München 1967 (Nachdrucke); *Ulrich Barth*, Symbole des Christentums. Berliner Dogmatikvorlesung, Tübingen 2021; *Karl-Heinrich Ostmeyer*, Wandel auf dem Weg des Heils (Die zehn Aussätzigen) Lk 17,11–19, in: Ruben Zimmermann (Hg.), Kompendium der frühchristlichen Wundererzählungen. Band 1: Die Wunder Jesu, Gütersloh 2013, 638–648; *Michael Wolter*, Das Lukasevangelium (HNT 5), Tübingen 2008.

Susanne Wolf

B

IV Entgegnung: Glaubens-Gang-Art

Die Perikope von den zehn Aussätzigen weckt meine Neugierde für all das, was sie nicht explizit erzählt. Gehören noch mehr Samaritaner zur Gruppe, sind Frauen dabei? Haben die zehn auf ihrem Weg miteinander gesprochen? Wer bemerkt zuerst, dass er seinen Aussatz verliert? Wie reagieren die anderen? Dankt der Samaritaner Jesus mit Worten, und wie klingt für ihn Jesu Zuspruch (V.19)? Die Leerstellen des Textraumes laden zu bildhaften Gedanken ein. Das mag daran liegen, dass die Heilung der zehn Aussätzigen »[a]pophthegmatische Züge« (Sellner, 194) trägt, im Erzählmuster von 2Kön 5,1–19 und darin schon fast zu klar (A: »langweilig«) daherkommt. Die Heilungsgeschichte schildert Lukas in sparsamsten Strichen aus äußerem Ablauf und befreiendem Wort (Gerstenberger, 300). In Kombination mit Jesu Frage »Wo sind aber die neun?« (V.17), die durchschaut und nicht beantwortet werden will, ergibt sich eine moralische Tonalität. Diese stellt die neun Aussätzigen, welche nicht zurückkehren in kein gutes Licht.

Die Predigt soll ihnen gerechter werden. Auch ihr Gang ist eine Glaubenstat. Auf Jesu Wort hin machen sie sich auf den Weg; begeben sich in seine Laufrichtung. Motiviert sind sie durch die Seelennot des abgesonderten Lebens. Zu Hautkrankheiten unterschiedlicher Art, die zwar nicht lebensbedrohlich (A), aber lebenstrennend sind, gesellten sich die Vorschriften (Lev 13,45) (A), die sie ungeschützt isolieren, ohne Einbindung in die Familie, Volks- oder Kultgemeinschaft. Not macht wendig. So rufen die Aussätzigen aus gebotener Distanz: »Jesus, Meister!« Üblicherweise benutzen nur die Jünger*innen diesen Titel. Alle, die ihn gebrauchen, stehen vor einem Geschehen, das sie in seiner eigentlichen Bedeutung noch nicht erfassen: Petrus vor dem wunderbaren Fischfang (Lk 5,5), die Jünger im Seesturm (Lk 8,25) u. a. (vgl. Bruners, 389). Die Aussätzigen bitten Jesus in der Sprache der Psalmen (A). Sie bitten aber nicht um Reinigung, sondern um Erbarmen (V.13). Angesichts der Reduziertheit der Handlung liegt viel Gewicht auf diesen Worten: »Erbarme dich unser – *eleēson hēmas*«. Jesus sieht sie an. Auf seine Güte hin brechen sie auf. Sie rufen in der Ahnung eines Gottes, der ansieht und gehen in der Hoffnung auf Erbarmen. Die gnädige Ahnung setzt sie in Bewegung (*Mercy is falling* WL 41). Martin Luther findet für ihre Motivation passende Worte: »Hie ist nur freies Ergeben und fröhliches Wagen auf seine unversuchte, unerkannte Güte. Da sind keine Fußstapfen darin die spüren möchten, was er tun will; sondern allein seine bloße Güte wird angesehen und macht in ihnen solch Vermuten und Wagen, er werde sie nicht lassen« (zitiert nach Gollwitzer, 192).

Indem die zehn Aussätzigen gehen, besiegen sie die Angst, die bisher alle Poren ihrer Haut verstopft hatte. Das gilt für alle zehn, die unterwegs alle frei werden von Aussatz. Die Predigt wird die neun, welche dann nicht zurückkommen, nicht diskreditieren; vielmehr theologisch feindeutig beherzigen, worin der qualitative Unterschied in der Heilung des Samaritaners liegt. So folge ich der Frage von A wie »aus empfundener Dankbarkeit eine Glaubenshaltung werden« kann, gerne.

V Erschließung der Hörersituation: Schamlose Dankbarkeit

Vielen Menschen hat Jesus geholfen, dass sie wieder ins Leben kamen. Ob es ihm einerlei war, wie sie ihre Rettung, ihr Glück verstanden? Einer kommt zurück. Der ist voll des Lobes für Gott und voll Dank für Jesus. Der Samaritaner verbindet seine Genesung mit ihnen und das sagt er deutlich. Ausgerechnet er. Bei Lukas sind es oft die Fremden, die das Richtige tun (vgl. Lk 10,25–36). Auch die anderen neun sind ins Leben gerufen, folgen dem Ruf aber nicht. Sie erkennen das Heilsangebot in seiner wahren Qualität nicht. Was macht man aus dem, was man geschenkt bekommen hat? Nach schwerer Krankheit bin ich genesen. Ja, wofür denn? Dass ich weiterhin schufte, auf den nächsten Zusammenbruch warte? Der Samaritaner lässt sich von dem, was er erfährt, verwandeln. Er durchschaut, verinnerlicht, dass »es in der Begegnung mit Jesus um mehr als nur die Möglichkeit von körperlicher Heilung geht«. (Sellner, 212) Er ist der eine, der sieht, dass er geheilt ist. Der eine, der erkennt, welche Heilsdimension in der Begegnung mit Jesus liegt. Sein Erkennen geht tiefer, durch Herz und Kopf, ja unter die Haut. Das Sehen des Geheilten wird zur Antwort auf das Sehen Jesu (Sellner, 207). Sehenden Auges kehrt er zurück, kehrt um (V.15). Er bleibt nicht bei sich in seiner Lebensveränderung. Zu seinem Glauben gehört der Jubel über

Gott. Als ahne er, dass er selbsterfüllt gottverlassen sei. Seine Umkehr ist eine Hinwendung zur neuen Lebensweise. Sie schließt Gemeinschaft mit ein und Dank. So hält der Samaritaner »seinen Dankgottesdienst nicht im Tempel, sondern nach der Liturgie der lukanischen Urgemeinde«. (Gerstenberger, 302) Der Samaritaner fällt auf sein Angesicht zu Jesu Füßen und dankt ihm (V.16).

Der Geheilte dankt für den in Jesus eröffneten Zugang zu Gottes Verwandlungskraft. Indem er dankt, lenkt er den Blick von der Gabe zum Geber. Das ist besonders, bedenkt man, dass *eucharistein* im Neuen Testament sonst stets Gott zum Adressaten hat (einzige weitere Ausnahme: Röm 16,4; Sellner, 208). Der Dank lässt das, was sich in meinem Leben gewandelt hat, was sich mir meist erst im Rückblick als unerwartete Gottesbegegnung erweist, zur Heilung werden. A verweist zurecht darauf, dass unsere Dankbarkeit oft schnell verfliegt. Wie wird sie zur Haltung? Der Wochenpsalm (Ps 103,2) weist den Weg. Der Psalmbeter spricht achtsam mit seiner Seele. Fordert sie mit einem weiblichen Imperativ (in der hebräischen Sprache gibt es zwei Formen) werbend, fast zärtlich auf: »Fang doch an, Gott zu loben. Vergiss nicht das Gute. Ändere die Blickrichtung zum Guten!« Das kann ich üben. Ein Ritual des Perspektivwechsels.

Denn im Danken will ich mich erinnern, wie es vorher war und nicht vergessen. Dieses Erinnern schließt das Unvollkommene, den Schrecken, das Brüchige ein. Danken hat auch mit der Bereitschaft zu tun, die Wunde ins Wunder einzubeziehen. Um des gegenwärtigen Glücks willen, will ich nicht vergessen, wie es war. Den Hunger von damals will ich nicht verdrängen, um das Brot von heute zu genießen und zu teilen. Erst im Dank, so zeigt es die Perikope, ist ein Heil werden von Grund auf (1Kor 3,11). In diesem Sinne beschreibt die Heilung des Samaritaners, dass Rein werden, auch ein mit sich ins Reine-Kommen ist. Die Scham zu überwinden, die unvollkommenes, versehrtes Leben mit sich bringt. Von seiner Scham befreit, fühlt er sich wohl in seiner Haut, lebt er auf. So kann der Samaritaner schamlos danken! Sein Dank wird dem Wunder gerecht, das ihm geschah. Sein Dank gibt Gott die Ehre.

VI Predigtschritte: Von Verwandlungsgeschichten erzählen

Die Predigt folgt dem Text. Die zehn Aussätzigen bitten um Erbarmen. Sie werden gesehen, brechen auf, alle zehn, auf sein Wort hin (*Nur ein Wort*, WL 96). »Geht hin und zeigt euch den Priestern!« (V.14) Ein wunderbarer Satz. Auf dem Weg werden sie heil. Ich kenne die Sehnsucht nach sofortiger Heilung, nach schneller Veränderung. Doch Verwandlung ist mitunter mühevoll, nicht ohne Schmerzen, Risiko und Mühe zu haben. Alle werden frei von Aussatz. Einer sieht und kehrt zurück. Sein tieferes Erkennen äußert sich in Gotteslob und Dank an Jesus. Das unterscheidet ihn. Darin liegt sein Glaube. Dem gehe ich intensiver nach.

Den Lobpreis äußert der Geheilte *meta phōnēs megalēs,* mit lauter Stimme. Offensichtlich hat das Lob Gottes für den Evangelisten Lukas einen öffentlichen Charakter. Glaube ist Jubel über Gott (Ps 21; WL 39). Der Samaritaner lässt sich von dem, was er erlebt, verwandeln, kommt zurück und spricht darüber. Wir Christ*innen als Erzählgemeinschaft müssten von unseren Verwandlungsgeschichten erzählen. Erzählen hilft, Wege aufzuzeigen. Erzählen verändert Gemeinschaft. In einer kurzen Zeit der Stille gebe ich der Gottesdienstgemeinde die Möglichkeit, über ihr Erlebtes nachzusinnen. Vielleicht sogar mit Nachbarn ins Gespräch zu kommen. Unsere Erzählungen verändern die Welt. Rettende Dankbarkeit steckt an (A), eine starke Geschichte kann Leben retten, die Gesellschaft verändern. Samira El Ouassil und Friedemann Karig verfolgen die Wirkmacht wichtiger Narrative in ihrem Buch »Erzählende Affen«. Dass in der Perikope der Samaritaner mit seiner Verwandlungsgeschichte eine Hauptrolle spielt, erinnert uns daran eine offene Gemeinschaft zu sein, die nicht mit ihrer eigenen Darstellung und Selbsterhaltung, sondern dem Dienst am nahen und fernen Anderen lebt. Die besondere Qualität des geheilten Samaritaners liegt darin, dass er in Jesus der Gottesherrschaft begegnet. In ihm ist das Reich Gottes mitten unter uns (vgl. Lk 17,21). Die Predigt macht sich auf Spurensuche in unserer Wirklichkeit nach dem Reich Gottes. Mitten in unserer Lebensgeschichte.

Im Dank bekommt die Welt ein neues Gesicht. Der Samaritaner weiß, das Geschenk der Heilung gilt nicht nur ihm; es gilt einem neuen Leben, das um seine Herkunft und seine endgültige Bestimmung weiß (EG 324,2). Er verleitet uns zu kleinen spirituellen Alltagsübungen des Perspektivwechsels, auf dass unsere Dankbarkeit ausstrahlt und wir sie übersetzen ins Tun. »Bewahren von Dankbarkeit besteht darin, dass ich für alles, was ich Gutes empfangen habe, Gutes tue«, sagt Albert Schweitzer.

Literatur: *Wilhelm Bruners*, Die Reinigung der zehn Aussätzigen und die Heilung des Samariters Lk 17,11–19. Ein Beitrag zur lukanischen Interpretation der Reinigung der Aussätzigen, FzB 23, Stuttgart 1977; *Erhard Gerstenberger*, 14. Sonntag nach Trinitatis. Lukas 17,11–19, in: Arnold Falkenroth, Heinz Joachim Held (Hg.), hören und fragen, Band 1, Neukirchen-Vluyn 1978, 300–306; *Helmut Gollwitzer*, »Wo sind die Neun?« (Lk 17,11–19), in: Ders. (Hg.), Die Freude Gottes. Einführung in das Lukasevangelium, Berlin-Dahlem/Gelnhausen ²1952; *Samira El Ouassil/Friedemann Karig*, Erzählende Affen. Mythen, Lügen, Utopien. Wie Geschichten unser Leben bestimmen, Berlin 2021; *Hans Jörg Sellner*, Das Heil Gottes. Studien zur Soteriologie des lukanischen Doppelwerks (BZNW 152), Berlin 2007.

Internet: *Albert Schweitzer*: https://www.careelite.de/dankbarkeit-zitate-sprueche/ (zuletzt abgerufen am 02.11.2022).

1 Mose 15,1–6

Leben im Glauben

Heinz-Dieter Neef

I Eröffnung

In seinem homiletischen Essay »Predigen in religiös säkularer Pluralität« schreibt Wilhelm Gräb: »Gelingt es, das biblische Ursprungsziel des christlichen Glaubens im Horizont religiöser Sinnfragen aufzuschließen, die den Menschen [...] in ihrer existenziellen Relevanz einleuchten, dann wird dessen Vermittlung auch in der modernen Kultur gelingen.« (PrSt[S] V, 2012/2013, 12) Mit den Erzählungen zu Abraham in Gen 12–25 werden wir zu dem »Ursprungsziel«, d. h. zu den Ursprüngen und Zielen christlichen Glaubens geführt. Die Erzählungen verfolgen das Ziel, Abraham zu einer Identifikationsfigur für unser Leben werden zu lassen. So wie dessen Leben ist auch unser Leben von Aufbrüchen, Enttäuschungen, Prüfungen, Glaubensprüfungen, Auseinandersetzungen, den Fragen nach Gott, dem Umgang mit der Familie, Trennungen, Heimatlosigkeit und Tod geprägt. Sie möchten zeigen, dass jedes Leben unter der Verheißung des Segens und der Zusage »Fürchte dich nicht!« (Gen 15,1) steht. Abraham steht am Anfang der nach-sintflutlichen Heilsgeschichte Gottes mit seinem Volk. Mit Abraham beginnt diese Geschichte. Er ist das erste Glied in der langen Kette der Heilstaten Gottes an seinem Volk. Er ist »unser Stammvater nach dem Fleisch«, wie ihn Paulus im Römerbrief nennt (4,1).

II Erschließung des Textes: Der Glaube Abrams nach Genesis 15,1–6

Das Abrahambild in Gen 12–25 ist vielschichtig. Abraham wird hier in unterschiedlichen Perspektiven den Hörern und Lesern vorgestellt. Der Gesegnete: Fünfmal begegnet in Gen 12,2–3 das Wort »Segen« bzw. »segnen«. Abraham ist der aus Todesnot Errettete und reich Beschenkte (12,10–20). Er begegnet als Friedensstifter in Gen 13. Er handelt als der selbstlose Gastgeber, der fremde Wanderer gastlich aufnimmt (Gen 18). »Der Gastfreundschaft vergesset nicht! Denn durch diese haben etliche ohne ihr Wissen Engel beherbergt.« (Hebr 13,2) Abraham bewährt sich als der Gottesfürchtige (Gen 22), als der Bundespartner Gottes (Gen 17), aber auch als der Krieger, der über vier Könige von großen östlichen Reichen gesiegt hat (Gen 14). Zu diesen Darstellungen kommt diejenige von

Gen 15,1–6 hinzu, in der Abraham als der exemplarisch Glaubende vorgestellt wird, der die ihm gegebene Verheißung vertrauensvoll annimmt und treu daran festhält.

»Glaube« ist ein zentraler biblisch-theologischer Begriff. Im Alten Testament wird die Rede vom Glauben in erster Linie an das Verb *'mn* Hif. gebunden (vgl. »Amen«). Es begegnet mit Gott als Gegenstand des Glaubens bei Jesaja (7,9 u. ö.), in der deuteronomisch-deuteronomistischen Literatur (Dtn 1,32 u. ö.), der Priesterschrift (Num 20,12 u. ö.), der Prophetie (Hab 2,1–4 u. ö.) und eben in Gen 15,6. Ein vor-jesajanischer Beleg für das Verb in theologischer Verwendung, d. h. vor ca. 720 v. Chr., ist nicht greifbar. Es ist mit »sich veranlassen, jmd. zu glauben« zu umschreiben. Es hat keinen deklarativen ästimativen Charakter, d. h. es kann nicht im Sinne von »zum Glauben erklären, jmd. für gläubig halten« verstanden werden.

Das Alte Testament *erzählt* punktuell vom Glauben, es gibt keine Definition des Glaubens, wie sie sich im Neuen Testament findet: »Es ist aber der Glaube eine gewisse Zuversicht des, das man hofft, und ein Nichtzweifeln an dem, das man nicht sieht.« (Hebr 11,1) Gemeinsam ist beiden Teilen der Bibel die Überzeugung, dass der Glaube die Beziehung des Gottesvolkes bzw. des Menschen zu Gott beschreibt und insofern Anteil am Heil Gottes schenkt.

Gen 15 lässt sich deutlich in zwei Teile gliedern: V.1–6 und V.7–21. Im ersten Teil geht es um den »Glauben Abrams« und im zweiten um den »Bundesschluss« zwischen Abram und JHWH. In der Forschung lassen sich bezüglich des Verhältnisses von V.1–6 und V.7–21 zwei Positionen unterscheiden. Die erste Position geht von einer ursprünglichen Trennung beider Abschnitte aus, die zweite rechnet mit der Einheit des Kapitels. M.E. ist diese letzte Position aufgrund der kompositorischen und inhaltlichen Bezugnahmen beider Abschnitte zu verteidigen. Zudem zeigt Neh 9,8, dass Glaube und Bund in Gen 15 unauflöslich aufeinander bezogen sind.

Die Perikope Gen 15 ist in die exilisch-nachexilische Zeit zu datieren. Dafür spricht die inhaltliche Nähe zur Prophetie, vor allem zu Deuterojesaja und zu Texten des Deuteronomistischen Geschichtswerkes. Zudem finden sich in V.13–16 eine Reihe von Bezügen zur Priesterschrift (vgl. V.15 und Gen 25,8 [P]; V.13 und Ex 12,40).

V.1 betont die »Vision« Abrams (*maḥazäh* V.1aγ), womit dieser in die unmittelbare Gottesnähe gerückt wird. Diese steht unter der Zusage »Fürchte dich nicht!« Das Ergehen des göttlichen Wortes an Abram in einer Vision sprengt jede menschliche Vorstellungskraft, denn er wird auf diese Weise mit Gott als dem *tremendum fascinosum*, »dem Schauer erregendem Bedrückendem«, konfrontiert. Die Anrede an Abram wirbt um dessen Vertrauen. Die zweite Anrede besteht in der Zusage »Ich bin ein Schild für dich!« Schließlich bekommt Abram die Zusage überreichen Lohnes. Damit ist an die Gaben gedacht, die JHWH Abram auf seinem Weg schenken will: Nachkommenschaft, Land. Hier wird unbefangen vom »Lohn« gesprochen.

V.2f.: Abram antwortet auf diese unfassbaren Zusagen mit einer Frage: Sind diese Zusagen denn überhaupt sinnvoll, wo ich doch kinderlos bin und deshalb keine Zukunft habe? Hier spricht er einen Gedanken aus, der dem modernen Denken fremd ist: Das Leben ist nur sinnvoll in einer langen Kette von Generationen.

V.4f.: JHWH antwortet mit einer Sohnes- und Mehrungsverheißung, die er durch die Zeichenhandlung des Blickes zu den Sternen des Himmels veranschaulicht. Damit wird Abrams Wirklichkeit verwandelt und entgrenzt.

V.6: Der Vers bereitet in sprachlicher Hinsicht Schwierigkeiten: Wie ist das Perfekt zu verstehen: konsekutiv?, frequentativ?, kopulativ? Wer ist Subjekt vom »Glauben?« Abram oder die Nachkommenschaft? Wer ist Subjekt von V.6b? JHWH oder Abram? Worauf bezieht sich das Suffix der 3.Sg.fem. beim Verb »anrechnen«? M.E. sollte man den Vers wie folgt übersetzen: »Er (Abram) glaubte an Jahwe und er (Jahwe) rechnete ihn (den Glauben) ihm (Abram) zur Gerechtigkeit an.« Köckert (99), übersetzt in leichter Modifikation: »Bei alledem glaubte er an JHWH; und der rechnete ihm das als Gerechtigkeit an.« – Mit dem Verb »glauben« wird hier Abrams gehorsame und vertrauensvolle Annahme der Verheißung benannt. Mit dem *Anrechnen* des Glaubens zur »Gerechtigkeit« wird JHWHs Ja zu Abram beschrieben. »Gerechtigkeit« meint hier weder eine moralische noch religiöse Tugend, es geht vielmehr um die Anerkennung und Bewertung JHWHs, dass Abram in seinem Glauben vor Gott recht, d. h. gerecht ist (vgl. Röm 4,18–22). V.6 sagt aus, dass Abram JHWH voll und ganz Vertrauen schenkte und die Verheißung annahm. Dieses Vertrauen rechnete JHWH Abram als einen Erweis von Gerechtigkeit an. Glaube und Gerechtigkeit sind hier als Relationsbegriffe zu verstehen.

Gen 15,1–6 steht in Verbindung mit der Rede vom Bund in 15,7–21. Glaube und Bund beschreiben die Wechselseitigkeit des Verhältnisses von JHWH und Abram. Abrams Glaube anerkennt die Verheißung der Nachkommenschaft und JHWHs Bund besiegelt die Zusage des Landes für Abrams Nachkommenschaft. Es geht in Gen 15 um die Reziprozität von Glaube und Bund.

III Impulse: Abrahams Glaube und unser Leben im Glauben im Horizont von Gen 15,1–6 und 12,1–25,18: Thesen

Der Glaube setzt Gottes Offenbarung voraus: 15,1 Gottes Vision. Gottes Offenbarung ist an keine Voraussetzungen des Menschen gebunden: 15,1.

Gottes Offenbarung geht mit der Zusage »Fürchte dich nicht« einher: 15,1.
Der Glaube ist die Bewegung des Herzens, die Unsicherheit, Zweifel zulässt und vor Gott formuliert: 15,2f.
Der Glaube kann sich auf die Zusage(n) Gottes verlassen: 15,4f.
Der Glaube partizipiert an Gottes unendlichen Möglichkeiten: 15,5.
Der Glaube ereignet sich da, wo sich der Mensch auf die Zusage Gottes einlässt und diese zur bestimmenden Mitte seines Lebens wird: 15,6.
Wer glaubt, vertraut Gott und dieses Vertrauen rechnet Gott dem Menschen als Gerechtigkeit an: 15,6.

Die Erzählungen von Abraham in Gen 12–25 sind Ursprungserzählungen. Sie erzählen von den Ursprüngen unseres Glaubens und den Gegebenheiten unseres Lebens. Sie stehen unter der Zusage »Für Gott ist nichts zu wunderbar!« (Gen 18,14) Sie sehen unser Leben in der Welt aus der Perspektive der Verheißungen und Segnungen Gottes. Gewissheiten und Ungewissheiten prägen unser Leben, so wie diese bereits das Leben Abrams geprägt hatten. Abraham wird in der Bibel als der »Vater Israels«, als »unser Vater« und »Vater vieler Völker« beschrieben. (Jes 51,2; 63,16; Röm 4,16f.). Mit dem Titel »Vater« ist das Bild vom »Vorfahren«, »Ahnen«, »Stammvater« verbunden. Wir stammen nach biblischer Vorstellung von ihm ab und sind durch seinen Glauben und Segen mit dem Gott verbunden, der mit Abram einen Bund geschlossen und Abrams Leben unter den göttlichen Segen gestellt hatte.

Literatur: *Matthias Köckert*, Abraham. Ahnvater – Vorbild – Kultstifter, BG 31, Leipzig 2017; *Heinz-Dieter Neef*, Abrams Glaube und Jahwes Bund. Beobachtungen zur Komposition und Einheit von Genesis 15, in: Was ist der Mensch, dass du seiner gedenkst? (Psalm 8,5). Aspekte einer theologischen Anthropologie, hg. von Michaela Bauks u. a., Neukirchen-Vluyn 2008, 363–374.

B

Birgit Weyel

IV Entgegnung: Beweglich

Die Texterschließung von A erleichtert mir den Zugang zu diesem Text. Abraham soll zu einer »Identifikationsfigur« (A) für die Leserinnen und Hörer werden. Die homiletisch relevante Frage ist aus meiner Sicht, worin genau die Berührungspunkte für eine Identifikation liegen könnten. Was verbindet diese literarische Figur mit meinem Leben, so dass ein Gefühl der Zugehörigkeit in mir entstehen kann? Ansprechend und hilfreich erscheint mir der Hinweis auf die Punktualität des Glaubens und seine Relationalität: »Glaube und Gerechtigkeit sind hier als Relationsbegriffe zu verstehen.« (A) Glaube und Gerechtigkeit gehören zusammen, so verstehe ich A, und die Punktualität des Glaubens besteht darin, dass das, was Glaube ist, vor allem literarisch entfaltet wird. Es muss erzählerisch erschlossen werden, weil Glaube keine Wesenseigenschaft ist, sondern sich mal so und mal so zeigt. Abraham wird nicht auf ein Podest gestellt und in Stein gemeißelt, sondern in konkreten Erzählzusammenhängen präsentiert: in wechselnden Situationen, in privaten und kriegerischen, in religiösen und in konfliktbehafteten Beziehungen. Zur Identifikation lädt Abraham nicht dadurch ein, so verstehe ich A, dass ihm ein unerschütterlicher Glaube attestiert würde, sondern dass er die Verheißungen Gottes immer wieder in Frage stellt, aber sich auch wieder – punktuell und situationsbezogen – überzeugen lässt. Vertrauen lässt sich hier als eine »Bewegung des Herzens« (A) beschreiben, die von Unsicherheit und Zweifel mitbestimmt bleibt.

A lese ich aber auch als Hinweis auf die Rezeptionsgeschichte von Röm 4 (A weist ausdrücklich darauf hin), in der der Glaube seine Beweglichkeit verliert, weil die Soteriologie an der Unerschütterlichkeit einer individuellen Überzeugung zu hängen scheint. Dagegen hält A ausdrücklich fest, dass das Verb *ʾmn Hifil* keine deklarative Bedeutung hat. Die Lutherübersetzung 2017 übersetzt in V.6 nicht mehr *anrechnen*, sondern *zurechnen*. (Abram glaubte dem Herrn, und das rechnete er ihm zur Gerechtigkeit.) Dennoch klingt es unkommentiert nach einem Verfahren, in dem der Glaube überprüft und festgestellt wird. Aber es ist kultisch geprägte Sprache (Westermann, 264), keine buchhalterische. In meiner Predigt versuche ich konsequent die leichte, bewegliche Seite des Glaubens stark zu machen, die sich punktuell und situativ zeigt – und zu der die Unsicherheit, die Skepsis und der Zweifel ebenso gehören wie das Vertrauen.

Schließlich beziehe ich noch den liturgischen Zusammenhang als homiletische Sehhilfe mit ein. Der Predigttext wird dem Thema der Sorge bzw. der Sorglosigkeit unterstellt. Abrahams Sorge um leibliche Nachkommenschaft ist nicht meine Sorge. A formuliert: »Hier spricht er einen Gedanken aus, der dem modernen Denken fremd ist.« Aber die Sorge, die viele Menschen umtreibt, ist die Sorge, was aus uns wird: den ökologischen Grundlagen des Lebens, den Menschen in Kriegsgebieten, den Kranken, den Sterbenden. Ich denke an das Gedicht *Reklame* von Ingeborg Bachmann: »Wohin aber gehen wir […] wenn es dunkel und wenn es kalt wird […] was aber geschieht […] wenn Totenstille eintritt«. Ob die Sorge auch ein Anknüpfungspunkt für die Identifikation mit Abraham sein kann? Offensichtlich sind die Erzählungen erst in krisenhafter Zeit zusammengetragen und in einen Erzählzusammenhang gestellt worden, damit man sich als Gruppe und als Einzelne an die literarische Figur und die Erzählungen von ihr andocken kann.

V Erschließung der Hörersituation: Was aber geschieht

Erst nachdem ich mir den Zugang zu dieser Erzählung freigeschaufelt habe, kann ich ihre Reize entdecken. Sorgen machen sich Menschen um alles Mögliche. Es macht meines Erachtens homiletisch wenig Sinn, diese im Einzelnen zu benennen oder gar aufzuzählen. Aber die Szene rührt mich an. Die Menschen im babylonischen Exil, die diesen Erzählzusammenhang gebildet haben, sie haben so vieles hinter sich, dass sie skeptisch geworden sind. Es ist nicht die Skepsis eines Gedankenspiels, kein mehr oder weniger geistreicher Zynismus, sondern eine existenzielle Skepsis. Hoffnungen können sich zerschlagen, Sorgen bleiben. Wem es schlecht geht, der immunisiert sich gegenüber Zuspruch. Wer im Exil ist, der entwickelt ein sensibles Gespür dafür, ob seine Situation überspielt werden soll. Wer sich um sein Leben sorgt, fragt nach Argumenten der Hoffnung. Der Glaube sucht nach Rationalität. Wem die Bilanz des eigenen Lebens sinnlos erscheint, der oder die fragt nach plausiblen Anknüpfungspunkten, die Zugehörigkeit schaffen. Man will sich überzeugen, nicht überwältigen lassen.

Als kritische Gegenerzählung zu Phänomenen des Glaubens lese ich die Lourdes-Beschreibungen von Kurt Tucholsky. »Was tut nun Lourdes mit den Massen? Es versetzt zunächst die fernen Kranken durch seinen Ruf, der künstlich genährt und gesteigert wird, in sanften Schwindel. […] Die Millionen strömen zusammen, nicht nur vom individuellen Willensimpuls getrieben, die Reisen rühren nicht aus lauter voneinander unabhängigen Einzelentschlüssen her. Sondern sie sind kollektiv zustande gekommen. […] Kommt die manchmal ungenügende ärztliche Pflege hinzu, das Misslingen von ärztlichen Kuren, die scheinbare oder wirkliche Unmöglichkeit, geheilt zu werden – so wird sich der Kranke um so eher dem neuen Hoffnungsstern hingeben.« (90) Tucholskys Reisebericht zielt auf eine Kritik am »Phänomen der Massensuggestion« (93): »Es ist das Beispiel. Es ist die Nachahmung. Es ist die Geste.« (91)

Mir erscheint die Relecture von Tucholskys Reisebericht an dieser Stelle daher sinnvoll zu sein, weil sie deutlich macht, dass Skepsis, Zweifel und Kritik eine gute Sache sind. Was mich an der Gottesbegegnung von Abraham mehr und mehr reizt, ist die Szene: die Nacht, die Dunkelheit, das Interaktive zwischen Gott und Mensch. »Was willst Du mir geben?« fragt Abraham.

In meiner Einleitung, noch bevor ich den Predigttext verlese, versuche ich zunächst, einen Zugang zu Abraham als einer literarischen Identifikationsfigur zu schaffen. (I) Ich weiß nicht, wie es Ihnen geht, aber manchmal meine ich, einige Personen aus der Bibel schon lange zu kennen. Ich denke jetzt nicht, dass es Menschen in meinem Umfeld gibt, denen der eine oder die andere vielleicht ähneln könnte. Sondern, dass mir manche Figuren aus biblischen Erzählungen in Illustrationen, in Predigten und Nacherzählungen schon so oft begegnet sind, dass sie mir eben »bekannt vorkommen«. Und dann freue ich mich manchmal darüber, dass man sich mal wieder trifft. »Ach du bist es. Da sehen wir uns also mal wieder.« Oder aber ich verstehe eine Erzählung nochmal etwas anders, da gibt es überraschend Neues zu entdecken und das Wiedersehen wird zu einer Begegnung, bei der die Person in einem anderen Licht erscheint und dann denke ich: »Ja, ist ja interessant. Das ist mir bisher noch gar nicht aufgefallen.« Nicht selten ist auch beides gleichzeitig möglich. Und das spricht sicher dafür, dass wir es bei den biblischen Erzählungen mit großartiger Literatur zu tun haben, auch wenn die Sprache manchmal eher einfach ist (oder gerade deshalb) und die Szenen zwar manchmal am Hof des Königs verortet sind, aber auch oft auf das Alltagsleben der Menschen anspielen. Denn nur große Literatur, die sich nicht nach einmaligem Lesen schon verbraucht hat, gibt immer wieder Neues zu entdecken, weil man spürt, der Text hat auch etwas mit mir selbst zu tun.

In einem zweiten Schritt skizziere ich die Situation im babylonischen Exil, die von Sorge und Hoffnungslosigkeit bestimmt war. (II) Was würde nur aus ihnen werden? Was war aus den großen Erzählungen der Väter und Mütter geworden? Was hatte dieses Archiv des religiösen Wissens mit ihnen zu tun? Sie kramten die Geschichten aus dem Gedächtnis hervor, ergänzten sie, fügten sie zusammen und als sie abends am Feuer zusammensaßen, schöpften sie plötzlich neuen Mut. Ob dieser Abraham vielleicht so eine Identifikationsfigur sein könnte? Vielleicht hatte ihre Situation doch auch etwas mit diesen alten Erzählungen zu tun.

(III) Schließlich zoome ich in die Erzählung von der Gottesbegegnung hinein. »Sieh gen Himmel!« (V.5) Gott führt Abraham aus dem Zelt heraus und öffnet ihm den Horizont. Manchmal kann das ja helfen, wenn man nachts nicht schlafen kann. Dann geht es darum, die Blickrichtung zu verändern, die Perspektive zu verändern und nach oben zu schauen. Aufstehen, das Sorgen einmal unterbrechen, ans Fenster oder auf den Balkon gehen, durchatmen, sich umschauen, den Kopf heben. Der Perspektivwechsel geht auf die Initiative Gottes zurück. Der Blick in den Himmel öffnet die Situation für Gott als Schöpfer. Die Enge und Begrenztheit menschlicher Möglichkeiten und ihre Sorgenanfälligkeit wird entgrenzt. Die Augen heben und nach oben schauen, Sonne, Mond und Sterne wahrnehmen – damit beginnt das Staunen über die Macht Gottes und seine starke Kraft. Der Blickwechsel entfaltet eine argumentative Kraft.

Literatur: *Ingeborg Bachmann*, Reklame (1956), in: Werke Bd. 1, München/Zürich 1982, 114; Perikopenbuch. Nach der Ordnung gottesdienstlicher Texte und Lieder. Mit Einführungstexten zu den Sonn- und Feiertagen. Herausgegeben von der Liturgischen Konferenz für die Evangelische Kirche in Deutschland, [3]2019; *Kurt Tucholsky*, Ein Pyrenäenbuch, Hamburg 1957; *Claus Westermann*, Genesis. Kapitel 12,1–21,7 (BK I/2), Neukirchen-Vluyn [3]2003.

16. Sonntag nach Trinitatis – 24.09.2023

A

Hebräer 10,35–36(37–38)39

Nicht wütend, nicht müde, sondern vertrauend

Klaus-Dieter Kaiser

I Eröffnung: Mut statt Wut

Gegenwärtig leben wir in einer Zeit der Krisen, die sich in ihrer Mannigfaltigkeit zu potenzieren scheinen. Ich weiß nicht, wie die Welt im September kommenden Jahres aussehen wird, während ich diese Predigtstudie schreibe. Viele Menschen, vielleicht auch die Predigthörer*innen an diesem Sonntag, möchten am liebsten die Augen und Ohren verschließen, um nicht unter der Vielzahl der Schreckensnachrichten zusammenzubrechen. Psycholog*innen raten in diesen Zeiten zum offensiven Medienverzicht als Überlebensstrategie. Und dann dieses Predigtwort der Ermahnung zum Hinsehen und Hinhören, zu Geduld und zu Mut.

Woher die Kraft zum Mut nehmen? In den Tagen von Ende September bis Anfang November wird in der Öffentlichkeit an die friedliche Revolution 1989 in der DDR erinnert. Ein Unrechtsstaat wurde zum Einsturz gebracht. Es war, wenn auch nicht allein, der Mut von Menschen, die sich trotz drohender Gewalt auf die Straße trauten und für Recht und Freiheit eintraten, und so die Diktatur zusammenbrechen ließ. Es war Mut statt Wut. In seinem Lied »Ermutigung« aus dem Jahr 1966 hat Wolf Biermann eine Art von Hymne des Widerstands, der sich nicht von Wut zerfressen lässt, geschrieben. (Biermann, 19)

Und heute? Dominiert eher die Wut? Wie kann heute eine Ermutigung aussehen? Was braucht es, damit nicht die Verzweiflung obsiegt? Auf was gründen wir unser Vertrauen angesichts der Krisen in unserer Welt? Auf diese Fragen kann und soll die Predigt Antwortversuche geben. Nicht selbstherrlich, nicht apokalyptisch, sondern voller Empathie für die Leidenden unter den gegenwärtigen Krisen.

II Erschließung des Textes: Eine Ermutigung gegen Wut und Müdigkeit

Zunächst gilt es, sich über die Abgrenzung des Predigttextes zu verständigen. In der Perikopenordnung für diesen 16. Sonntag nach Trinitatis werden die beiden Verse 37 und 38 als fakultativ angegeben. Aus zwei Gründen, einem eher formalen und einem sich aus dem theologischen Selbstverständnis des Hebräerbriefes ergebenden, sollten alle Verse (V.35–39) Grundlage der Predigt sein und im Gottesdienst gelesen werden. Zum einen gehören die V.37f. zum Text und somit zur Argumentation des Verfassers hinzu. Entscheidender ist zum anderen, dass für den Verfasser des Hebr das Zitieren aus den Schriften Israels von zentraler Bedeutung ist. Ohne diese beiden Verse würde der Text an Aussagekraft verlieren. Die »Schrift besitzt, wie stets, den höchsten Beweisrang«. (Karrer 2008, 243)

Bei der Textanalyse sind die vorangehenden Verse 10,32–34 zu berücksichtigen. Denn mit 10,32 beginnt der »dritte Hauptteil des Hebr« (Karrer 2008, 242). Der erste Vers des Predigtwortes (V.35) setzt die V.32–34 voraus. Der Imperativ in V.34 ist in den drei voranstehenden Versen begründet. Die mit V.34 erneut aufgenommene Aufforderung von 4,16 bekommt nun einen dringlichen und ermahnenden Tonfall. Es geht letztlich um ein Leben im Angesicht des Gerichtes Gottes. Unter Anlehnung an die Schrift formuliert der Hebr an dieser Stelle »die These, gerecht im Glauben zu leben, sei grundlegend bis zum Gericht Gottes.« (Karrer 2008, 243) Die im Predigtwort geforderte Ethik der Gemeinde und des Einzelnen erfordert Geduld, die sich aus dem Gedenken (10,32) an die Geschichte des Volkes Israel unter Gottes Treue begründet. Dazu gehört die Wolke der Zeugen, die in 11,1ff. ausführlich entfaltet wird. Zwischen der Aufforderung zum Gedenken in 10,32 und der Ausführung dieses vergegenwärtigenden Erinnerns in 11,1ff. steht unser Predigtwort samt den Schriftzitaten. Es ist die Aufforderung zum Festhalten am Vertrauen zu Gott in schwierigen Zeiten – eine Ermutigung.

Zentral ist dabei für den Verfasser des Hebr eine Theologie des Wortes. »Das Wort schafft […] Wirklichkeit.« (Karrer 2002, 56) Dabei werden die Schriftzitate selbst zu wirkmächtigen Sprechakten (Karrer 2002, 61) für die Hörenden – damals und heute in der Predigt des Gottesdienstes. Die mit dem Christusbezug einhergehenden Verschiebungen des Wortes Gottes bleiben aber durch Gott selbst an sein vorangehendes Wort (zu Israel) gebunden (Karrer 2002, 65). Zugleich versteht der Hebr

»das Christusereignis als Gottes endgültiges, d. h. eschatologisches Wort in Jesus« (Ringleben, 16).

Die aus den beiden genannten Prämissen sich ergebende Spannung zu einer Israel-Theologie ist bei der Predigt zu berücksichtigen. Der Umgang des Verfassers des Hebr mit Aussagen zum Bund Gottes mit Israel in den Texten des Alten Testaments tragen eine Ambivalenz in sich. Von einer eindeutigen Umdeutung dieser Stellen im Sinne eines »dritten Bundes« des Heiligen Geistes, in dem sich dann ein »dogmenfreier Gottesglaube Bahn bricht« (Aden, 649), kann keine Rede sein. Der Glaube wird gerade nicht seiner ethischen Dimension beraubt. Der Behauptung, »der von Christus bewirkten Ersetzung des atl. Gottesbildes durch eine vorjüdische und noch gesetzesfreie Gottesvorstellung« (Aden, 651) ist zu widersprechen.

Gottes Wort hat im Hebr einen »Weg-Charakter« (Ringleben, 46). Wenn Gott als der Redende in seinem Wort den Menschen und die Gemeinde begleitet, dann ist Glaube als Hören und im Hören als Vertrauen die einzig angemessene Antwort des Menschen (Ringleben, 55).

Beim Schriftzitat in Hebr 10,37f. handelt es sich um eine Komposition aus Hab 2,3–4 und Jes 26,6. Im Zentrum steht die »Verdichtung der Hoffnung auf den Kommenden« (Karrer 2008, 249). Das Vertrauen auf den Kommenden ist die Grundlage der in Hebr 10,36 angemahnten Geduld. Ohne diese Gewissheit wäre es nur billige Vertröstung.

Der da kommen soll, ist Christus. Im Hintergrund steht deshalb die Antwort auf die Frage des Täufers in Mt 11,3 und Lk 7,19f., auf wen wir warten sollen. Gerade in der bei Mt überlieferten Version wird die soziale Dimension des Kommens Christi deutlich (Mt 11,5). In Hebr 10,34a wird dieser Bezug im Blick auf das Mitleiden mit den Gefangenen ausdrücklich aufgenommen. Dabei wird dieser Aspekt im Hebr im Kontext des Weltgerichtes, vor dem sich alle zu verantworten haben, thematisiert.

Aus der Glaubensgewissheit über das Kommen des Retters und der aktuellen Bedrängnis in der Welt folgt eine Spannung. Im Hebr wird diese Spannung in eine zwischen der Verheißung des Kommenden und Gottes Gericht transformiert. Es geht um das Aufrichten des Rechts (Gottes) gegen ein Leben im Unverbindlichen. Glaube und Vertrauen haben somit eine Dimension der ethischen Verantwortung, die unter den Bedingungen der Welt Mut und Ermutigung als eine Alltagspraxis der Geduld bedürfen. »Das Gottesrecht verlangt einen Glauben ohne Scheu vor Krisensituationen, einen Glauben fern jeder Bereitschaft zu Zugeständnissen an den Druck von außen, und einen Glauben ohne Ausflüchte im Versagen.« (Karrer 2008, 254)

Somit ergibt sich auch ein Unterschied in der theologischen Argumentation und Schwerpunktsetzung des Hebr zur paulinischen Perspektive der Rechtfertigung: Statt der Rechtfertigung des Gottlosen steht hier die Vollendung des Gerechten im Mittelpunkt (Gräßer, 170).

Drei Gefahren gilt es bei der Predigt zu vermeiden: der Lohngedanke, die Vertröstung und ein apokalyptisches Weltbild. In Hebr 10,35 ist von der »Belohnung« die Rede. Belohnung für das Vertrauen auf Gott. Das grundlegende Vertrauen ist aber mehr als nur Lohn. Vertrauen darf nicht instrumentalisiert werden. Geduld, die hier gefordert wird, ist etwas anderes als eine billige Vertröstung. Der Kommende ist eben zugleich der bereits mitten unter uns Anwesende. Und trotz aller Krisen wäre ein apokalyptischer Ton in der Predigt unangebracht. Nicht die Aktionen der »Letzten Generation« bringen die Umkehr, sondern der Dialog. Das ist anstrengend, aber eben eine Form von Geduld.

Wie aber mit der Überforderung umgehen? Gibt es nicht auch ein Recht des Mutlosen? Deshalb sollte sich die Predigerin bzw. der Prediger bewusst sein, dass nicht jeder Predigttext für jeden Menschen und seine konkrete Lebenssituation aufbauend ist. Die Predigt sollte deshalb eine Ermutigung für die Müden sein. Das setzt voraus, über die Gründe der Müdigkeit und der Mutlosigkeit zu reflektieren. Denn es gibt einen doppelten Gegensatz zum Mut: die Wut und die Müdigkeit.

Ein Gedicht des irischen Lyrikers William Butler Yeats könnte ein Einstieg in die Predigt sein. Angesichts der Schrecken des großen Krieges und des Wütens der Grippe schreibt er 1919 über den Kommenden und den Jüngsten Tag: »Alles fällt auseinander, die Mitte hält nicht mehr; Bare Anarchie bricht aus über die Welt. […] Den Besten erlahmt der Glaube, und die Schlimmsten sind voll von leidenschaftlicher Heftigkeit«. (Yeats, 99) Dem steht das Vertrauen auf die Geburt von Bethlehem als Ermutigung entgegen.

Literatur: *Menno Aden,* »Der Glaube ist aber eine Zuversicht«. Der Hebräerbrief und die natürliche Religion, DtPfrBl 122 (2022) Heft 10, 649–652; *Wolf Biermann,* Mensch Gott!, Berlin 2021; *Erich Gräßer,* Der Glaube im Hebräerbrief (MThSt 2), Marburg 1965; *Martin Karrer,* Der Brief an die Hebräer. Kapitel 1,1–5,10 (ÖTK 20/1), Gütersloh/Würzburg 2002; *Ders.,* Der Brief an die Hebräer. Kapitel 5,11–13,25 (ÖTK 20/2), Gütersloh 2008; *Jochen Ringleben,* Wort und Geschichte. Kleine Theologie des Hebräerbriefes, Göttingen 2019; *William Butler Yeats,* Ich hatte die Weisheit die Liebe uns gibt. Gedichte, Berlin (Ost) 1981.

IV Entgegnung: Es geht ums Vertrauen

Die Reflexion auf das Verhältnis zu Israel muss in der Vorbereitung erfolgen, darin stimme ich A uneingeschränkt zu. Aber als Thema der Predigt sprengt diese Frage den Möglichkeitsrahmen und überfordert die Hörenden. Gleiches gilt für die eschatologische Dimension, die ohne Zweifel im Text steckt.

Nach einer langen Afrikareise stellt der Schriftsteller Navid Kermani fest: »Die Erde ist extrem ungerecht eingerichtet, darin findet sich die gute Ordnung nicht. Und ich finde es auch unstatthaft, sich mit Blick auf eine jenseitige Welt, in der alles irgendwie gerecht wird, damit abzufinden oder hinwegzutrösten. Das verbietet sich geradezu angesichts der Bilder, die ich gesehen habe.« (Kermani, 29f.)

Aus welcher Kraft können wir die Welt verändern? Im Zentrum der Predigt sollte eine gründliche Auseinandersetzung mit dem Thema Vertrauen stehen, ein neues Vertrauen, aus dem Handlungsfähigkeit für eine gerechte Welt erwächst.

V Erschließung der Hörersituation: Eine umfassende Krise des Vertrauens

Das gegenwärtige Erleben der gesellschaftlichen und politischen Situation ist von Disruptionen, von überraschenden Abbrüchen bestimmt. Der Krieg Russlands gegen die Ukraine, die Coronapandemie und ihre Folgen, der Zusammenbruch weltweiter Handelsketten, Rezession, Inflation, Unsicherheit bei der Energieversorgung und die Klimakatastrophe überfordern uns und machen Angst.

In den unvorhersehbaren Abbrüchen geht das Vertrauen in die Welt und ihre Deutbarkeit verloren. Diese Entwicklung betrifft offensichtlich auch die religiöse Weltdeutung und die sie tragenden Institutionen. Als Kirche sind wir selbst von den Disruptionen betroffen. Es fällt schwerer, glaubwürdige Worte der Hoffnung und des Vertrauens in eine gute Zukunft zu finden. Die öffentliche Diskussion über das »fromme Schweigen« der Kirchen in der Coronapandemie, der Vorwurf mangelnder Präsenz der Kirchen und ihrer bischöflichen Repräsentant*innen waren Indikatoren der institutionellen Krise der Kirche in der Gegenwart. (Finger, Löwe)

In den gegenwärtigen Krisen erscheint die Kirche als müde und wenig sprachmächtige Institution. Auch andere Religionsgemeinschaften wie der Islam machen diese Erfahrung (vgl. Benatar), ein Hinweis darauf, dass die Vertrauenskrise umfassender ist als Mitgliedschaftsverluste und Missbrauchsskandale, die allerdings den Abwärtstrend verstärken. Den leisen Tönen der Kirchen steht das Gebrüll der Wutbürger und Verschwörungsgläubigen gegenüber (vgl. Diskurse), oft als neue und bessere Religiosität oder als wahre Kirche getarnt (vgl. Pöhlmann).

Wie finden wir Worte angesichts von Krisen, die uns selbst betreffen, die wir in ihrer Komplexität kaum verstehen, geschweige denn so erklären können, dass eindeutige Lösungen sichtbar würden? Anstelle der Behauptung, als Kirche immer eine Orientierungsleistung erbringen zu können, tritt die Erkenntnis, dass wir in einer Welt leben, deren Komplexitätsgrad die bisherigen Deutungsmuster sprengt. Neuere Theorien versuchen dieser Herausforderung gerecht zu werden, indem sie das Unbegreifliche als solches thematisieren.

Um die multilaterale Welt nach dem Ende des Kalten Krieges zu beschreiben, entstand in den 1990er Jahren der Begriff VUCA. Es ist ein Akronym aus den vier Faktoren, durch die unsere Situation bestimmt ist: Unbeständigkeit (*volatility*), Unsicherheit (*uncertainty*), Komplexität (*complexity*), Mehrdeutigkeit (*ambiguity*). Deutlich darüber hinaus geht das BANI-Modell von Jamais Cascio, das in Deutschland von Stephan Grabmeier vertreten wird. Demnach prägt die Ablehnung von Strukturen und somit Chaos die Gegenwart. Das Modell von BANI beschreibt unsere Welt als porös, spröde und brüchig (*brittle*), ängstlich und besorgt (*anxious*), nicht-linear (*non-linear*) und als unverständlich und unbegreiflich (*incomprehensible*).

»Es eignet sich auch für Situationen, in denen die Bedingungen nicht einfach instabil, sondern chaotisch sind. In denen die Ergebnisse [...] völlig unvorhersehbar sind. [...] Situationen, in denen das, was geschieht, nicht einfach mehrdeutig, sondern unverständlich ist.« (Grabmeier, 2)

Wenn diese Beschreibungen zutreffen, driften die Erfahrung der Realität und die Verkündigung des Reiches Gottes immer weiter auseinander. Diese Spaltung kann nicht durch die Behauptung einer alles überwölbenden Antwort überwunden werden. Die theologische Herausforderung besteht darin, diese Erfahrungen nicht zu negieren, sondern eine Sprache zu finden, in der das Unbegreifliche einerseits akzeptiert und andererseits mit Handlungsoptionen verbunden wird.

Denn auch die Gemeinde kennt die Brüchigkeit der Institution in Form von Fusionen, Gebäudeverlusten, sinkender Mitgliedschaft und zunehmendem Desinteresse. Die besorgte Frage, ob man eigentlich noch in der Breite der Gesellschaft gewollt sei, stellt sich auch dem*der Verkündiger*in, der*die in keiner besseren Situation als die Hörenden ist. Das Bemühen, die Krise durch Verwaltungsprozesse zu regulieren, verrät mehr über die Ängstlichkeit der Institution als über echte Lösungen. Ziele sind angesichts der Überkomplexität nicht-linearer Entwicklungen nicht mehr nachhaltig zu bestimmen. Entscheidungen der Leitung von Gemeinde und Kirche müssen ohne klare Sicherheit getroffen werden, Widerstand gegen deren Umsetzung ist geradezu der Normalfall, weil ja alles auch ganz anders sein könnte.

Unter der Voraussetzung, dass wir uns selbst als Verantwortliche in unserer Kirche das Unbegreifliche der Situation eingestehen, wird die Rede vom Vertrauen, von Glauben und Mut wieder neu sinnvoll. Die Verkündigung des Glaubens ist keine Gewissheitsmaschine, sonst wären wir nicht anders als die Populisten und Ideologen, wohl aber ist der Glaube eine Einladung zum Vertrauen als einem »zuversichtlichen Verhältnis zum Unbekannten«. (Botsman, 360)

VI Predigtschritte: Auf dem Weg zu neuem Vertrauen

Weder Müdigkeit noch Wut, sondern Zuversicht sollte die Predigt als Haltung prägen. Die vorgestellte Analyse der Vertrauenskrise sollte von dem Gefühl entlasten, selbst schuld zu sein oder Schuldige suchen zu müssen.

Wie es um unsere eigene Fähigkeit zum Vertrauen steht, lässt sich auch im Gottesdienst erleben, wenn man die Übung nachspielt, die die Vertrauensforscherin Rachel Botsman bei ihren Vorträgen gerne macht. Sie beschert »manchem Zuhörer die aufregendsten 20 Sekunden seines Jahres. Sie bittet jeden im Publikum, sein Handy zu entsperren. Dann muss er es dem Sitznachbarn geben. Der darf damit 20 Sekunden lang machen, wozu er lustig ist«. »Ein Teil der Gäste erstarrt, gibt sogar vor, kein Handy zu besitzen. Ein weiterer Teil kichert nervös. Der dritte twittert und fotografiert mit dem fremden Handy. Beendet Botsman das Experiment, rufen aber vor allem viele aus dem Publikum euphorisch: ›Nein!‹« (Hampel)

Ohne Zweifel gibt es eine Sehnsucht nach Vertrauen, das sich weder in den traditionellen Nahbeziehungen noch in der Verlässlichkeit der Institutionen finden lässt. Botsman sieht eine neue Phase des »geteilten Vertrauens« aufkommen. Dass heute jemand seine Wohnung an Fremde vergibt (Airbnb) oder in das Auto eines Fremden steigt (Uber), weil es online vermittelt wurde, markiert diesen neuen Abschnitt.

Nicht Müdigkeit noch Wut bringen uns weiter, sondern ein Vertrauen, das entsteht, indem wir uns einlassen. Indem wir aktiv auf den Fremden zugehen, die neue Situation annehmen, das Unbekannte mit Interesse wahrnehmen, kommen wir wieder zurück ins Handeln. Dieses Handeln ist kein Widerspruch zum vertrauenden Glauben, sondern dessen lebendige Bezeugung.

Literatur: *Alexander Benatar*, »Nicht das richtige Ramadan-Gefühl«. Muslimisches Leben in Zeiten des Virus, in: Jeannine Kunert (Hg.), Corona und die Religionen. Religiöse Praxis in Zeiten der Pandemie, EZW-Texte 268, Berlin 2020, 117–137; *Rachel Botsman*, Wem kannst du trauen? Die Antwort auf die vielleicht wichtigste Frage unserer Zeit, Kulmbach 2020; *Navid Kermani*, Gott vertrauen. Warum ist es sinnvoll, religiöse Traditionen weiterzugeben? Ein Gespräch, in: Publik Forum

Nr. 19 (07.10.2022), 28–32; *Matthias Pöhlmann*, Im Sog der »PLANdemie«. Verschwörungsglaube und Esoterik in der Corona-Krise, in: Jeannine Kunert (Hg.), Corona, 149–180; *Ders. (Hg.)*, Verborgene Wahrheit? Verschwörungsdenken und Weltanschauungsextremismus, EZW-Texte Nr. 269, Berlin 2020.

Internet: *Jamais Cascio*, Facing the Age of Chaos, April 29, 2020, https://medium.com/@cascio/facing-the-age-of-chaos-b00687b1f51d; *Diskurse in Zeiten des Gebrülls*, Evangelische Akademie zu Berlin 2020, https://www.eaberlin.de/aktuelles/2020/diskurse-in-zeiten-des-gebruells/publikation-diskurse-in-zeiten-des-gebruells.pdf; *Evelyn Finger*, Frommes Schweigen, Die ZEIT vom 27.05.2020, https://www.zeit.de/2020/23/kirche-corona-krise-seelsorge-gottesdienstverbote-bischoefe; *Stephan Grabmeier*, BANI vs. VUCA, 18. Juni 2020, https://stephangrabmeier.de/bani-vs-vuca/; *Lea Hampel*, Her mit dem Handy, Süddeutsche Zeitung vom 19.01.2021, https://www.sueddeutsche.de/wirtschaft/nahaufnahme-her-mit-dem-handy-1.4762641; *Hartmut Löwe*, Das Schweigen der Bischöfe, FAZ vom 17.05.2020, https://www.faz.net/aktuell/politik/warum-schweigen-die-evangelischen-bischoefe-zu-corona-16771983.html; *VUCA*, https://www.vuca.de (alle zuletzt abgerufen am 14.11.2022).

17. Sonntag nach Trinitatis – 01.10.2023

Markus 9,17–27

Vier Grenzerfahrungen und beinahe ein Todesfall

A

Carsten Claußen

I Eröffnung: Begegnungen auf der Schwelle zum Reich Gottes

Jesus und seine Jünger treffen auf Menschen, die angesichts von Not und Krankheit an die Grenzen ihrer Möglichkeiten stoßen und sich nicht selten in Todesgefahr befinden. Menschen suchen Hilfe bei Jesus und finden diese; sie suchen Hilfe bei den Jüngern und Jüngerinnen Jesu – und finden sie nicht immer. Diese Suche setzt sich in der Geschichte des Christentums fort. »Kontinuierlich haben Menschen ihre Grenzerfahrungen, ihre Schmerzen und ihre Nöte in die Kirchen getragen und im Gebet vor Gott gebracht«. (Wagner-Rau, 86) Doch auch dabei treffen Menschen auf die begrenzten Möglichkeiten derer, von denen sie sich

Hilfe erhoffen. Und jene, die helfen wollen, erleben sich als Menschen, die einer »Schwellensensitivität« bedürfen, um »die Grenzen der eigenen Möglichkeiten realistisch einzuschätzen« (a.a.O., 132). Von solchen Grenzerfahrungen in der Mitte und an den Rändern des Glaubens, auf der Schwelle zu und auf dem Weg in Gottes Reich, handelt die Geschichte von der Heilung eines besessenen Knaben.

II Erschließung des Textes: Wenn Körper und Glaube hin und her geworfen werden

Die Beschränkung der Perikope auf Mk 9,17–27 führt zu einer Betonung des von Jesus durchgeführten Exorzismus. Unterstellt man jedoch, dass die Austreibung eines Dämons für die meisten Prediger und Predigerinnen nicht das eigentliche Thema ihrer Ausführungen sein wird, so wirkt sich dieser Zuschnitt auf das Verständnis des Textes hermeneutisch einengend aus. Der Evangelist Markus stellt das Geschehen dagegen in einen weiten Raum. Die kompositionskritische Einbindung in den weiteren Kontext ist für diese Episode des Wirkens Jesu von großer Bedeutung. Wie funktioniert die markinische Leserführung dieser Perikope? Vorangestellt ist die Geschichte von der Verklärung (Mk 9,2–13). Jesus und seine drei nächsten Jünger Petrus, Jakobus und Johannes gehen allein auf einen hohen Berg und haben dort eine Vision und eine Audition: Ihnen erscheinen Elia und Mose und sie hören eine Stimme von oben (Mk 9,7): »Das ist mein lieber Sohn; den sollt ihr hören!« Sie nehmen damit Bilder und Worte aus einer jenseitigen Welt wahr, von der sie normalerweise deutlich getrennt sind: eine erste Grenzerfahrung. Der Fortgang der Narration führt Jesus und die drei Jünger hinab ins Tal und damit auf den Erdboden der Tatsachen. Dort finden sie die übrigen Jünger und einen großen Menschenauflauf vor. Schriftgelehrte streiten mit den Jüngern. Es geht wohl um nichts weniger als um einen gescheiterten Exorzismus. Die Schüler Jesu waren an ihre Grenzen gekommen. Aus dem vorderen Teil des Markusevangeliums hallt für die Leserschaft der Vorwurf nach (Mk 4,40): »Habt ihr noch keinen Glauben?« Dabei hatten sich die ausgesandten Jünger doch schon kompetent bewährt (Mk 6,13). Gegenüber diesem sprachlosen Dämon hatte sich der Glaube der Jünger jedoch als ungenügend erwiesen: ein heftiger Rückschlag, eine zweite Grenzerfahrung.

Was folgt, ist eine ausführliche und präzise Krankheitsbeschreibung. Heute würden wir wahrscheinlich von einer Grand-Mal-Epilepsie sprechen. Aber auch mit unserem heutigen medizinischen Wissen kommen wir der Herausforderung, die dieser Text beschreibt, nicht bei und übersehen schnell die religiös-spirituelle Dimension dieser Geschichte. Diese wird jedoch bedeutungsschwer und schutzlos ehrlich in den Worten des Vaters deutlich (V.24): »Ich glaube; hilf meinem Unglauben.« Während der Dämon den Jungen in seiner ganzen Körperlichkeit »hin und her« reißt (V.20.26 vgl. V.18), gerät auch der Glaube des Vaters ins Wanken. Hier zeigt sich die zentrale Grenze menschlicher Glaubensexistenz. Sie nimmt den eigenen Glauben durchaus wahr und ernst. Doch dieser bleibt Geschenk. Darin zeigt sich eine dritte Grenzerfahrung: jene zwischen den begrenzen menschlichen Möglichkeiten und den unbegrenzten Möglichkeiten göttlichen Handelns.

Aus einem sprachlosen und tauben Dämon wird schließlich ein hörender und schreiender, der alle Macht über den Geheilten verliert. Damit wird eine weitere Grenze markiert, zwischen der begrenzten und schwindenden Macht des Widergöttlichen und dem sich ausbreitenden Herrschaftsbereich Gottes, in dem der befreite Junge Aufrichtung erfährt und endlich leben darf. Für einen Moment noch wirkt er wie tot, doch aus der Hand Jesu erfährt er Leben. Eine vierte Grenzerfahrung: Der Junge wird aus dem ständigen Fallen in Todesgefahr (V.22) zu einem eigenen Stand hin aufgerichtet (V.27). In diesem Übergang vom Tod zum Leben mögen die Leser- und Leserinnen des Markusevangeliums proleptisch bereits Anspielungen auf die Passionsgeschichte erkennen. Nicht zuletzt positioniert der Evangelist die Geschichte zwischen erster (Mk 8,31) und zweiter (Mk 9,31) Leidensankündigung und setzt sie damit auf die Spur des Weges Jesu, der durch den Tod hindurch zu neuem Leben hindurchdringt.

Das Thema der Predigt ist durch die Dynamik von Glauben und Unglauben angesichts von Grenzerfahrungen gesetzt. Wie sollen die Leser und Leserinnen des Evangeliums mit solchen Erfahrungen umgehen?

III Impulse: Grenzerfahrungen und Gebet

Keine andere Wundererzählung Jesu nennt so viele konkrete Einzelpersonen und Gruppen, die eifrig und engagiert miteinander kommunizieren. Doch diese Kommunikation bleibt zunächst ganz auf die zwischenmenschliche Ebene beschränkt und damit gefangen in den Grenzen menschlichen (Un-)Vermögens. Erst die exorzistische Ansage Jesu an den unreinen Geist (V.25) und der recht unspektakuläre Hinweis Jesu auf das Gebet (V.29) weisen darüber hinaus. Walter Klaiber schreibt dazu: »Jesus bietet keine garantiert erfolgreiche Technik der Dämonenaustreibung an. Er teilt keine besonderen Gebetsformeln mit. Er verweist schlicht auf das Gespräch mit Gott und auf die Verbindung, die zwischen Gott und denen, die in Not sind, im Gebet geschaffen wird. Wie das Beispiel des Vaters zeigt, darf im Gebet auch um Hilfe in Zweifel und Unglauben gebeten werden«. (Klaiber, 173)

Anders als viele andere antike Exorzisten vertraut Jesus nicht auf magische Rituale. Nichts deutet darauf hin, dass die Jünger die gebietenden Worte Jesu (V.25) im Sinne von Beschwörungsformeln für spätere

Einsätze bewahren sollten. Der Schluss der Perikope verweist über den Jüngerkreis hinaus in die Wirklichkeit und die Praxis der (früh-)christlichen Gemeinde (V.28–29). Dieser Hinweis Jesu auf das Gebet sollte auch in der Predigt nicht fehlen.

Der Text wirft in der Gegenwart die Frage nach eigenen Grenzen und Möglichkeiten kirchlichen, diakonischen oder einfach christlichen Handelns auf. Ulrike Wagner-Rau widmet sich in ihrer Monographie »Auf der Schwelle« aktuellen Herausforderungen für Pfarrer und Pfarrerinnen. Sie schreibt: »Insofern wirft die Notwendigkeit, sich auf engere Grenzen einzustellen, die Frage nach der Tragfähigkeit des eigenen Glaubens auf. Ist es genug, was wir sind und tun, auch wenn es Grenzen hat? Es braucht Vertrauen auf menschliche und göttliche Kräfte jenseits der eigenen Grenzen, um von dieser Frage nicht gequält zu werden. Jenseits der zwischen Ohnmacht und Allmacht schwankenden Phantasie, nichts tun zu können oder alles tun zu müssen, könnte eine realitätsgerechtere Einschätzung dessen wachsen, was man trotz eingeschränkter Spielräume dennoch tun kann. Denn Grenzen markieren und halten den Raum, in dem sich das Leben in seinen Möglichkeiten entfalten kann und Menschen es miteinander so gestalten, wie die vorhandenen Kräfte es erlauben. Dass darüber hinaus mehr noch geschehen und sich entwickeln kann als das, was man plant und initiiert, ist nicht beeinflussbar, aber dennoch der letztlich belebende Grund der Hoffnung«. (Wagner-Rau, 76)

Auch wenn diese Zeilen aus einem Werk stammen, das sich dem Thema »[d]as Pfarramt im Prozess kirchlichen Wandelns« (Wagner-Rau, Untertitel) widmet, so geht es dabei doch um weitaus mehr als um eine berufsspezifische Herausforderung von Pfarrern und Pfarrerinnen angesichts einer sich wandelnden kirchlichen und gesellschaftlichen Landschaft. Dazu stellt Wagner-Rau Fragen, die an die Glaubenssituation des Vaters in der Perikope erinnern und diese fortführen: »Ist mein Glaube stark genug? Bin ich liebevoll genug? Setze ich mich für meine Aufgabe genug ein? [...] Sagt mein Gewissen mir zu Recht, dass ich mehr und engagierter arbeiten muss? Oder ist es jetzt eher wichtig, die Grenzen meiner Möglichkeiten zu akzeptieren?« (Wagner-Rau, 25)

Schließlich verweist auch Wagner-Rau auf die Bedeutung des Gebets: »Nicht zuletzt braucht man das Gebet und andere spirituelle Räume des ›Lassens‹, die nicht von Verpflichtungen bestimmt sind, sondern von der Zustimmung zu einer Angewiesenheit, die das Bemühen um die eigene Vervollkommnung heilsam unterbricht«. (Wagner-Rau, 28)

Dieses Abschreiten der Grundbewegung von der Erfassung einer herausfordernden Situation über die Erfahrung eigener Grenzen, auch des Glaubens, und dem Verweis auf die im Gebet zum Ausdruck gebrachte Hilfsbedürftigkeit kann den Gedankengang der Predigt bilden. Am Ende könnte eine kurze Einführung in die Grundhaltung des hilfsbedürftigen und betenden Menschen vor Gott stehen, wie sie etwa Karl Barth formuliert: »Indem er einfach bittend zu ihm kommt, kommt er mit leeren Händen zu ihm. Eben leerer Hände bedarf es aber, wo menschliche Hände vor Gott ausgebreitet und von Gott gefüllt werden sollen. Eben solche leeren Hände will Gott um seiner Güte willen von uns haben, indem er uns zu beten gebietet«. (Barth, 107)

Literatur: *Karl Barth*, Kirchliche Dogmatik. Die Lehre von der Schöpfung (KD III/4), Zürich 1951; *Walter Klaiber*, Das Markusevangelium (BNT), Göttingen ³2021; *Ulrike Wagner-Rau*, Auf der Schwelle. Das Pfarramt im Prozess kirchlichen Wandels, Stuttgart ²2012.

Traugott Roser

B

IV Entgegnung: Überwindung von Ausgrenzung

Sehr gut gefällt mir bei A der Hinweis auf die vierfache Grenzerfahrung und ihre Überschreitung, nicht nur im Blick auf die Deutung der Heilungserzählung, sondern auch als Zielvorgabe: Das Motiv der Überwindung leidvoll erfahrener Grenzen könnte zum Leitmotiv der Predigt werden. Spannend dabei ist die Kontrastierung zweier außergewöhnlicher Ereignisse – die Verklärung Jesu auf dem Berg und das krampfhafte Zu Boden-Werfen des Jungen –, die beide von Ostern her gedeutet werden müssen. Während die Verklärung *noch nicht*, jedenfalls nicht, bis dass der Menschensohn vom Tode auferstanden ist, offenbar gemacht werden soll, erfolgt die Heilung des Jungen vor aller Augen *schon jetzt* in österlicher Terminologie (von »ist tot« über »richtete ihn auf« bis zu »stand auf« V.27).

Die detailreich geschilderte Erkrankung wirft die Frage auf, wie Epilepsie und evtl. auch andere chronische Erkrankungen heute als ausgrenzend erfahren werden und wie eine Überwindung zu denken ist. Das Motiv von Sprachlosigkeit und Taubheit übergeht A m.E. zu schnell. Dabei ist es zentral für die Schwellensituation zwischen Krankheit und Heilung: Wenn es stimmt, dass die Anwesenden laut stritten über die glücklosen Exorzismus-Bemühungen der Jünger und auch Jesus noch deutlich seine Verärgerung verlauten lässt, dann fällt die Lautlosigkeit – aktiv wie passiv – auf Seiten des Dämons umso mehr auf. Aber nicht nur er ist sprachlos und taub, auch der kranke Junge wird seiner Stimme beraubt und ausgeschlossen. Andere reden über ihn und streiten über ihn hinweg. Im Glaubensgespräch mit Jesus überschlägt sich die Stimme des Vaters zu einem eindringlichen Schrei spirituell-existenzieller Not und Beschämungserfahrung. Jesus überwindet die Grenzen und Ausgrenzungen, spricht den Dämon mit Vollmacht an, der nun schreien kann, und ergreift die Hand des Jungen, der nun aufstehen kann.

In der Predigt über die Perikope, die »den Beginn der Deutungsgeschichte der Epilepsie im Frühchristentum markiert« (von Bendemann, 129), wird man die Geschichte der Ausgrenzung nicht verschweigen dürfen. Seit der Alten Kirche hat eine Stigmatisierung stattgefunden, seit Origenes schrieb: »Die Ärzte mögen sich also an die Physiologie halten, da sie ja meinen, es handle sich hier nicht um einen unreinen Geist, sondern um ein rein körperliches Krankheitsbild, und in ihrer Physiologie erklären, daß die Flüssigkeiten im Kopf sich in einer gewissen Übereinstimmung mit dem Mondlicht bewegen [...]. Wir aber glauben dem Evangelium auch, daß diese Krankheit als von einem unreinen, stummen und tauben Geist in den daran Leidenden bewirkt betrachtet wird.« (Orig. comm. in Mt. XIII 6,193, zit. nach von Bendemann, 136) In der Geschichte der christlichen Diakonie wurden die Kranken zwar versorgt, aber als passive Hilfeempfänger exkludiert. Der Nationalsozialismus schließlich unterwarf sog. Fallsüchtige dem »Gesetz zur Verhütung erbkranken Nachwuchses« vom 14. Juli 1933 und machte sie durch die »Euthanasie-Aktion T4« gänzlich mundtot. Auf ihrer Homepage berichtet z. B. die hessische Niederramstädter Diakonie, dass fast alle 600 Menschen, die in der »Anstalt für Epileptische in Hessen« gelebt hatten, deportiert und ermordet wurden.

V Erschließung der Hörersituation: Körper zwischen Passion und Ostern

Die Körperlichkeit des Geschehens kann einen Zugang zur Situation der Hörerinnen und Hörer eröffnen. Mk schildert die Symptomatik und ihre Wirkungen sehr eindrucksvoll. Schon beim Lesen kann man sich den affektiven Reaktionen auf das Zähneknirschen und den Schaum vor dem Mund kaum entziehen. Ekelempfinden stellt sich ein, oder Angst, wie sie der Vater V.22 schildert. Durch den Hinweis von A, dass das Fallen, Hinwerfen, Aufrichten Anspielungen auf die Passionsgeschichte seien, kommt es m.E. allzu schnell zu einer religiös-symbolischen Deutung des Geschehens, das von der Dramatik des erfahrenen Leids ab- und alles auf Christus hinlenkt. Ich frage mich, wie das in den Ohren von Menschen mit einer chronischen Erkrankung klingt. »Krankheiten sind keine ›ontologischen‹ Gegebenheiten, sondern Konstruktionen von Wirklichkeit, an denen die erkrankten Menschen mit ihren Selbstwahrnehmungen, zugleich aber auch die Gesellschaft, die Kultur, der sie zugehören, beteiligt sind.« (von Bendemann, 130) Die Perikope ermöglicht m.E. ein Einlassen auf die Grenzerfahrung Krankheit und ihre Deutungen.

Ich folge zwei Stimmen, die biblische Texte aus der Perspektive einer Behinderung lesen und sie zum Ausgangspunkt einer »Theologie nach Hadamar« (Ulrich Bach) bzw. einer »Befreiungstheologie der Behinderung« (Nancy Eiesland) machen. Bach reibt sich erheblich an dieser Erzählung, weil sie die *einzige* sei, in der eine Behinderung auf einen

Dämonen zurückgeführt werde. Das liege an einem mangelnden Verständnis der Krankheit in der Antike. »Wenn aber heutige Ärzte Epilepsie analysieren können wie Kinderlähmung [...], dann wären wir sehr schlechte Schüler des Markus, wenn wir auch heute die Epilepsie in der Dämonen-Arena beließen.« (Bach, 470) Bach erkennt in der Erzählung, dass sie vor allem »die Hilfebedürftigkeit, das Unvermögen, das Nicht-Glauben-Können aller übrigen dick unterstreicht. Der Vater und die Jünger, die Schriftgelehrten und das Volk – alle bleiben sie weit hinter dem zurück, was sie nach Gottes Willen sein und tun könnten«. (a.a.O., 471)

Nancy Eiesland, die mit einer angeborenen Knochenkrankheit lebt, erkennt in den österlichen Erscheinungen des verwundeten Auferstandenen den »behinderten Gott«, in dem auch Kranke und Behinderte Befreiung erfahren. Sie bezieht sozialwissenschaftliche Erkenntnisse mit ein, dass Krankheiten soziale Konstrukte sind, die häufig von der Mehrheitsgruppe gegenüber den Minderheitsgruppen (Kranken, Behinderten) bestimmt werden. Sie ermutigt, das »alternative Wissen« von Menschen mit Behinderung zu nutzen, um Stereotypien aufzubrechen: »Menschen mit Behinderung werden sich erst zufrieden geben, wenn die Kirche uns als historische Akteure und theologische Subjekte anerkennen und ihr aktives Engagement darauf richten wird, stigmatisierende Sozialpraktiken abzuschaffen, und wenn sie ihre theologische Ausrichtung aus dieser Mitte heraus gestalten wird.« (Eiesland, 83) Dabei kommt sie insbesondere auf die Körpererfahrung zurück: »Für Menschen mit Behinderung sind die körperlichen Reaktionen der körperlich Gesunden häufig besonders bedrückend.« (a.a.O., 116) »Eine Befreiungstheologie der Behinderung ist das Resultat der körperlichen Gestaltung von Wissen [und darin] verkörperte Theologie« (a.a.O., 112) bis hin zum Mut, »einen unkonventionellen Körper zu ertragen«. (a.a.O., 133) Das Körperverhalten in der Erzählung erschließt sie ganz neu: vom lautstarken Streiten und Gemenge über die Beziehungslosigkeit des Sprachlos- und Taubseins, vom durchdringenden Schrei aus existenzieller Not bis zu den performativen Akten des Frei-Sprechens, bei der Hand-Nehmens und Aufrichtens des Körpers: Der Junge wird wie der österliche Christus die Narben seiner Krankheitsgeschichte bleibend an sich tragen.

VI Predigtschritte: Predigen gegen die Beschämung

Klaas Huizing versteht die »Schamsituation als eine primordiale Schlüsselsituation [...], die für die Konstitution der ethischen Person schlechterdings notwendig ist«. (Huizing, 16) Er warnt vor der Gefahr, dass die Scham »den Beschämten in eine *extrem passive* Rolle« drängt (ebd.), und schlägt »Ehre« als Kontrastbegriff vor: »Das Kontrastgefühl zur Scham ist die Ehre [...] Ehre, so treffend Notger Slenczka, ist ›ein Bewusstsein des Anerkanntseins in einem sozialen Gefüge, ein ›Sich wissen als anerkannt‹.« (Huizing, 18) Am Beispiel einer anderen Erkrankung, der

Adipositas, macht Huizing auf die ethische Herausforderung aufmerksam, die auch in der vorliegenden Perikope besteht: das Abweichen von einer Gesundheitsnorm zieht zunächst »beschämende Blicke«, bald aber schon »empörte Blicke« auf sich und führt nicht zuletzt zu »empfindlichen Beschränkungen, etwa einer verweigerten Verbeamtung, die einer Bestrafung gleichkommen«. (Huizing, 23) Jesus, der in der Heilungsgeschichte dem Jungen die Hand reicht und ihn aus der sozialen Zuschreibung »er ist tot« herausholt, ist nach Huizing ein »großer Entschämer« (ebd.). Er stellt die Ehre des Jungen her und gibt ihm eine Stimme.

Im Gottesdienst könnte dies so aufgegriffen werden: Im Rahmen des Confiteors, evtl. auch als Kyrie-Gebet empfiehlt sich eine geführte Körpermeditation, die – nach der üblichen Hinführung über Atem und Achtsamkeitslenkung – den Stellen am und im Körper ihre Aufmerksamkeit schenkt, die mit einer Beeinträchtigung oder Verwundung verbunden sind. *Spüren Sie den Stellen in oder an ihrem Körper nach, die mit Krankheit oder einer Beeinträchtigung verbunden sind. Welche Erinnerung verbindet sich damit? Ein Sturz? Schmerz, vielleicht kurz und heftig, Schmerzen, anhaltend und wiederkehrend. Ein Eingriff, dauernder Behandlungsbedarf, eine Narbe, etwas, was Sie als entstellend empfunden haben. Die Blicke der Anderen. Der eigene Blick im Spiegel. Nehmen Sie die Empfindung wahr, geben Sie der Erfahrung Raum. Nehmen Sie diese Erfahrung mit hinein in den Ruf »Herr erbarme dich, Christus erbarme dich, Herr erbarme dich!«*

Literatur: *Ulrich Bach*, Ohne die Schwächsten ist die Kirche nicht ganz. Bausteine einer Theologie nach Hadamar, Neukirchen-Vluyn 2006; *Reinhard von Bendemann*, Christus der Arzt. Frühchristliche Soteriologie und Anthropologie im Licht antik-medizinischer Konzepte (BWANT 234), Stuttgart 2022; *Nancy L. Eiesland*, Der behinderte Gott. Anstöße zu einer Befreiungstheologie der Behinderung, Würzburg [2]2020; *Klaas Huizing*, Scham und Ehre. Eine theologische Ethik, Gütersloh 2016.

Internet: https://www.nrd.de/de/blog/posts/Nur-Hadamar-blieb-ihm-erspart.php (zuletzt abgerufen am 11.11.2022).

Lukas 12,(13–14)15–21

Dankbare Narren

Christoph Vogel

I Eröffnung: Aus Gier die Nächsten vernachlässigen

Der »reiche Kornbauer«, Güterhäufung versus Himmelsschatz, Ausgang eindeutig. Ich plädiere für die Hinzuziehung von V.13f., weil der Einstieg mit V.15 diese – allerdings von Lukas so auch gewollte – Tendenz nochmal verstärkt. Mir hilft der gedankliche Einsatz beim Problem des Erbens (V.13–15) insbesondere, wenn ich mich selbst als Teil einer Generation verstehe, die für die Nachkommenden ein problematisches Erbe hinterlässt. Diese Perspektive bestimmt meine Lektüre. Die Kenntnis der Erzählung ist nicht mehr bei jede:r Predigthörer:in vorauszusetzen, so dass sie in ihrer »rätselhaften Schärfe« (Kerlen, 394) gewiss eine eigene Wirkung entfaltet. Erntedank als Fest des Gewahrwerdens der eigenen existenziellen Angewiesenheit und des Geschenkcharakters des Lebens setzt der Perikope gegenüber einen Kontrapunkt.

II Erschließung des Textes: Die nächsten Generationen vernachlässigen

Erst die Frage an Jesus aus der Menge heraus, dann eine abschreckende Beispielerzählung durch Jesus als Erläuterung – die Sache scheint klar: »Bitte, Jesus lass meinen Bruder das Erbe mit mir teilen!« (vgl. Dtn 21,17; Num 27,1 ff.) Rechtlich möglich war dieser Teilungswunsch. Doch das biblische Ideal sieht anders aus, nämlich »das Erbe durch ein gemeinschaftliches Leben der Erben beisammen [zu] halten, was die Bibel ›zusammen leben‹ […] oder ›leben unter Brüdern‹ nennt« (Bovon, 275). Indem der eine aus der Menge um die Teilung des Erbes bittet, ist die Gemeinschaft derer infrage gestellt, die zusammen gehören, wird hinterfragt, was für Lukas Grundlage der Gemeinde ist (Apg 2,42ff.). Eine weitere Problemstellung schließt hier an: Die Frage des Erben zielt auf die eigene Person, wie dies auch beim Kornbauer zu sehen sein wird. Dabei ist es, wie es der lukanischen Botschaft von Gottes Reich entspricht, gerade nötig, das Erbe um der anderen willen zu teilen. Die Frage nach der (Zu-)Teilung des Erbes in V.13–15 ist also wichtig, weil an ihr die Zusammengehörigkeit aller Erben aufgeworfen wird. Hingegen bedeutet die Teilhabe an Gottes Reich, großzügig zu teilen und »von der Sorge um Besitz« (Berger, 255) frei zu sein.

Wie wäre es so gelesen: Jener Mensch »aus dem Volk« (V.13) ist eine fiktive Person aus dem Volk der uns Nachfolgenden – eine:r aus der Generation unserer Enkel oder Urenkel. Die Person tritt an Jesus heran und spricht: Meister, mir und meiner Generation ist das Erbe unserer Vorfahren zu schwer. Du gebietest auch über Raum und Zeit. Sage meinen Schwestern und Brüdern in der Gegenwart der 20er Jahre des 3. Jahrtausend, dass sie ihr Erbe nicht allein auf uns abladen, sondern es mit uns teilen: das klimatische Erbe, das Erbe der Umweltzerstörung, das Erbe der angehäuften und neu aufgenommenen Schulden, das Erbe ungelöster, weil sozial oder mit Waffengewalt unterdrückter, Konflikte. Wir gehören in deiner Schöpfung auch über Generationen hinweg zusammen. Wir wollen, dass dieses Erbe geteilt wird!

Was würde Jesus antworten?

III Impulse: Fit in Deus dives!

In V.15 begegnet eine zentrale Kategorie des Textes: Wie gestalte ich mein Leben? Was ist zur Ausgestaltung meines Lebens wichtig? Auf welchem Weg komme ich an die dazu nötigen Ressourcen – und wie setze ich diese dann ein? Das Leben »hat seinen Bestand nicht aus seinen Gütern« (so die Übersetzung von V.15 durch Wiefel, 235) – eine Vokabel steht an dieser Stelle, die auf den Beginn schaut, aber den nächsten Schritt schon voraussetzt. Die Bergwanderung des Lebens funktioniert nicht, wenn gleich am Beginn der Tour alle Wasservorräte kumuliert, versteckt oder verbraucht werden. Sie werden dann fehlen.

Person aus der Zukunft: Ich höre das Gleichnis vom Reichen Kornbauern und verstehe es als Synonym für das Handeln unserer Vorfahren. Sie fragten sich: »Was soll ich tun?« Denn sie merkten, dass sie ihr Lebensmodell nicht wie gewohnt weiterführen konnten. Die Pandemie zeigte ihnen die Verletzlichkeit ihres globalen Netzwerkes. Der Krieg Russlands ließ sie ihre ungebrochene Abhängigkeit von endlichen Energieträgern spüren. Die zunehmenden Wetterextreme stellten ihrem bis dahin gezeigten Engagement gegen den menschengemachten Klimawandel ein schlechtes Zeugnis aus. Und sie reagierten wie der Kornbauer, indem sie versuchten, sich die Ressourcen zu sichern, Speicher zu füllen, um den Erhalt ihrer »Ruhe« (V.19b) zu kämpfen.

Lukas lässt auf die Anfrage des einen Jesus keine Position, kein Ziel formulieren. »Die Position dieser Perikope ist ihre Negation« (Kerlen, 395). Klar ist: Der Kornbauer genügt dem göttlichen Maßstab nicht. Oder wie die Vulgata so schön formuliert: »non est in Deum dives«. Das abschreckende Beispiel des Bauern rückt die Mahnung vor einem ›so geht es nicht weiter‹ in den Vordergrund, ohne aufzulösen, wie es weiter gehen kann. Der Positionsfindung dient erst der unmittelbar folgende Abschnitt V.22ff. mit dem Spitzenvers V.31.

Die Handlungsmaximen jenes Bauern werden mit dem Stilmittel des Selbstgesprächs dargestellt. In der lukanischen Darstellung beschränkt sich sein Reden und Antworten – und in dieser Konstruktion also seine gesamte Ver-Antwortung – allein auf den Dialog mit seiner Seele. Wie um dieses Um-sich-selbst-Kreisen zu untermalen, finden sich in den beiden Versen V.18f. – rechnet man die Anrede an die eigene Seele mit hinzu – fast 20 grammatikalische Ausdrucksformen der 1. Pers. Sg.! Durch die stilistische Zuspitzung wird hervorgehoben: Hier geht es allein um jene 1. Pers. und die Absicherung deren Zukunft. Ihr gedanklicher Fehler bleibt unausgesprochen, aber deutlich: Im Licht der Botschaft Jesu »hätte [der Bauer; C.V.] mit Geben und nicht mit Anhäufen antworten sollen« (Bovon, 283). Dabei steht seine selbstbezogene Haltung in eigentümlicher Korrespondenz zu der Frage des Erben in V.13: »Was dieser Mensch [der Erbe; C.V.] wünscht, ist ein Teilen in seinem eigenen Interesse« (Bovon, 277). Diese selbstbezogene Ausrichtung ist das verbindende Element beider Abschnitte der Perikope.

Person in der Zukunft: Mir ist schon klar, dass wir noch nicht geboren sind, und ich ahne, wie schwierig es ist, sich angesichts von Krisen und Herausforderungen im eigenen Leben in der Gegenwart, dann noch um das Leben jener zu kümmern, die es noch gar nicht gibt!? Und doch: Wir teilen doch diese Erde, leben in derselben Schöpfung Gottes! Ist nicht dieses Geschenk, dieses Erbe, uns gemeinsam anvertraut, damit jede Generation ihren Teil zum Erhalt und zur Weitergabe beiträgt? Ist es nicht die Aufgabe einer jeden Generation, für die kommenden vorzusorgen? Es bleibt doch gültig, was Teilhard de Chardin gesagt hat: »Die Zukunft liegt in den Händen jener, die der kommenden Generation triftige Gründe dafür geben, zu leben und zu hoffen.« Euer Einsatz lohnt sich doch – schon um unser und um unserer Nachkommen willen!

»Mit der Anrede ›Tor‹ spricht Gott dem Reichen in sein Selbstgespräch hinein« (Wiefel, 237), meldet sich unaufgefordert eine neue Perspektive zu Wort – das Künftige wird kritisch in die Gegenwart eingespielt. Schon die Frage »wem wird dann gehören?« (V.20) führt das im Monolog entwickelte Lebenskonzept ad absurdum, indem es die Perspektive der Zukunft, des Erbes einspielt. Die Ausrichtung auf das Morgen, das nicht planbar, nicht sicherbar ist, stellt das Handlungskonzept des Kornbauern infrage. Lukas unterstreicht das noch, indem er in der Anlage der Perikope deren beide Abschnitte (die etwa im Thomasevangelium [log. 63.72] je für sich zu finden sind) und damit die beiden Themenfelder (ver-)erben und (vermeintliche) Zukunftssicherung in einen Zusammenhang rückt. Ebenso könnte als energischer Einspruch gegen das Lebensmodell des Bauern das im Griechischen verwendete Wort für »Scheune« gelesen werden. Wörtlich übersetzt baut der Bauer eine »Apotheke«. Auch diese Vokabel inkludiert bereits den Blick auf das Künftige, indem es bei ihr darum geht, etwas anzusparen, zu speichern, um »sich den Anspruch für künftige Dankbarkeit zu sichern« (Benseler, 90). Von »künftiger Dankbarkeit« kann im Gleichnis allerdings keine Rede sein. Sein Zielpunkt besteht darin, sein Leben danach auszurichten, »sich in Gott zu bereichern« (V.20).

Person in der Zukunft: Dem Gleichnis von dir, Jesus, will ich das Gedicht »Mit leichtem Gepäck« von Hilde Domin beiseitestellen (Text: Internetlink unten). Das macht mir Hoffnung auf eine getroste und mutige Lebenshaltung unserer Vorfahren, die unser gemeinsames Erbe durch vor ihrer Zukunft verantwortetes Handeln mit uns teilt.

Bei der Haltung der Dankbarkeit geht es »um eine Lebenshaltung« (Huber). Diese Haltung ist der Kasus von Erntedank. Sie entspricht jenem durch Gott allen Menschen in Vergangenheit, Gegenwart und Zukunft geschenkten Leben, und sie beinhaltet, dieses Leben und seine irdischen Grundlagen als geteilten und als für einen verantwortungsvollen Umgang geliehenen Besitz anzusehen. »Sorgt nicht um euer Leben […] Trachtet vielmehr nach seinem Reich, so wird euch das alles zufallen«! (V.22.31)

Literatur: *Gustav E. Benseler*, Wörterbuch Griechisch Deutsch, Leipzig [18]1985; *Klaus Berger*, Kommentar zum Neuen Testament, Gütersloh 2011; *François Bovon*, Das Evangelium nach Lukas (EKK III/2), Zürich u.a. 1996; *Wolfgang Huber*, Es geht vielmehr um eine Frage der Lebenshaltung, Tübingen 2022; *Eberhard Kerlen*, Erntedank, GPM 1991, 391–396; *Wolfgang Wiefel*, Das Evangelium nach Lukas (ThHKNT 3), Berlin 1987.

Internet: *Hilde Domin*, Mit leichtem Gepäck, https://lyricstranslate.com/de/hilde-domin-mit-leichtem-gepack-lyrics.html (zuletzt abgerufen am 11.11.2022).

B

Christian Witt

IV Entgegenung: Ich Narr!

Die zurecht herausgestellte Grundspannung von Selbstbezogenheit und Dank markiert die Herausforderung der Zuordnung von Erntedank und Predigttext. Und in der Tat liegt der sorgenvolle Blick auf die großen Zusammenhänge, auf die umfassenden Probleme der Gegenwart und Zukunft erst einmal nahe: Wie sich noch zurechtfinden angesichts der massiven Krisenphänomene und ihrer mehr oder weniger sicher absehbaren Auswirkungen? Wie noch guten Gewissens einschlafen in Anbetracht der Lasten, die seit Generationen auf den Schultern Nachkommender abgeladen werden und die junge Menschen zusehends weniger hinzunehmen bereit sind? Wie ist es bestellt um die einstige Bewertung unseres Umgangs mit der Verantwortung, die wir für Künftige und Künftiges trugen?

Zweifel an lobender Anerkennung durch kommende Generationen sind angebracht. Sicher ist jedenfalls: Die notorische Selbstbezogenheit des Menschen hat massive Kosten, vor allem für andere Menschen.

In geradezu provokantem Gegensatz dazu dann Erntedank als Vergegenwärtigung der religiösen Grundannahme, dass der Mensch in seiner Ich-Bezogenheit doch immer wieder mit der Haltung der Dankbarkeit geradezu konfrontiert werden muss. Diese Haltung wächst ihm als auf Dauer gestellte Grundlage seiner Selbst- und Weltwahrnehmung selten aus eigenen Kräften zu; sie muss – so die religiöse Grundannahme weiter – von außen befördert, ja bewirkt werden, mal freundlich erinnernd, mal drastisch mahnend. Du Narr! Besser noch: Wir Narren! Damit ist jede und jeder Einzelne direkt adressiert und zugleich überführt, die genannte Grundspannung ist in uns verlegt, ja sie drängt geradezu in uns hinein, dringt genauso irritierend wie entlarvend in unser Gewissen. Ergebnis: Selbst das angeführte »Wir« reicht nicht hin, der Schutzschild des Kollektivs wird durchstoßen. Ich Narr! – darum geht's.

V Erschließung der Hörersituation: Ich angesprochener Narr

Denn ich bin angesprochen, ich in meiner Lebenswelt, meinem Alltagsvollzug. Natürlich kann und darf mein Verantwortungsbereich nicht darauf beschränkt werden. Gleichwohl lebe und webe ich zuerst in einem bestimmten Umfeld, in bestimmten Strukturen, in bestimmten Bedingungsgefügen und Bindungen – in Beziehungen. Darüber den stabilen Blick für die großen Zusammenhänge nicht zu verlieren, ist Herausforderung und Verpflichtung. Und da ist sie wieder, jene Grundspannung: Ich Narr! Aber eben »Ich«: Ich bin angesprochen, mir soll die Spannung zwischen Selbstbezogenheit einerseits und Haltung der Dankbarkeit andererseits klarwerden, mir als demjenigen, der ich bin. Das mag banal klingen, ist aber zentral: Der Verweis auf die großen Zusammenhänge, auf die umfassenden Krisen mutiert nur allzu leicht zu einem perfiden Trostpflaster. Rasch sind meine selbstkritischen Gedanken, zu denen die provokante Beziehung von Predigttext und Predigtanlass auffordert, abgelenkt: Ausgerechnet die Person, die sich jener Grundspannung mit dem Ziel der grundsätzlichen Haltungsänderung bewusst werden soll, tritt – sich selbst schützend und damit entlastend – zurück hinter das große Ganze, nämlich ich. Ein genauso naheliegender wie perspektivverstellender Reflex. Dabei bin ich es doch, unweigerlich ich, der seiner Ich-Bezogenheit und der daraus resultierenden Verantwortungsverletzung gegenüber meinen Nächsten heute sowie morgen überführt werden soll. Ich bin durch das Bibelwort angesprochen – daran führt mit seinen unbequemen Anfragen kein Weg vorbei. Zuspitzend formuliert: Derjenige, »der sich Schätze sammelt und ist nicht reich bei Gott« (V.21), bin zuerst ich, bevor wir es sind – und damit wir es gedanklich überhaupt werden können.

Da stehe ich nun also erst einmal im Mittelpunkt, ob ich will oder nicht, allen gegebenenfalls folgenden gedanklichen Abstraktionen und lebenspraktischen Implikationen zum Trotz. Unweigerlich. Wie ungemütlich! Aber das ist der Punkt: Dem peinlich berührten Denken an die Probleme der Welt geht idealiter ein ungemütliches Selbstempfinden voraus, und zwar als Voraussetzung der notwendigen Haltungsänderung, die dann wieder der Welt im Kleinen und Großen zugute kommt. Diese mich massiv involvierende, weil mit mir selbst konfrontierende, Blickrichtung bildet ja einen wesentlichen Zug der in Rede stehenden Perikope. Mehr noch: Sie bildet über das Gleichnis vom reichen Kornbauern hinaus einen wesentlichen Zug reformatorischer Theologie. Die Dialektik von Gesetz und Evangelium, wie sie Luther beschrieb, muss schließlich in ihrer gottgewollten Wirksamkeit am und im individuellen Menschen verstanden werden. Ein Umlenken auf Bezugsgrößen jenseits unserer Person ist ausgeschlossen. Von Gott der je eigenen Angewiesenheit überführt, bleibt dem Menschen dann die Dankbarkeit dafür, von Gott in jener Angewiesenheit nicht abgewiesen zu werden, sondern liebend angenommen. Das buchstäblich unbedingte Vertrauen darauf meint – weiterhin reformatorisch gedeutet – zu glauben. Ja, wir sind Narren – ich bin ein Narr! Aber das tut Gottes Liebe zu mir keinerlei Abbruch, im Gegenteil. Und dafür gebührt ihm Dank. Trotz oder gerade wegen meiner Selbstbezogenheit werde ich so unvorstellbar reich beschenkt, dass in mir die Haltung der Dankbarkeit wachsen, wirken und ausstrahlen kann und wird. Das hat wiederum meine persönliche Ansprache durch Gott zum Fundament: Er ist eben mein Gott, dessen darf ich gewiss sein. Anders gewendet: So löst sich jene Grundspannung auf in einen liebevollen Wirkzusammenhang an mir: Meiner Selbstbezogenheit überführt, wird mir meine Angewiesenheit deutlich, der Gott sich in unbedingter Liebe zu mir im Evangelium verschrieben hat, wofür ich nur dankbar sein kann. Luther selbst bringt dabei in seinem Großen Katechismus das selbstbezogene Haben-Wollen und Gottes liebende Zusage in einen Zusammenhang: »was wiltu mehr haben oder begeren, denn das er dir so freundlich verheisset, er wölle dein sein mit allem gutem, dich schützen, und helffen in allen nöten?« (BSELK, 944).

VI Predigtschritte: Ich geliebter Narr

Gottes Wort richtet sich demnach an mich, ist mir geschenkt, will mir gelten. In der Bibel, in den Sakramenten, in der Predigt. Und ja: Ich darf fest darauf vertrauen, dass es mir gilt, und zwar aus Liebe zu mir! Damit ist die jeder Haltungsänderung – hin zur Dankbarkeit, hin zu meinen Nächsten – vorausgehende Einsicht benannt: Gott ist *mein* Gott. Entsprechend »sol solche furcht, liebe und vertrauen, treiben und zwingen, das man sein wort nicht verachte, sondern lerne, gerne höre, heilig halte und ehre« (BSELK, 1044). Diese Formulierung aus dem Großen Katechismus füllt die vielbeschworene Dankbarkeit gegenüber Gott substanziell und eingängig. Die ihr vorausliegende Liebeszusage schafft demnach erst die so notwendige Haltung der Dankbarkeit und befreit zugleich zur Wahrnehmung unserer Verantwortung für Gegenwart und Zukunft.

Vor diesem Hintergrund ließe sich dann mit Blick auf den Predigtaufbau vom Sammeln, vom Horten ausgehen: Was auch immer angesammelt wird – zu horten macht ganz gegen die etwaige Intention nicht reich. Im Gegenteil: Du Narr! Ja, ich Narr. Damit geht es weiter: Denn nicht wir machen uns reich, sondern Gott: Er ist der Beschenkende, alle Gaben entspringen seinem unbedingten Ja zu uns Narren. Ich Narr vor meinem gnädigen Gott – das ist das Fundament wahren Reichtums. Und als so überreich Beschenkter bleibt mir – letzter gedanklicher Schritt – der tiefe Dank. Und die Erkenntnis, dass auch meine Nächsten aus Liebe beschenkte Narren sind. Schließlich werden wir allein in und durch Gott reich und dürfen von unserem Reichtum austeilen: Schenken können, weil man vorher und andauernd beschenkt wird – darüber ließe sich sicher weiter nachdenken.

So wird aus der herausgestellten Grundspannung durch die Gnadenbotschaft des Evangeliums ein Wirkzusammenhang: Wir mögen notorische Narren sein – aber wir sind eben zugleich geliebte Narren. Welche Einsicht braucht es mehr, um dankbar zu sein?

Literatur: *Irene Dingel (Hg.)*, Die Bekenntnisschriften der Evangelisch-Lutherischen Kirche. Vollständige Neuedition, Göttingen 2014.

18. Sonntag nach Trinitatis – 08.10.2023

2 Mose 20,1–17

Gottes An-Gebote zur Freiheit

A

Stefanie Arnheim

I Eröffnung: Ein einzigartiges Grundgesetz

Mit dem Predigttext zum 18. Sonntag nach Trinitatis steht einer der zentralen Texte des Christentums im Mittelpunkt. Die Zehn Gebote gelten als Zusammenfassung und Leitfaden christlicher Lebenshaltung. Eine Predigt über dieses »einzigartige ethische Grundgesetz« (Dohmen, 132) ist für Predigthörende vermutlich relevant, da die Vermittlung von Werten zumindest von Kirchenmitgliedern als wichtige Aufgabe der Kirche wahrgenommen und erwartet wird (vgl. KMU V, 100, auch 91). Diese Erwartung haben auch weniger verbundene Kirchenmitglieder, bei konfessionslosen Menschen ist sie so nicht gegeben (a.a.O., 91). So ist – wie auch bei religiöser Praxis von Gottesdienstbesuch, Predigthören usw. – im Blick auf die Relevanz der Zehn Gebote eine Differenz zum zeitgenössischen Lebensstil erkennbar – gesellschaftlich, individuell, karikierend gar als anthropologische Konstante festgestellt. Im Evangelischen Gesangbuch (Niedersachsen-Bremen) sind die Zehn Gebote in der Rubrik »Vorbereitung auf die Beichte« abgedruckt; im Gebrauch als »Beichtspiegel« sind sie wohl – wie die Beichte selbst – in den Hintergrund getreten. Im Sinne einer Verknüpfung mit Lebenswelt und Gegenwart wurden sie als »Zehn große Freiheiten« interpretierend bezeichnet (Lange), auch als »Anweisungen für das Land der Freiheit« (Steffensky) oder als Impuls zur Meditation formuliert (vgl. Gundlach). Jugendliche Gottesdienstbesucher – Konfirmandinnen und Konfirmanden – werden sie häufig als einen ihrer (wenigen) Lerntexte kennen. Eine Predigt über die Zehn Gebote kann den Anspruch Gottes an den Menschen als dialektische Ergänzung zum Zuspruch Gottes deutlich machen. Dabei kann zugleich das biblische Verständnis eines personalen, beziehungsorientierten, Leben schaffenden und erhaltenden – schützenden – Gottes herausgearbeitet werden. Einen eher theologischen als ethischen Schwerpunkt zu setzen, mag auch den geprägten Vorstellungen über eine Predigt zu einem so bekannten Text eine andere Perspektive geben. So kann auch die Rezeption der Zehn Gebote im Sinne allgemein-gültiger, universaler Grund- und Menschenrechte einen weiteren Horizont anbieten. Dieser Gedanke lässt sich kontrastierend zur ursprünglichen Textintention entwickeln, die gerade nicht diesen universalen Charakter hat: Der Dekalog stellt zunächst vielmehr ein »Israel – als Volk Gottes – beanspruchendes Gesetz dar, das die ›Freiheit‹ Israels sichern und bewahren soll« (Dohmen, 103 nach Crüsemann). Damit ist der Bundesschluss Gottes mit seinem Volk (Ex 24) implizit angesprochen, der in den auf die Perikope folgenden Versen Ex 20,22–23,33 (Bundesbuch) in Form einer Gottesrede entfaltet wird.

II Erschließung des Textes: Als Mitmensch in seiner Würde ernst genommen

Im Kontext des Exodusbuches ist der Dekalog »außerhalb der ihn umgebenden Erzählung«, adressiert als »eine Art Hintergrundinformation« an die Lesenden des Textes, nicht an die handelnden Personen bzw. Gruppen (Mose/Volk) gerichtet. Mit Dtn 5,6–21 bietet der Pentateuch den Lesenden eine weitere Fassung des Dekalogs, der im Vergleich Unterschiede sowohl in der Zahl der Ge- und Verbote wie auch geringfügig sprachlich zeigt (Dohmen, 94–99). Die Exodus-Fassung bietet gegenüber der des Dtn ein eigenständiges kurzes Fremdgötterverbot (Ex 20,3) und ein umfangreicheres Bilderverbot (Ex 20,4–6). Die unterschiedlichen Fassungen sind eingebettet in die Komposition der Erzählungen des Pentateuch entstanden, wobei mit Ex 20,1–17 »eine von der literarischen Genese her jüngere Fassung, sozusagen eine Weiterentwicklung oder Novellierung des Dekalogs von Dtn 5, vorliegt«. (Dohmen, 91) Predigthörenden wird evtl. bewusst sein, dass es in den Traditionen der Konfessionen unterschiedliche Zählweisen der Gebote gibt; die orthodoxe, reformierte und anglikanische Tradition folgen dem Dekalog des Exodusbuches einschließlich eines Bilderverbotes, während die katholische und lutherische Tradition auf die Dtn-Fassung zurück gehen. Im Kontext des Dekalogs in Ex 20 hat die Begründung des Bilderverbotes (V.5f.) eine verknüpfende, scharnierartige Funktion für die folgenden Einzelgebote. (Dohmen, 108) Mit Blick auf eine theologische Interpretation des Textes für die Predigt lässt sich hier festhalten, dass Gott als flexibel auf menschliches Verhalten reagierend beschrieben wird. Die angesprochene Beziehungsorientierung innerhalb dieser Gottesvorstellung lässt sich mit der Eifersucht Gottes in Verbindung bringen, die auch in der Namensoffenbarung Ex 34,14 vorkommt. Bild und Name werden durch das folgende Verbot (V.7) in inhaltliche Nähe gerückt, nach alttestamentlicher Vorstellung sind sie ähnlich zu gewichten, könnte doch auch das Aussprechen eines Götternamens magisch-rituell genutzt werden, ebenso wie Kultbilder. Auffallend für die theologische Aussage ist das »Übergewicht der göttlichen Gnade« (Dohmen, 108 f.) bezogen auf diejenigen, die Gott lieben und die Gebote beachten (V.6) gegenüber der Notwendigkeit, Schuld zu prüfen (V.5). Die folgenden Einzelgebote bieten für den Einzelnen in der Gemeinschaft Rechte und Schutz: So unterscheidet das Sabbatgebot (V.8–11) Arbeits- und Ruhezeiten, nicht Sklaven und freie Menschen, und macht dabei keine Unterschiede hinsichtlich der Art der Arbeit. Das Elterngebot (V.12) ordnet den Leser in die Folge zwischen vorausgehender und nachfolgender Generation ein und somit in die »durch die Zeiten gehende Volksgemeinschaft«. Das »Tötungsverbot« (V.13) bezeichnet »gewalthaftes, schuldhaftes Töten« und meint somit Mord. Das Ehebruchsverbot dient dem Schutz der Nachkommen und deren materieller und sozialer Stellung. »Dem Diebstahlsgebot [V.15] geht es um die Sicherung des »persönlichen Eigentums«, ohne dass ein bestimmter Umfang, Wert und eine Qualität damit beinhaltet wäre.« (Dohmen, 124) Das folgende Gebot rückt nicht Sache oder Thema (z. B. Lüge/Wahrheit) in den Mittelpunkt, sondern das Verhältnis des Menschen zum Mitmenschen und richtet sich gegen die »Absicht, das Recht eines anderen zu beugen, ihn zu benachteiligen oder zu schwächen, wie sie die lügenhafte oder nichtige Aussage […] offenbart, […] denn ein solches Vorhaben zerstört die gegenseitige Achtung und damit auch die Würde des Einzelnen«. (Dohmen, 126) Die Verbote des Begehrens nehmen nicht die Begierde als solche in den Blick, sondern

»all das, was mit dem Ziel der Aneignung fremder »Güter« geschieht«, z. B. das Ausnutzen von Notsituationen, Vorteilnahme, denn der »Mitmensch darf und soll nicht mit legalen Mitteln oder mit Machenschaften, die ein Gesetz nicht erfassen kann, seiner Lebensgrundlage beraubt werden« (Dohmen, 127). Geschützt werden soll, »was dem einzelnen Menschen etwas wert ist, was ihm etwas bedeutet«, womit er selbst »als Mitmensch, als Nächster in seiner Würde ernst genommen« wird (Dohmen, 128). Mit diesen Beispielen der Textdeutung bezogen auf die Welt des Alten Orients kann die Bedeutung des Dekalogs als Bindeglied zwischen der damaligen und unserer heutigen Welt in der Predigt präsent gemacht werden. Bereits innerhalb der Heiligen Schriften Israels ist der Dekalog mit allen Reflexionen in Bezug auf die Tora als offenbartem Gotteswillen zu verstehen. So zeigen sich Struktur und Anliegen des Dekalogs auch im Doppelgebot der Gottes- und Nächstenliebe des Neuen Testaments: »Das Doppelgebot ist […] eine Kurzfassung, die sehr wohl der Entfaltung und Ergänzung in und durch andere Einzelgebote bedarf, was dem Grundgesetzcharakter des Dekalogs ganz und gar entspricht.« (Dohmen, 133)

III Impulse: Dokument des Glaubens

Das Doppelgebot der Gottes- und Nächstenliebe prägt den 18. Sonntag nach Trinitatis inhaltlich. Dahingehend kann der Predigttext eingeordnet werden: als Dokument des Glaubens an den einen Gott, der seine selbst gewählte Beziehung zu den Menschen zugunsten ihrer Beziehung zueinander einsetzt. Die Verbindlichkeit dieser Gottesbeziehung spiegelt sich in dem Bund wider, den Gott mit den Menschen eingeht, und in den Geboten, auf die hin die Menschen von Gott beansprucht werden. Der Referenzrahmen für diese Verbindlichkeiten ist die Freiheit als Voraussetzung, die Gott zuerst für die Menschen schafft, ehe sie zu Verbündeten werden. Damit geht der Fokussierung auf den einen Gott und sein erwähltes Volk die Freiheit und Weite voraus. Es sind wechselseitige Entscheidungen für den Bund, der in den Geboten seinen Handlungsausdruck findet. Das darin sich zeigende Menschenbild stellt die Orientierung an gemeinsamen Werten als lebensdienlich vor. Dabei werden in der neutestamentlichen Rezeption die Grenzen von Verwandtschaft, Herkunft, Kultur und Religion bereits im Zeugnis der Verkündigung des Jesus von Nazareth punktuell überschritten; in den Zeugnissen über die Entwicklung der urchristlichen Gemeinden wird diese Öffnung wesentlich. Die dargestellte Interpretation der Zehn Gebote als »Grundgesetz« legt eine Allgemeingültigkeit im Sinne von universalen Menschen- und Bürgerrechten nahe. Diese Aspekte werden in der von dem katholischen Theologen Hans Küng begründeten »Stiftung Weltethos« als gemeinsames Anliegen unterschiedlicher Religionen thematisiert. Dem Weg vom Krieg der Religionen zur Menschheitsfamilie widmet der Musiker und

Maler Udo Lindenberg in seiner Bilderreihe »Die Zehn Gebote« drei Bilder. Diese zeitgenössische künstlerische Umsetzung lässt sich sowohl als Bildimpuls für den Gottesdienst aufgreifen wie auch z. B. mit Konfirmand:innen vorbereitend auf einen Gottesdienst heranziehen (vgl. dazu Woppowa).

Literatur: *Heinrich Bedford-Strohm/Volker Jung (Hg.)*, Vernetzte Vielfalt. Kirche angesichts von Individualisierung und Säkularisierung, Gütersloh 2015; *Christoph Dohmen*, Exodus 19–40 (HThKAT), Freiburg im Breisgau 2004; *Ernst Lange*, Die Zehn großen Freiheiten, Gelnhausen/Berlin 1965; *Fulbert Steffensky*, Die Zehn Gebote: Anweisungen für das Land der Freiheit, Stuttgart 2003; *Jan Woppowa (Hg.)*, Mensch sein. Udo Lindenberg malt die Zehn Gebote. Arbeitsmaterialien für Schule und Gemeinde, Braunschweig 2019.

Internet: *Thies Gundlach*, Die 10 Gebote: In die Freiheit geführt – Predigt über 2. Mose 20, 1–17 von Christoph Römhild (mit einer Meditation von Thies Gundlach), https://predigten.evangelisch.de; *Stiftung Weltethos*, www.weltethos.org/ueber-die-stiftung/was-ist-weltethos/; *Udo Lindenberg*, www.udo-lindenberg.de/die_zehn_gebote.59671.htm.

Linktipp zur Bildinterpretation: www.udo-lindenberg.de/for_future_die_zehn_gebote_von_udo_lindenberg.59664.htm (alle zuletzt abgerufen am 15.10.2022).

Katharina Fenner

IV Entgegnung: Gebote und Gesetze – der wichtige Unterschied

Wie geht das, den Anspruch im Zuspruch und die Gottesbeziehung, die in der Gebotsbefolgung ihren Handlungsausdruck findet, zu predigen? Wie bringt man zugänglich und relevant einen Gesetzestext zur Sprache, noch dazu einen, dessen grundsätzlicher Anspruch und rechtliche Relevanz unserer demokratischen Verfassung selbstverständlich zugrunde liegen und dessen universelle Geltung auch in säkularen Gesellschaftskontexten als humanistische Haltung zu Menschenwürde und Menschenrechten nicht in Frage gestellt wird? Selbst wenn die Vermittlung von Werten als wichtige Aufgabe der Kirche gilt, wie A es im Anschluss an die Kirchenmitgliedschaftsuntersuchung der EKD formuliert, erscheint der geeignete Sitz im Leben der Gebote-Unterweisung eher ein Unterrichts-, Konfirmand:innengruppen- oder Gesprächskontext als eine Predigt. Ich stimme A deshalb zu, dass es um eine theologische Interpretation des Dekalogs in der Predigt gehen sollte. Dazu müsste es allerdings vor allem um den Unterschied gehen – zwischen diesem »einzigartigen Grundgesetz« und den in unserer Verfassung verbrieften Grundrechten, zwischen der Befolgung von Gesetzen und Geboten, zwischen dem verfassungsgebenden Parlament und Gott als Urheber:in bzw. Geber:in der Gebote. Die Kamera sollte aufgezogen und die Perspektive noch weiter geöffnet werden. Es braucht den Blick auf die Kontextgeschichte der Dekalogs-Offenbarung, auch wenn die Perikope selbst diese nicht berücksichtigt und sich der Predigttext außerhalb der ihn umgebenden Erzählung befindet, wie A in ihrer Textanalyse feststellt. Zudem könnte ein Brückenschlag zur jesuanischen Rezeption der Gebote und ihrer Auslegung, wie ihn ja der liturgische Kontext des 18. Sonntags nach Trinitatis vorschlägt, ein wichtiger Brückenschlag und Zugang sein.

V Erschließung der Hörersituation: Gottes Gebote als Option zum Guten

Bei dem entscheidenden und hoffentlich die Predigthörenden öffnenden Unterschied zwischen Gottes Geboten und normal-weltlichen Rechtsregeln könnte angesetzt werden. Obwohl es sich in beiden Fällen um Rechtstexte handelt, geht es bei den Letzteren eher um kühle Notwendigkeiten zur Vermeidung des Schlechten und zur Sicherung der öffentlichen Ordnung. Dazu assoziieren wir schnell Vorstellungen von Verbot, Einschränkung, Reglement und der entsprechenden Disziplinar-Instanz, die diese im Zweifelsfall auch starr und rigide durchsetzt. Die Gott gegebenen Gebote dagegen können anders einleuchten. Mit ihrer Hilfe soll nicht nur Schlechtes verhindert werden, sondern mit ihnen lässt sich Gutes schaffen und die Freiheit bewahren.

Es sind Gottes Angebote und Anweisungen für den Weg der Entwicklung und Verwandlung zur Freiheit, auf dem sich jede:r von uns lebenslang befindet. Das Volk Israel damals ist unterwegs ins gelobte Land der Freiheit, als Gott ihm die Gebote zum Schutz dieser Freiheit und zur Eröffnung der mit ihr verbundenen Lebensmöglichkeiten offenbart. Israel ist zwar schon befreit aus der Sklaverei in Ägypten. Es ist aber in dem Versprochenen noch nicht angekommen.

Der lebendige schöpferische Gott, der den Menschen mit Würde und Freiheit begabt hat, weiß, dass Freiheit geerdet, bewährt und geschützt werden muss, damit sie trägt. Das geht nur im Miteinander, davon erzählen die Gebote – im guten Miteinander mit dem lebendigen Gott, der nicht nur von der Knechtschaft befreien, sondern auch zur Freiheit, zur Güte, zum Reichtum der Welt, zu Gerechtigkeit und Frieden für alle führen möchte – und im guten Miteinander zwischen Menschen. Für die zu lernende Freiheit braucht es Orientierung, es braucht Erdung, es braucht Weisung. Es ist also ein Leitfaden zur Freiheit. Und damit ist die Erkenntnis vermacht, dass Freiheit nicht von allein funktioniert. Befreit zu sein heißt, noch nicht frei zu sein. Freiheit muss erlernt, eingeübt, geschützt und dann auch verantwortet werden. Insofern sind die zehn Gebote nicht nur Gott gegeben, sondern sie sind uns als Anleitung zur Freiheit zugemutet. Wir brauchen den Mut, sie uns anzueignen, sie zu lernen und zu verantworten, damit wir frei bleiben, damit die Freiheit nicht missbraucht wird und in Chaos, in Beliebigkeit, Einsamkeit, Willkür oder Gewaltherrschaft ausartet. Das also ist der Anspruch im Zuspruch, zuerst ein Dokument des Glaubens Gottes an uns: dass wir die Freiheit miteinander lernen und erfahren können, welches Geschenk unsere Freiheit zum Leben ist und welche Verantwortung mit diesem Geschenk einhergeht. Gott glaubt daran, dass wir dieses Recht aufzurichten vermögen, um die Freiheit und Würde aller zu schützen. Das geht nur, wenn Menschen sich diese Freiheit auch untereinander zutrauen und zumuten, sich miteinander auf den Weg dieser Weisung machen, sie sich aneignen und verantworten – im Glauben an Gott, an sich selbst und aneinander.

Dass das kein Selbstläufer ist, zeigen z. B. die neutestamentlichen Geschichten von Jesu Ringen um das eigentliche Anliegen der Gebote jenseits von erstarrten Gesetzesvorschriften, die zum Selbstzweck verkommen sind. »Der Sabbat ist um des Menschen willen gemacht und nicht der Mensch um des Sabbats willen.« (Mk 2,27)

VI Predigtschritte: Recht als Gnade – nicht nur Gnade vor Recht

»Liebe und tue, was du willst.« so fasst Augustinus die christliche Haltung zu den Gottesgeboten – fast anarchisch anmutend – zusammen. Mit Jesus hat das Christentum den Sinn aller Gebote auf die Gottes- und Nächstenliebe zurückgeführt. Trotzdem sind die Gott gegebenen Gesetze und Ordnungen keine Privatsache. Sie sind nicht beliebig und können nicht ohne Konsequenz bleiben. Augustinus erinnert mit seinem Ausspruch daran, dass Regeln und Gebote und deren Einhaltung nicht sich selbst zum Zweck und Ziel haben, sondern ihre Erfüllung die Aufrichtung des guten Lebens für alle ist, der Schutz der Freiheit, der Würde, der Liebe. In der Zumutung des Gottesgesetzes liegt der Anspruch und die Verantwortung christlichen Lebens: nicht nur das Böse zu vermeiden, sondern daran mitzuwirken, dass mit Gottes Hilfe das Gute zu schaffen ist. Und damit sind wir bei dem Unterschied zwischen Gesetz und Gebot. »Die Gebote sind nicht die Begrenzung der menschlichen Lebensmöglichkeiten. Sie sind die Verlockung zu größerem Reichtum für alle. Alle gewinnen, wenn sie die Gesetze Gottes halten. Wer nicht tötet und nicht Gewalt anwendet, wie es das fünfte Gebot verlangt, der schont nicht nur seinen Feind; dem wird das Leben selber anders einleuchten. Wer kein Lügenzeugnis gegen seinen Nächsten gibt, wie es das achte Gebot verlangt, dem wird die Welt einsichtig und freundlich. Ein Gebot ist eine Weisung, bei der es keine Verlierer gibt, wenn sie eingehalten wird.« (Steffensky)

Wie politisch, aktuell und zugleich komplex eine klare Haltung zu Gottes Weisung für die Welt ist, zeigen die Auseinandersetzungen um die »richtige« christliche Position zum russischen Angriffskrieg auf die Ukraine. »Es kommt auf uns an, den leidenden Menschen in der Ukraine, den verängstigten Menschen in unseren Nachbarländern, unsere Solidarität zu zeigen, keine billige, sondern eine, die uns etwas kostet«, formuliert die EKD-Ratsvorsitzende Annette Kurschus bei einer Friedensdemonstration in Berlin (Kurschus). Was aber beinhaltet diese Solidarität konkret? Welche Weisung gibt das fünfte Gebot, geben die zehn Gebote und das Doppelgebot der Liebe im Kriegs- bzw. Verteidigungsfall und in der Frage, ob Waffenlieferungen zur Selbstverteidigung für die Ukraine christlich zu rechtfertigen sind?

Vielleicht ist es erstmal unsere Aufgabe, die Lebensmöglichkeiten und Güte der Gebote in unserem eigenen Leben und lokalen Kontext und Bezug auszuloten und uns ihrer anzunehmen. Verantwortung dafür zu tragen, dass unsere Nachbarschaft, unsere Gemeinde, unser Stadtteil ein Ort wird, an dem wir auf Gott hören und aufeinander achtgeben, Gemeinschaft immer wieder zusammen buchstabieren, das Leben und den Reichtum teilen und Liebe und Vertrauen miteinander gestalten – zwischen jung und alt, arm und reich, stark und schwach. Im Kleinen und Konkreten anfangen – mit der Gerechtigkeit, mit dem Frieden, mit der Verantwortung für alle Geschöpfe. Keine Weltlage-lösende Gebotsethik anstreben, sondern vor Ort das Gute zu schaffen versuchen.

Wie z. B. Menschen im Rheinland, die sich anstelle ihres privaten Kaffeetrinkens sonntags auf einer Kirchenbank treffen. Ursprünglich war es eine Kunstinstallation vor der Kirche, eine mit goldenen Rettungsdecken eingepackte »Bank für soziales Kapital«. Jetzt ist sie zum sonntäglichen Treffpunkt der Nachbarschaft geworden. Alle sind eingeladen. Selbstgebackener Kuchen und mitgebrachter Kaffee werden geteilt, Gedanken ausgetauscht, Menschen kommen zusammen, lachen, reden und verabreden sich nicht nur für den nächsten Sonntag, sondern zur Schreibwerkstatt, als Ausflugsgruppe, zum Spazierengehen, zu Besuchen. Es entsteht neue Nähe und neues Vertrauen. Wird so Gott geehrt und der Feiertag geheiligt? Geht das nur im Gottesdienst oder ist dies nicht auch heiliger Raum, in dem Gottes Angebote zum guten Leben Wirklichkeit werden?

Internet: *Annette Kurschus*, https://www.ekd.de/www.ekd.de/ekd-ratsvorsitzende-kurschus-auf-friedensdemo-in-berlin-71751.htm (zuletzt abgerufen am 21.10.2022); *Fulbert Steffensky*, https://www.katharinen-hamburg.de/fileadmin/st-katharinen/STK-Downloads/Texte/Text_Fulbert-Steffensky_StKa.pdf (zuletzt abgerufen am 18.10.2022).

Jakobus 5,13–16

In allen Zeiten verbunden bleiben

Sabine Winkelmann

I Eröffnung: Happy – not perfect

Wie werde ich glücklich? Und wie sieht ein glückliches Leben aus? Das gehört für viele Menschen zu den zentralen Fragen unserer Zeit. Das Streben nach Perfektion, nach Selbst-Optimierung ist ein bekannter innerer Antrieb. Automatische Foto-Filter in der Handykamera, diverse Ratgeber mit zahlreichen Tipps für ein gesundes, besseres, leichteres, schlankeres Leben lassen sich finden und verkaufen sich gut.

Doch was ist mit den Ecken und Kanten, mit den Brüchen – gar mit dem Leiden in und an der Welt? Wie umgehen mit jeglicher Art von Krankheit oder Misserfolg? Wohin kann ich mich wenden? Wer hält es dann mit mir aus? Wer hält mich, wenn das Leben nicht perfekt oder makellos ist? Wer oder was trägt dann noch?

Zu einem erfüllenden, zu einem glücklichen Leben gehört mehr als die Makellosigkeit, die sich auf den Plattformen von Social Media gut vermarkten lässt. Das ganze Leben verbindet die Menschen in besonderer Weise miteinander – und mit Gott. Durch den Glauben an eine Zukunft, der eine ermutigende Hoffnung in sich trägt, kann sich der Blick auf die eigene Gegenwart verändern. Hoffnung – und Akzeptanz verändern die Blickrichtung und verbinden Gott und die Menschen neu. Wie das gelingen kann, davon erzählt der kleine Abschnitt aus dem Jakobusbrief. Am Ende dieses Briefes finden sich Hinweise für ein ganzheitliches Leben, für neue Perspektiven und Unterstützung in Freud und Leid.

II Erschließung des Textes: Heil und Heilung

Am Ende eines Briefes kommen die Grundüberzeugungen des Verfassers oft noch einmal in verdichteter Form zum Ausdruck. So auch im Schlussabschnitt des (unbekannten) Jakobus. Ein praktischer, ja mehr noch – praxisorientierter Text wird uns vorgelegt. Die zentralen Motive werden mit Verben ausgedrückt und so mitten im Leben verortet. Mit *kakopathein* (leiden) wird der erste Grundton gesetzt und nimmt noch einmal Bezug auf Jak 5,10. Durch den gewählten Ausdruck wird, wie schon zuvor, deutlich, dass es nicht nur um körperliches Leiden geht, sondern auch seelischer Schmerz gemeint sein kann. Mithin umfasst dieses Verb jeden Schmerz, jeden Verlust, jede Sorge, die uns umtreibt und die Seele verdunkelt.

Die empfohlene Reaktion ist ein Sich-Hinwenden zu Gott mit der Bitte um Rettung – ein Gebet um Not-Wendigkeit. Wo Leiden im umfassenden Sinn als Gottesferne erlebt werden könnte, weil sich Zusammenhänge und Kausalitäten nicht einfach fassen lassen, soll sich ein Mensch in die Gemeinschaft mit Gott hineinstellen und sein Herz ausschütten.

Zugleich wird im nächsten Halbsatz deutlich, dass die Hinwendung zu Gott das ganze Leben umfasst. Wessen Herz leicht und unbeschwert ist, drücke diese Dankbarkeit ebenso vor Gott aus. Sich in jeder Lebenslage im Gebet mit Gott zu verbinden, dafür wirbt V.13. Leiden und Fröhlichkeit werden gleichermaßen mit Gott in Verbindung gebracht wie die dunklen Momente im Leben. Damit öffnet und weitet sich der Blick über das eigene Selbst hinaus in die Vertikale, setzt eine Verbindung zu Gott und damit über das Vorfindliche hinaus.

Doch nicht allein die Gottesbeziehung trägt durch das Leben. Im nächsten gedanklichen Schritt wird der Mensch hineingestellt in die Gemeinschaft derer, die im Glauben verbunden sind. In diesem Briefabschnitt wird somit ein Gegenentwurf beschrieben für Zeiten von Krankheit und Leiden, die oft als Zeiten der Gottesferne und zugleich als Zeit der Isolation erlebt werden.

Für den konkreten Fall von (körperlicher) Erkrankung sollen (neben der unerwähnt bleibenden, weil damals wie heute vermutlich selbstverständlichen Behandlung durch einen Facharzt) die Ältesten der Gemeinde als Unterstützung in der Situation herbeigerufen werden. Die Ältesten sollen beten und mit Öl salben. Interessanterweise wird hier das Verb *aleiphein* verwendet. Dieses bezeichnet nicht eine religiöse Salbung (*chrinein*), sondern lässt sich als medizinisches Einreiben verstehen.

Die leidende Person darf die Ältesten der Gemeinde zu sich rufen. Wer sich selbst nicht in der Lage sieht, wer sich nicht an einen Versammlungsort begeben kann, wer in diesem umfassenden Sinne nicht gemeinschaftsfähig ist, soll sich zugleich weiterhin in der Gemeinschaft aufgehoben wissen. Dabei wird zugleich betont, dass die Initiative von der kranken Person selbst ausgehen soll. Wann der richtige Zeitpunkt ist, liegt in der Souveränität der Kranken.

Eine wohltuende Offenheit zeigt sich im Text mit Blick auf den Zusammenhang von Sünde und Leiden. Kranksein kann in biblischer Perspektive mehr sein als nur ein physischer Defekt. Kranksein kann im Zusammenhang gesehen werden mit der Todverfallenheit dieser Welt, kann als Ergriffenwerden von dunklen Mächten verstanden, mit Sünde assoziiert werden (vgl. Peters, 195). Auch in diesem Sinn kann das Gebet retten. Mit der Wahl des Wortes *sōzein* (retten) wird jedoch ein anderer Akzent gelegt als physische Heilung. Es gibt ein Heil – auch ohne Heilung. Die kranke Person bleibt in Gottes Hand, gegenwärtig, zukünftig – und noch über das Leben hinaus. So ist auch das Aufrichten (V.15 – *egeirein*) zu verstehen als Ermutigen oder Stärken, das allein durch Gott geschieht.

Der Zusammenhang von Krankheit und Sünde wird in diesem Abschnitt in aller Offenheit gedacht: »*Wenn* er Sünden getan hat, …« – Jakobus rechnet mit der Möglichkeit, dass ein Zusammenhang zwischen Sünde und Krankheit bestehen kann, aber nicht zwangsläufig zu finden ist. Krankheit und Tod sind in der Welt. Erst in Gottes neuer Welt werden Heil und Heilung deckungsgleich sein. In dieser Doppeldeutigkeit nutzt Jakobus das Verb *iaomai* – gesund werden in V.16. Es kann sich sowohl auf die physische Heilung als auch auf das seelische Heil beziehen.

III Impulse: Neue Perspektiven für das Alltägliche – vom Malus zum Bonus

Krankheit zwingt zum Stillstand – Termine, Pläne, Ideen – was gestern noch von Bedeutung war, wird heute obsolet. Der Blick richtet sich neu aus, fokussiert sich auf das eigene Befinden und Empfinden: Ich bin krank! Das provoziert oft innere Erstarrung. Die eigene Situation scheint – für einen kurzen oder längeren Moment – ausweglos, festgefahren. Das Selbst der eigenen Person definiert sich über den Malus.

In solcher Schreckstarre betont Jakobus die Notwendigkeit, sich mit der Krankheit auseinanderzusetzen. Die Auseinandersetzung kann zu einer Wende im Leben des Kranken führen. Sich zu Gott wenden, sich trotz möglicher Scham oder Gebrechlichkeit den Menschen in der Gemeinde zuzuwenden und sich so der Verbundenheit in einem spirituellen und theologischen Gesamtzusammenhang zu vergewissern, kann heilsam sein. Der Malus wendet sich zum Bonus.

Krankheit als Status – »Ich bin krank!« – wird bei Jakobus eher zu einem dynamischen Geschehen: Ich habe eine Krankheit, ich leide an einer Krankheit – dies bringe ich vor Gott und meine Nächsten. Sich gegenüber Gott und anderen in der Erstarrung zu öffnen, kann die eigene Situation in ein neues Licht stellen. Dass andere durch ihre geistliche und ihre praktische Hilfe in Form von Gebet und Einreiben die Erstarrung lösen können, daran erinnert der biblische Autor und stellt die kranke Person mitten hinein in Gott und die Welt.

Jakobus, so kann man vermuten, sieht das ganze Geschehen als eine Fortsetzung geistlicher Existenz, die schon vorher eingeübt und praktiziert worden ist. Denn auch die guten Zeiten werden mit Gott und der Gemeinschaft geteilt, werden besungen.

So wird das gesamte Leben zum Gottesdienst, der Hoch-Zeiten und dunkle Zeiten miteinschließt. Zum Gottesdienst, zum Dienst Gottes an den Menschen und zum Dienst der Menschen an Gott, gehören alle Elemente, die sich seit jeher im Gebet wiederfinden – Klage, Lob, Dank, Bitte und Buße. In der denkbar knappsten Form fasst Jakobus diese Lebens- und Glaubenshaltung in Worte (V.13).

Not lehrt beten – und wes das Herz voll ist, des fließt der Mund über. Mit Freude und mit Schmerz nicht hinterm Berg halten, sondern beides vor Gott und die Menschen bringen – dafür wirbt Jakobus am Ende seines Briefes.

Er wirbt für eine alltägliche Praxis, mit dem Leben und seinen Widrigkeiten wie auch mit seinen beglückenden Momenten umzugehen. Wo in guten Zeiten Dankbarkeit geübt wird, entsteht als Gewöhnungseffekt ein Bewusstsein oder eine Haltung, die nicht nur auf sich selbst bezogen ist. Dabei wirkt sich tägliches Üben auf die Physis genauso aus wie auf die Psyche. Gott und die Gemeinschaft der Menschen werden als tragende Säulen des eigenen Lebens erkannt und bedankt.

Und dann werden auch Leiden und Krankheit, Siechtum und Verfall nicht weggesperrt oder in den eigenen vier Wänden versteckt – vielmehr werden andere hineingenommen in die Dynamik, die in der leidenden Person um Antworten ringt. Das Gute, das mir widerfährt, auf Gottes Handeln zurückzuführen – als Geschenk wahrzunehmen, das kann auch aus der Erstarrung führen, wenn das Leiden sich ins Leben drängt.

In der Perspektive von Menschen, die durch den Glauben an Gott immer wieder eine Dimension über, in und außerhalb des Vorfindlichen finden, weitet sich der Blick und verbindet Himmel und Erde, lässt einen Menschen mit Gott und den Menschen anders umgehen.

Literatur: *Hans-Jürgen Peters*, Der Brief des Jakobus, Wuppertal ^{2}2000.

B

Ricarda Schnelle

IV Entgegnung: Im Gottesdienst in Beziehung treten

In allen Gezeiten des Lebens braucht es den lebendigen Kontakt zu Gott und zu den Menschen. Gerade für Phasen, die von Krankheit geprägt sind, betont A das gemeinschaftsfördernde und heilsame Potenzial des Textes: Anstelle von Isolation und Einsamkeit treten Gemeinschaft und Beziehung. Doch die Initiative für den Kontakt – so schreibt A – muss dabei vom Betroffenen selbst ausgehen. Die damit verbundenen sozialen Herausforderungen streift A jedoch nur am Rande. Wie kann es mir gelingen, die Hürden zu überwinden und mit anderen zu teilen, was mich innerlich beschäftigt? Die folgenden Gedanken versuchen, den Gottesdienst als einen Raum zu entwerfen, der die Beziehungsgestaltung zu sich selbst, zu Gott und den Mitmenschen konkret ermöglicht.

Beten Sie für meine Arthrose, sagt eine Frau zu mir an der Kirchentür kurz vor Beginn des Gottesdienstes. Sonst ist sie eher eine zurückhaltende und bescheidene Frau. Aber jetzt bricht es aus ihr heraus. Arthrose ist wirklich schlimm, ergänzt sie und geht in die Kirche hinein. Sie hakt sich bei ihrer Freundin unter, mit der sie immer gemeinsam zum Gottesdienst kommt. Jetzt fällt es mir auf, wie schlecht sie zu Fuß ist. Sie hat sichtlich Schmerzen.

Das, was diese Frau vermutlich seit Jahren innerlich beschäftigt, richtet sie in diesem Augenblick explizit an mich. Das innere Leid drängt nach außen und mündet in einen Imperativ: »Beten Sie für mich!« Die Grundbewegung »Von innen nach außen« und die Aufforderung zum Gebet prägen unseren Bibeltext. Was uns innerlich bewegt gegenüber Gott oder anderen Menschen zum Ausdruck zu bringen, ist im Alltag jedoch immer wieder eine Herausforderung.

In V.13 und V.14 werden die drei inneren »Lebenslagen« (Metzner, 296) Leid, Fröhlichkeit/Heiterkeit und Krankheit geschildert und mit drei Imperativen verbunden: Bete, singe, rufe – alle drei sind Variationen des Betens. Sie strukturieren unseren Bibeltext und später auch unseren Gottesdienst.

»Leidet jemand unter euch, der bete.« (V.13) Inneres Leid kann vielfältig sein. Gemeint ist das, was auf der Seele lastet: Angst, Liebeskummer, Einsamkeit, Scham, Zukunftssorgen. Die Reihe ließe sich fortführen bzw. von jeder Gottesdienstbesucherin individuell spezifizieren. Am Anfang des Leids steht oft ein inneres Gefühl, ein inneres Geschehen. Der Text fordert dazu auf, damit nach außen – genauer an Gott – im Gebet heranzutreten, seine Nähe zu suchen. Ich möchte ergänzen: und auch das Gespräch mit anderen Menschen zu suchen und auch darin die Gottesbegegnung zu erfahren. Die Erfahrung, wie gut es tun kann, sich Gott oder einem Mitmenschen mitzuteilen, werden viele Gottesdienstbesucher bereits gemacht haben. Gleichzeitig steht sie im Gegensatz zu einer anderen Selbsterfahrung, die ebenfalls das menschliche Miteinander prägt: Was mich beschäftigt, mache ich (erstmal) mit mir selbst aus.

In V.13 heißt es weiter: »Ist jemand guten Mutes, der singe Psalmen.« »Im Blick steht also jemand, der unbelastet und mit fröhlichem Herzen in die Zukunft schauen kann« (Popkes, 340) und der diese Freude durch ein Lied zum Ausdruck bringt. Auch hier steht der kommunikative Aspekt im Vordergrund (vgl. Popkes, 340): Wem es gut geht, der soll es zeigen. Doch wer stellt sich mitsamt seinem Glück gleich singend auf eine Bühne? Viele Menschen hören eine bestimmte Musik, wenn es ihnen gut geht, singen vielleicht sogar im Auto laut mit. Wenn es niemand hört.

In V.14 (und expliziert in den darauffolgenden Versen) wird die dritte Lebenslage geschildert, die Krankheit: »Ist jemand unter euch krank, der rufe zu sich die Ältesten der Gemeinde, dass sie über ihm beten und ihn salben mit Öl in dem Namen des Herrn.« Wichtig, so betonen die Exegeten, ist nicht die Position des Besuchenden in der Gemeinde, sondern seine richtige innere Einstellung. Wer kommt also in Frage: die Pastorin, der Mitarbeiter aus dem Besuchsdienst, der Nachbar oder die Freundin? Doch bevor ein Besuch zustande kommt, braucht es auch hier die Bewegung von innen nach außen, also die Artikulation der Befindlichkeit und das Rufen nach Besuch. Genau das fällt jedoch vielen, vor allem älteren Menschen, schwer: »Komm mich doch mal besuchen!« Oder sogar: »Und bete mit mir.« Wer eignet sich, zu Besuch zu kommen, wer versteht mein Anliegen, meine Not in der Krankheit?

Die Aufgabe der Predigt und des Gottesdienstes wird es sein, nicht nur die drei Imperative (bete, singe, rufe) zu wiederholen, sondern sie in die bewusste innere und äußere Gestaltung der genannten Lebenslagen zu integrieren und dabei den roten Faden des Textes, das Gebet, für den Alltag anschlussfähig zu machen. Der erste Schritt wird bereits im Gottesdienst gemacht, wo ein Raum entsteht, in dem sich das realisieren kann, wovon der Text spricht.

VI Predigtschritte: Im Gottesdienst von innen nach außen treten

Der Gottesdienst orientiert sich in seinen klassischen drei Teilen an den drei Lebenslagen: Eröffnung und Anrufung eher im Duktus »Gott und den Menschen das eigene Leid klagen«, die Predigt als Ausdruck der Lebensfreude und das Fürbittengebet am Ende als explizites Krankengebet. Die Idee ist, die Schwierigkeit des Nach-außen-Tretens im Gottesdienst zu überwinden, indem Möglichkeiten geschaffen werden, sich mitzuteilen. Es ist die Aufgabe des Liturgen oder der Liturgin, die Verbindung der drei Gliederungsmerkmale (Leid, Fröhlichkeit und Krankheit) als roten Faden durch den Gottesdienst zu ziehen. Zu Wort kommen jedoch bewusst primär die Teilnehmenden.

Wie geht es dir? Der Gottesdienst gibt Raum, die eigene aktuelle Situation zu bedenken: eine Meditation, die nach innen schaut, im Anfangsteil des Gottesdienstes oder/und – falls eine sich vertraute Gemeinde anwesend ist – kleine Murmelgruppen mit der Möglichkeit zum Austausch. Die Teilnehmenden nehmen einander wahr, jeder hat die Möglichkeit, das Innere nach außen zu tragen.

Das anschließende Kyrie wird im Duktus »Gott das eigene Leid klagen« ausführlich entfaltet und ermöglicht die Begegnung mit Gott.

Die Predigt widmet sich der Heiterkeit und nimmt das musikalische Element des Textes auf: »Ist jemand guten Mutes, der singe Psalmen.« Musik kann das Glücklichsein gegenüber Gott und den Menschen explizit zum Ausdruck bringen – gerade, wenn eigene Worte vielleicht fehlen. Welche (auch weltliche) Musik hören die Teilnehmenden, wenn es ihnen gut geht? Oder welches Lied verbinden sie in Erinnerung mit einer unbeschwerten Lebensphase und inwiefern begegnet ihnen Gott in diesen Liedern? Gott hört uns zu, singt und freut sich mit uns, wenn wir mit Leichtigkeit durchs Leben gehen. Vielleicht lässt sich im Rahmen der Predigt oder des Gottesdienstes eine gemeinsame Liste oder mit Jüngeren sogar eine Playlist erarbeiten und teilen. Oder mehrere Freiwillige könnten, nach vorheriger Absprache, exemplarisch ihr persönliches Glücklichsein-Lied vorstellen. Durch die Wahl der leichten und beschwingten Form und des Themas der Predigt ist die Fröhlichkeit in der Mitte des Gottesdienstes und des Lebens eingebettet. Als gemeinsames Lied nach der Predigt eignet sich »Lobe den Herrn meine Seele« (z. B. Lebensweisen, 46). Melodie und Text dieser Vertonung von Ps 103 nimmt das Grundanliegen der Predigt auf, wenn es im Refrain zum Beispiel heißt: »Was er dir Gutes getan hat, Seele, vergiss es nicht, Amen.«

Am Ende des Gottesdienstes bleibt Zeit für ein ausführliches gemeinsames Gebet. Auch hier wäre eine bewusste Einbindung der Gemeinde denkbar: Für wen wollen wir heute beten? Wen sollten wir als Kirchengemeinde einmal wieder besuchen? Menschen können konkret benannt werden. Vielleicht bietet sich zudem die Möglichkeit, bereits vorab im Verlauf der Woche nach Gebetsanliegen, besonders für Erkrankte, in der Kirchengemeinde zu fragen und diese im Gottesdienst aufzunehmen. Eine weitere Möglichkeit zur Gestaltung des Gebets wäre eine nochmalige Verlesung des Predigttextes Vers für Vers (bzw. an den Themen des Textes orientiert) in Verbindung mit passenden Fürbitten. Zum Beispiel zu V.16: »Bekennt also einander eure Sünden und betet füreinander, dass ihr gesund werdet. Des Gerechten Gebet vermag viel, wenn es ernstlich ist.« – Gott, wir bemühen uns, zu dir zu beten. Es gelingt uns nicht immer. Wir bitten dich, hilf uns, dir und anderen gegenüber nicht nur eine Fassade aufrecht zu erhalten, sondern offen und ehrlich zu sein. Gott, wir meinen es ernst mit dir und wir bitten dich heute: Verschone uns vor Krankheit.

Das Grundanliegen des Gottesdienstes und der Predigt ist es, das Beten in seinen dem Text immanenten Variationen zu praktizieren und dabei miteinander zu bedenken: Welche Bedingungen brauche ich, um mich Gott oder anderen Menschen gegenüber öffnen zu können?

Das Thema und die Elemente des Gottesdienstes bieten sich an, auch in anderen Gemeindekontexten aufgegriffen zu werden, etwa im Konfirmandenunterricht, im Besuchsdienst oder im Kirchenvorstand. Das Thema kann dazu anregen, das Aufeinander-Achthaben in der Gemeinde zu fördern und vor diesem Hintergrund auch die Besuchskultur und den Umgang mit Kranken zu bedenken.

»Beten Sie für meine Arthrose«, hatte die Frau an der Kirchentür gesagt. In diesem Gottesdienst wird für sie gebetet und sie erhält Raum, Gott und den Menschen zu erzählen, was sie in ihrer Krankheit beschäftigt. Und dennoch legt der Gottesdienst sie nicht auf ihre Krankheit fest, sondern spricht auch die leichte musikalische Seite ihres Lebens an und ermöglicht es ihr, Gott zu loben und den Blick auf sich selbst zu erweitern.

Literatur: *Wiard Popkes*, Der Brief des Jakobus (ThHK 14), Leipzig 2001; *Rainer Metzner*, Der Brief des Jakobus (ThHK 14), Leipzig 2017.

20. Sonntag nach Trinitatis – 22.10.2023

A

Markus 10,2–9(10–12)13–16

Anspruchslos glauben und verantwortlich leben

Lars Charbonnier

I Eröffnung: Nicht trennen, was zusammengehört

»Wir haben kein Erkenntnisproblem, sondern ein Umsetzungsproblem!« Diese Erkenntnis (!) wird in verschiedenen Situationen derzeit genauso angemessen wie wohlfeil verlautet: Ob Klimakrise oder Kirchenkrise im Großen, ob Beziehungskrise oder Leistungskrise im (vermeintlich) Kleinen des Lebens – wie es besser ginge oder warum es nicht gut geht, das lässt sich oft leicht beschreiben. Aber es besser zu tun, das steht häufig auf einem anderen Blatt.

»Es ist dir gesagt, Mensch, was gut ist …« (Mi 6,8) – das kann ins selbe Horn geblasen gehört werden. Nach dem »Sinn von Ordnungen« würde an diesem Sonntag gefragt werden, heißt es auf kirchenjahr-evangelisch.de, und dass dieser 20. Sonntag nach Trinitatis so kurz vor der Bußzeit »Wege zum guten Leben« aufzeige. Kinder segnen und verheiratete Menschen nicht trennen, das sollen zwei solcher Wege sein. Und wir alle wissen: Wenn das so leicht wäre …

Bei allen anregenden Erkenntnissen, die rund um diese Perikope möglich sind, ist für mich in diesem Jahr nach dem Ende der *Pan*demie, einem sorgenvollen Winter und der anhaltenden Krise nach einer politischen »Zeitenwende« für die Umsetzung auf dem Weg zur Predigt dreierlei wichtig: Es geht mir um mehr als um »Ehe- und Familie« an diesem Sonntag (Ev. Gottesdienstbuch), um mehr als Beziehungsschwierigkeiten und Erziehungsfehler, und entsprechend weisen die Verse über sich hinaus und in den Kontext des Evangeliums. Deshalb gehören sie zusammen, auch in der Predigt. Und da geht es mir weder um eine Romantisierung der Ehebeziehung angesichts der großen Liebe und Treue Gottes (Magaard, 190) noch um eine Idealisierung von Kindern als geborene Vorbilder einer »zweiten Naivität« (womit sie wiederum zum Zweck der Erwachsenen werden ...) (Ulrich, 174). Und schließlich: Niemand braucht eine Predigt, die die Bibel rechtfertigt oder gar eine Perikopenentscheidung einer kirchlichen Kommission. Insofern ist ein nicht nur in Auseinandersetzung mit dieser Predigtperikope bereits vielfach beschworener Geist dieser Verse direkt aufzunehmen: Nicht im Gesetz oder im Buchstaben wird der Glaube lebendig.

II Erschließung des Textes: Übernimm Verantwortung – für das Richtige

Diese im Rahmen der sog. »Haustafeln« verorteten Verse des Markusevangeliums stehen im Spannungsbogen seiner Komposition kurz vor dem Ende der Jüngerbelehrungen angesichts der Ankündigungen des bevorstehenden Leidensweges, der in Kap. 11 mit dem Einzug in Jerusalem seinen Lauf nimmt. Die Klärung von Einzelfragen kann kaum als Anliegen dieser Kapitel festgehalten werden. Die Vollmacht Jesu, seine Glaubwürdigkeit und Autorität werden in Frage gestellt – in der Erzählung des Evangeliums wie wohl in der Gegenwart des Schreibers. Das nahe gekommene Reich Gottes ist der Kern der markinischen Überlieferung – und nach diesen Maßstäben buchstabiert er die Jesus-Erzählung durch. Maßstäbe wie der, dass die zur Familie gehören, die den Willen Gottes tun (3,35). Maßstäbe, die sich daran erkennen lassen, dass Dämonen besiegt und Kranke geheilt, dass Sünden vergeben und Hungrige satt werden.

Auch in diesen Versen des 10. Kapitels kommen zwei Gruppen von Menschen in den Blick, die von sich aus nicht im Zentrum der damaligen Gesellschaftsordnung standen und die entsprechende Unterstützung brauchten, um den Weg ins gute Leben zu gestalten: geschiedene Frauen und Kinder. Denn allen romantischen Ehebildern von heute zum Trotz, gab es in der damaligen Zeit nicht nur die Erlaubnis zur Polygamie – für die Männer –, sondern auch eine recht breit ausgelegte Einschätzung für gute Gründe, sich von einer Frau zu trennen – bis hin zu ihren mangelnden Kochkenntnissen. Diese sozialgeschichtliche Dimension auszublenden, halte ich an dieser Stelle für nicht ratsam. Uns Heutigen näher liegt es vielleicht, den geringen Stellenwert der Kinder nachzuvollziehen – um diesen ist es auch in unserer heutigen Gesellschaft nicht zum Besten gestellt, wie die Coronakrise deutlich offenbart hat.

Was haben diese Verse mit den zuvor benannten Aspekten gemein – und auch mit den nachstehenden zum Verhältnis von Reichtum und den Zugangsschwierigkeiten zum Reich Gottes? In allen Fällen geht es um die Übernahme von Verantwortung für die, die selbst in ihrer Verantwortungsübernahmekompetenz eingeschränkt sind – sei es körperlich, sei es geistig/geistlich, sei es aufgrund ihrer Lebensweise oder ihres Lebensalters. Die Kinder können hier als Höhepunkt angesehen werden: Gerade ihnen steht das Reich Gottes offen, weil ihre Ansprüche nicht nur übergangen werden, sondern weil sie in gewisser Weise noch ganz anspruchslos sind. Sie kennen noch zu wenig von einer Welt der Ordnungen und Verantwortlichkeiten, des richtig und falsch – und sind genau deshalb dem Reich Gottes gegenüber so offen, wie Erwachsene es nie mehr sein könnten. Es sei denn, sie kehren um – ganz gemäß dem Eingang des Evangeliums (1,14f.) – und auch fast dem Schlussvers dieser Haustafeln: Viele aber werden die Letzten sein, die die Ersten sind, und die Ersten sein, die die Letzten sind (V.31).

III Impulse: Ehrfurcht vor dem Leben

Der für mich zur Predigt führende Impuls besteht im deutlichen Ruf nach Verantwortung eines jeden Menschen für das Leben und insbesondere das Leben derer, die durch innere oder äußere Gründe diese Verantwortung für sich selbst nur begrenzt ausüben können. Der hinter den konkreten Veranschaulichungen dieser Perikope wirksame Zugang des Glaubens auf diese Welt – die gute Ordnung Gottes – verstehe ich hier als diese Priorität für das Leben, das seinen Zweck allein in sich selbst hat. Umzukehren von den Wegen, die abschneiden von dieser Lebenskraft, die ihren Ursprung in Gott hat (vgl. den atl. Text des Sonntags: Gen 8,18–22; 9,12–17), das ist der Aufruf des markinischen Jesus – auch und gerade in diesen Versen. Es geht in jeder menschlichen Beziehung darum, dieses festzuhalten – insbesondere in der Verantwortungsgemeinschaft von Mann und Frau oder heute angemessener: Menschen in verbindlichen Beziehungen. Und es sind die Kinder, die aus dieser Verbindung heraus von sich aus leben – und darin nicht zu hindern sind.

So weit, so gut. Aber was kann das bedeuten für die aktuelle Situation? Welche Umsetzung folgt aus dieser Erkenntnis? Das gilt es auszubuchstabieren in der je konkreten Situation der konkreten Predigt. Ein Beispiel mag Anregung geben: Einer, der die gegenwärtig dringenden Fragen nach Klima und Frieden mit einer solchen Ethik der Ehrfurcht vor allem Leben aus christlicher Überzeugung wie kaum ein anderer verband, war Albert Schweitzer. Seine wesentliche Erkenntnis: »Ich bin Leben, das leben will, inmitten von Leben, das leben will.« Und seine Konsequenz daraus: »Erlebt der Mensch seine Verbundenheit mit allen Wesen, so entspringt daraus die Nötigung zu einem ins Uferlose gehenden Dienen.« Und weiter: »Ethik besteht also darin, dass ich die Nötigung erlebe, allem Willen zum Leben die gleiche Ehrfurcht vor dem Leben entgegenzubringen wie dem eigenen. Damit ist das denknotwendige Grundprinzip des Sittlichen gegeben. Gut ist, Leben erhalten und Leben fördern, böse ist, Leben vernichten und Leben hemmen.«

Literatur: *Friedemann Magaard/Horst Gorski*, Fisch sucht Fahrrad – oder: Die Liebe sucht ihren Grund, in: PrSt(S) I/2 (2014/15), 189–195; *Gerhard Ulrich/Rudolf Gebhard*, Herzens-Sklerose, in: PrSt(S) I/2 (2008/09), 171–179.

Internet: www.albert-schweitzer-heute.de (zuletzt abgerufen am 30.10.2022).

Peter Meyer

B

IV Entgegnung: Konsequenzen entknoten

Es kracht im Predigttext: Zwei Begegnungen, in denen Jesus und andere in Beziehungsfragen kollidieren. Die Mk so arrangiert, dass Jesus zielsicher O-Ton-Qualität ansteuert: »Was nun Gott zusammengefügt hat, soll der Mensch nicht scheiden.« »Wer das Reich Gottes nicht empfängt wie ein Kind, der wird nicht hineinkommen.« Eng verwoben, streng verknotet: Sittenbild, Sozialgeschichte, Religion.

A behagt die Verknotung nicht. Sein homiletisches Rezept dagegen lautet, so verstehe ich das: Ausweitung. Auf große Themen gehen. Auf Menschengruppen und ihre soziale Position schauen. Grundprinzipien der Ethik in Anschlag bringen. Bei voller Sympathie dafür, arge Kurzschlüsse der Predigtarbeit mit Mk 10 hinter sich zu lassen (Ehe- und Familien-Romantik, Kindheitsideale etc.): Seufzte A eingangs nicht über die Diskrepanz zwischen Erkenntnis und Lebendigkeit? Verführt die Tendenz, ethische Großthemen erst wieder mit »der Situation« zu vermählen, nicht auf ihre Weise zu Rigorismus?

Ich versuche es mit der Gegenrichtung: Mk wird durch kleine Geschichten zum großen Erzähler. Er zauderte nicht, Motive und Herrenworte in hautnah-akute Konflikte einzuarbeiten, nachösterlich (Ulonska, 140–146). Zusammenleben (zusammen leben) und Gottesbeziehung rücken in die revolutionäre Nähe, die Jesus verkörpert. Nehmt die Mk-Verse drum als Zeugnis derer ernst, »who participated in the revealing events« (Tillich, 35). Denn um Konsequenzen dieser Teilhabe geht es!

Aus dieser Überzeugung heraus biete ich A an, den Knoten so zu lösen: Viele in unseren Bibelübersetzungen zentrale Worte jener Verse aus Mk 10 wurden viel zu oft zu falschen Freunden. *Ehe, Scheidung, Kindheit*. Gerade, *weil* sie Nähe signalisieren, ist es nötig, in der Predigt kreative Verunsicherung zu stiften: Wir hören nicht, was Jesus, Markus … damit meinen. Um das dann aber *wie Mk* zu wagen: Vom Quellgrund göttlicher Nähe auf (Nah-)Beziehungen schauen.

Der alte Perikopenschnitt (Mk 10,2–9[10–16]) zeugte von der Reduktion der Passage auf eine »traditionell-bürgerliche, konventionelle Sexual- und Ehemoral«. (Deeg, 502) Das nötigt Prediger:innen unweigerlich dazu, sich am Schlusston 10,9 abzuarbeiten. An »unter uns« unhaltbaren Zügen und unmöglich mitgemeinten, lieblosen Konsequenzen. An seiner Heteronormativität. Um dann ein Extrakt zu produzieren: Auf liebessattem Beisammensein auch gegen Widerstände liegt Segen – vielleicht Resonanz. »Zwischen Autonomie und Angewiesenheit«, so brachte die Orientierungshilfe der EKD zur Familie 2013 dieses so notwendige wie sinnvolle sozialethische Ringen auf den Begriff. Jetzt, mit der Aufnahme von V.13–16 in den Grundbestand, geht mehr. Das narrativ-theologische Programm des Mk rückt in den Fokus, mit jener Energiespur, die beide Szenen verbindet. Ein Gedankenexperiment: Welche Fragen an Jesus stellen (anstelle der Pharisäer) Kinder, die von ihm gesegnet wurden? Was, wenn die Pharisäer gar keine Antwort, sondern vor allem Jesu Nähe spüren wollten?

Was Gott zusammengefügt hat ... Was auch immer in der Szene V.2–9 für wen wann wirklich wie war: Mk schiebt seine Frage den Pharisäern zu. Wohl um die eigene Verunsicherung darüber zu verbergen, dass die »Umsetzung« wirklich eine Frage aufwirft: Was folgt *aus unserem Glauben*? Denn darin schwingt mutmaßlich keine moralisch angestrengte »Position« mit, sondern ein akutes Problem neu gewonnener Freiheit der (Predigt-)Gemeinden um Mk: Müssen Christenmenschen die Brücken zu »ungläubigen« Ehepartnern abbrechen (Lührmann, 171)? So viel zu den so gerne dichotomisch diskutierten Lebensdimensionen Freiheit »oder« Regulierung (Markt oder Staat, individuell oder sozial, Glaube oder Handeln etc.). Jesu Reaktion bestätigt ausgerechnet in diesem apodiktisch daherkommenden Text: Einfach nachlesen reicht nicht, wenn es um etwas geht. Jedenfalls kitzelt Jesus die Tiefenstimmung der Freiheitsfrage heraus. Legt ihr Potenzial zu *echter Versuchung* frei, die fieberhaft probt und abklopft, was wahr ist (zum Verb versuchen/*peirazō* in diesem Sinne vgl. Dschulnigg, 168). Jesus drängt in Quellgründe des Glaubens: »von Beginn der Schöpfung an«.

Es lohnt sich, das für die Hörer:innen einmal gedanklich nachzuvollziehen. Vielleicht artikulieren diese Quellgründe 2023 vor allem die Zuversicht, dass Gott unverbrüchliche Aufmerksamkeit, Zuwendung ins Leben setzt – die nicht nur mir gilt. Das wäre ja schon ein Auftakt zur Vertiefung sehr konkreter Lebensfragen. Zum Beispiel einer der meist strategisch verkürzten, zugespitzten Akutfragen (dieses oder jenes Kraftwerk abschalten, Waffen liefern oder nicht ...). Ein Beitrag, der darin besteht, den Unsicherheiten auf den Grund zu gehen, die darin stecken. Sie religiös angemessen zu radikalisieren.

Ein Experiment dazu: Schreibe auf, was du – jetzt – als tiefste Wahrheit von Gott weitersagen kannst. Wie klingen von dort aus Reaktionen auf Fragen unserer Zeit?

Und er herzte sie ... Der *Grund*, aus dem heraus die Jünger Kinder von Jesus fernhalten (können), ist gleichzeitig Jesu *Begründung* dafür, sie in exklusive Nähe zum Reich Gottes zu rücken. Arglos, wie sie sind, machtlos. Das Reich Gottes wartet auf die, die spielen, statt im Voraus zu berechnen. Deren Augen und Ohren auf Empfang stehen. Die auf Schutz angewiesen sind. Die *Art ihrer Zugehörigkeit* schlüpft in passend schwache Begriffe (das Reich Gottes »ist für solche«, *toioutōn estin* (V.14), sie »bekommen«, *dechomai* (V.15). Die Realität des Reiches Gottes demonstriert Jesus hingegen mit Nähe, Berührung, Segen. Mit Formen übrigens, die selbst für Missbrauch anfällig sind, als Schutzmäntelchen für Gewalt dien(t)en.

Das spricht gegen einfache (kirchliche) Okkupationsversuche: Man müsse so oder so fürs Reich Gottes werben. Oder halt diese oder jene Bedarfe berücksichtigen. Bedürfnislosigkeit steht ganz vorne. Kein Besserwissen, sondern eine Welthaltung. Ich glaube, es ist deshalb sinnvoll, der homiletischen Versuchung zu wehren, die Kinder zu metaphorisieren. Mit ihnen stehen keine Eigenschaften, sondern Menschen *mit* Eigenschaften im Vordergrund. Gerade dann, wenn man anerkennt, dass auch »Kindheit« eine Konstruktion ist.

Auf dem Weg zur Predigt eine Vorübung: Lege eine ehrliche Liste derer an, deren potenzielle Nähe zum Reich Gottes (wer weiß?) nur gegen meinen Widerstand sichtbar würde. Leute, die in Saus und Braus leben. Kinder, die nicht stillsitzen können. Menschen, mit denen ich politisch uneins bin. Etc.

VI Predigtschritte: Näherkommen

Für die Predigt halte ich nach Phänomenen Ausschau, in denen beide Bewegungen der Mk-Stücke stecken: Antworten vertiefen. Wie Kinder daherkommen. Zwei Beispiele:

1. Navid Kermani hat Anfang 2022 sein Buch »Jeder soll von da, wo er ist, einen Schritt näher kommen« veröffentlicht. Er gibt darin von seinem islamischen Glauben, im gleichen Atemzug vom Wesen religiöser Existenz Auskunft. In Form eines Scripts für abendliche Gespräche mit seiner zwölfjährigen Tochter – in das er tags darauf ihre Fragen, ihren Widerspruch, ihre Erfahrungen (z.B. aus dem katholischen Religionsunterricht) einarbeitet. Im Angesicht der freimütigen, innig geliebten Kritikerin wiegelt Kermani nichts ab. Um ihretwillen befragt er noch die würdevollste Tradition bis zu ihren Überzeugungsquellen hinab. Zum Beispiel so: »Der Islam oder das Christentum oder das Judentum oder irgendeine andere Religion ist schließlich nicht in Büros entstanden, in Bibliotheken oder in Klassenzimmern. Die Religionen sind entstanden,

wo Menschen sich in der Natur umgeschaut haben oder sich um ihre Liebsten sorgten, als sie selbst krank waren, hungerten oder sich verloren fühlten, bei der Geburt ihres Kindes oder beim Tod der Eltern, also mit den wichtigsten Ereignissen, die es im Leben eines Menschen gibt. Und warum? Weil sie merkten, dass sie von Unendlichkeit umgeben sind.« (Kermani, 11) Dieser im sehr anspruchsvollen Sinn kind-gerechte Ton spart die religiöse Ethik nicht aus. Auch sie wird auf ihren Grund geführt. Zum Beispiel, wenn Kermani das Gebot der Feindesliebe so transponiert, »dass du im blödesten Lehrer, miesesten Ausbeuter, unsympathischsten Politiker dennoch das Kind siehst, das er einmal war, den Sterbenden, zu dem er wird« (Kermani, 155).

2. Das Bundesverfassungsgericht hat 2021 ein wegweisendes Urteil gefällt: Die Regelungen des Klimaschutzgesetzes seien teilweise unvereinbar mit den Grundrechten. »Die Vorschriften verschieben hohe Emissionsminderungslasten unumkehrbar auf Zeiträume nach 2030. […] Als intertemporale Freiheitssicherung schützen die Grundrechte die Beschwerdeführenden hier vor einer umfassenden Freiheitsgefährdung durch einseitige Verlagerung der durch Art. 20a GG aufgegebenen Treibhausgasminderungslast in die Zukunft.« (Bundesverfassungsgericht)

Mit dem nüchternen Instrument juristischer Schlussfolgerung zieht das Gericht den *Grund*, aus dem ausgerechnet Kinder von politischen Zukunftskalkulationen ausgeschlossen wurden, zur *Begründung* für ihre Berücksichtigung heran. Indem die Generationen, die jetzt Macht haben, auf ihre Freiheit pochen, verwehren sie (unter anderem) ihren Kindern Freiheitschancen. Das ist schon als juristisches Detail atemberaubend stark. Um wieviel mehr, wenn Jesu Auftritt in Mk 10 mit gleicher Konsequenz ins Leben hineingelesen wird. Wenn wir Kinder nicht nur luftig als »Zukunft« apostrophieren, sondern ihre Arglosigkeit als Anspruch an unsere Verantwortung durch- und gelten lassen. Das bricht mit jeder Vorstellung vom Fluss der Zeit, der so dahinplätschert. Durchkreuzt die törichte Annahme, Freiheit sei die eindimensionale, ungehemmte Ausweitung meiner eigenen Möglichkeiten. Das Reich Gottes steht denen offen, deren Ansprüche übergangen werden, weil sie anspruchslos sind.

Was passiert eigentlich an diesem Predigtort, wenn wir das ernst nehmen? Was passiert, wenn wir nach der Predigt ein Spiel spielen? Handfeste sozialethische Folgerungen – keine Frage!

Jesus zwängt sich nicht unter die Pharisäer. Drängt sich den Familien nicht auf. In diesem Sinne hat die Predigt mit Mk 10 das Zeug, Spiel in Diskurse zu bringen. Bewegungen aufzunehmen, die im Raum sind. Als religiöse Aufgabe! Indem sie Wahrheiten Gehör verschafft, die fast banal sind – nüchterne Konsequenz.

Literatur: *Alexander Deeg*, Unschärfen der Liebe. Hld 8,6b–7, GPM 76 (2022), 498–505; *Peter Dschulnigg*, Das Markusevangelium (ThKNT 2), Stuttgart 2007; *Navid Kermani*, Jeder soll von da, wo er ist, einen Schritt näher kommen, München 2022; *Dieter Lührmann*, Das Markusevangelium (HNT 3), Tübingen 1987; *Paul Tillich*, Systematic Theology, Bd. I, Chicago 1951; *Herbert Ulonska*, Streiten mit Jesus. Konfliktgeschichten in den Evangelien, Göttingen 1995.

Internet: *Bundesverfassungsgericht*, Verfassungsbeschwerden gegen das Klimaschutzgesetz teilweise erfolgreich. Pressemitteilung Nr. 31/2021 vom 29.04.2021, https://www.bundesverfassungsgericht.de/SharedDocs/Pressemitteilungen/DE/2021/bvg21-031.html; *Rat der EKD*, Zwischen Autonomie und Angewiesenheit: Familie als verlässliche Gemeinschaft stärken, https://www.ekd.de/22584.htm (alle zuletzt abgerufen am 21.10.2022).

21. Sonntag nach Trinitatis – 29.10.2023

1 Mose 13,1–12(13–18)

Eine Trennung und ein Dennoch

A

Anna Böllert

I Eröffnung: Geh doch!

»Trenne dich doch von mir!« – das ist einer jener Sätze im Streit, nach denen es erstmal kurz still ist im Raum. »Trenne dich doch von mir«, oder etwas laxer formuliert: »Geh doch!« ist so etwas wie ein Tiefschlag im Wortgefecht, egal ob als Reaktion auf eine Verletzung, zur Provokation oder in Rage: Hinter diesen Satz kommt man nicht mehr zurück. Er schneidet eine existenzielle Ebene an und stellt den Blick auf die gemeinsame Zukunft zur Disposition, nicht etwa *wie* sie aussieht, sondern ob es sie *überhaupt* noch gibt.

Ich denke an ein streitendes Ehepaar, bei dem auf einmal eine Scheidung im Raum steht, an eine enge Freundschaft, deren Fortbestand plötzlich nicht mehr selbstverständlich ist oder eine Diskussion am Arbeitsplatz, die sich in Richtung einer möglichen Kündigung entwickelt.

Trenne dich doch! – Geh doch!

Im Predigttext fällt dieser Satz zwischen Abram und seinem Neffen Lot, aber Abram spricht nicht unüberlegt und vorschnell im Streit, er will nicht provozieren und er entschuldigt sich auch nicht hastig danach – Abram meint es ernst und schlägt eine Trennung vor, um einen Streit zu beenden und *Frieden* zu schaffen. Frieden ohne Waffen ist das Thema des 21. Sonntags nach Trinitatis. Dazu sind wir als Christ:innen aufgerufen: Aktiv für Frieden und Verständigung einzutreten, zur Waffenrüstung Gottes statt zu eisernen Waffen zu greifen, wie die Epistellesung aus Epheser 6 fordert und dem Wochenspruch folgend das Böse mit dem Guten zu überwinden (Röm 12,21).

Aber was ist gut, was ist böse? Was ist richtig, was ist falsch?

Gen 13,1–12 bietet einen spannenden und herausfordernden Blick auf diesen Auftrag: Der Konflikt wird eben nicht in Harmonie aufgelöst, niemand liegt sich am Ende in den Armen, sondern Abram macht einen Vorschlag, den zu denken wir zunächst vermeiden: *Geh doch!* Ist manchmal vielleicht eine Trennung, ein klarer Schlussstrich, eine Grenze die heilsamere Antwort auf einen Streit als eine Versöhnung? Wenn dem so ist, frage ich mich und den Text: Wo ist Gott in dieser ganzen Angelegenheit? Wo liegt darin die gute Botschaft?

II Erschließung des Textes: Hebe deinen Blick

Der Predigttext Gen 13,1–12 lässt sich in verschiedene Abschnitte gliedern und ist nicht einheitlich. Ina Willi-Plein (39f.) grenzt V.1 als Anschluss an die Erzählung von Abrams Berufung und seinen Zug nach Kanaan ab, Gen 13,2 steige dann mit der eigentlichen Erzählung ein. Horst Seebass hingegen spricht den V.1–4 als Form eines nachgeahmten Itinerars Eigenständigkeit zu: Sie dienten dazu, Abram erzählerisch nach der Hungersnot in Ägypten (Gen 12,10–20) nach Bethel, an den Ort der Handlung, zurückzuführen. (Seebass, 32) In jedem Falle befindet sich Abram mit einer beachtlichen Menge an Vieh, Silber und Gold wieder im Land Kanaan.

V.5 bildet sodann die Exposition der eigentlichen Erzählung: Auch Lot mit seinem Hab und Gut begleitet Abram; eine Tatsache, die zum Konflikt führt: Denn das Land, so heißt es, ertrug sie nicht beide, ihr Habe war zu groß (V.6). V.7–9 schildert die Konsequenz: Es kommt zum Streit um die Weiderechte und die begrenzte Menge an Grünfläche zwischen Abrams Hirten, Lots Hirten und den sesshaften Bewohnern (Willi-Plein, 41), woraufhin Abram sich mit der einzigen wörtlichen Rede des gesamten Textes an Lot wendet (V.8f.): »Steht dir nicht alles Land offen? Trenne dich doch von mir.«

Abram als der Älteste und Verantwortliche ergreift an dieser Stelle das Wort, um den Streit der Hirten zu beenden. Indem er Lot das ganze Land als offenen Raum vor Augen stellt und ihm die Wahl lässt, verzichtet er nicht nur auf seine Führungsrolle, er stellt auch das von JHWH zugesagte Land (Gen 12,7) zur Disposition (Seebass, 35). Er vertreibt Lot nicht, im Gegenteil: Er eröffnet ihm eine Beteiligung an der Verheißung.

Nun hebt Lot seinen Blick und erwählt sich die fruchtbar erscheinende Jordanebene (Seebass, 36) bzw., mit Willi-Plein (42), mehr noch, nämlich das gesamte Ufergebiet des Toten Meeres und zieht fort. Abram bleibt im deutlich kärgeren Kanaan zurück.

Auf den ersten Blick kommt der Predigttext Gen 13,1–12 beinahe etwas unscheinbar daher. Seinen eigentlichen Gegenstand, den Streit, inszeniert er nicht dramatisch, sondern zielt auf das Ergebnis: die Trennung zwischen Abram und Lot, genauer: Lots Landwahl und sein Fortzug. Die ursprüngliche Intention des Textes lag wohl in der Bestimmung des Verhältnisses zwischen Israel als Abrams Nachkommenschaft und Ammon und Moab, die als Lots Nachkommen gelten (Willi-Plein, 39). Erst P trug dann in V.6 den Grund des Streites ein (Seebass, 32), das Augenmerk bleibt auf seinen Ausgang gerichtet: Mit Lots Wahl steht plötzlich auch die Verheißung an Abram auf dem Spiel. An dieser Stelle lohnt sich ein Blick in die nächsten Verse (14–17). Hatte Lot in V.10 auf Abrams Ermutigung in V.9 hin seinen Blick gehoben, so ist es nun der zurückgebliebene Abram, der angesprochen wird: JHWH fordert nun ihn auf, seinen Blick zu heben und erneuert und konkretisiert seine Verheißung.

Mit seiner Fokussierung auf eine Trennung ruft der Text eine existenzielle wie zeitlose Erfahrung auf: Zwei Menschen, die miteinander verbunden sind (sei es familiär, beruflich oder emotional), ringen mit der Frage, ob und wie es mit ihnen weitergehen kann – ob die Zukunft der einen noch die Zukunft des anderen ist. Und in solchen ausweglosen Streitsituationen und Trennungen scheint Gott weit weg und stumm. Ebenso lohnt es sich, der Blickachse des Textes zu folgen, denn auch das gehört zu unserem gegenwärtigen Erfahrungshorizont: Etwas Ungelöstes bindet den Blick, vereinnahmt die Kräfte und das weite Land dessen, was möglich ist, gerät ebenso aus dem Sichtfeld wie Gottes Zusage.

III Impulse: Liegt nicht das Land vor dir?

Der Text bietet uns keine Antwort auf eine bestimmte theologische oder lebensweltliche Problemstellung, zumindest nicht direkt, sondern er legt den Finger in eine offene Wunde: So sehr wir uns nach Frieden und Versöhnung im Großen wie im Kleinen sehnen, bleibt eine Trennung manchmal trotzdem der einzige Ausweg zur Wahrung des Friedens. Manchmal ist das Versöhnlichste, was wir tun können, zu gehen. Anzuerkennen, dass auch lange Freundschaften enden; dass auch eine ehemals glückliche Beziehung scheitern kann; dass manchmal ein Arbeitsplatzwechsel die beste Möglichkeit ist. Hier hält der Text die Schwere der Situation aus und lenkt den Blick gleichzeitig zum Schluss hin auf Gott und die Möglichkeiten der Lebensgestaltung und Hoffnung, die vielleicht erst nach einem Schlussstrich wieder in den Blick genommen werden können.

Diese Beispiele mögen nun banal klingen, das Thema des Sonntags (Frieden ohne Waffen) und unzählige Konflikte und Kriege in der Welt mögen vollkommen berechtigterweise nach einer Predigt in höherer Größenordnung fragen und auch bei Abram und Lot steht im Hintergrund ja nicht nur das Schicksal zweier Menschen, sondern das von Völkern. Ich plädiere trotzdem dafür, mit diesem Text an diesem Sonntag im kleinen Kreis der tatsächlichen Erfahrungswelt der Hörerinnen und Hörer zu bleiben, statt ins Weltpolitische oder Moralisierende zu driften, also einen zentralen Gedanken in den Mittelpunkt zu stellen (Hirsch-Hüffel, 173). Denn für diejenigen, die obige Beispiele betreffen, geht es um Existenzielles, Emotionales, Schwerwiegendes.

Mein Vorschlag für eine Predigt ist es, das seelsorgerliche Potenzial des Textes zu nutzen und ihm Schritt für Schritt zu folgen. Das karge Erzählgerüst und die Tatsache, dass er sicherlich nicht allen Hörerinnen und Hörern bekannt sein dürfte, bietet viel Raum für eine narrative Ausgestaltung. Der Text könnte also ausgeschmückt nacherzählt werden, die einzelnen Szenen (Einleitung, Konflikt, Trennung, Landwahl und schließlich als Vorgriff: Erneuerung der Verheißung) könnten mit einem griffigen Beispiel unseres Alltags verflochten werden, das ebenfalls die verschiedenen Erzählstufen durchläuft. Wichtig ist, dass Hörerinnen und Hörer in der Erzählung mitschwingen und ihre eigenen Assoziationen eintragen können (Hirsch-Hüffell, 174), sich also nicht von einer Geschichte aus längst vergangenen Tagen berieseln lassen, sondern im Hören die Schnittstellen mit ihrem eigenen Leben suchen und finden.

Die Pointe einer solchen Predigt wäre eine doppelte: Erstens würde das prominente »Trenne dich doch« zum Vorschlag »*Trau dich, andere Optionen zu denken*«. Selbstredend sollen damit nicht alle aufgefordert werden, ihre Beziehungen zu beenden, vielmehr geht es um die lebensdienliche Frage: Was bindet und belastet mich, stört meinen (inneren?) Frieden, steht mir vielleicht mit Blick auf Gott im Weg? Denkbar sind auch Lebensentscheidungen, Träume, Angewohnheiten, Traditionen. Was spricht eigentlich dagegen: Trenne dich von mir?

Ebenso unmittelbar wie diese Konfrontation die Hörerinnen und Hörer dann trifft, eröffnet der Text ihnen gleichermaßen neue Perspektive: *Hebe deinen Blick. Liegt nicht das Land vor dir?* In der bleibenden Zuwendung Gottes (V.14–17) liegt somit die zweite Pointe des Textes und es gilt, beides zu benennen: das Schmerzhafte, Traurige einer Trennung. Die Hoffnungslosigkeit. Den zu Boden gesenkten Blick. Aber zweitens auch die Möglichkeit, die in einem Neuanfang liegt; das Land, das sich auftut, wenn wir den Blick heben. Gottes Zusage an Abram wie an uns: *Mein Weg mit dir ist nicht zu Ende, er fängt hier gerade erst an. Schau doch.* Als Lied nach der Predigt bietet sich EG 395 – »Vertraut den neuen Wegen« an.

Literatur: *Thomas Hirsch-Hüffell*, Die Zukunft des Gottesdienstes beginnt jetzt. Ein Handbuch für die Praxis, Göttingen 2021. *Horst Seebass*, Genesis II/1. Vätergeschichte I. (Gen 11,27–22,24), Neukirchen-Vluyn 1999. *Ina Willi-Plein*, Das Buch Genesis. Kapitel 12–50 (NSK.AT 1/2), Stuttgart 2011.

IV Entgegnung: Szenen wie aus dem Leben – und ein eigentlicher Plot im Hintergrund

A hat recht: »Trenne dich doch von mir!«, »Steht dir nicht alles Land offen?«, »Da hob Lot seine Augen auf« – das spricht direkt in unsere Lebenswirklichkeiten. Die Frage, wie und ob es in einer Beziehung weiter geht oder wann eine Trennung das Bessere für alle Beteiligten ist, die weiten Möglichkeitsräume des Lebens, die wir uns immer wieder selbst verstellen, das intensive Bedenken von weitreichenden Entscheidungen – all das regt mich unmittelbar an und ist gewissermaßen Rohmaterial für eine »moderne« Predigt.

Und gleichzeitig: läuft hier bei näherem Zusehen noch ein weiterer Plot im Hintergrund. Und der ist – religiöses und theologisches Schwarzbrot. A fragt nicht ganz zu Unrecht, wo in dieser ganzen Angelegenheit mit Abram und Lot und deren Trennung eigentlich Gott sei. Der Text ist hier klar: Der eigentliche Akteur tritt erst mit V.14 auf. Und versichert Abram einmal mehr, wie die Dinge laufen werden – da mag dieser noch so lange über eine kluge Lösung des Konflikts gegrübelt und Lot noch so wohlüberlegt gewählt haben. *Der Mensch denkt, Gott lenkt*, das ist die eigentliche Botschaft des Textes. Auch das Material für eine Predigt, allerdings für eine eher »traditionelle«.

Da A sich auf die Handlung zwischen Abram und Lot konzentriert, fokussiere ich stärker die im Text behauptete Tiefendimension des Geschehens.

V Erschließung der Hörersituation: Existenzielle Sorgen mitten im Luxus

Die neue Predigtperikope Gen 13,1–12(13–18) ist im Umfang der V.1–18 sicherlich zu lang. V.1–12 bebildert zwar die Beziehung von Abram und Lot, klammert aber mit Gott den eigentlichen Akteur der Gesamtszene aus. Mit den V.2.5–12.14f. scheint mir beiden Handlungssträngen Rechnung getragen: Aus dem Itinerar der V.1–4 braucht es als Information nur V.2, den theologischen Nachklapp V.13–18 würde ich auf das Nötigste kürzen, um Gottes »höheren« Plan mit Abra(ha)m nicht über Gebühr zu betonen.

Zur ersten Predigtoption. Der Katalog der *Deutschen Nationalbibliothek* bietet für die Schlagworte »Konflikt« und »Trennung« neben dem Themenbereich Paarbeziehung (mit Kind) den der Friedens- und Konfliktforschung. Wie von A vermerkt, lässt sich die Geschichte also auf beiden Ebenen ansiedeln: der Ebene des Privaten, wobei die (wörtlich) »Brüdermänner« Abram und Lot den Blick von vorneherein über den engeren Kreis der Liebesbeziehung hinaus weiten. Und auf der Ebene des

Öffentlichen, stellt doch der Streit zwischen Gruppen in der Lebenswelt der Kleinviehnomaden das Äquivalent zum Krieg zwischen Staaten dar. (Westermann, 205)

In Ergänzung zu den Textbeobachtungen von A: Der Streit entsteht aus dem Überfluss, nicht aus Mangel (V.2.5). Äußere Faktoren belasten die Situation zusätzlich, hier versinnbildlicht durch die Kanaanäer und Perisiter (V.7). So vorbildlich-besonnen Abram im Sinne der Sache agiert: Konsequent wäre nicht das »Trenne dich doch von mir!« (V.9), sondern ein »Ich trenne mich von dir« – nebst anschließendem Wahlangebot an Lot. Denn Abram hat zwar den Entschluss zur Trennung bereits gefasst, schiebt den schwarzen Peter des Vollzugs aber letztlich doch dem Neffen zu. Dieser soll (scheinbar) entscheiden, was schon entschieden ist. Last but not least: A deutet zwar an, dass auch und gerade eine Trennung heilsam sein kann. Gleichwohl scheint doch das Schmerzhafte im Vordergrund. Hier wäre ich deutlicher: In machen Situation *ist* die Trennung das Heil. Abram und Lot gehen getrennte Wege, ohne Wenn und Aber, ohne Aussicht auf ein Wiedersehen. Dass Gott im Hintergrund seine eigenen Pläne mit den beiden hat, steht auf einem anderen Blatt.

Damit zur zweiten Predigtoption. Zum Zeitpunkt des Konfliktes ist Abram laut Gen 12,4 mindestens 75 Jahre alt – und kinderlos. In Lot dürfte er nicht nur einen Neffen sehen, sondern zugleich den Sohn, der ihm selbst versagt blieb. (Bräumer, 69) Wiegt schon der Trennungsentschluss entsprechend schwer, so ist es mit dem Wahlangebot – und vor allem dessen Ausgang – ebenso. Ob das kargere Land Kanaans für seine große Gruppe ausreicht? Abram ist also gleich doppelt existenziell getroffen.

Und gleichzeitig: Abram geht es nicht schlecht. Gemessen an anderen biblischen Figuren ist seine Grundsituation geradezu luxuriös: Er ist frei, gesund, nicht alleine, finanziell sogar richtiggehend reich. *In* dieser Luxussituation beschäftigen ihn existenzielle Fragen – das relativiert letztere nicht, stellt sie aber doch in den richtigen Rahmen. Und in dieser doppelten Ausgangslage kommt Abram wohl heutigen Predigthörer:innen recht nahe. Denn viele Gespräche im Jahr 2022 – und ja auch schon in den beiden Pandemiejahren 2020 und 2021 – kreisen tatsächlich um existenzielle Sorgen und Ängste: Corona, Krieg, Inflation, in kleinerer Münze vielleicht auch die unübersehbare Krise von Kirche und Christentum. Die Unsicherheiten sind real. Tritt man einen Schritt zurück, dann bekommen sie jenseits unserer doch sehr reichen deutschen Gesellschaft im Weltmaßstab gleichwohl noch einmal einen anderen Ton. Wie beim Abram: Das nimmt den existenziellen Fragen nichts von ihrer Schärfe. Der Blick über den Tellerrand mag aber helfen, sie mit mehr Augenmaß zu betrachten.

Noch etwas kommt natürlich hinzu, nämlich Abra(ha)ms sprichwörtlicher Glaube, sein Vertrauen gegen den Augenschein. Die mit Gen

12,1–3 gegebenen Versprechen von Land und Nachkommenschaft gelten noch dort, wo die Situation sie vollkommen verstellt – dafür stehen im Predigttext die V.14f. Für uns: gegen die Unsicherheit, in die uns die Pandemie wie aus dem Nichts versetzt hat. Gegen die Bilder getöteter Zivilisten, Männer, Frauen und Kinder in der Ukraine – und überall in der Welt, denn (Bürger-)Krieg war auch vor dem Februar 2022 allerorten. Gegen die Furcht, die nötigsten Lebensmittel, Strom und Gas, vielleicht die Miete nicht mehr zahlen zu können. Gegen das sichtbare Sterben des Christentums in Mitteleuropa. Dagegen gilt, unvermindert und ohne Abstriche, das Versprechen Gottes auf Frieden, Gerechtigkeit, Nähe. Dieses »Dennoch« mag altbacken klingen, theologisch und religiös eher konservativ. Für die Gegenwart erscheint es mir trotzdem nicht das schlechteste Evangelium.

VI Predigtschritte: Das »Dennoch« des göttlichen Versprechens

Das »Dennoch« des Glaubens wird dabei natürlich nicht einfach schroff gegen die Lebenserfahrungen der Predigthörenden gestellt. Vielmehr teile ich ja die Unruhe angesichts der Pandemie, Schmerz und Angst angesichts der Kriegsbilder, Furcht angesichts der Inflation, Trauer angesichts des Bedeutungsverlustes von Kirche und Christentum – das gilt es in der Predigt konkret zu bebildern. Genauso wie die Erlebnisse, in denen sich Gottes Gegenwart dann doch – »dennoch« – andeutet. Da der 21. Sonntag nach Trinitatis ein kleiner Sonntag ist, scheinen mir kleine Beispiele nochmals passender als etwa zu großen Festen wie Ostern oder Pfingsten. Zwei Anregungen:

Ein befreundeter Kollege erzählt von einem Unterrichtsbesuch in der Schule. Der Vikarin bleibt dabei keine äußere Störung erspart: Schüler, die Entschuldigungen für andere Fächer nachliefern, ein Kollege, der »nur kurz« etwas aus dem Klassenraum holt, die Klassenlehrerin, die zwei Kindern noch unbedingt etwas mitzuteilen hat – in die Situation möchte einfach keine Ruhe kommen. Es ist eine anstrengende und angestrengte Doppelstunde. Nach der ersten Stunde eine weitere Störung: Eine Schülerin wird von der Integrationskraft aus der Klasse geholt. Das Mädchen war bis dahin ganz still, hatte das Geschehen um sie herum schon scheinbar apathisch ertragen. Kurz vor Schluss eine letzte Störung: Die Integrationskraft bringt die Schülerin zurück in die Klasse. Nach der Stunde wird das Erlebte besprochen. Auch die Integrationskraft kommt kurz dazu. Und erklärt: Normalerweise würde er natürlich kein Kind so kurz vor Unterrichtsschluss noch einmal zurück in die Klasse bringen. Aber das Mädchen, erst vor wenigen Wochen mit der Familie aus der Ukraine gekommen, hätte es unbedingt so gewollt. »Weil's irgendwie schön war.« – Was von außen unruhig und für vermeintlich alle Beteiligten belastend wirkte, erlebte das Mädchen offensichtlich als einen kleinen Flecken Frieden.

Eine Kirchenvorsteherin hat einen kurvenreichen Weg zu »ihrer« Kirche genommen: Das Elternhaus weitestgehend areligiös, sie selbst erst im Vorfeld der Konfirmation getauft, dann ein Leben im künstlerisch-ästhetischen Feld, ein Kontext, der oft quer zu gemeindlichen Wirklichkeiten steht. Über die vergangenen Jahre dann eine immer stärkere Annäherung – und damit verbunden ein Interesse am Verstehen und Verändern. Die offensichtliche Krise der Kirche, für nicht wenige eher lähmend, beflügelt sie: »Das ist doch auch die Chance, nochmal zu schauen, was eigentlich das Wesentliche ist, und was sich halt nur so eingebürgert hatte.« Die Krise als tatsächliche Chance und nicht nur als einsinniger Niedergang – was ich oft genug als Worthülse erlebe, hier wird es für mich greifbar.

Das »Dennoch« des Glaubens gegen den Augenschein ist dabei keineswegs einfach – war es vermutlich für Abra(ha)m nicht, ist es wohl für niemanden, wo wir existenziell getroffen sind. Gleichzeitig liegt darin aber eben eine tiefe Kraft. Mit dem anschaulichen »Pantherbiss«-Bild des Schriftstellers Siegfried Lenz: »Es trifft gewiss zu, dass die Hoffnung eine Gnade darstellt. Aber fraglos ist sie eine schwierige Gnade. Sie fordert zuweilen unsere Bereitschaft, auch im Scheitern eine Chance zu sehen, in der Niederlage eine neue Möglichkeit. Wer sich ihr anheimgibt, ist keineswegs gegen alles gefeit. Die Hoffnung schützt vor keinem Pantherbiss. Aber sie lässt erkennen, wessen wir bedürfen, um bestehen zu können.« (Erk, 155)

Liedvorschlag: »Wer nur den lieben Gott lässt walten« (EG 369).

Literatur: *Hansjörg Bräumer*, Das erste Buch Mose, 2. Teil, Kapitel 12 bis 36, Wuppertal 1987; *Wolfgang Erk (Hg.)*, Hoffnungstexte. Ermutigungen für jeden Tag des Jahres, Stuttgart 1985; *Gerhard von Rad*, Das erste Buch Mose. Genesis (ATD 2–4), Göttingen/Zürich [12]1987; *Claus Westermann*, Genesis, (BK I/2), Neukirchen-Vluyn [3]2003.

Matthäus 5,1–10(11–12)

Der Verein der Unglücklichen

A

Kathrin Oxen

I Eröffnung: Ach Gott, vom Himmel sieh darein

Die Reformprozesse sind durch. Das Reformationsjubiläum ist schon lange vorbei. Im Jahr 2017 haben wir es noch einmal so richtig krachen lassen als evangelische Kirche. Auch mit mäßigem zeitlichen Abstand und die üblichen Verklärungstendenzen abrechnend stellt sich gelegentlich schon die Frage, ob wir den Gedenktag der Reformation wohl jemals noch einmal so groß feiern werden – und vor allem, wann wir das tun sollten. Die Anschlussjubiläen läppern ein bisschen halbherzig hinterher. Das Jubiläum der Freiheitsschriften von 1520, die Erinnerung an den standhaften Reformator auf dem Reichstag zu Worms 1521, der Druck des Septembertestaments 1522 – reformatorisch besonders Enthusiastische mögen das in ihren Gemeinden begangen oder wenigstens einmal in ihren Predigten erwähnt haben. Doch das gesamtkirchliche *nudging* in diese Richtung blieb aus. Es gibt keine Themenhefte mehr. Geschweige denn -jahre.

»Ach Gott, vom Himmel sieh darein / und lass dich des erbarmen, wie wenig sind der Heil'gen dein, verlassen sind wir Armen. / Dein Wort man lässt nicht haben wahr, / der Glaub ist auch verloschen / bei allen Menschenkindern« (EG 273,1). Mit diesem Ende 1523 von Martin Luther verfassten Lied verbreitet sich nicht unbedingt Feierstimmung. Außer man wählt als Titel der geplanten Veranstaltungsreihe »500 Jahre Resignation«. Oder schöpft seinen Trost daraus, dass offenbar auch der frisch reformierten Kirche und dem Reformator selbst nicht unbedingt zum Feiern zumute war.

Wann war die Kirche glücklich? Vor 500 Jahren, in der Reformationszeit, zur Zeit der großen Aufbrüche? Die Reformation hatte zwar viele Flügel, aber vom Boden der Tatsachen konnte die Kirche deswegen trotzdem nicht abheben. War sie glücklich, die erneuerte Kirche? Die Menschen, die der neuen Lehre folgten, die nicht mehr taten, was alle taten, die anders anfingen, waren sie nicht auch verunsichert, voller Zweifel, resigniert manchmal?

Streit hat es damals mehr als genug gegeben, Streit nach außen und Streit nach innen. Nicht nur die große Auseinandersetzung mit der katholischen Kirche, sondern auch und vor allem die Streitigkeiten untereinander. Streit und Neid, die Angst, zu kurz zu kommen, das Misstrauen der einen und die Trägheit der anderen. Die großen Ziele verfehlt, überlagert von ganz anderen Interessen, politischen, gesellschaftlichen, wirtschaftlichen, ein Weg der Halbheiten und Kompromisse.

Und heute? Kommt zu all dem noch der Relevanzverlust und die fehlende Glaubwürdigkeit hinzu. Die Zahl der Kirchenmitglieder ist wenige Jahre nach dem großen Reformationsjubiläum unter die kritische 50%-Marke gesunken, das Mehrheitsgefühl schwindet, die Ablösung der Staatsleistungen ist nur noch eine Frage der Zeit. 500 Jahre nach der Reformation geht etwas zu Ende. Und niemand weiß, wie das post-postreformatorische Zeitalter sich gestalten wird. Fest steht: Es gibt Saures für die Kirche. Halloween hat doch gesiegt. Die letzten Kampagnenartikel zum Reformationstag sind im Abverkauf erhältlich. Und unsere Lutherbonbons können wir selber essen, anstatt sie gruselig verkleideten, eindeutig jüngeren und für die verfasste Kirche unerreichbaren Milieus hinzuwerfen. Selbst »Ach Gott, vom Himmel sieh darein« mag niemand mehr singen oder wenigstens seufzen, ist doch die Frage nach einem Gott in einem Himmel an sich schon ein voraufklärerischer Anachronismus. Wir haben das Reformationsjubiläum gefeiert und sollen das Reformationsfest *post festum* feiern. Und wir wissen um unser Sollen genau wie so gut wie um unser Nicht-Können, um einen zwar sehr berühmten, aber nicht lutherischen Theologen zu zitieren. Wann war die Kirche glücklich? Wann ist die Kirche glücklich? Wir feiern den Reformationstag, gar das Reformationsfest, wenn man das neue Perikopenbuch fragt. Manche nennen diesen Tag in katechetischer Absicht den Geburtstag der evangelischen Kirche. Und zu Festen wie zu Geburtstagen bekommt man bekanntlich Glückwünsche.

II Erschließung des Textes: Eine unglückliche Kirche?

Ach Gott. Die Seligpreisungen der Bergpredigt sind Glückwünsche der ganz besonderen Art. Ähnlich den beliebten »man sieht dir dein Alter gar nicht an« oder – noch schlimmer – »na, dann auf die nächsten 50!« Jenseits einer bestimmten, selten benannten, aber von jeder und jedem leicht zu spürenden Grenze werden alle Wünsche nach der nächsten, genauso langen und bestimmt auch noch genauso schönen Fortsetzung der eigenen Existenz extrem unglaubwürdig. Auf die nächsten 500! – ein ziemlich vermessener Wunsch für die evangelische Kirche.

Sind die Seligpreisungen Glückwünsche – oder Unglückwünsche für die Kirche? Arm und traurig, ohne Macht und Gewalt, immer noch auf der Suche nach so etwas wie Gerechtigkeit, anderen zugewandt, obwohl es sich nicht rechnet, absichtslos bis hin zur Naivität, friedlich und trotzdem verfolgt und verspottet. Die Kirche als Verein der Unglücklichen? Herzlichen Glückwunsch.

Tröstend ist dagegen die exegetische Einsicht: »Die Seligpreisungen haben also einen Weg gemacht. Sie sind kein Stenogramm einer Rede Jesu. Sie sind aber auch nicht die einsame Erfindung eines Schriftstellers in seiner Schreibstube. Sie werden als Empfangenes weitergegeben, und im Akt der Weitergabe bleibt eine Spur haften von der in einer ganz bestimmten Situation befindlichen, hörenden Gemeinde.« (Finze-Michaelsen, 69) Angesprochen von den Seligpreisungen waren und sind Gemeinden, ist die Kirche immer in ihrer gegenwärtigen Gestalt. Die Seligpreisungen blicken nicht zurück in eine goldene Vergangenheit oder hinaus in eine strahlende Zukunft. »Es werden keine Forderungen gestellt, keine Bedingungen genannt, die zu erfüllen wären, es wird nicht zu Tätigkeiten ermahnt, die jetzt in Angriff zu nehmen wären. […] Der erbärmliche Zustand von Armut, Hunger und Traurigkeit allein ist der Anlass, ihnen Seligkeit zuzusprechen.« (Finze-Michaelsen, 75) Die Seligpreisungen treffen die Kirche also vor allen, während aller und nach allen Reformationen (und auch Reformprozessen). Sie sind immer Glückwünsche für den heutigen Tag und für die heutige Situation.

In der matthäischen Version der auch bei Lukas in seiner Feldrede überlieferten Seligpreisungen ist die ethische Erweiterung von Bedeutung. Wo es dort noch auf quasi ebenem Gelände voranging, erhebt sich bei Matthäus stärker der Anspruch. »Hier werden grundlegende ethische Merkmale eines Christenmenschen benannt: Demut und Sanftmut, das Streben nach Gerechtigkeit, für das auch Verfolgung in Kauf zu nehmen ist, Barmherzigkeit usw.« (Konradt, 71) Eine Profilbildung der besonderen Art ist die berüchtigte Ethisierung der Botschaft Jesu, die hier einen Anfang nimmt. Sie darf nicht darüber hinweggehen, dass ursprünglich eine arme, traurige, hungrige Christenheit angesprochen wird – und getröstet.

III Impulse: Anders glücklich

Glücklich die Unglücklichen? Gegen all das wunschlose Unglück unter uns, in unseren Gemeinden, in unserer Kirche hören wir auch zum Reformationsfest 2023 zum wiederholten Male die Seligpreisungen, die Glück-Wünsche Jesu. Und die Worte Jesu leugnen. Sie sagen, was wir Menschen nicht gerne hören wollen. Das Reich Gottes unterscheidet sich von der Welt, wie wir sie kennen. Geben und zulassen, statt haben und machen. Glücklich die, denen nicht alles nach Wunsch gegangen ist, glücklich die mit Beschwerden. Sie werden beglückwünscht – aber nicht für ihr stilles Dulden. Glücklich sind die wunschvoll Unglücklichen. Ein anderer bekannter (nicht lutherischer) Reformator, Johannes Calvin, hat das so ausgedrückt: »Bekanntlich sind nicht bloß gewöhnliche Leute, sondern auch weise und kluge in dem Irrtum befangen, glücklich sei, dem alles nach Wunsch geht, und der ohne Beschwerde ein vergnügtes ruhiges Leben führen kann. Christus leugnet, dass man unglücklich sein muss, wenn man durch die Ungerechtigkeiten der Gottlosen bedrückt wird oder sonst Trübsalen unterworfen ist.«

Glücklich die arme, traurige Kirche ohne Einfluss. Glücklich die Kirche, die für andere da ist, die sich fremdes Leid nicht vom Leibe hält. Glücklich die friedliche Kirche ohne Plan und Strategie, belächelt und nicht ernst genommen. Aber nicht, wenn sie sich eingerichtet hat in ihrem Unglück, sondern weil sie weiß, dass da noch etwas aussteht. Dass es nicht so bleiben muss und nicht so bleiben wird.

Denn damit hat es angefangen vor 500 Jahren. Einer ist damals angetreten gegen eine Kirche der Macht und des Besitzes. Einer hat geglaubt, dass bei Gott andere Maßstäbe gelten. Er hat gesagt: Unglücklich die Kirche, in der Besitz und Macht regieren, in der Ämter gekauft werden können und das Geld dafür durch Ablasshandel zusammengebracht wird. Auch sein Weg und der Weg unserer evangelischen Kirche seit den 500 Jahren seitdem war überlagert von anderen Interessen, politischen, gesellschaftlichen und wirtschaftlichen. Ein Weg der Halbheiten und der Kompromisse, aber ein Weg, auf dem wir heute noch gehen können.

All die wunschvoll Unglücklichen in unserer Welt, in unseren Gemeinden, in unserer Kirche müssen sich immer wieder sagen lassen, dass man mit der Bergpredigt keine Politik machen könne. Das hat vor 500 Jahren schon nicht gestimmt und vor 34 Jahren erst recht nicht.

Keine Gewalt haben sie gerufen, erst leise und dann immer lauter. Erst wenige, dann immer mehr. Erst in den Kirchen und dann draußen auf den Straßen. Und die Gewaltlosen haben das Land geerbt. Da war die Kirche eine glückliche Kirche. Die Armut und die Gewaltlosigkeit haben sich gegen Besitz und Macht durchgesetzt. Das Gesicht der Welt hat sich verändert, trotz Streit und unterschiedlichen Interessen, trotz Halbheiten und Kompromissen. Ein Weg, auf dem wir heute noch gehen. Wann ist die Kirche glücklich? Wenn sie auf das leise Leugnen Jesu hört und auf seine Wünsche für die wunschvoll Unglücklichen. Wenn sie selbst fröhlich leugnet, dass alles beim Alten bleiben muss. Wenn Reformation ihr ein Fest ist, jeden Tag.

Literatur: *Holger Finze-Michaelsen*, Das andere Glück. Die Seligpreisungen Jesu in der Bergpredigt, Göttingen 2006; *Matthias Konradt*, Das Evangelium nach Matthäus (NTD 1), Göttingen 2015.

IV Entgegnung: Papier besiegt Stein

Peter Handke führt ein unwillkürliches Selbstgespräch und notiert in sein Journal: »Heute ist nicht mein Tag. Noch nicht ...« (Handke, 294) »Heute ist nicht mein Tag.« Heute regnet es Nägel vom Himmel, heute verdunkelt meine Angst, mein Unglück, mein Unvermögen den Horizont. Und Hoffen ist unter so viel Wolken gar nicht so leicht. »Heute ist nicht mein Tag. Noch nicht ...« Ich leugne ganz sacht und leise, dass das schon alles war. Ich poche mit A darauf, dass da noch etwas kommt. »Noch nicht mein Tag ...« Wunschvoll unglücklich, aber eben nicht allein. Es ist gegen allen Augenschein: Papier besiegt Stein. Der Himmel reißt auf und der Horizont gehört mir.

V Erschließung der Hörersituation: Luther als Influencer

Keine Politik mit der Bergpredigt? Die Gegenfrage an Otto von Bismarck und Helmut Schmidt lautet mit A: Womit sonst? Auch die Reformatoren waren politische Akteure. Aufs Ganze gesehen sehr erfolgreiche. Bisweilen auch höchst problematische. (Schröter, 415) Also Partystimmung zum 506. Geburtstag? Wir feiern Luther! Luther, der wichtigste Reformer aller Zeiten, der mutige Rebell, der Kämpfer gegen die Korruption des Glaubens, der vortreffliche Übersetzer, Hochdeutschbringer – alles richtig, aber alles vielleicht schon ein paar Mal zu viel gesagt und gehört. Oder schwingen wir uns lieber auf die bekannten Verdammungsurteile: Luther, der düstere, grob gehauene Klotz, der sich herrisch gegenüber Frauen, verbrecherisch gegenüber den Bauern und widerlich gegenüber den Juden verhält. Die offizielle Sprachregelung hier: Er war eben »ein Kind seiner Zeit«.

Wenn es nicht viel zu feiern gibt, zumindest nicht die Person Luther, dann vielleicht die Reformation. Aber leider klingt »die Reformation« eben nicht wie ein Fest, sondern wie eine Schulstunde und schon steht die unglückliche Kirche gegenüber aller Halloween-Sinnlichkeit weiter auf verlorenem Posten.

Dabei war der Genussmensch Luther selbst ein Garant für Sinnenfreuden. Er suhlte sich in seinen genialen Sprachschöpfungen und klangvollen Alliterationen wie »Schmach und Schande«, »Leib und Leben«, Lückenbüßer, Lockvogel, Lästermaul. Die Bibel in deutscher Sprache war ein revolutionäres Buch, handlich und lesbar überall, anregend, tröstend und ärgerlich allemal. Es veränderte die Welt.

Luther war eine Denkmaschine. Mit grimmiger Lust führte er Debatten, predigte und produzierte unentwegt Texte. Heute wäre er sicher bei Instagram & Co. unterwegs, um möglichst viele zu erreichen. Erster Post:

Reformation. Follower: Tausende. Reichweite: unbegrenzt. Daher passt Straßenpoesie so gut zu Luther und womöglich lohnt ein tagesaktueller Blick auf die Accounts, die mit ihren Thesen und Sinnsprüchen locken: freundlicher Vandalismus bei Instagram @strassenpoesie_official oder farbige Mutmacher @kreideaufbeton und @bunt.und.klebrig. Klassiker wie »VON ALLEM ZU VIEL AUSSER VOM FRIEDEN« (02.09.2022) sind dort zu finden, die sich formschön in ein Liedblatt einfügen lassen. Oder mit blauer Farbe an eine weiße Wand gesprüht: »Wenn ich von Liebe rede, bist immer du gemeint« (01.09.2022).

Auch bei den Seligpreisungen kommt jemand entgegen und spricht von der Liebe. Da kommt jemand entgegen und preist die Habenichtse und Elenden glücklich – bedingungslos. Und die, die sich aktiv einsetzen für den Frieden und eine gerechtere Welt.

VI Predigtschritte: Lebensfroh und sterbenswach

Ein anderer hat die Liebe besungen. Rio Reiser, der »König von Deutschland«. Mit Ton Steine Scherben rüttelte er in den 1970ern die Republik auf – angriffslustig und aufmüpfig: »Macht kaputt, was euch kaputt macht«, Revolution, Umwertung aller Werte und eben keine Macht für Niemand.

Seine empfindsame Seele zeigt Rio Reiser in den Tagebucheinträgen, die sein Bruder Gert Möbius in Auszügen veröffentlicht hat. Das Tagebuch umfasst die herausforderndste Scherben-Zeit von Ende 1972 bis September 1974. Ein zerrissener Rockpoet zwischen Höhenflügen und seelischen Abgründen. Der letzte Eintrag datiert auf den 29. September 1974. Rio Reiser schreibt »mit grünem Filzer. Grün wie die Hoffnung« – wie er selbst vermerkt. Auf eine eigene Adaption des Vaterunser folgen dann diese letzten Zeilen: »Wenn niemand bei Dir is / Und du denkst, / dass keiner Dich sucht / Und Du hast die Reise / ins Jenseits / vielleicht schon gebucht / Und all die Lügen / geben Dir den Rest / Halt Dich An Deiner / Liebe / Fest« (Möbius, 233f.; dort auch ein eindrückliches Originalbild der Tagebuchseite).

1975 entsteht aus diesem Text das Lied »Halt dich an deiner Liebe fest« und wird auf dem Album »Wenn die Nacht am tiefsten« veröffentlicht. In dunkler Nacht lässt die Liebe ihn weitergehen und gerade nicht die Reise ins Jenseits antreten, die doch schon gebucht ist. Er hält sie fest – seine Liebe – und sie hält ihn fest. Rio Reiser summt und schreit und flüstert beschwörend: »Wenn der Novemberwind deine Hoffnung verweht, und du bist so müde, weil du nicht mehr weißt, wie's weitergeht: Halt dich an deiner Liebe fest.«

Der Text des Liedes trägt schon für sich, aber eingespielt in einer Version, in der Rio Reiser allein am Klavier sitzt, ist das Lied unschlagbar. Rio Reiser singt als balanciere er barfuß über Glasscherben, zart, verletzlich. Das Schöne ist, dass der Song auch keine Wünsche offen lässt an gelungenen Cover-Versionen, von Max Herre, Gustav Peter Wöhler oder Annett Louisan bis zu der Liveeinspielung von Wir sind Helden. Und er bleibt im Übrigen das Lieblings-Scherbenlied von Claudia Roth, Kulturstaatsministerin und ehemals Managerin von Ton Steine Scherben (1982–1985; vgl. https://riolyrics.de/song/id:83).

Ein Song wie ein Psalm. Auch die Seligpreisungen lesen sich wie ein Psalm. Es ist paradox, denn hier wird den Letzten versprochen, dass sie einst die Ersten sein werden (vgl. Mt 20,16). Der Indikativ der Seligpreisungen zeigt sich in dem Gott, der zusagt: »Ich liebe, ohne Wenn und Aber.« Keine Gebote, kein »Du sollst«, kein »Du musst«. Wenn Jesus hier etwas fordert, dann eine Selbstrevolution. »Man wird der, der man immer gewesen ist. Die Erfahrung, die in diesem Indikativ ausgesprochen ist, ist der eigentliche Kern.« (Lapide/von Weizsäcker, 15)

Und jetzt wird es so schwer und so einfach: Wir werden nicht geliebt, weil wir so gut, perfekt und fehlerfrei sind. Wir sind gut, weil wir geliebt werden. Rückenwind, der geschenkt wird. Wir sind die Barmherzigen, die Herzen erweichen und die Friedfertigen, die Mauern zum Einsturz bringen können.

Wir sind aber auch die, die sich nicht plump vertrösten lassen und die wissen, dass der Kriegs- und Krisenszenarien kein Ende ist. Die Armen sind immer noch arm, die Verfolgten immer noch auf der Flucht. Die Seligpreisungen gaukeln keine heile Welt vor. Aber sie beanspruchen unser Tun (vgl. Mt 22,37–39). Wir legen die Hände nicht in den Schoß. Noch sind wir unterwegs und der Schauplatz hierfür ist die Welt. »Wie im Himmel so auf Erden«, heißt es im Vaterunser Mt 6,10 und »AUF UNSEREM PLANETEN UND ÜBERALL« bei Rio Reiser. Gottes Wirklichkeit durchschauen, hinter den Dingen und im Herzen der Menschen. Der Blick nach oben, zu Gott, damit sich hier unten, auf Erden, die Welt verändert.

Dieser Blick in die Zukunft ist wichtig, für uns, für das Geburtstagskind Kirche wie für unsere Welt. Kein stilles Händefalten, sondern die Stimme erheben, laut sein und leise. Wir sind die, die »noch nicht« sagen, unerschrocken optimistisch, »lebensfroh und sterbenswach« (Merz, 31). Und immer wieder hier AUF UNSEREM PLANETEN und dereinst ÜBERALL ereignet es sich: Papier besiegt Stein.

Lied zum Ausgang: »Verleih uns Frieden gnädiglich« (EG 421). Luther verdeutscht das lateinische Antiphon *Da pacem Domine* im Winter 1528/29. Am Vorabend von zwei akuten Bedrohungen nimmt er diese Jahrhunderte alte Tradition des Friedensgebetes auf. Die Türken sollten im Herbst 1529 bis vor Wien vorstoßen, zudem sorgt sich Luther darum, dass Kaiser Karl V. die Reformation gewaltsam beenden könnte. Die Lage spitzt sich im Februar 1529 auf dem 2. Reichstag zu Speyer zu: Die eher moderaten Beschlüsse des 1. Reichstages von 1526 werden aufgehoben. Was daraus folgt, ist bekannt: Die evangelischen Fürsten protestieren und die Bezeichnung »Protestanten« hat hier ihren Ausgang. (Marti, 78)

Auch die Musik stand an der Wiege der Reformation. Endlich konnten die Menschen so singen, wie ihnen der Schnabel gewachsen war. Auf Deutsch, nicht auf Lateinisch. Sprache des Herzens, nicht des Kopfes. Verleih uns Frieden gnädiglich, Herr Gott. Auch zu unseren Zeiten.

Literatur: *Peter Handke*, Innere Dialoge an den Rändern 2016–2021, Salzburg 2022; *Pinchas Lapide/Carl Friedrich von Weizsäcker*, Die Seligpreisungen, München ^{2}1981; *Andreas Marti*, 421 Verleih uns Frieden, in: HEG III/20, Göttingen 2015, 77–80; *Klaus Merz*, Helios Transport. Gedichte, Innsbruck, Wien ^{4}2019; *Gert Möbius*, Halt dich an deiner Liebe fest. Rio Reiser, Berlin ^{2}2016; *Jens Schröter*, »Mit der Bergpredigt kann man keine Politik machen« (Otto von Bismarck). Die Bergpredigt als Herausforderung für die Kirche in der Gesellschaft, in: A. v. Hardenberg (Hg.), Reform, Reformer, Reformation, Berlin 2011, 407–419.

Internet: *Rio Reiser*, Halt dich an deiner Liebe fest, https://youtu.be/hYsNsGLIY6E, Songtext: https://riolyrics.de/song/id:83 (zuletzt abgerufen am 15.11.2022).

22. Sonntag nach Trinitatis – 05.11.2023

A

1 Johannes 2,12–14

Gegen den Rost

Barbara Hanusa

I Eröffnung: Gott, dein Name hat Rost angesetzt!

Anders als das Thema des Sonntags »Schuld und Vergebung« nutze ich den Novembersonntag zu einer Standortbestimmung. Der Verfasser schreibt an eine kleine christliche Gemeinde im östlichen Mittelmeerraum gegen Ende des ersten Jahrhunderts. Er bestätigt sie in den Grundfesten ihres Glaubens. Zugewandt, ermutigend pointiert er, was die christliche Lehre ausmacht: Sündenvergebung, Taufe, Gottes(er)kenntnis, Überwindung des Bösen, Stärke in und Verbindung zu Gott und seinem Wort, das sich in Jesus Christus gezeigt hat. Auch der Wochenpsalm (Ps 33) hat diesen starken zuversichtlichen Grundton. Alles ist da, alles ist bekannt und wie stehen wir dazu? Gottes Name hat Rost angesetzt unter uns. Große Worte und Verheißungen der Tradition sind verbraucht, sie klingen schal, inhaltsleer, oft zu vertraut, verrostet eben. Allgemein ruft Rost negative Assoziationen hervor, schon haptisch ist Verrostetes abstoßend. Rostungsprozesse verändern, indem sie Bestehendes zerstören. Der braunrötliche Stoff ist eine Metapher für permanente Veränderung. Im Rosten geht etwas kaputt und entsteht gleichzeitig etwas Neues.

II Erschließung des Textes: An alle christlichen Gemeinden

Pointiert man den 1. Johannesbrief, das Lehrschreiben an die johanneische Gemeinschaft, beinhaltet er die Botschaft von Gott, dessen dem Menschen zugewandte Wesensart lauter Licht und Liebe ist. In Jesus Christus ist das Leben erschienen, ist Gott erkennbar geworden. Anders als im Johannesevangelium wird hier von Jesus – dem Lebensbringer in Tat und Wort – nicht erzählt, sondern überwiegend in Form überlieferter Glaubenssätze doziert: »Das bringt der besondere Charakter des Schreibens mit sich, denn es zielt ja darauf ab, dass die Adressaten Jesu Wirksamkeit – die ihnen aus der Darstellung des Evangeliums bzw. dessen Vorstufe(n) und natürlich aus Taufvorbereitung und gottesdienstlicher Verkündigung bekannt war – in ihrer genauen und vollen Bedeutung verstehen.« (Rusam, 8) Dabei handelt es sich formal um keinen klassischen Brief, dafür fehlen Merkmale wie Adressat, Absender, Absicht und Briefschluss. Bei der Intention ist man sich unter Exegeten einig, dass es sich um die Abwehr von Gegnern aus den eigenen Reihen handelt (vgl. 2,18), sowie um die Stärkung der inneren Stabilität der Gemeinde. Heckel arbeitet heraus, dass der 1Joh, anders als das Evangelium, die horizontale Verbindung der Gemeindeglieder untereinander zu klären hat. Bezieht man sich hier in der Bildsprache zentral auf die Verbindung der Glaubenden mit Jesus Christus, vgl. das Bild vom Weinstock und den Reben, fordert der Brief die Liebe untereinander ein. (Heckel, 189f.)

Der Predigtaufgabe liegt ein Part aus dem Brief zugrunde, der sich wie ein sperriges Gedicht, wie ein Brief im Brief liest. Im Kontext kommt dem Abschnitt eine Scharnierfunktion zu: Davor, von 1,5–2,11 werden Worte Jesu aus Joh referiert, danach, ab 2,18, zielt der Brief darauf, vor den aufgetretenen Widersachern von Christus zu warnen. Eigenwillig sind die Wiederholungen der Satzanfänge, die Stilfigur nennt sich Anapher: Dreifach wird betont, dass das lyrische Ich den Kindern, den Vätern und den jungen Männern »schreibt«, laut Heckel weist die Verwendung des iterativen Präsens auf die allgemeinen Voraussetzungen der johanneischen Tradition hin. Dreimal beruft es sich auf Geschriebenes, hier verweist der Aorist auf die aktuelle Gegnersituation. (Heckel, 181) Der formale Aufbau dramatisiert durch seine Struktur. Der Verfasser erinnert seine Adressaten an ihre Glaubensgewissheiten. Und er tut das in liebevoller, zugewandter Bestärkung und nicht in mahnender Pose: Ihr Kinder, ihr Alten, ihr Jungen, so die Übersetzung der Basisbibel, ihr seid dem Herrschaftsbereich Jesu unterstellt und lebt getauft in seinem Namen. Ihr kennt Gott und ihr seid stark, weil das Wort Gottes in euch wirkt. Alles Lebenswichtige für ein Leben in Verbindung zu Gott ist da. Der Verfasser erinnert an den Status der Angesprochenen, bevor er in den folgenden Versen zur Kritik an den Abtrünnigen ausholt.

Es werden zwei verschiedene Ausdrücke für Kinder verwendet. Die in V.12 verwandte Anrede (*teknia*) durchzieht den Brief (vgl. 2,28; 3,7.18; 4,4; 5,21). Die Kontextanalyse zeigt, dass es in Joh 13,33 eine parallele Verwendung des Ausdrucks gibt, als Anrede Jesu an seine Jünger in den Abschiedsreden. Dort geht es um die horizontale Liebe untereinander, die Jesus seinen Jüngern gebietet und die als ein Erkennungszeichen von Jüngerschaft gilt. Diese Anrede lässt sich als Brücke zu den dem Gedicht vorhergehenden V.9–11 verstehen, in denen es um die Geschwisterliebe geht, die aus dem Licht der liebevollen Zuwendung Gottes zu den Menschen in Jesus Christus stammt.

Die Schnittmenge zwischen dem Text und heutigen Erfahrungen sehe ich an zwei Stellen: Da ist die Frage nach dem geschwisterlichen Umgang in den heutigen Gemeinden. Ist ihr Verhalten ein Gleichnis für Jünger:innenschaft? Diese Spur ergibt sich aus der Kontextanalyse. Eine stärkere Themenschnittmenge sehe ich in dem Angefragtsein christlicher Gemeinden in einer zunehmend nicht christlichen, entkirchlichten Umwelt. Im April 2022 wurde in Deutschland die historische Zäsur erreicht, nämlich dass erstmals seit Jahrhunderten mehr als 50 % der Menschen in Deutschland weder römisch-katholisch noch evangelisch sind. Die Dimension des Religiösen in ihrer habitualisierten Form ist im Schwinden. Das Wissen darum und das Erleben religiöser wie areligiöser Vielheit prägt das Bewusstsein. Die österreichische Philosophin Isolde Charim hat für diese Situation den Begriff der »prekären Identität« geprägt: »Heute spürt oder ahnt zumindest jeder, dass er selber nur eine Möglichkeit neben anderen ist. Dass seine Identität nicht beanspruchen kann, ›normal‹ zu sein. Sie kann das nicht für andere […] Wir können es aber auch für uns selbst nicht mehr. Das heißt: Wir können nicht mehr unhinterfragt, ungebrochen, selbstverständlich wir selbst sein. Denn wir erleben täglich: Wir könnten auch ganz anders leben, wir könnten auch ganz anders sein.« (Charim, 47f.)

Das Einreihen in die Tradition und Generationskette früherer Religiosität existiert nicht länger, sondern in unhintergehbar pluralisierten Gesellschaften bedarf der Glaube einer Entscheidung. Das Plurale fordert dazu heraus, sich auf das Wesentliche zu besinnen, um die eigene Wahl zu begründen.

… ist des Menschen höchste Vollkommenheit (Sören Kierkegaard: Erste Rede). Ich schreibe einen Brief an meine Gemeinde. Ich will verflüssigen, was der Verfasser dogmatisch beschreibt. Mitten in das Novembergrau hinein will ich mit dieser Predigt ermutigend an das anknüpfen, was christliche Religiosität im 21. Jahrhundert ausmachen kann. Dabei drücke ich meine Sehnsucht nach einer Kirche aus, die die Diesseitsrinde zerspringen lässt und die sich, wie die ersten Jünger:innen solidarisch und tastend durch die Welt bewegt. Ein Brief über eine Institution, die ihren Verlust äußerer irdischer Macht gelassen anschaut und in ihre ursprüngliche Spur hoffender Nachfolge zurückfindet. Diese Kirche hat etwas von der methodistischen Volkskirche, von der William Faulkner in einer seiner Erzählungen schreibt. Durch Unachtsamkeit der freiwilligen Handwerker, die das Schindeldach reparieren, brennt sie ab. Der alte Pfarrer aber macht sich über die Zukunft seiner Kirche gar keine Sorgen. Er ging als erster, ohne zurückzuschauen. Denn es war etwas geblieben, das nicht mal das Feuer auch nur angerührt hatte. (nach Josuttis, 22f.)

Die Briefstruktur leihe ich mir von dem Schweizer Philosophen Peter Bieri (alias Pascal Mercier). In dem Roman »Nachtzug nach Lissabon« liest sein Protagonist Gregorius, Altphilologe und Gymnasiallehrer, in einem Buch seines Helden Prado: »Ich möchte nicht in einer Welt ohne Kathedralen leben. Ich brauche ihre Schönheit und Erhabenheit. Ich brauche sie gegen die Gewöhnlichkeit der Welt. Ich will zu leuchtenden Kirchenfenstern hinaufsehen und mich blenden lassen von den unirdischen Farben. Ich brauche ihren Glanz. Ich brauche ihn gegen die schmutzige Einheitsfarbe der Uniformen. Ich will mich einhüllen lassen von der herben Kühle der Kirchen. Ich brauche ihr gebieterisches Schweigen. Ich brauche es gegen das geistlose Gebrüll des Kasernenhofs und das geistreiche Geschwätz der Mitläufer. Ich will den rauschenden Klang der Orgel hören, diese Überschwemmung von überirdischen Tönen. Ich brauche ihn gegen die schrille Lächerlichkeit der Marschmusik. Ich liebe betende Menschen. Ich brauche ihren Anblick. Ich brauche ihn gegen das tückische Gift des Oberflächlichen und Gedankenlosen. Ich will die mächtigen Worte der Bibel lesen. Ich brauche die unwirkliche Kraft ihrer Poesie. Ich brauche sie gegen die Verwahrlosung der Sprache und die Diktatur der Parolen. Eine Welt ohne diese Dinge wäre eine Welt, in der ich nicht leben möchte.« (Bieri, 198ff.)

Die Denkfigur des Brauchens gibt mir den Duktus der Predigt vor. Dabei geht es nicht um gebrauchen und auch nicht um Brauchtum, sondern um benötigen. Ich brauche das Ja Gottes gegen die Tyrannei gelingenden Lebens. Ich will teilhaben an dem Exodus aus der Unterwerfung unter den Kaiserkult des totalen Marktes (Carl Amery). Ich brauche den zwecklosen Gottesdienst gegen die Dominanz aller Wachstums-, Beschleunigungs- und Optimierungsmechanismen. Ich brauche Gott, den »Poeten des Möglichen«, durch den ich im hoffnungsvollen Möglichkeitsraum der Welt lebe und bleibe, durch den ich hoffend lebe. (Dalferth, 173) Ich bin angewiesen auf biblische Lebeworte, auf die Sprachschule, die mich alphabetisiert für das widerständige Leben, für die Suche nach dem richtigen Leben im falschen. Das sind Worte wie: »Gnade und Großzügigkeit, Spontaneität und Schenken, Hingabe und Helfen, Kompromissbereitschaft und Kulanz, Milde und Mitleid, Nachgiebigkeit und Nachsicht, Vergeben und Vertrauen, Muße und Maßhalten, Uneigennützigkeit und Teilen, Absichtslosigkeit und Lieben, Staunen und Spielen, Dichten und Malen, Beten und Singen, Selbstakzeptanz und Verweilen, Passivsein und Träumen, Bedürftigsein und Bedürftigkeit abhelfen, Nicht-Siegen und Schwachsein, Selbstlosigkeit und Sinnlichkeit, Freundschaft und Fairness, Demut und Dankbarkeit, Genügsamkeit und Güte«. (Seidel, 48) Sehr wahrscheinlich beinhaltet mein Brief nur eine Auswahl aus dieser beeindruckenden Liste. Es ist alles da!

Literatur: *Isolde Charim*, Ich und die Anderen. Wie die neue Pluralisierung uns alle verändert, Wien 2018; *Ingolf U. Dalferth*, Hoffnung, Berlin 2016; *Theo K. Heckel*, Die Briefe des Jakobus, Petrus, Johannes und Judas (NTD 10), Göttingen 2019; *Manfred Josuttis*, Unsere Volkskirche und die Gemeinschaft der Heiligen. Erinnerungen an die Zukunft der Kirche, Gütersloh 1997; *Søren Kierkegaard*, Vier erbauliche Reden, 1844; *Pascal Mercier* (Peter Bieri), Nachtzug nach Lissabon, München 2006; *Dietrich Rusam*, Der erste, zweite und dritte Johannesbrief (BNT), Göttingen 2017; *Stefan Seidel*, Nach der Leere. Versuch über die Religiosität der Zukunft, München 2020.

B

Samuel Lacher

IV Entgegnung: Innen statt Außen

»Gottes Name hat Rost angesetzt«, sagt A. »Große Worte und Verheißungen der Tradition sind verbraucht, sie klingen schal, inhaltsleer, oft zu vertraut, verrostet eben.« Auch ich erkenne das wieder. Biblische Erzählungen lösen kaum mehr Irritation oder gar Wut aus. Sie passen durch ihren klanglichen und historischen Abstand ganz wunderbar in eine christliche Gegenwelt innerhalb einer zeitlichen Nische am Sonntagmorgen. Doch die Exegeten behaupten eine Botschaft im Text, die weit über diese Stunde hinaus Wirkung entfalten soll. Im Gegensatz zu A sehe ich dieses Wirkungspotenzial nicht im Gegenüber von Kirche und Welt. Stattdessen sind jene Beziehungen zu fokussieren, die uns am engsten betreffen. Solche Beziehungen liegen auch im Blickfeld der Perikope, die »unter Brüdern und Schwestern [...] die Praxis der Liebe« (Klauck, 135) einfordert. Die Einzigartigkeit des Textes liegt aber im Kontext dieser Forderung. Dort findet sich eine Anrede, die in Sprache und Inhalt kaum überboten werden kann: »Alles, was ein Christ von Gott überhaupt erhalten kann, spricht [der Verfasser] seiner Gemeinde zu«, wobei er »herzlicher [...] die Christen seiner Gemeinde nicht ansprechen« (Bauer, 50) konnte. Aus der persönlichen Erfahrung des unbedingten Angenommenseins, der umfassenden und verändernden Liebe Christi erwächst die Möglichkeit der liebevollen Wertschätzung untereinander. Dieser Pointe soll im Folgenden nachgegangen werden. Und dies auch deshalb, weil sie jene Beziehungen betrifft, die den existenziellen Raum unserer Erfahrungen und Sinnkonstruktionen bilden. Beziehungen, welche die Hörer:innen Tag für Tag, Woche für Woche prägen, denen sie im Guten wie Schlechten ausgesetzt sind, die ihre Lebensqualität in kaum zu überschätzender Weise prägen. Damit wird auch bewusst das Proprium des Sonntages (»versöhnlich leben«) überschritten. Gegenstand soll nicht nur die an einzelnen Handlungen festgemachte Vergebung und Versöhnung sein, sondern die Person als Ganze. Und dies alles im Kampf gegen den Rost von Gewohnheit und Bekanntheit.

V Erschließung der Hörersituation: Der Hunger nach Zuwendung

Als Person wahr- und in der eigenen Individualität und Personalität angenommen zu werden, bildet eines der grundlegenden menschlichen Bedürfnisse. Dieser »Hunger nach Zuwendung« (Kriz, 101) ist keine Eigenheit dieses Sonntages, drängt aber mit Blick auf Predigttext und Lebenswelt besonders in den Fokus. Gerade die vom Verfasser zugesprochene unbedingte Annahme der Glaubenden scheint viele Lebenswelten und -modelle herauszufordern, ja geradezu zu sprengen. Die Logik des Alltags bindet persönliche Wertschätzung an klare Erwartungen. Da sind auf der einen Seite die von Gesellschaft und Kapitalismus geprägten Maximen und Rollenbilder, die von Jugend an den Wert der eigenen Person zu beziffern versuchen: Ideale von Schönheit, Geselligkeit, Selbstverwirklichung, Leistungsfähigkeit, Erfolg und viele mehr haben sich durch ihre Omnipräsenz im Alltag zu normativen Maximen der individuellen und kollektiven (Selbst-)Bewertung verfestigt. Im Vergleich mit anderen, egal ob digital oder analog, wird die Bewertung des eigenen Selbstbildes durch feste Kategorien und Maßstäbe immer feingliedriger bestimm- und bezifferbar.

So ominös und bekannt die oben geschilderten Zusammenhänge auch klingen mögen, so direkt zeigen sich für viele deren Auswirkungen. Einer repräsentativen Studie aus dem Jahr 2010 zufolge »gab jede [f]ünfte [Frau] (20,1 %) an, an ihr nagten ständig Selbstzweifel [...] Von den Männern sagte dies [...] jeder siebte (14,4 %)« (tz). Nach Studien aus dem Jahr 2021 empfindet »über die Hälfte der jungen Menschen [...] in Deutschland mehr Selbstzweifel als Selbstliebe« (Presseportal) und »gut ein Drittel [...] der deutschen Berufstätigen [gibt an], die Pandemie habe ihr Selbstbewusstsein am Arbeitsplatz negativ beeinflusst« (Mynewsdesk).

Trotz unterschiedlicher Kontexte zwischen Predigtperikope und Predigtsituation kann der Text hier einen Kontrapunkt markieren, nämlich die voraussetzungslose Annahme der Glaubenden als ein gegebenes Faktum im Hier und Jetzt. Die entscheidende homiletische Aufgabe liegt nun darin, diese Zusage persönlich zugänglich, ja glaubhaft zu machen. Es gilt den Rost über der ja im Grunde bekannten, aber in ihrer Wirkung selten erfahrenen Botschaft abzukratzen. Dies soll über einen methodischen Dreischritt sichergestellt werden, der die Situation der Hörenden in dreifacher Weise wahr- und ernst nimmt.

1. Die Predigt hat *argumentativ* einen Rahmen für die Erfahrung von Angenommensein zu entwickeln. Damit die argumentativen Strukturen verstehbar sein können, sind sie einerseits in ihrem Umfang überschaubar zu halten und müssen andererseits klar an den Erfahrungen der Hörer:innen anknüpfen. Die Leitfrage: *Warum gilt mir diese Botschaft?* kann hierfür eine Grundlage bilden. Entsprechend ist weniger auf die Feinheiten von Kreuzes- und Sühnetheologie einzugehen als auf schöpfungstheologische und allem voran relationale Zusammenhänge: »Fürchte dich nicht, denn ich habe dich erlöst; ich habe dich bei deinem Namen gerufen; du bist mein!« (Jes 43,1)

2. Die Predigt hat die Zusage des Angenommenseins glaubhaft *durch die predigende Person* auszusagen. Dass diese Botschaft etwas, oder besser: jemanden verändert, sollte sich an der predigenden Person beispielhaft zeigen. Ex negativo: Bleibt die Botschaft für die predigende Person eine theologische Denkfigur, ist es fraglich, wie der Alltag der Hörenden dadurch verändert werden soll. Positiv gewendet: Kann die freiheitsschaffende Kraft persönlicher Annahme in ihren alltäglichen Auswirkungen beispielhaft nachvollzogen werden, dann können Hörer:innen hier anschließen und ähnliche, eigene Erfahrungen aktivieren.

3. Die Predigt hat die Botschaft der Annahme glaubhaft *emotional* auszusagen. Dass ich als Person mit all meinen Schwächen und Selbstzweifeln genau die richtige bin, dass ich von meinem Gegenüber akzeptiert und noch mehr: geliebt werde, ist weniger eine rationale Einstellung als ein Gefühl des Geborgenseins. Ein solches Gefühl zu evozieren, könnte für eine Anwendung im Alltag ein wichtiger Ankerpunkt sein.

Alle drei Zugänge zielen darauf, bestehende Erfahrungen von individuellem Angenommensein zu aktivieren und Raum dafür zu schaffen, sich gegenseitig das Angenommensein authentisch und persönlich zuzusprechen. Grundlage für Ersteres sind bereits erlebte Zustände, in welchen sich die Hörer:innen als Person angenommen und wertgeschätzt gefühlt haben. Diese Erfahrungen werden höchst unterschiedlich sein. Gemein ist ihnen aber, dass darin ein Raum erfahrbar wird, in welchem die Person als Person Möglichkeiten der positiven Entfaltung erleben und teilen konnte. *Wo und wann konnte ich einfach ich selbst sein? Wo und wann wurde ich so akzeptiert, wie ich bin? Und wie habe ich das gemerkt oder gespürt?* Wird nachvollziehbar, welche Wirkungen eine solche Annahme für die eigene Person hat und wie ein solches bedingungsloses Angenommensein erfahrbar wird, können auch Möglichkeiten erkundet werden, anderen einen solchen Raum zu bieten. *Wann und wie konnte ich andere spüren lassen, dass sie als Person umfassend angenommen sind?* Damit kommt in den Blick, was die Predigtperikope zu bewirken versucht: die Zusage der unbedingten Annahme der Glaubenden durch Gott, die zu einer gegenseitigen Annahme führen soll.

VI Predigtschritte: Erfahrung ermöglichen

Vielversprechend für die Umsetzung einer solchen Predigt zeigen sich *narrative Formen* der Verkündigung. Literatur und Film stellen die Erfahrung persönlichen Angenommenseins in vielfältigen Formen intensiv und immersiv dar. (So etwa eindrücklich der mehrfach oscarprämierte Film »Silver Linings«.) Eine predigttaugliche Erzählung sollte die Situation der Selbstzweifel nachvollziehbar darstellen und den Zuspruch der unbedingten Annahme erfahrbar machen können – zusammen mit den Konsequenzen, die sich aus einer solchen erfahrenen Annahme ergeben. Vielversprechend scheinen dabei Erzählungen, an welchen die predigende Person selbst Anteil hatte und darum von den einengenden wie befreienden Potenzialen nicht nur sprechen, sondern in einer wie auch immer gearteten Betroffenheit berichten kann. Auch der von A vorgeschlagene Briefstil scheint eine vielversprechende Möglichkeit, um der erlebten Erfahrung eine Form zu geben. Adressiert werden könnte etwa ein jüngeres Ich, eine unter Selbstzweifel leidende Person etc.

Zusätzlich sollte die Verbindung zwischen Erzählung und Predigtperikope hergestellt werden. Dabei wäre es hilfreich, zu artikulieren, dass die in der Predigt entfaltete Erzählung beispielhaft erfahrbar machen soll, wie die vom Text vielfältig ausgesagte Kraft Gottes in den Glaubenden wirkt – oder Wirkung entfalten soll. Dies könnte etwa gelingen, indem die Perikopenlesung nicht die predigende Person, sondern der:die Liturg:in übernimmt. Die Predigt selbst könnte dann unvermittelt mit der Erzählung beginnen und in einem kurzen, deutenden Teil die theologische Verknüpfung zwischen Predigtperikope und Erzählung aufzeigen. Die Verbindung könnte aber auch als schillernde Metaebene in der

Narration selbst angelegt sein. Wichtig ist, dass die durch die Erzählung erzeugten Gefühle und erinnerten persönlichen Erfahrungen dasjenige darstellen sollten, was die Hörer:innen aus der Predigt mit in den Alltag nehmen sollen. Entsprechend sollten auch Höhe- und Zielpunkt der Predigt ausgearbeitet werden.

Eine so gestaltete Predigt braucht Mut. Sie braucht den Mut, eigene Erfahrungen zu erkunden und zu artikulieren. Mut, sich das Angenommensein von Christus tatsächlich zusprechen zu lassen. Mut, den Rost über dem eigenen Leben und dem eigenen Glauben ein Stück weit abzukratzen.

Literatur: *Wolfgang Baur,* 1., 2. und 3. Johannesbrief (SKK.NT 17), Stuttgart 1991; *Hans-Josef Klauck,* Der erste Johannesbrief (EKK XXIII/1), Neukirchen-Vluyn 1991; *Jürgen Kriz,* Grundkonzepte der Psychotherapie, Weinheim/Basel [7]2014.

Internet: *Julia Christoph/Steffen Wist,* Corona untergräbt Selbstvertrauen, https://www.mynewsdesk.com/de/linkedin-deutschland/pressreleases/corona-untergraebt-selbstvertrauen-berufstaetige-zweifeln-an-ihren-faehigkeiten-3157018; *Sandra Skrzynska,* Über die Hälfte der jungen Menschen in Deutschland empfindet mehr Selbstzweifel als Selbstliebe, https://www.presseportal.de/pm/57334/4857439; Umfrage: Männer selbstbewusster als Frauen, https://www.tz.de/welt/umfrage-maenner-selbstbewusster-frauen-zr-921650.html (alle zuletzt abgerufen am 25.10.2022).

Drittletzter Sonntag des Kirchenjahres – 12.11.2023

A

Römer 8,18–25

Die Hoffnung, von der wir leben und aus der wir handeln

Ravinder Salooja

I Eröffnung: Schöpfung bewahren?

Mein erster Gedanke: Trauerfeiern, Beerdigungen. »Ja klar, das Ende des Kirchenjahres naht.« Dann aber bleiben meine Gedanken an den schöpfungsbezogenen V.19–22 hängen. Im Kontext von Klimakrise und Schöpfungsbewahrung sind mir diese Verse wichtig geworden als Erkenntnis, dass die Schöpfung unter dem Handeln der Menschen leidet.

Mein zweiter Gedanke: FriedensDekade! Seit über 30 Jahren nun begleitet sie mich am Ende des Kirchenjahres: Als Student in Tübingen lernte ich sie kennen, begegnete ihr dann im ersten Gemeindepfarramt in Coswig (Anhalt) und Griebo als Aktivität der meisten mittel-/ostdeutschen Kirchengemeinden wieder und habe mich für meinen Dienst in Ellwangen (Jagst) intensiv von ihr anregen lassen. Noch kenne ich das Motto 2023 nicht, aber könnte ich vielleicht zur Eröffnung der FriedensDekade über Röm 8,18–25 predigen?

Mein dritter Gedanke: Bibel in gerechter Sprache. Wird mir der Text durch die BigS verständlicher? In vielem spricht sie mehr zu mir als Luther17: »gespannte Erwartung der Schöpfung« statt »ängstliches Harren der Kreatur«; »Zustand der Gottferne, in dem nichts mehr Bestand hat« statt »unterworfen der Vergänglichkeit«; schließlich »gezwungen von einer sie unterwerfenden Macht« statt »durch den, der sie unterworfen hat«.

Womit ich fremdle, ist der Gegensatz von jetzt und dereinst, von sichtbar und unsichtbar. Was mich weiterhin anspricht ist das Thema Klima/Schöpfung.

II Erschließung des Textes: Das Imperium unterminieren

Paulus »hat unter Jüdinnen und Juden, im jüdischen Kontext, jüdisch gelebt« (Wengst, 129) und wurde »als Jude […] zum Apostel für die Völker« (a.a.O., 446); Israels Gott ist in Christus Jesus auch der Gott für die Völker (ebd.). Die antikatholische Lesart Martin Luthers hat eine antijüdische Interpretation im Protestantismus gefördert; beide sind heute nicht mehr möglich (vgl. a.a.O., 25ff.).

Drei aktuelle Publikationen haben mein Verständnis beeinflusst: Harrison profiliert im Zuge seines »reader response« (Leser:in-Reaktion)-Ansatzes auf Grundlage von vor allem archäologischen Erkenntnissen den römisch-kulturellen Hintergrund der Empfänger:innen des Briefes. Das verbindet sich hervorragend mit dem ökologischen Blick auf Paulus, den von Tonstad herausstreicht. Tofighi dekonstruiert postkolonial unseren abendländisch-europäischen Paulus.

Geschrieben in Korinth in der zweiten Hälfte der 50er Jahre gibt Paulus den Brief Phoebe auf ihre Reise nach Rom mit und kündigt darin sein eigenes Kommen an. Die christlichen Gemeinschaften in Rom, die sich dezentral in Häusern und Mietwohnungen versammeln, bestehen überwiegend aus städtischen Armen, freigelassenen Sklaven und frei Geborenen, umfassen aber auch Handwerker und Händler, latinische und römische Bürger und möglicherweise auch Personen aus den unteren Rängen der kaiserlichen Verwaltung. Paulus kennt sie nicht persönlich (anders als die Empfänger seiner anderen Briefe), ist aber durch Gewährspersonen gut informiert. Wiewohl ihr Ursprung in den Synagogen zu verorten ist, bestehen die römischen Gemeinschaften in der Mehrzahl aus Christusgläubigen mit römisch-kulturellem Hintergrund. (Wolter, 30ff.; Harrison, 98ff.)

Röm 8,18–25 ist als Abschnitt von 8,18–30 (»Leben und Hoffnung für alle, die zu Jesus Christus gehören«) Teil des umgreifenden Abschnitts 6,1–8,39 (»Das neue Leben der von der Herrschaft der Sünde Befreiten«) im Corpus des Briefes (vgl. Wolter). Der Grundgedanke V.18 wird in drei Gedankengängen V.19–22, V.23–25 und V.26–27 ausführend erläutert. V.28–30 schließen am Ende mit dem Wortfeld »Herrlichkeit« an V.18 an (a.a.O., 502ff.). Im Hintergrund der durch den Begriff Schöpfung miteinander verbundenen V.19–22 steht eine Rezeption von Gen 3,17–18, mit weiteren Anklängen an Jes 11,6–9. Unheil und Heil kommen bei Paulus anthropozentrisch in den Blick (a.a.O., 514). Das menschliche »wir« bildet die Klammer zu den V.23–25, der »Geist« verbindet V.23–25 mit den nachfolgenden V.26ff. Für die Predigt bietet es sich an, den Textbezug bis V.26 auszuweiten: Dadurch bliebe das Stöhnen und Seufzen der nicht-menschlichen Schöpfung und der in Christus geretteten Menschen nicht auf sich allein gestellt, sondern würde im »unserer Schwachheit« aufhelfenden, als Fürsprecher eintretenden Geist verbunden werden und göttliche Solidarität erfahren. (vgl. Tonstad, 257f.)

In seiner »Geräuschanalyse« stellt Tonstad (239f.) dar, wie nach innen gerichtetes Leid und Hoffnung im Stöhnen nach außen laut werden: Ausrufe in höchster Lautstärke (8,15) gehen über in das Geschrei der Gebärenden (8,22). Die Tonarten Moll (8,22.23.26) und Dur (8,15.31–39) werden getragen vom *cantus firmus* der Gewissheit (8,21) und sind so beide Ausdruck von Hoffnung. Die Freiheit im Blick erfahren Mensch und Schöpfung, reziprok verbunden in Leid und Hoffnung, Befreiung aus Sklaverei (a.a.O., 253ff.). – Nach Harrison (219ff.) hören die Römer:innen Paulus' Brief auch im Kontext der imperialen Ikonografie des römischen Reiches: dass unter julianischer Herrschaft seit Augustus die kultivierte Natur ebenso wie die Wildnis bezwungen sind und demzufolge das gesamte Universum sozial, politisch, militärisch und kosmisch zur Ruhe gekommen ist.

Der Römerbrief macht eine alternative Erzählung stark: Das Goldene Zeitalter der Julisch-Claudischen Dynastie wird von Christi überfließender Gnade übertroffen; die römisch-imperial beherrschte Natur/Schöpfung ruht nicht, sondern wartet auf Erlösung; Gerechtigkeit wird den Glaubenden nicht durch den Imperator zuteil, sondern durch Gliedschaft im Leib Christi, durch Zugehörigkeit zu Christus, der für seine Feinde gestorben ist (Röm 5,6–8; Harrison, 237f.). – Dieser anti-imperiale Narrativ des Paulus kann sich mit gegenwärtiger Kritik an unserer »imperialen« Lebensweise verschränken: Während ich diese Worte schreibe, wird mir mit dem Krieg in der Ukraine wieder einmal sowohl die Gefährlichkeit auch der zivilen Nutzung der Atomenergie gewahr wie auch unsere Abhängigkeit von fossiler Energie.

Der mitstöhnende Geist macht uns gewiss, dass die Ankunft der neuen Schöpfung, auch wenn sie noch aussteht, nicht mehr verhindert werden kann. Das entlastet vom Zwang der Selbsterlösung durch Tätigwerden: Im Anschluss an Tofighi (40ff.) mache ich die eschatologische Perspektive »in, aber nicht von der Welt« heute fruchtbar als fünffach entfaltetes »messianic daily« (mein Übersetzungsversuch: messianisches Quäntchen) in Momenten intensiver Sorge, in der Verbindung von Leib und Seele, in einer Haltung des Nicht-Aufrechnens, in der Ausrichtung auf Gerechtigkeit und im gelassenen Umgang mit dem Zufall des Alltags: »The messianic is everyday life, ›just a little different‹.« (dies., 63)

III Impulse: Von Hoffnung singend gegen die Klimakrise handeln

»Alltägliches Leben, nur ein bisschen anders«, weil wir gewiss sind, dass die erneuerte Schöpfung ihren Anfang genommen hat. Deshalb könnte ich eine Predigt halten, in der zum Thema Klimawandel die christliche Perspektive und Verantwortung als Beitrag zur »Großen Transformation« zur Sprache kommt. Sie würde aus der Vielzahl der theologischen Überlegungen, Entwürfe und Publikationen zum Thema Schöpfungsbewahrung – nicht zu vergessen die orthodoxe Initiative, die zum mittlerweile ökumenisch gut etablierten Tag der Schöpfung geführt hat – Gedanken zur Sprache bringen, die nicht die Resignation fördern, sondern Denk- und Handlungsoptionen stark machen. Beispiele für das tägliche »ein bisschen anders« könnten aus dem Umweltmanagement Grüner Hahn/Gockel gewonnen werden; die Konfi-Kampagne www.wanapanda.de verankert Baumpflanzaktionen im Themenjahr des KU; mit Hilfe des »Waking-the-Giant«-Programms des Lutherischen Weltbundes können einfach und praxisnah die UN-Ziele der nachhaltigen Entwicklung (SDG) in kirchliches Handeln überführt werden.

In den Liedern des Gottesdienstes würde ich Gewissheit und Hoffnung laut werden lassen in Dur (EG 426, 432, 330, 328; dazu: »Freunde, dass der Mandelzweig«, »Es kommt die Zeit, in der die Träume sich erfüllen«, »Vorbei sind die Tränen, das Weinen, der Schmerz«) und Moll (EG 428, EG.Wue 589 »Meine engen Grenzen«).

Inspirierend finde ich, wie sich Tonstad (259 f.) die Überbringung des Briefes und die Verlesung insbesondere von 8,31–37 durch Phoebe vorstellt, und zwar im Stile der Rede von Martin Luther King Jr. »I have a dream«: Die rhetorischen Fragen in diesen Versen laden tatsächlich geradezu ein, sich eine Situation vorzustellen, bei der die Gemeinde immer wieder mit lauten, bestätigenden Rufen einfällt. Ich würde versuchen, das Evangelium im Kontext eines vergleichbaren Hochgefühls, das sich auf die Gewissheit der Befreiung in Christus gründet, zu verkünden.

Literatur: *James R. Harrison*, Reading Romans with Roman eyes, Lanham, Maryland 2020; *Fatima Tofighi*, Paul's Letters and the Construction of the European Self, New York 2017; *Sigve K. Tonstad*, The Letter to the Romans. Paul among the ecologists, Sheffield 2016; *Klaus Wengst*, »Freut euch, ihr Völker, mit Gottes Volk!« Israel und die Völker als Thema des Paulus – ein Gang durch den Römerbrief, Stuttgart 2008; *Michael Wolter*, Der Brief an die Römer (EKK VI/1), Neukirchen-Vluyn/Ostfildern 2014.

B

Uwe Hauser

IV Entgegnung: Nüchternheit

Frieden und Gerechtigkeit sind zentrale Fragen, die Paulus anspricht. Mangelnder Friede und fehlende Gerechtigkeit haben fatale Folgen für Mensch und Natur. Dieser Spur möchte ich gerne nachgehen. Ob der Text von prophetischem Pathos nach der Weise Martin Luther Kings getragen ist, wage ich zu bezweifeln. In meinen Augen ist er in seinem empirischen Teil eine zutiefst nüchterne Wirklichkeitsbeschreibung. Dann eine Deutung dieser Wirklichkeit unter dem Aspekt der Macht Gottes und dann ein Ausblick auf das, was es zu hoffen gibt unter der Voraussetzung, dass Christus von den Toten auferstanden ist.

Ob der Unterwerfung unter die Vergänglichkeit mit »ein bisschen anders« genug entgegengesetzt ist, halte ich für fraglich. Denn auch dies sind nur vorläufige und dem alten, vergehenden Äon zuzurechnende Handlungen. Gleichwohl müssen »wir haben als hätten wir nicht«, handeln, als ob unser Handeln einen Sinn hätte. Daher beten wir, als ob alles arbeiten nichts nützt und arbeiten wir, als ob all unser Beten nichts nützt. Denn auch all unser Handeln ist der Vorläufigkeit unterworfen.

V Erschließung der Hörersituation: Mit Blick auf den, der kommt

Im Mittelpunkt des drittletzten Sonntags im Kirchenjahr stand bis zur Perikopenreform 2018 das Kommen des Herrn zum Thema. 2018 wurde versucht, eine Verbindung zur üblicherweise in dieser Zeit gehaltenen Friedensdekade herzustellen. Eine gewisse Spannung besteht darin, dass die Lesungstexte nach wie vor das nahe herbeigekommene Reich Gottes im Blick haben. Aber muss sich dies ausschließen? Kann man es nicht so betrachten, dass die Hoffnung auf die große Wende, die Gott heraufführen wird, heute schon Mut macht, so zu leben, dass das Kommende sichtbar wird?

Hier kommt der christliche Glaube ins Spiel. Die durch die Auferstehung Christi gestiftete Hoffnung ist wie das ganze Christentum kontrafaktisch: Es ist noch Nacht, wir reden schon vom anbrechenden Tag. Mir geschieht Gewalt, aber ich schlage nicht zurück. Ich werde beleidigt, aber ich gebe gute Worte zurück. Es widerfährt mir Hass, aber ich beantworte ihn mit Liebe und Geduld. Angesichts des anbrechenden und heraufziehenden Neuen, der »Herrlichkeit Gottes«, wird die Gegenwart nicht zu nichts und unbedeutend, sondern erträglich. Die übermächtige Erfahrung von Leid und Tod führt nicht zu Resignation und Verzweiflung, sondern wird vom »Grundton der Hoffnung« auf Gottes noch größere Macht und Herrlichkeit getragen. Das entwertet das Leid nicht, will auch nicht vertrösten, sondern im Hier und Heute kontrafaktisch Hoffnung stiften. In diesem großen Rahmen finden auch unsere kleinen Taten und Schritte zum Frieden und zur Versöhnung ihren Platz und Ausdruck.

Bei der Predigt würde ich zunächst die Erfahrung von Vergänglichkeit und Kontingenz in einer persönlichen Perspektive aufgreifen, sie ausweiten auf die Erfahrung der »weiten Welt« (Stichwort: Unerträglichkeit von Nachrichtensendungen angesichts eigener Ohnmacht). Christliche Hoffnung gründet in der Auferstehung Jesu von den Toten und dem damit gesetzten Neuanfang. Diese Hoffnung bewährt sich gerade an einer völlig dieser Hoffnung widersprechenden Wirklichkeitserfahrung. Diese Hoffnung ist eine Haltung, die sich im neuen Leben niederschlägt.

VI Predigtschritte: Trost im Hier und Jetzt

Liebe Gemeinde, sie ist 59. »Das ist ja noch kein Alter«, sagt man so gemeinhin. Die Diagnose trifft sie im wahrsten Sinne des Wortes ins Mark. Krebs, unheilbar, es bleibt ihr nur noch eine kurze Spanne Zeit zu leben. Gerade jetzt, wo die Rente in Blickweite kam, gerade jetzt, wo alle Kinder auf eigenen Füssen stehen und die ersten Enkel da sind. Gerade jetzt, nach einem langen und fordernden Leben. Wer kann die Gedanken nicht nachvollziehen, die durch den Kopf schießen: Warum gerade ich? Ich würde so gerne noch ein paar Jahre leben, die Enkel groß werden sehen. Das ist die brutale Seite an dieser Analyse des Apostels Paulus, dass die Schöpfung der Vergänglichkeit »unterworfen« ist. Die ganze Schöpfung, alles, was lebt, läuft auf den Tod zu. Unaufhaltsam und unabdingbar. Die auf Widerruf gestundete Zeit ist jeden Tag sichtbar am Horizont. Das ist Wirklichkeitsanalyse: schonungslos und klar. Es ist wie es ist. Tod und Wirklichkeit, Krankheit und Tod sind unsere unmittelbare und unabdingbare Realität. Der Tod ist die Wirklichkeit, der wir mit dem Tag unserer Geburt entgegen gehen. Wenn der Tod alles wäre, wenn es mit unserem Ende aus und vorbei wäre, dann wäre es »ungerecht«, nämlich »das Leben«. Die einen sterben als Säugling, die anderen nach einhundert Jahren bei bester Gesundheit. Denn in der Tat, lieber Paulus, das können wir gut nachvollziehen, dass es nicht nur uns Menschen so geht. Die ganze Schöpfung schreit vor Schmerzen wie eine Gebärende während einer schweren Geburt. Das neue Leben, die neue Schöpfung kommen nicht en passant, sondern unter größten Schmerzen.

Wer es noch aushält und es erträgt und sich an einem Abend die Nachrichten aus aller Welt antut, der wird von Krieg und Zerstörung, von Hurrikans und Tornados viel hören und sehen. Aber wenig von stöhnenden Verwundeten und gefolterten Gefangenen, von verendeten Tieren rund um den Globus hören. Zu schwer sind die Bilder und die damit verbundene Ohnmacht, nichts zu tun und nichts ändern zu können. Und nicht allein der Mensch empfindet dies, auch die ganze Welt, die ganze Kreatur, die ganze Schöpfung ist mit uns in diesem Stöhnen und Seufzen. Es ist ein großes Seufzen, das aufsteigt aus allen Bereichen dieser Welt vor Gott. Wer wach ist und Ohren hat zu hören, der wird dieses Stöhnen hören, wenn Waldgebiete gerodet, Straßen gebaut, Wege gepflastert werden. Denn jedes Stück sogenannter Zivilisation ist der Schöpfung abgepresst. Es ist ein gewaltiger Verdrängungskampf im Gange, der Mensch verdrängt die Grundlagen, von denen er lebt. Manche halten diese Form von Sensibilität für ökologische Sozialromantik. Schließlich wolle keiner von uns in Holzhütten leben und ohne Medikamente auskommen. Und irgendwo müsse der Mensch ja leben, Dasein sei eben Verdrängung. Und genau hier liegt das Seufzen begründet, am augenblicklichen Zustand der Schöpfung: In ihr gelten Gesetze von Tod und Vernichtung, die wiederum als Lebensgrundlage anderer Lebewesen dienen. So sehr wir uns danach sehnen, diesem unerbittlichen Kreislauf zu entkommen, wir sind in ihm gefangen. Die Welt, wie sie ist, ist nicht ideal, nicht »nur schön«. Vielmehr leidet sie unter dieser »Unterwerfung«.

Aber die Gegenwart des Leidens und der Vergänglichkeit betrachtet Paulus als unverhältnismäßig klein gegenüber der Herrlichkeit, die Gott an uns offenbaren will. Das Leiden ist schon groß, das Seufzen der Kreatur, das rund um diesen Globus erklingt, gewaltig. Paulus aber sagt: Die Hoffnung ist größer als all das Elend, als die Schmerzen, der Tod, das Sterben, die Krankheit, die harte bittere Wirklichkeit, die viele Menschen aushalten müssen. Gottes neue Welt wird größer sein als alles, was wir uns vorstellen können. Paulus sieht in uns, die wir diesem vertrauen, die ersten Freigelassenen, die aus diesem Kreislauf aussteigen können, die ihm nicht mehr unterworfen sind. Mit der Auferstehung Jesu sei eine Freiheit von diesen Bedingungen gewährt worden.

Der Himmel ist kein Vertröstungsort für Menschen, die mit der Erde nicht fertig werden. Für die, die begründen müssen, warum von Gottes Herrlichkeit partout nichts zu sehen ist. Das hat Paulus nicht gemeint. Christentum ist keine Vertröstung auf ein besseres Jenseits, in dem alles dann schon irgendwie besser wird, und das uns zum Aushalten und Schweigen in der Gegenwart führen soll.

Die Spannung, die über unserem Leben liegt, lässt sich allerdings auch nicht in »gerechten Aktionen«, die sich im Hier und Heute erschöpfen, auflösen – so wichtig und unabdingbar sie sind –, als begänne mit ihnen schon Gottes neue Welt.

Paulus hat also mehr anzubieten als Lebensstil, der sich ein wenig unterscheidet. Er will nicht einfach ein gutes Leben, bei dem man auf das richtige verzichtet, sondern in allem, was mir widerfährt bin ich geborgen in Gottes Liebe. Wir hoffen, dass er die Welt so liebt, dass er alles verändern wird. Das ist unsere Grundhaltung gegenüber dem Leben. Christliche Hoffnung auf das große Handeln Gottes an der ganzen Welt, führt dann zu einer unaufhebbaren Hoffnung, auch und gerade dort, wo es nach menschlichem Ermessen nichts zu hoffen gibt. Gott hat das Unmöglichste möglich gemacht. Warum sollte er es nicht für alle Welt tun?

Das letzte Gespräch mit jener Frau geht mir heute noch nach. Ob es ihr den nicht schwerfalle, Abschied zu nehmen? Nein, meinte sie, sie habe ihr Leben gelebt. Das wäre ihr Leben eben gewesen. Nun sei sie geborgen in Gottes Händen. Hoffnung, die sich bewährt gegen alle Hoffnungslosigkeit.

Und es fällt mir wie Schuppen von den Augen wie das war, damals in unserem Reihenhaus, an einem Novembernachmittag vor langer Zeit, als ich die dunkle Steintreppe hinaufging. Oben auf der Treppe stand meine vierjährige Tochter und löschte das Licht. Dann sagte sie: Papa, ich spring jetzt. Mir sprang fast das Herz aus der Brust. Dann habe ich sie aufgefangen und festgehalten und geschwiegen, denn es war ein heiliger Moment. Und ich dachte: So müsstest du einmal sterben dürfen. Es ist nichts zu sehen von Gottes Herrlichkeit, alles ist dunkel, und ich darf hineinspringen in die geöffneten Arme des Vaters, der mich auffängt und bei sich birgt. Amen.

Vorletzter Sonntag des Kirchenjahres – 19.11.2023

Matthäus 25,31–46

Glutkern des Christentums

A

Christa Usarski

I Eröffnung: Das Ende der Straflosigkeit

»Vom Weltgericht«, so lautet die Überschrift dieser Perikope. Wenn ich das Wort Weltgericht außerhalb meiner Bibellektüre höre, erinnere ich mich an die großen Gerichtsverfahren in Den Haag. In dem UN-Tribunal für Ex-Jugoslawien urteilte die internationale Gemeinschaft in einer Art Weltgericht über Verantwortliche der Gräueltaten in den Kriegen nach dem Zerfall Jugoslawiens. Täter mussten sich verantworten, so der ehemalige jugoslawische Präsident, der Kriegstreiber Slobodan Milošević oder der bosnisch-serbische General Ratko Mladić, der der Hauptverantwortliche des Massakers von Srebrenica war. Anknüpfend an diese Erfahrungen wurde 2002 der internationale Gerichtshof gegründet. Auch wenn ein Weltgericht in der Realität starke Grenzen hat, weil Megastaaten mögliche Verfahren verhindern, so im Fall des syrischen Staatschefs Bashar Al-Assad, spricht sich in ihm das Prinzip des Weltrechts aus, der universale Gedanke der Gerechtigkeit.

Auf diesem Hintergrund verstehe ich den Gerichtstext Matthäus 25 als ein kraftvolles Bild: Das Unrecht ist nicht vergessen, Christus selbst stellt sich den Opfern zur Seite, ja, ihnen wendet er sich in erster Linie zu. Er identifiziert sich mit den Geschundenen dieser Welt und sagt: Was euch angetan wurde, das wurde mir angetan. Der Menschensohn und Weltenrichter setzt die Opfer ins Recht und stattet sie mit königlicher Würde aus, indem er sich mit ihnen identifiziert. »Die Gerichtstexte im NT sind sensibel dafür, dass diese Welt Gottes nicht beginnen kann und wird, wenn das Alte und vor allem die Beschädigungen und das Unrecht nicht aufgedeckt sind und einem Ausgleich zugeführt werden. An den Opfern unserer Erde vorbei ist die Vollendung der wartenden Schöpfung nicht zu haben.« (Eltrop, 223)

II Erschließung des Textes: Heilende Gerechtigkeit

Mt 25 ist die letzte große Rede Jesu vor der Passionsgeschichte. In einer ausführlichen Unterweisung spricht Jesus über das Weltgericht durch den königlichen Menschensohn, dessen Hoheit durch den »Thron der Herrlichkeit« und ihn begleitende Engel beschrieben wird. Alle Völker – *panta ta ethnē* – werden sich um seinen Thron versammeln. Die Gerichtsszenerie hat zwar dialogischen Charakter, aber bei genauerem Hinsehen wird deutlich, dass die rechtlichen Fakten nicht erst erhoben werden, sondern dass das Urteil schon feststeht. Und sogleich erfolgt eine Scheidung in die Guten und in die Schlechten. Allein eine solche Unterteilung wird vielen Hörern nicht gefallen und Erinnerungen an angstmachende Gottesbilder der Kindheit werden vielleicht bei älteren Gottesdienstbesuchern wieder wach. Ich kenne immer noch den Text auswendig, den ich als Kind in der Sonntagsschule gelernt habe:

»Pass auf, kleines Auge, was du siehst!
Pass auf, kleines Auge, was du siehst!
Denn der Vater im Himmel
schaut herab auf dich,
pass auf, kleines Auge, was du siehst!«

Wenn Gott vor allem einer ist, der alles sieht und kontrolliert, kann ich nur verlieren. Aber merkwürdig, ich habe als Kind sehr gerne dieses seicht daher kommende Lied gesungen. Jedoch, vielleicht ist davon ja geblieben, dass ich mich manchmal zu schnell schuldig fühle. Anderen wird so ein überwachender Gott Angst eingejagt und dazu geführt haben, dass sie sich von Gott verabschiedet haben. Unweigerlich jedoch entsteht bei den Hörern die Frage, zu welcher Gruppe sie denn gehören. Unterlassene Taten – welche Dinge werden uns spätere Generationen vorhalten? Anscheinend sind wir unseren jeweiligen Bezugssystemen auf äußerst intensive Weise verhaftet und merken deshalb zu wenig, wo wir moralisch anders handeln sollten. Die unterlassenen Taten sind keine monströsen Verbrechen wie Mord oder Folter, weshalb auch die Angesprochenen erstaunt fragen, wann sie denn die Zuwendung eigentlich schuldig geblieben sind. Und die andere Gruppe, die »Gesegneten Gottes« sollen ein göttliches Erbe antreten, nämlich das Reich, das schon seit der Schöpfung bereitet ist (V.34). »Es geht offensichtlich beim Gericht zuallererst um die Vollendung der von Gott bereiteten und wartenden guten Schöpfung. Das Urteil des Weltenrichters besagt damit, dass das Ende der Geschichte kein absurdes Scheitern ist. Vielmehr soll alles, was von Gott her angelegt ist, verwandelt und vollendet werden.« (Eltrop, 221) Mit dieser Gewichtung richtet sich bei der Jesusrede der Blick darauf, dass die hoffende Schöpfung vollendet wird und dass das Ende alles Bösen beginnen wird. (vgl. ebd.) Diejenigen, die an dieser Verheißung mitwirken werden, haben in Selbstvergessenheit, Taten der Liebe vollbracht, Nächstenliebe ohne Berechnung und ohne großes Nachdenken. Jede der sechs Liebestaten wird viermal genannt. Es sind die elementaren Werke der Barmherzigkeit, die als Kriterium für die Beurteilung des menschlichen Handelns herangezogen werden, wobei die Sechserliste der guten Taten beispielhaft sein dürfte und es sich um eine ergänzbare Aufzählung handelt. (vgl. ebd.) Bemerkenswert ist, dass ausschließlich Liebestaten genannt werden und Kultus und Frömmigkeit keine Erwähnung finden. Und der Christkönig sagt: »Was ihr getan habt einem von meinen geringsten Geschwistern, das habt ihr mir getan.« Dieser Satz ist seit Jahrhunderten ein Grundtext der Diakonie geworden. »In allen wichtigen Texten bis hin zum neuen katholischen Katechismus wird immer wieder Mt 25 zitiert, wenn es darum geht, zur Diakonie zu ermutigen oder sie theologisch zu begründen.« (Luz, 522) Mt 25,40 führt ins Innerste des Christentums, nämlich, dass im Nächsten, in den Armen, in den Kranken, den Menschen mit Demenz, den Hungernden, den Geflüchteten Christus selbst begegnet. Eine stärkere religiöse Parteinahme für die Schwachen kann es kaum geben. Der Befreiungstheologe Gustavo Gutiérrez (Theologie der Befreiung, 1973, zitiert bei Luz, 523) spricht vom »Sakrament des Nächsten« und für Jürgen Moltmann ist Mt 25,40 ein ekklesiologischer Richtungsanzeiger: »Die Geringsten sagen, wohin die Kirche gehört« (Kirche in der Kraft des Geistes, 1975, 148, zitiert bei Luz, 523).

Im jüdisch-christlichen Dialog wird der Menschensohn als Richter verstanden, der diejenigen richtet, die sich mitschuldig gemacht haben am Holocaust. Günther van Norden (u. a., Wir verwerfen die falsche Lehre, 1994, 174, zitiert bei Luz, 524) schildert, dass ein Journalist in Schlesien über die »Braune Synode« in Schlesien 1933 Folgendes schrieb: »Unter Berufung auf den Arierparagraphen forderte ein deutschchristlicher Pfarrer die Juden und Jüdinnen auf, die Kirche zu verlassen. Und plötzlich bewegte sich im Altarraum etwas, der Gekreuzigte stieg herab, ging durch die Kirche und schließlich zur Tür hinaus. Dabei sprach er die Worte Mt 25,45.«

III Impulse: Die Kraft der kleinen Geste

In ihrer Rede zur Verleihung des Literaturnobelpreises 2009 erzählt Herta Müller von einem Taschentuch ihrer Mutter, das für sie zum Symbol der Widerstandskraft gegen die Schikanen der rumänischen Diktatur wurde. Herta Müller, die in einem deutschsprachigen rumänischen Dorf aufwuchs, wurde als Schulkind jeden Morgen von ihrer Mutter gefragt, ob sie ein Taschentuch habe. Diese Frage war gleichzeitig Ausdruck von Fürsorge und Zärtlichkeit, von der es in der robusten bäuerlichen Welt wenig gab. Als Erwachsene arbeitet die Schriftstellerin in einer Maschinenfabrik und verweigert die ihr angetragenen Spitzeldienste der Securitate, woraufhin ihr der Arbeitsplatz im Büro genommen wird und sie nun auf den Treppen im Flur ihre Übersetzertätigkeit verrichten muss. Jeden Tag breitet sie ihr Taschentuch auf einer der Stufen aus und verschafft sich selbst Würde und Stärke, die ihr, so ist zu vermuten, auch durch die Erfahrung der mütterlichen Zuwendung zugewachsen ist. Eine einzige Arbeitskollegin hält zu ihr und verbringt mit ihr auf der Treppe die Mittagspause.

Herta Müller schließt ihre Rede zur Verleihung des Literaturnobelpreises mit dem Wunsch, dass die Menschen, die von Diktatoren gequält werden, ein Stück Würde durch Gesten der Zuwendung und der Barmherzigkeit behalten: »Ich wünsche mir, ich könnte einen Satz sagen, für alle, denen man in Diktaturen alle Tage, bis heute, die Würde nimmt – und sei es ein Satz mit dem Wort Taschentuch. Und sei es die Frage: ›HABT IHR EIN TASCHENTUCH?‹«

In jedem konkreten Zeichen der Zuwendung für den Mitmenschen verwandelt sich die Welt. »Das Reich Gottes, das heißt die Welt, wie sie von Gott her gedacht ist, ist also ein erneuertes Leben in Gerechtigkeit, Liebe und Solidarität.« (Eltrop, 224)

Literatur: *Bettina Eltrop*, Das jüngste Gericht im Horizont von Gerechtigkeit, Liebe und Solidarität. Mt 25,31–46 von seinen alttestamentlichen Bezugstexten her gelesen, BiKi 4/2008, 219–225; *Ulrich Luz*, Das Evangelium nach Matthäus: Mt 26–28 (EKK I/4), Düsseldorf, Zürich, Neukirchen-Vluyn 2002.

Internet: *Herta Müller*, https://www.nobelprize.org/prizes/literature/2009/muller/lecture/ (zuletzt abgerufen am 24.09.2022).

Michael Kösling

B

IV Entgegnung: Schöne Aussichten

A bewegt sich vom Großen zum Kleinen. Vom UN-Tribunal für Kriegsverbrecher hin zu den Taten der Barmherzigkeit Einzelner. So reicht der Predigttext in das Leben von jedem und jeder hinein. Das ist ja auch die innere Bewegung des Bibeltextes. Dieser Bewegung kann ich bis zu ihrem Ende folgen. An einer Stelle allerdings bleibe ich stehen und nehme einen Umweg. Die Eindeutigkeit der Unterscheidung von Gut und Schlecht: Könnte es sein, dass darin anstatt Angst eine Sehnsucht nach Klarheit und Eindeutigkeit für das eigene Leben liegt in einer unübersichtlich gewordenen Welt? Wenn das so ist, und der Predigttext so gelesen wird, liegt in ihm auch die Möglichkeit, zu dieser Klarheit und Eindeutigkeit zu gelangen. Dann ist er eine Art Lebenslehre, eine Anleitung, in dieser Welt ein gutes Leben zu führen, ein Leben mit Gott und für die Welt. Ein Umweg, wie gesagt, keine Abkürzung. Vielleicht belohnt dieser Umweg durch neue Aussichten.

V Erschließung der Hörersituation: Es ist kompliziert

Gehört er nun davor, oder nicht? Der russische Präsident vor den Internationalen Gerichtshof? Die einen sagen so, die anderen so. Das Urteil fällt auch regional deutlich unterschiedlich aus. Bündnis 90/Die Grünen stimmen auf ihrem Parteitag für Waffenexporte nach Saudi-Arabien. Wumms. In Katar bestellte man jüngst den deutschen Botschafter ein und überreichte ihm eine Protestnote, nachdem die deutsche Innenministerin Nancy Faeser Menschenrechtsverletzungen ansprach. Katar, liebe Frau Faeser, das ist doch unser neuer Energiedealer. Also etwas mehr Zurückhaltung bitte. Man will doch noch zum Eröffnungsspiel der Fußballweltmeisterschaft reisen. Man will sich doch da sehen lassen können. Am Ewigkeitssonntag. Oder wenigstens mit Trikot und Shorts vor dem Flachbildfernseher mitjubeln. Kommt man auch ins Schwitzen. Unterdessen ist der angekündigte heiße Herbst auch einer geworden. So warm war es noch nie Ende Oktober. Ist doch super! Da rückt die Heizperiode schön nach hinten. Und wenn es dann doch irgendwann kalt wird und sich die Gemüter erhitzen: Deckel drauf. Gaspreisdeckel! Ob er hält, auf dem Schnellkochtopf der eskalierenden gesellschaftlichen Debatten? Doppelwumms!

Das ist die Situation im Oktober 2022. Ich spreche mit Freundinnen, Verwandten und Kollegen über diese großen Themen. Klarer scheint es am Ende dieser Gespräche nicht zu werden. Ich erlebe eine große Unsicherheit. Denn man kann die Dinge wenden und betrachten und immer noch eine Quelle finden, die einem Recht gibt. Am Ende freut man sich, dass man sich bei aller unterschiedlichen Bewertung nicht entzweit und zerstritten hat. Noch bleibt man zusammen, auch bei unterschiedlichen Standpunkten.

Ein Freund reiste im Frühjahr mit seiner Familie durch den Iran. Danach befragt, wie er denn die Proteste der iranischen Frauen bewerte, meinte er, dass die allermeisten Iranerinnen und Iraner gerne so weiterleben wollten wie bisher und auch das Kopftuch kein Problem an sich wäre. Nur in den Städten würden nun einige aufbegehren. Überhaupt hätten die Sanktionen des Westens den Menschen im Iran geschadet. Die müsse man zuerst einmal aufheben. Währenddessen erschießt die Sittenpolizei junge Frauen und Männer auf Teherans Straßen und bringen iranische Drohnen in der Ukraine Tod und Zerstörung. An einem heißen Sommerabend kommen wir am Essenstisch irgendwie auf das Thema der sexuellen Identitäten der Mitschülerinnen und Mitschüler unseres 13-jährigen Sohnes. »Es ist kompliziert«, antwortet er. Und vor allem wirklich ein Riesenthema.

Wo ich auch hinschaue und wem ich auch zuhöre. Eindeutig ist es am Ende nie. Es ist wirklich vertrackt und zum verrücktwerden. Am Ende müsste doch jemand mit der Autorität des ganzen Kosmos kommen und sagen was nun richtig und was falsch ist. Der Menschensohn. Engelumstanden. Der alles schön ordnet. Die einen hierhin. Die anderen dorthin. Und vor allem die anderen zur ewigen Strafe. Ja, das wäre es dann auch. Ganz einfach. Es ist aber noch nicht das Ende. Und es bleibt kompliziert.

Am Ende jeder Tagesthemen verabschiedet sich Ingo Zamperoni mit den Worten: »Und bleiben Sie zuversichtlich.« Auch wenn ich mich manchmal frage, nach welcher Sendung ihm diese Worte nicht über die Lippen kommen würden. Bisher hat er sie immer gesagt. Und so bin ich am Ende zuversichtlich. Denn das Ende ist noch nicht gekommen. Apokalypse? Heute nicht. »Es ist noch Zeit für dich und mich und wenn du willst, dann schlaf doch heut bei mir«, singt Danger Dan in seinem Lied »Eine gute Nachricht« vor dem Hintergrund des noch fernen aber sicheren Endes der Welt. »Ich glaube, dass das Göttliche etwas ist, dem wir nahe sein können oder weit entfernt, und dass ein gutes Leben ein Leben ist, das versucht, in größtmöglicher Nähe zu ihm zu leben«, sagt Egil in Karl Ove Knausgards endzeitlichem Roman »Der Morgenstern« (Knausgard, 55). »Ich bin nackt gewesen und ihr habt mich gekleidet«, spricht Christus am Ende. Es geht um Nähe. Es geht ums Kleine, um auch im Großen zu bestehen. Ums Kleine, in dem die Eindeutigkeit zu finden ist.

Das Durcheinander und die Unübersichtlichkeit dieser Zeit und die Unmöglichkeit, sich eindeutig und immer richtig zu positionieren. Die Dilemmata, in denen man sich auf einmal wiederfindet. Ich würde sie in der Predigt benennen und würde auch meine ganz eigene Ratlosigkeit zur Sprache bringen. Ich habe per Onlinepetition den Brief gegen die Lieferung schwerer Waffen an die Ukraine unterzeichnet. Heute würde ich das nicht mehr tun. Jedenfalls bin ich mir nicht mehr ganz so sicher. Richtig oder falsch? Ich weiß es nicht. Aber ich merke an diesem Beispiel, wie ich als Mensch, Bürger, Christ in die großen Zusammenhänge eingebunden bin. Ich beziehe einen Standpunkt, kann ihn wechseln und sicher wieder zu ihm zurückkehren. Eindeutig ist das alles nicht. Bevor Christus nicht die Böcke von den Schafen scheidet, bleibt es kompliziert.

Und trotzdem merke ich auch, wie die Menschen und ich selbst die Dinge richtigmachen wollen. Richtig gut sogar. Wann ist mir das gelungen? Das ist ja die Frage der Schafe und Böcke. Das ist, glaube ich, die Frage derer, die der Predigt zuhören. Gemeinsam gehen sie in ihrer Erinnerung zurück, und Christus hilft ihnen beiden auf die Sprünge: Weißt du noch, damals, diese eine Begegnung? Dieser Nackte. Diese Durstige. Als du ins Gefängnis gekommen bist. Am Krankenbett. Solche Begegnungen müssten erinnert werden und das dahinterliegende Gefühl. In den Taten der Barmherzigkeit lässt sich Eindeutigkeit finden. Taten der Barmherzigkeit sind eindeutig. Oder sie sind keine Taten der Barmherzigkeit. So einfach ist das. Auf die Erinnerungsspur möchte ich die setzen, die die Predigt hören. Und ich würde es auf gar keinen Fall mit einem Beispiel gelungener Praxis aus dem eigenen Leben tun. Schon eher eine Geschichte erzählen, die mir erzählt worden ist und in der zu hören war von dem tiefen Gefühl der Übereinstimmung mit dem Guten und vielleicht sogar Göttlichen. Denn das ist ja unbedingt einzuplanen: Dieser Nackte: Ich bin's gewesen. Als du ins Gefängnis gekommen bist: Das war ich. Das war ja Christus! Und wenn schon ein Beispiel aus dem eigenen Leben des Predigers oder der Predigerin, dann das eines Scheiterns. Ist erstens viel sympathischer und zweitens gehört es ja einfach dazu. Tröstlich ist auch, dass im Predigttext von keiner zu erfüllenden Norm der Taten der Barmherzigkeit zu lesen ist. Reicht vielleicht schon einmal, um als Schaf durchzugehen, einmal der Durstigen das Wasser zu reichen? Einmal den Fremden einzulassen? Spekulation. Wir werden ja sehen. Auf jeden Fall wäre es für mich überraschend heilsam, wenn ich mich am Vorletzten Sonntag des Kirchenjahres, sozusagen fast am Ende, wenn einen die Wege an die Gräber der Lieben führen, an eine solche kleine Tat erinnerte und dann hörte, was und wer da Großes drinsteckte. Größeres als das, vor dem man gerade so oft ratlos davorsteht, und ich dann spürte: Für so was Kleines habe ich immer noch Zeit.

Literatur: *Karl Ove Knausgard*, Der Morgenstern, München 2022.

Internet: *Danger Dan*, Das ist alles von der Kunstfreiheit gedeckt, https://www.youtube.com/watch?v=kjIL4lysSRk (zuletzt abgerufen am 29.10.2022).

Buß- und Bettag – 22.11.2023

A

Ezechiel 22,23–31

Sprachen der Sichtbarmachung

Frank Dettinger

I Eröffnung

Nur Gericht, kein Heil – so mein erster Eindruck. Hier liegt ein neuer Predigttext der überarbeiteten Perikopenordnung vor, der herausfordert. Das Unbehagen hat seinen Grund auch in der drastischen Sprache (Luth 2017): Zorn, Gewalt (je zweimal), brüllende Löwen, entweihen, reißende Wölfe, Lügen. Die Wahl dieses Textes wirkt gleichwohl verständlich für den Buß- und Bettag, für das Thema Umkehr. Der Weg zur Predigt kann dieser Spur folgen und zudem darauf bauen: Ezechiel spricht nicht gänzlich einseitig von Gericht. Zwar wirkt Ez in dieser Perikope nüchternhart, »distanziert und kühl« (Sedlmeier, 11), doch wird für die Predigt gelten dürfen und müssen, Ez auch in seiner Gesamtkomposition wahrzunehmen. So sehr er in den Gerichtsworten kompromisslos klingt und sich keineswegs innerlich ringend zur Härte der Botschaft bewegt wie etwa Jeremia, so sehr finden sich im dritten Teil des Ez-Buches tröstende und eine Erlösung durch Gott ankündigende Worte (Ez 33–48). Ez wird dort »zum Künder einer neuen Hoffnung, eines neuen Heiles, das von Gott kommt«. (Sedlmeier, 25)

II Erschließung des Textes

Ez 22 steht im Kontext der Kapitel 21–24 mit dem historischen Bezug: »Das Gerichtswerkzeug Babel kommt unausweichlich auf Jerusalem zu.« (Sedlmeier, 310) Unausweichlich, das bedeutet, dass ein innerer Zusammenhang zwischen dem Verhalten aller genannten Gruppen und der Folge des Untergangs Jerusalems besteht. Dies war für die damalige Gerichtspredigt bedeutsam, wie es heute in der Predigt wichtig sein muss: Gottes Gericht ist nicht Willkür, nicht rasende Wut, nicht unkontrollierte Aggression, sondern das Tun kommt auf den eigenen Kopf (vgl. V.31), wie nach einem eigenen Gesetz, einem Tun-Ergehen-Zusammenhang. Auch Gottes Zorn ist die naturgemäße Folge des Unrechts, das Gott nicht folgenlos lassen kann. Gericht bei Ez bedeutet entsprechend: In der Auseinandersetzung mit Schuld braucht es unabdingbar die Konfrontation. »Nicht an der Krise vorbei, sondern durch sie hindurch, konfrontiert also mit dem eigenen Fehlverhalten [...] geschieht jene Verarbeitung des Geschehenen, die ein Weg zum Leben ist.« (Sedlmeier, 69) Das nicht benetzte Land (V.24) zeigt die Todesverfallenheit des Volkes (Sedlmeier, 314) – dem Land ist der Schuld zufolge der Regen versagt, sodass es zur Dürre und zum Tod bestimmt ist. Gleichwohl gilt auch hier, dass das Gericht nicht vereinfacht Gottes spontaner Entscheidung zu einer Strafhandlung entspricht, sondern einer inneren Gesetzmäßigkeit folgt.

Zwei weitere für die Predigtvorbereitung interessante Erkenntnisse: Zum einen erinnert die Aufzählung der Gesellschaftsbereiche – Fürsten, Priester, Obere, Propheten, das Volk – an die strukturelle Dimension der Sünde. Alle Schichten des Volkes haben versagt, so reflektiert Ez. Dass und wie Schuld immer in Beziehung entsteht und besteht, ist ein fruchtbarer Ausgangspunkt sowohl in gesellschaftlicher, öffentlicher Hinsicht wie auch im persönlichen, privat-individuellen Bereich. Bezüglich all dieser Ebenen ist zu fragen: In welche Konfliktzusammenhänge sind wir verstrickt?

Die zweite Erkenntnis hat damit zu tun, dass Priester und Propheten in der Kritik Ezechiels am schlechtesten wegkommen. Die angesprochenen Gruppen 1, 3 und 5 – Fürsten (gemeint bei Ez: Könige), Obere (v.a. Beamte) und Volk – sehen sich allesamt ähnlicher Kritik ausgesetzt: Sie verhalten sich wie Raubtiere, sie bereichern sich auf Kosten anderer, vor allem der Schwachen. Entsprechend werden die Oberen kritisiert. Es geht um Habgier, die schließlich auch das Volk kennzeichnet, das drauf los raubt, Arme und Elende bedrückt, gegen alles Recht Fremdlingen Gewalt antut. Diese Kritik ist hart, jedoch steht sie noch im Schatten der Kritik, die die Gruppen 2 und 4, die Priester und Propheten trifft. Ihnen wird bewusste Täuschung bzw. hinterhältiges Verhalten vorgeworfen. So schließen die Priester die Augen vor den Sabbaten, nehmen die heiligen Zeiten nicht ernst, entweihen das Heilige und agieren somit wie Gottlose. Die Propheten streichen Tünche – so verschleiern sie bewusst die Wahrheit. Ezechiels Kultkritik steht hier wie an anderer Stelle im Zentrum seiner Botschaft, sie überragt die Sozialkritik, die gegen die Gruppen 1, 3 und 5 gerichtet ist. Die religiöse Kritik, die Kultkritik steht im Zentrum, da Ez die verweigerte Gottesbeziehung als Ursache aller Dimensionen von Schuld ausmacht (Sedlmeier, 64f.). Er selbst handelt als Prophet und ist zudem Sohn eines Priesters (vgl. Ez 1,3; Sedlmeier, 65; Pohlmann, 203ff.). Beide Traditionen vereinend ist seine Kernbotschaft die Erhaltung bzw. Erneuerung der Beziehung zu Gott.

Aussichtsreich für die Predigtvorbereitung wahrzunehmen ist schließlich V.30: Gesucht wird ein Mensch, der in die Bresche treten oder »in den Riss treten« (wörtlich) kann, der die »Mauer zumauern« kann. Damit ist die Chance im Blick, dass eine einzelne Person etwas gegen das große Unrecht zu tun vermag. Ez deutet wohl auch an: Ein/e Einzelne/r könnte die Wende bringen. Leider ist dem nicht so – es wird niemand gefunden (vgl. V.30).

III Impulse

Die strukturelle Dimension der Schuld kann Ansatzpunkt vieler Reflexionen sein. Wie verhalten sich die Schuldzusammenhänge in unserer Gesellschaft? Der soziale Friede ist immer wieder durch den Sozialstaat gewahrt gewesen in der Geschichte der Bundesrepublik. Aber Krisen forderten und fordern hier heraus: die Coronapandemie, die viele soziale Fragen brachte, und ebenso die Energie- und Wirtschaftskrise in Folge des Ukrainekriegs. Wie weit reichen die Möglichkeiten des Staates, steuernd einzugreifen, um ein funktionierendes Zusammenleben langfristig zu gewährleisten? Und wo beginnt die Schuld der Verantwortlichen, auch der (noch) Reichen, das Miteinander aller Schichten zu gefährden? Wie damals Ez dürfen wir fragen, wo heute Habgier, raubtierartige Ausbeutung und eigennütziges Handeln in Schuldverstrickung führten. Wir dürfen fragen, wo die Versäumnisse oder verpassten Möglichkeiten liegen, wenn Menschen auf die Straße gehen, wenn Angst vor existenzieller Not die politischen Ränder stärkt oder Verschwörungstheorien aufblühen. Einfache Antworten sind zwar nicht zu finden, doch die Debatte ist zu führen. Und auch bezüglich meines Mikro-Umfelds kann ich nachdenken: Wie viele Familien haben mit Verletzungen, Verbitterungen, Trauer zu leben? Oft unausgesprochen, oft ursächlich in »alten Geschichten« ist offener und verdeckter Streit eine quälende Realität im Miteinander. Es kann entlastend sein, diese Dimension struktureller Schuld zu thematisieren und sie aus dem großen Schweigen herauszuholen. Entlastend kann zudem wirken, deutlich zu machen, dass es in vielen Konflikten nicht die Guten und die Bösen gibt, sondern zu unserem Menschsein gehört, immer wieder zugleich Opfer und Täter zu sein. Dass Ez ein besonderes Gewicht auf die religiöse Kritik legt, darf anregen zur Thematisierung der heutigen Rolle von Religion und der Kirchen. Viele Zuhörer*innen werden zuerst an die grauenhaften Missbrauchsfälle denken. Fragen müssen wir: Wie geht Kirche mit ihrem eigenen Versagen um? Wie wird sie dem Anspruch der Gottgefälligkeit im eigenen Handeln gerecht? Auch hier begibt man sich in eine komplexe Gedankenwelt. Papst Benedikt XVI etwa hat für die katholische Kirche vielfach betont, dass die Beziehung zu Gott Ausgangspunkt allen kirchlichen Handelns sein muss (z. B. in seinen Jesus-Büchern) – hier könnte Ez wohl zustimmen. Es gilt, sich weiter für diesen Gottesbezug einzusetzen und aufzudecken, wo heute gar bewusst und vorsätzlich getäuscht wird, wo die Kirchen heute »Tünche« anbringen, um unangenehme Wahrheiten zu verschleiern. Zu denken wäre hier auch an den schleichenden Bedeutungsverlust der Kirchen. Seit 2022 sind weniger als 50 % der Menschen in der Bundesrepublik Mitglied einer der großen Konfessionen. Das Zeitalter der Volkskirchen kommt zum Ende – es wäre fatal, dies zu verschleiern.

Der Buß- und Bettag ist die Chance, all dies zu reflektieren (notgedrungen in Auswahl) und die Rolle von uns allen als Einzelne zu betonen: Die Person, die in V.30 gesucht wird, kann ich sein. Für Ez ist die religiöse Kritik an Propheten und Priestern Ausgangspunkt: Wir alle als Christ*innen sind im Sinne des Priestertums aller Gläubigen angesprochen. Ich im Sinn von jede und jeder kann einen Wendepunkt schaffen. Es beginnt mit mir, immer ist die einzelne Person die Chance zur Umkehr. Wo kann ich eine Mauer zumauern? Wo kann ich in den Riss treten und eine neue, heilsame Verbindung schaffen? Aus ntl. Perspektive kann und darf hier natürlich auch christologisch interpretiert werden: Der eine ist Jesus Christus, der in die Bresche gesprungen ist und tatsächlich die Wende gebracht hat, auch wenn die Vollendung aussteht.

Ez geht es in den letzten Kapiteln schließlich darum, dass alles menschliche Umkehr-Bemühen des Wirkens Gottes bedarf. Es geht ihm um die Transformation des Menschen durch Gott selbst (Sedlmeier, 65). Die Predigt kann auf Ez 36,26 einmünden mit dem Gedanken, dass Gott schließlich bereit ist, dem Menschen ein neues Herz zu schenken (Pohlmann, 168ff.) oder auf Ez 37 – Vision der Auferstehung der Totengebeine – wobei deutlich wird, dass Gott selbst aktiv sein wird, um das tote Volk zur Auferstehung zu führen. Gott selbst sagt zu, Verantwortung zu tragen – so auch im Hirtenamt in Ez 34, das er persönlich übernimmt. Gott überlässt sein in Schuld verstricktes Volk nicht sich selbst, sondern handelt da, wo eine Umkehr aus eigener Kraft nicht mehr möglich ist.

Literatur: *Franz Sedlmeier*, Das Buch Ezechiel. Kapitel 1–24, NSK.AT 21/1, Stuttgart 2002; *Karl-Friedrich Pohlmann*, Ezechiel. Der Stand der Theologischen Diskussion, Darmstadt 2008.

Manuel Stetter

B

IV Entgegnung

Vieles an den Überlegungen von A leuchtet mir ein. Unterstreichen möchte ich u. a. den Verweis auf die Hermeneutik des Gerichts. Dass mit der Rede vom »Zorn« und »Grimm« Gottes keine affektdurchdrungene, willkürliche Bestrafung assoziiert werden sollte, sondern Gott als

Garant einer Rechtsordnung aufgerufen ist, in der die Tat bestenfalls auf den Täter zurückfällt, gilt es gerade bei Texten zu erinnern, die in der Sprache der Drastik verfasst sind. Das hat nichts mit einer nachträglichen Ermäßigung biblischer Texte zu tun, sondern gehört zu einer theologisch geschulten Predigt, die die exegetischen Standards nicht unterläuft. Weiterführend finde ich zudem die Betonung des »strukturellen« und relationalen Aspekts der hier angeprangerten Missstände. Die verfehlten Möglichkeiten eines menschenfreundlichen Zusammenlebens zeigen sich in der Predigtperikope als fatales Kollektivversagen, weniger als individuelle Schuld.

Dass A dann doch auch die Rolle des Einzelnen betont, kann vor diesem Hintergrund als Spannung wahrgenommen werden – eine Spannung, die freilich im Predigttext selbst begründet liegt. Auch Ez 22,23–31 stellt vor die Frage, wie sich die Komplexität der »Konfliktzusammenhänge«, in die wir »verstrickt« sind, zur Verantwortlichkeit des Einzelnen und seiner Chancen, sich und die Verhältnisse zu ändern, verhält. »Einfache Antworten« sind auch hier nicht zu erwarten und ich empfinde es als wohltuend, dass A der Predigt, die ihm zu diesem Text am Buß- und Bettag vor Augen steht, einen reflexiven, nachdenklichen Zug einschreibt. Die Probleme der Schuld, der verpassten Chancen des Humanen, der Umkehr sind zu vertrackt, als dass ihnen in einer Bußpredigt »alter Schule« entsprochen werden könnte.

V Erschließung der Hörersituation

(1) *Erfahrungen der Buße*: Um die lebensweltlichen Situationen in den Blick zu bekommen, in denen eine Predigt am Buß- und Bettag auf Relevanz hoffen darf, scheint mir eine Klärung dessen, was wir mit dem Begriff der Buße verbinden, maßgeblich zu sein. Wer beim Motiv der Buße zunächst und zumeist an Appelle zur moralischen Besserung denkt, der wird zwar sicherlich auch in der Gegenwart ein breites Spektrum an Verfehlungen namhaft machen können, den Predigttext aber gerade nicht zum Anlass einer Reflexion nehmen, die unsere Erfahrungen mit der Moral zu erhellen vermag.

Nun lässt sich das Motiv der Buße auch anders rahmen – zumindest dann, wenn einem die folgenden Beschreibungen nicht gänzlich aus der Luft gegriffen erscheinen. Wer Buße tut, unterbricht sich. Er tritt heraus aus seinen täglichen Routinen. Wer Buße tut, besinnt sich. Er macht sich zum Gegenstand des Nachdenkens. Wer Buße tut, strebt nach Wahrhaftigkeit. Er sucht nach Selbstbeschreibungen, die den Ambivalenzen des Lebens standhalten, die es erlauben, Geschichten auch des Scheiterns zu integrieren. Wer Buße tut, hofft auf Veränderung. Er reklamiert ein Recht auf neue Anfänge. Er will sich nicht festnageln lassen auf eingeübte Denkweisen und Handlungsmuster. Kurzum: Wer Buße tut, vollzieht so etwas wie Freiheit.

So beschrieben, kommt der Begriff der Buße nicht nur in Kontakt mit zentralen Werten, die wir einer reifen Existenz zuschreiben; er führt mitten hinein in eine Reihe von gewichtigen Erfahrungen, die wir mit unserem Leben machen. Jedenfalls dürften nicht nur »Virtuosen der Selbstthematisierung« (Burkart u. a., *passim*) Situationen kennen, in denen einen das Leben zu kritischer Selbstreflexion und erhoffter Veränderung treibt.

(2) *Ästhetik der Drastik*: Was trägt der Predigttext zu einem Nachdenken über diese Erfahrungen aus? Über das im Eingang Gesagte hinaus vielleicht ja auch dies: Die Erfahrungen menschlichen Scheiterns verlangen mitunter eine Ästhetik der Drastik: »brüllende Löwen«, »reißende Wölfe«, »Menschenfresser«, … Wo Menschen leiden, sind Sprachen, wie der Text sie anschlägt, nicht »stumpfe Provokationen« oder Mittel der »Übertreibung«; sie sind »Technik[en] der Sichtbarmachung« (Siller/Lomfeld, 1). Was nicht gut ist, versteht sich nicht von selbst. Es muss zur Sprache gebracht und ins Bild gesetzt werden. Erst so eröffnen sich Räume der persönlichen und gesellschaftlichen Auseinandersetzung, in denen wir uns dem Lauf der Dinge nicht fügen müssen, sondern uns neu zu unserem Leben und seinen Umständen verhalten können.

Ob die Predigt selbst eine solche Ästhetik imitieren sollte? Ich denke eher nicht. Sie kann aber darauf reflektieren und den Text zum Anlass nehmen, etwas über die Sprachen der Kritik, die Tendenz, Fehlverhalten, Schuld und Scheitern eher zu kaschieren als offen in den Blick zu nehmen, und die Freiheit, in die eine dadurch ermöglichte Auseinandersetzung führt, in Erfahrung zu bringen. Nicht an den Krisen vorbei, sondern durch sie hindurch, führt der Weg ins Leben (A).

(3) *Sehnsucht nach Gerechtigkeit*: Fragt man, was an solchen Konfrontationen religiös bedeutsam ist, scheint mir das zu Beginn aufgerufene Verständnis des Gerichts in eine bedenkenswerte Richtung zu weisen. Im individuellen wie gesellschaftlichen Umgang mit der Zerbrechlichkeit eines lebensfördernden Zusammenlebens dokumentiert sich eine Sehnsucht nach Gerechtigkeit, die biblisch im Gottesbegriff aufgehoben ist. Wie Clifford Geertz festgehalten hat, sind es nicht zuletzt auch die »Grenzen [der] ethischen Sicherheit« (ders., 61), an denen Menschen regelmäßig über sich hinausfragen und nach Symbolen suchen, die ihrer Hoffnung Ausdruck verleihen, dass da etwas sein möge, das am Ende für Gerechtigkeit sorgt, das persönliche Versagen trägt, es gut werden lässt. Insofern gehört auch das zu den Spannungen der Bußthematik: nicht nur das Verhältnis zwischen der Verantwortung des Einzelnen und der Relationalität der Schuld, sondern auch das Verhältnis zwischen dem Engagement für das Gute und dem Bewusstsein um seine Unverfügbarkeit und die »rätselhafte Unerklärbarkeit schreiender Ungerechtigkeit« (Geertz, 71).

Was vor dem Hintergrund dieser Überlegungen wie der Impulse von A für eine Predigt zu Ez 22,23–31 konkret folgt, kann sicherlich sehr unterschiedlich ausfallen. Jede und jeder wird hier eigene Schwerpunkte setzen und die Predigt entsprechend ausrichten. Ein Gang, den ich mir vorstellen könnte, sähe womöglich wie folgt aus:

- Ein erster Teil stellt den Menschen als lebendiges Selbstverhältnis vor. Er ist sich nicht ausgeliefert, sondern macht Erfahrungen, in denen er seine Routinen unterbricht, nach sich und seinem Leben fragt und ein Recht auf neue Anfänge reklamiert. Was christlich Buße heißt, hat hier seinen lebensweltlichen Ort.

- Mit dem Text kann auf eine der Bedingungen einer solchen Auseinandersetzung aufmerksam gemacht werden. Wer sich nicht in den Lauf der Dinge fügt, bedarf Sprachen, die die verpassten Möglichkeiten des Guten sichtbar machen und nicht übertünchen.

- Mir scheinen es dabei insbesondere die Spannungen zu sein, die den kritischen Umgang mit dem eigenen und gesellschaftlichen Leben durchziehen, die auf eine religiöse Deutung drängen. Eine Bußpredigt lebt nicht von der Furcht vor dem Zorn Gottes, sondern gibt der Sehnsucht nach Gerechtigkeit Ausdruck, die sich im Raum zwischen verantwortlichem Eigenengagement und der Unverfügbarkeit des Guten bewegt.

Literatur: *Günter Burkart u. a.*, Gibt es Virtuosen der Selbstthematisierung?, in: Ders. (Hg.), Die Ausweitung der Bekenntniskultur, Wiesbaden 2006, 313–337; *Clifford Geertz*, Religion als kulturelles System, in: Ders., Dichte Beschreibung. Beiträge zum Verstehen kultureller Systeme, Frankfurt am Main 1987, 44–95; *Peter Siller/Bertram Lomfeld*, Editorial, in: polar. Politik, Theorie, Alltag 16 (2014), 1f.

2 Petrus 3,(3–7)8–13

Teelichter und Gottes Geduld

Wolfgang Vögele

I Eröffnung: Teelichter als Ritual

Ernst Lange hat ja einmal gesagt: Der Kasus müsse den Text »verbrauchen«. Für den Ewigkeitssonntag gilt nach meiner Wahrnehmung, dass der Kasus den Bibeltext längst gefressen hat, bevor der Pfarrer ihn auf der Kanzel verliest. Denn die Liturgie des Ewigkeitssonntags hat sich in den letzten Jahrzehnten erheblich verändert. An die Stelle der spröden Verlesung einer Liste der Verstorbenen sind umfangreiche, personalisierte Inszenierungen getreten, mit Trauermusik, Kerzen anzünden, Teelichtern. Auf der einen Seite gefällt dieses Bemühen, jeden beerdigten Toten des vergangenen Jahres symbolisch sichtbar zu machen. Auf der anderen Seite zahlt man dafür einen liturgischen Preis. Gelegentlich wirken die Teelichter sogar kitschig. Biblischer Text und Predigt treten in ihrer Bedeutung erheblich zurück, vor allem in dem Bemühen, nur ja keinen Namen beim Verlesen zu vergessen. Aber das wäre doch die Aufgabe: zwischen Teelichtern und Apokalypse eine bessere Balance zwischen dem Gedenken an bestimmte Tote und dem christlichen Nachdenken über den Tod zu finden. Das Gleichgewicht sollte sich einstellen zwischen drei gewichtigen Sätzen:

1. Diese, mit Namen bekannten Personen sind im letzten Jahr gestorben und beerdigt worden.
2. Alle Menschen müssen sterben.
3. Auch ich muss einmal sterben. Der Tod betrifft die anderen, alle anderen und mich selbst.

Beim ersten Lesen des Predigttextes will man dann allerdings gleich wieder zu Teelichtern und Personenliste zurückfliehen, denn im 2Petr wird das Nachdenken über den Tod eingebettet in die Paläste einer gewaltigen Inszenierung, die den Menschen heute fremd geworden ist. Liest man zwischen den Zeilen, so hält diese apokalyptische Inszenierung allerlei Tröstliches bereit. Niemand muss sich zurückhalten angesichts der manifesten apokalyptischen Symbole. In 2Petr verwandelt sich der Sichtbeton der Apokalyptik in einen warmen Unterstrom von Trost.

Lange Zeit hat man diese Briefpassage als eine Reportage über die Ereignisse der Endzeit gelesen: Christus wird wiederkommen – wie der römische Imperator im Triumphzug. Jedoch wurde auch sichtbar, dass der Autor des pseudepigrafen Briefes (dazu Schmidt) sich mit Parusieverzögerung und -leugnern auseinandersetzt. Es macht Sinn, die exegetischen Stichworte in einer Predigt nicht in ihrem historischen Eigensinn zu erläutern, sondern den Schwerpunkt auf die Vielzahl der Themen zu legen, die einen Übergang auf die Stimmungen und Emotionen erlauben, welche Menschen der Gegenwart im Blick auf Sterben und Tod bewegen.

Das gilt schon für das erste Stichwort von den Spöttern (V.3), die sich lustig machen über Wiederkunft, Parusie und Apokalyptik. Sterben und Tod sind für jeden Menschen sensible Themen, und das Sprechen darüber erfordert Mut und Vertrauen. Beides kann enttäuscht werden, wenn Vorstellungen, die sich jemand über den Tod macht, ins Lächerliche gezogen werden. In der Gegenwart steht mir als »Spötter« ein dumpfer Pragmatismus vor Augen, der sich allzu positivistisch mit den gegebenen Verhältnissen abfindet und Veränderungen nicht für möglich hält: Es wird immer so bleiben. Alle Menschen müssen sterben.

In einer positivistischen Welt haben Geheimnisse und Respekt vor der Würde des Menschen, vor seinem Leben und Sterben keinen richtigen Ort mehr. Ein solcher Reduktionismus nutzt das scharfe Rasiermesser dessen, was vor Augen liegt. Aber er berücksichtigt nicht, dass Dinge möglich sein könnten, die die Erfahrung der eigenen Lebenswelt übersteigen. Eine solche Haltung berücksichtigt zweitens nicht den unendlichen Unterschied zwischen Gott und dem Menschen, den der Verfasser des 2Petr gerade in seiner zeitlichen Dimension hervorhebt. Gott hat einen anderen Zeitbegriff als die Menschen, die Zeit in der Regel begrenzt auf die biblischen siebzig Jahre ihrer Lebensspanne denken. Sterben und Tod ordnet der Verfasser mit Bezug auf die Parusie in eine kosmologische Dimension ein. Seelsorglich kann man das als eine Abstraktion lesen, man kann es aber auch begreifen als das Eingespannt-Sein der einzelnen Menschen in eine Dimension, die seine Lebensgeschichte übersteigt. Und das könnte ein Grund sein, die berechtigte Trauer über den Tod eines Menschen auch ein kleines Stück zu relativieren – und eben Trost zu finden.

Denn der Autor von 2Petr ergänzt die Behauptung der unterschiedlichen Zeitdimensionen, die Gott und Menschen bestimmen, durch eine Doppelthese:

1. Der Tag des Herrn ist nicht Gegenstand menschlicher Berechnung und Handlung. Kein Mensch kann ihn herbeizwingen.

2. Gott bleibt Herr über die Zeit.

Insofern ist das Ausbleiben der Parusie nicht Anlass, an Gott zu zweifeln, sondern Ausdruck der Langmut Gottes (V.9). Gott hat Geduld mit den Menschen. Darin liegt in der Tat etwas Tröstliches, wenn man sie als Einladung versteht, sich zu Glauben und Vertrauen hinbewegen zu lassen. Das gilt gerade angesichts von Krankheit, Leiden, Sterben und Tod, Erfahrungen, die viele der im Gottesdienst Anwesenden an ihren Liebsten im vergangenen Jahr machen mussten.

Die apokalyptischen Ereignisse versteht der Verfasser des 2Petr als eine Art Feuersturm. Dieser wird in Analogie zur Sintflutgeschichte interpretiert (V.5). Feuer ist schlimmer als Wasser: Die Verwüstungen der feurigen Apokalypse werden zur Katastrophe zweiter Potenz, was man schon innerbiblisch kritisieren könnte. Denn nach der Sintflut bestand Gottes Verheißung darin, die Welt nie wieder auf solche Weise zu bestrafen (Gen 9,8–11).

Damit ist allerdings die Frage nach der Beurteilung menschlichen Lebens vor dem Tod noch nicht erledigt. Der Verfasser von 2Petr fragt: Wie kann Gerechtigkeit hergestellt werden? Der neue Himmel und die neue Erde, auf den die Menschen nach wie vor warten, soll ein Wohnort der Gerechtigkeit werden (V.13). Wie diese Gerechtigkeit vollstreckt wird, ob durch ein Gericht, Strafen, Begnadigungen, wie auch immer, darüber äußert sich der Verfasser nicht. Aber seine Hoffnung auf das, was alle Menschen nach Sterben und Tod noch vor sich haben, bleibt durch das Stichwort der Gerechtigkeit fixiert. Menschen hoffen auf einen neuen Himmel und eine neue Erde. Leben und Lebensführung sind nicht gleichgültig oder beliebig. Glaube hält am Wunsch nach einem Leben in Gnade und Barmherzigkeit fest.

III Impulse: Hinweisschilder für den Himmel

Mit den angerissenen Stichworten lässt sich die Passage aus dem 2Petr aus ihren metaphysischen Fesseln lösen und in seelsorglicher Dimension interpretieren. Apokalyptische Vorstellungen, wenn sie objektivierend gelesen werden, stehen unter dem Vorbehalt, dass sie mit dem wissenschaftlichen Weltbild der modernen Kosmologie nicht kompatibel sind. Es gilt, an diesem Paradox homiletisch zu arbeiten. Diese Arbeit beginnt mit der Erkenntnis, dass niemand verpflichtet ist, das neutestamentliche Weltbild zu predigen, sondern nach den Spuren des Umgangs mit Sterben und Tod zu suchen, die sich im Text deutlich spiegeln. Wer trauert, braucht keinen Spott und auch nicht die Erinnerung an die Banalität des Faktischen. Deswegen richten sich Gedanken und Gefühle der Trauernden wie von selbst auf die Frage, was mit den Toten geschieht. Solche Fragen lassen sich nicht mit objektivem metaphysischem Wissen beantworten, sondern nur im Vertrauen des christlichen Glaubens und im Vertrauen auf die Verheißungen Gottes. Das Wort von Gottes Geduld mit den Menschen scheint mir dabei sehr einleuchtend. Beim Autor des 2Petr verbinden sich Glaubensrede, Trost und metaphysische Spekulation, die für heutige Ohren allzu objektivierend verstanden wird. Allerdings: Die objektivierte Schilderung der zukünftigen Ereignisse macht nicht den Kern der Glaubenssache aus. Das Verhältnis von Trost und Spekulation lässt sich auch in Richtung des Trostes verschieben. Und das wäre der geeignete Weg, den eine Predigt über diesen Text gehen könnte.

Am Ende als hilfreicher Exkurs für Prediger, die ein wenig Zeit haben: Mir hat bei solchen theologischen und homiletischen Fortschreibungen der italienische Dichter Dante Alighieri (1265–1321) mit seiner »Göttlichen Komödie« geholfen; sein Werk begleitet mich, seit es in deutschen Prosaübertragungen (vgl. Dante/Flasch) vorliegt. Dante hat in einer gigantischen Anstrengung all sein theologisches, literarisches und philosophisches Wissen zusammengenommen und in einer Traumvision die Bereiche der Welt jenseits des Todes geschildert. Ganz pointiert: Er schuf nicht Metaphysik, sondern Literatur. Er erzählte statt zu dogmatisieren. Dantes Werk lebt von der Einsicht, dass Menschen ohne eine hoffnungsvolle Vorstellung dessen, was sie nach dem Tod erwartet, nicht auskommen. Diese Einsichten müssen in ihrer seelsorglichen, nicht in ihrer objektivierten Dimension dargestellt werden. Das Studium des Danteschen Werks kann für eine Predigt hilfreich sein (Vögele), die in ihrer Substanz an 2Petr anschließt und Narratives und Theologisches zu einer Rede verbindet, die zugleich tröstet, ausmalt und zu Herzen geht.

Literatur: *Dante Alighieri*, Commedia in deutscher Prosa, übers. von Kurt Flasch, Frankfurt 2013.

Internet: Ulrich Mell, Art. Parusie, www.bibelwissenschaft.de, o. O. 2012, https://www.bibelwissenschaft.de/stichwort/53863; *Karl Matthias Schmidt*, Art. Der zweite Petrusbrief, www.bibelwissenschaft.de, o. O. 2018, https://www.bibelwissenschaft.de/stichwort/59519; *Wolfgang Vögele*, Die Welt, aus dem Jenseits betrachtet. Einige Bemerkungen über Dantes Commedia, Theologie und Kunst, tà katoptrizómena, H.95, 2015, http://www.theomag.de/95/wv18.htm (alle zuletzt abgerufen am 30.09.2022).

B

Uwe Hauser

IV Entgegnung

Gut einstimmen kann ich bei der Überzeugung, dass es in diesem Text und überhaupt bei der Predigt über die letzten Dinge nicht um Schilderung verobjektivierter zukünftiger Ereignisse, sondern um Trost und Handlungsanweisung für die Gegenwart geht. Das zeitigt Folgen.

V Erschließung der Hörersituation

Die Hörerschaft der Predigt am Ewigkeitssonntag wird zweigeteilt sein: Einerseits wird es viele Hörende geben, die ganz in ihrer persönlichen Trauer gefangen sind. Das verflossene Jahr hat ihnen den Tod eines geliebten Menschen gebracht, vielleicht war es für den einen oder die andere eine kleine Form von Apokalypse, der Einbruch einer fremden Wirklichkeit in das eigene Leben, vielleicht gar ein »Gericht«, bei dem Versäumtes, Ungesagtes und Nichtgetanes es schwer machen, Abschied zu nehmen.

Da sind die Anderen, die den Gottesdienst besuchen, an denen sich gleichwohl die Veränderung der Zeiten ereignet: Corona, Dürre, Brände weltweit, Krieg, Teuerung, Artensterben, Klimawandel. Diese Begriffe bilden nur einen kleinen Ausschnitt aus den Katastrophenmeldungen der letzten Monate und Jahre. Es scheint so zu sein, als ob die Erde taumeln würde, als ob große Umbrüche und Katastrophen unmittelbar bevorstünden. Es scheint so zu sein, als ob die apokalyptischen Reiter ausgesandt worden seien, um die Welt in Schutt und Asche zu legen. So scheint es zu sein.

Wie reagieren Menschen auf die Katastrophen im Persönlichen und im weltweiten Horizont? Angesichts der Nachrichtenflut empfinden viele Ohnmacht. Menschen schließen sich ein in ihre kleine Welt; ziehen sich zurück in das Privatleben. Aber auch dort gibt es die kleinen Apokalypsen, die kleinen Katastrophen: die Ehefrau, die viel zu jung die tödliche Diagnose erhält, die Eltern, die bei einem Unfall ums Leben kommen, der Freund, der plötzlich am Herzinfarkt stirbt. Das Unberechenbare dringt ein in unsere kleine Welt, macht sich breit, lässt den kleinen Bach unseres Lebens anschwellen und reißt uns mit. Die Zahl derer, die angesichts des Ewigkeitssonntags die Kirche aufsuchen, sich Trost und Zuspruch erwarten, ist in den vergangenen Jahren zurückgegangen. Dennoch gilt: Das Gedenken an die Verstorbenen ist wertvoll, auch wenn wir es stellvertretend für die Abwesenden tun. Die Rituale schaffen Verlässlichkeit angesichts der Vergänglichkeit, die Nennung des Namens im Rahmen des Gottesdienstes gibt das Gefühl, in der Masse der Toten gilt der Einzelne, eine angezündete Kerze kündet von der tiefen Sehnsucht nach Trost und Halt, angesichts eines Schicksals, einer dunklen Welt. Daneben mögen andere da sein, die den Tod eines Elternteils als Erlösung nach einem langen Leiden erlebt haben, als einen befreienden Eingriff, der ihnen die Last der Verantwortung, vielleicht auch der Pflege von den Schultern wälzt. In alldem stellt sich die Frage nach dem, was im Großen und im Kleinen dauerhaft und glaubwürdig Trost und Zuversicht vermittelt. Was ist der ein(z)ige Trost im Leben und im Sterben?

Liebe Gemeinde, von Zeit zu Zeit – an einem meiner besseren Tage – ertrage ich den Satellitenblick aus dem Weltall auf unsere schöne blaue Heimat, die Erde. Denn Satellitenfotos sind gewissermaßen der Gottesblick auf unsere kleine und so reiche Erde. Es ist wenig erfreulich, was da zu sehen ist. Bei einem wolkenfreien Himmel sind aus dem Weltall die Feuer zu sehen, die rund um den Globus brennen, die Tod und Zerstörung bringen. Tausende von Bränden in Urwäldern, Regenwäldern, Savannen, Steppen; von Menschen verursachter millionenfacher Tod für Pflanzen, Tiere und Menschen. Und an solchen Tagen, die nur schwer ertäglich sind, ahne ich ein wenig von dem, von dem es in unserem Text heißen könnte, dass das Gericht Gottes wie ein Feuer ist. Zerstörerisch und alles Leben vernichtend. Und es steigt eine Ahnung davon in mir hoch, dass das Gericht darin besteht, nicht dass Gott am Ende wie in den meisten Actionfilmen das große Feuer entfacht, sondern dass unsere bösen menschlichen Taten und Anschläge gelingen. Dass unsere Attentate gegen das Leben weltweit Erfolg haben, dass wir den Ast absägen, auf dem das Leben auf unserer Erde ruht. Und das Gericht scheint ein Ausdruck dessen zu sein, was tagtäglich geschieht. Es ist der scheinbare Erfolg unserer bösen Taten. Natürlich bemerke ich in diesem Augenblick wie vereinnahmend solch ein »unser« und »wir« ist. Denn »ich« tue doch gern so viel wie möglich für den Frieden und die Gerechtigkeit auf dieser schönen Erde. Benutze ich nicht regelmäßig die Öffentlichen und fahre, wann immer es geht, mit dem Fahrrad zur Arbeit? Versuche ich nicht mit meinen Nachbarn und meiner Familie in halbwegs erträglichem Einvernehmen zu leben? Aber mein kleines Leben und meine Bemühungen scheinen offenkundig nicht genug zu sein. Bei weitem nicht genug. Denn ich bin hineinverflochten in eine Zeit, in ein System, aus dem ich nicht ausbrechen kann, »selbst in dem besten Leben«. Ja, ich empfinde eine tiefe Ohnmacht, wenn ich abends vor dem Fernseher sitze und Nachrichten schaue. Dieses Gefühl, dass ich nicht einmal dem kleinen Ausschnitt aus der Not und dem Elend der Welt gewachsen bin, den die täglichen Nachrichten im Angebot haben. Die Erkenntnis, die ich täglich daraus gewinne, ist eindeutig: Wer bin ich und mein Haus, dass ich die Welt verändern könnte? Führt mich diese Erkenntnis aber nicht in tiefe Resignation?

Spiegelt sich darin das Gefühl der Allmacht des Todes ausgeliefert zu sein? Der Tod, der im vergangenen Jahr eingebrochen ist in das eigene Lebensumfeld, der es überwölbt, verschattet hat? Da war die viel zu früh gestorbene Muter, der Vater, der nach langer Demenz endlich Frieden fand und sterben durfte? So viel Tod, so viel Leid.

Mitten in diesem Meer von Tod und Sterben strahlt der Leuchtturm des biblischen Wortes, der von einer großen Hoffnung spricht, die entlastend und befreiend ist. »Der Tag des Herrn kommt wie ein Dieb in der

Nacht«. Die große Wende ist Gottes Werk, verborgen still und heimlich. Überraschend und überhaupt nicht vorhersehbar verwandelt Gott die Welt, ist er schon auf der Bahn. Gott geht eben seiner Wege. Wo Gefahr ist, das wächst das Rettende auch. Die Zukunft dieses Planeten liegt nicht in den Händen der Mächtigen, die über die Codes für die Atomrakteten dieser Erde verfügen. Die Zukunft dieser Erde liegt auch nicht dort, wo die Wirtschaftsbosse ihre Investitionen tätigen und gnadenlos ihren Vorteil suchen. Aber sie hängt auch nicht an mir. So wenig, wie der Tod die Fluchtlinie ist, auf die unser Leben zuläuft. Die Perspektive auf Gottes neuschaffendes Handeln verwandelt die Welt, verwandelt mich, das ist unsere Hofffnung. Angesichts der großen Veränderung, die heraufzieht, ist nicht Angst und Verzweiflung oder die Klage über die angebliche Abwesenheit Gottes in dieser Welt angemessen; so als hätte Gott diese Welt ihrem Schicksal preisgegeben. Die Verwandlung dieser Erde wird er selbst in die Wege leiten. Diese Botschaft führt nicht dazu, nichts zu tun, die Hände in den Schoß zu legen oder gar zu glauben: Ich kann gar nichts bewirken, oder mein Leben und das Leben meiner Lieben wird gar nicht gesehen, sondern die Hoffnung auf Gottes großes Eingreifen führt zu einer tiefen und entschlossenen Hoffnung und der Entscheidung, mit aller Kraft das Leben so zu führen, als ob es Gott gefallen könnte. Alles daran zu setzen, dass das Leben sich durchsetzt und nicht der Tod.

Lassen Sie es mich in einem Bild sagen: Wenn eine Hochzeit bevorsteht, ist es so, dass sich Braut und Bräutigam auf den großen Tag vorbereiten. Alles ist darauf ausgerichtet an diesem Tag zu strahlen, schön zu sein. Alle fiebern dem Tag entgegen, am meisten die Brautleute. Und das alles geschieht aus Liebe, aus Liebe zur Geliebten, zum Geliebten. So meint der Apostel darf es auch bei uns sein: Wenn die große Wende kommt, sollt »ihr dastehen in heiligem Wandel und frommem Wesen«, gemeint ist: einem Leben, das jetzt schon die Zukunft vorwegnimmt. Wenn Gott, dem die Welt gehört, kommt, dann lebe ich ihm heute schon entgegen, dann orientiert sich mein Leben ganz und gar an ihm und dem, was er für mich bereitet hat. Dann bin ich wie ein Pfeil auf dieses Leben ausgerichtet. Die Liebe Christi drängt uns. Wir können nicht anders. Nicht weil wir müssen, sondern weil das Ziel uns anzieht, wir alles daransetzen, es zu erreichen. »Wir warten eben auf einen neuen Himmel und eine neue Erde nach seiner Verheißung, in denen Gerechtigkeit wohnt« und streben heute schon danach, dies zu gewinnen und zu erreichen.

Bis dorthin ist uns noch Zeit gewährt, an unserem Leben zu arbeiten, trotz all unseres Scheiterns. Bis dahin ist uns noch Zeit gewährt, diese Haltung zum Leben anderen weiterzusagen. Vielleicht gibt es einige, die diese Haltung zu Herzen nehmen und ihr Leben verändern. Vielleicht – nicht einmal das liegt in meinen Händen. Denn der Name Gottes lautet

Treue und nicht Erfolg. In diese Treue ist mein Leben und Sterben eingezeichnet. Wir gehen nicht dem großen und auch nicht dem kleinen Untergang entgegen, sondern wir vertrauen auf den Gott, der neues Leben schaffen wird. Es lohnt sich den Spuren von Gottes Treue in meinem, im Leben der Menschen, die ich verloren habe, nachzuspüren. Amen.

Letzter Sonntag des Kirchenjahres: Totensonntag – 26.11.2023

A

Daniel 12,1b–3

Eingeschrieben in Gottes Handschrift

Reinhard Mawick

I Eröffnung: Auferstehung und Gericht

Was kommt nach dem Tod? An der Antwort auf diese Frage entscheidet sich für viele, wie sie es mit der Religion halten. Alle Versuche und Versuchungen eines rein diesseitigen Christentums als Fortschrittsglaube in Form einer steten Beförderung der Besserung des Menschengeschlechts konnten sich bisher nicht in der Grundgrammatik und Praxis der christlichen Religion durchsetzen. Weiterhin gilt für die meisten Menschen, die sich durch den christlichen Glauben ansprechen lassen: »Das Jenseits ist die Kraft des Diesseits« (Ernst Troeltsch).

Auch die Verse aus dem Danielbuch für diesen Sonntag geben dem Ausdruck und zwar in klar dualistischer Ausformung: Ewiges Leben wird den einen verheißen, ewige Schmach und Schande den anderen. Damit taucht neben dem Thema »über den Tod hinaus« gleichberechtigt das Thema »Endgericht« auf. Zwei anspruchsvolle Themen für einen anspruchsvollen Sonntag, die sich nolens volens mit zwei großen in der Neuzeit mehr und mehr Macht gewinnenden Kritikpunkten konfrontiert sehen. Zum einen: Es gibt kein Aufwachen nach dem Tod, mit dem Tod ist alles aus. Und zum anderen: Es gibt dementsprechend auch kein Gericht nach dem Tod.

Die Predigtaufgabe ist, diese beiden Themen zu verhandeln und das an einem Sonntag, in dem viele in der Gemeinde Trost erwarten und auch einige vorrangig deswegen im Gottesdienst sind, weil sie im ablaufenden Kirchenjahr nahe Menschen verloren haben. Trost durch Auferstehung *trotz* Gerichtsankündigung – beide Elemente wird eine ehrliche Predigt über unseren Text nicht aussparen können.

Die Struktur des Buches Daniel ist komplex. Grob gesagt werden in den ersten sechs Kapiteln die Erlebnisse des Daniels und seiner Gefährten aus der Zeit im Exil unter babylonischer und dann persischer Oberherrschaft verhandelt, in den Kapiteln 7–12 hingegen verändert sich der Charakter des Buches. Es werden vier große Visionen behandelt, die Ereignisse der Weltgeschichte entfalten und deuten. In der Bibelwissenschaft wird heute mehrheitlich die Überzeugung vertreten, dass das Buch Daniel in der Mitte des zweiten vorchristlichen Jahrhunderts entstand, als Israel unter der Herrschaft von Antiochius IV. Epiphanes stand, einem König aus der hellenistischen Dynastie der Seleukiden. Dafür spricht, dass im Daniel-Buch recht genaue Kenntnisse historischer Vorgänge von dieser Zeit zu finden sind, während die Zeugnisse über die exilische und frühnachexilische Zeit eher mangelhaft sind. Insofern scheint die traditionelle Auffassung, dass das Buch Daniel im babylonischen Exil im sechsten vorchristlichen Jahrhundert endstanden sei, nicht zuzutreffen. Ebenfalls ist man in der Bibelwissenschaft mehrheitlich der Überzeugung, dass es sich bei Daniel nicht um eine historische Gestalt handelt: »Es kann kein Zweifel bestehen: Der Daniel des Danielbuches ist eine Idealgestalt, die Geschichten um ihn tragen deutlich legendäre Züge.« (Albani zitiert nach Helms, 2.2.) Dies alles spielt für die Auslegung der Predigtverse aus Kapitel 12 jedoch keine Rolle, zumal die Perikope durch die Wegnahme von 12,1a (»Zu jener Zeit wird Michael auftreten, der große Engelfürst, der für dein Volk einsteht«) jeder historisch-charakteristischen Einhegung entzogen ist.

Nicht nur das erwähnte Miteinander und Ineinander von Auferstehung und nachfolgendem Gericht prägt den Predigttext, sondern auch die Feststellung gleich am Anfang im ersten Vers, dass in einer nicht näher bezeichneten Zukunft »eine Zeit so großer Trübsal« sein wird, »wie sie nie gewesen ist, seitdem es Völker gibt, bis zu jener Zeit«. Weiter heißt es: »Aber zu jener Zeit wird dein Volk errettet werden, alle, die im Buch geschrieben stehen.« Eine Zeit nie dagewesener Trübsal steht am Ende aller Zeiten! Dieses aus anderen apokalyptischen Zusammenhängen bekannte Motiv lässt in unseren Tagen besonders aufhorchen. Das Megathema Klimawandel, Klimakrise, das in den vergangenen Jahren immer unverhohlener und deutlicher zutage tritt, hat bei vielen Menschen große Sorgen aber auch einen großen Ernst ausgelöst in Richtung: »Wir müssen etwas tun!« Das Engagement für Klima und Umwelt hat das Zeug, alles andere an menschlichen Vorhaben und Zukunftsplänen in den Schatten zu stellen. Kann es, ja darf es überhaupt noch ein passives Abwarten eines wie auch immer gearteten Endgerichts geben? Vor diesem Hintergrund tun sich elementare Fragen in Bezug auf den Zusammenhang von Gottesglauben und ökologisch-spirituellem Aktivismus auf: »Wenn es darum geht, den Gottesgedanken, die Christologie oder auch die Pneumatologie dem ökologischen Anliegen entsprechend zu modellieren, läuft dies nicht auf eine Banalisierung der Gotteserkenntnis hinaus, in der Gott zum Schläger im politischen Spiel wird? Reiht sich dieser Typ der politischen Theologie nicht in eine unrühmliche Ahnengalerie ein?« (Günter Thomas)

Was den oder die Verfasser unseres Textes angeht, so ist es ihm oder ihnen ein Anliegen, eine »große Trübsal« am Ende der Zeiten anzusagen, nach der dann »viele« (nicht alle!), die »im Staub der Erde schlafen«, erwachen, entweder zum »ewigen Leben« oder »zu ewiger Schmach und Schande«. Und schließlich kommt als Resümee, in einem schönen *parallelismus membrorum* gefasst, die Aussage in V.3 über die »Verständigen« und die, »die viele zur Gerechtigkeit weisen«, wobei unklar bleibt, ob damit ein Lob der dann zum ewigen Leben Erwählten gemeint ist, oder ob es sich an die richtet, die jetzt dieses Wort hören. Es ist an der Predigt, Klarheit zu schaffen, was aus diesen Versen zu ziehen ist an einem Sonntag, an dem nach aufgeklärtem christlichem Verständnis der Trost das letzte Wort haben soll.

III Impulse: Hoffnung muss bleiben. Punkt

Die Rede von einer Zeit großer Trübsal »wie nie«, wie sie der erste Vers unseres Textes führt, hat es immer leicht. Menschen neigen dazu, gerade ihre konkreten Zeitläufte als die allerschlimmsten anzusehen. Nun ist zuzugestehen, dass die Entwicklungen in der jüngeren Vergangenheit im Zuge der immer offener zutage tretenden Auswirkungen des Klimawandels auch in unseren Breiten, den Erfahrungen der Coronapandemie und der Wiederkehr kriegerischer Auseinandersetzungen in Europa, der Rede von einer großen Trübsal »wie nie« in die Hände zu spielen scheint. Dieser Sicht aber muss (im Blick auf die tatsächliche bzw. gefühlte Lage am Tag der Predigt) mehr oder minder gekonnt widersprochen werden, denn larmoyante Schicksalsergebenheit sollte nicht als christliche Haltung propagiert werden. Dabei hilft der Text, denn schon im ersten Vers wird mit dem »aber« auch gleich widersprochen. Das bedeutet: *Gerade zur letzten Zeit* (der Welt aber auch meines Lebenskreises) *wird Rettung kommen.*

Es gibt durchaus Sinnsprüche, mit denen hier in der Predigt gearbeitet werden kann, um diese grundlegende Hoffnung zu vergegenwärtigen. Eher banale wie »«Wenn du denkst, es geht nicht mehr, kommt von irgendwo ein Lichtlein her« oder niveauvoller á la »Wo aber Gefahr ist, wächst das Rettende auch« (Hölderlin), oder aber mit dem tiefsinnigen Heinemann-Wort »‚Zwangsläufig‹ – das ist eine atheistische Denkkategorie […] Von Zwangsläufigkeit kann nur derjenige sprechen, für den Gott nicht mehr im Weltregimente sitzt«. Auf jeden Fall gilt es, im Blick auf das eigene Leben und Ergehen und auch auf das verstorbener Angehöriger die Hoffnung, ein Dennoch-Vertrauen stark zu machen. Dann geht es weiter zur Hoffnung der Auferweckung, also zur Predigt, dass der Tod nicht ewig sein wird. Wie gesagt: Alle Mühe, das Christentum ohne eine Hoffnung über dieses Leben und diese Welt hinaus zu denken, erscheint mir defizitär. Doch natürlich ist es schwierig, davon glaubhaft zu sprechen. Texte, Bilder, Gleichnisse müssen helfen. Das Wochenlied »Jesus, meine Zuversicht« (EG 526) eignet sich sehr, in der Predigt aufgerufen und ausgedeutet zu werden – besonders möglicherweise die dritte Strophe (»Ich bin durch der Hoffnung Band / zu genau mit ihm verbunden«) bietet sich zur Aufnahme und Auslegung an.

Wie aber nun umgehen mit der glasklaren Gerichtsankündigung unseres Textes? Die Zeiten donnernder Gerichtspredigten sind ein für alle Mal vorbei. Aber ist die Alternative die schlussendliche Jesuskurve Richtung Allversöhnung? Das erscheint sehr unbefriedigend. Nein, als drittes sollte schon eine Ausformung des Gerichtsgedankens stehen. Wir wissen so wenig vom Tod, wir können alle nicht hinter die Grenze des irdischen Lebens schauen. Es könnte aber in dieser Totensonntags-Predigt deutlich werden, *dass wir mit allem, was unser Leben ausgemacht hat,* zu Gott gehen, dass wir zu ihm hin- und nicht von ihm wegsterben, und dass Gott dort in seinem Reich einen Frieden bereithält, der wahrhaftig und von Dauer ist, weil Gott selbst ihn trägt. Mit diesen Gedanken als Gegenpol könnte auch die Rede des Daniel vom Gericht bedacht, entfaltet und fortgeführt werden. Auf jeden Fall gilt: *Hoffnung muss bleiben. Punkt.*

Internet: *Dominik Helms*, Daniel/Danielbuch, www.bibelwissenschaft.de/stichwort/16161; *Günter Thomas*, Unsere 13 Baustellen – Warum sich evangelische Theologie ehrlich machen sollte, www.zeitzeichen.net/node/9933; *Gustav Heinemann*, Rede im Deutschen Bundestag – 3. Wahlperiode – 9. Sitzung. Bonn, Donnerstag, den 23. Januar 1958, https://dserver.bundestag.de/btp/03/03009.pdf (alle zuletzt abgerufen am 15.10.2022).

IV Entgegnung: Jeder bekommt, was er verdient?

»Es ist an der Predigt, Klarheit zu schaffen, was aus diesen Versen zu ziehen ist an einem Sonntag, an dem nach aufgeklärtem christlichem Verständnis der Trost das letzte Wort haben soll«, fordert A. Was kann das für ein letzter Trost sein, wenn man nicht schlussendlich »die Jesuskurve Richtung Allversöhnung« nehmen will?

Der Kabarettist Rainald Grebe singt in seinem Lied »Bernd« über einen sehr gewissenhaften Abteilungsleiter der Stiftung Warentest: »Die Welt is' fertig, sein Urteil tritt in Kraft. Also Gott sah, dass es gut war. Da kam Bernd, klar, und er fand‹s mangelhaft.« – Und Warentester Bernd klagt Gott an: »Du sitzt einfach da, in deiner Kanzlei und sagst: ›Kinder, ihr seid lieb, ihr kriegt alle 'ne Zwei.‹ Ja, so geht's doch nich'! So geht's doch nich'!«

So geht's auch nich' – dass alle 'ne Zwei kriegen. Es sind ja nicht alle *nur* lieb, nicht einmal die, die wir im letzten Jahr zu Grabe tragen mussten. Unser Predigttext stellt die Frage nach Auferstehung und Gericht in einer Zeit, in der der Tun-Ergehen-Zusammenhang in die Krise geriet. Nicht jede, nicht jeder bekommt, was er/sie verdient. So sehr ich verstehe, dass Gott nicht zum (Tennis-)Schläger im politischen Spiel werden darf: Unser Text hat eine politische Dimension.

»Die in Dan 12,2 gegebene Antwort mit ihrer eschatologisch-dualistischen Schlagseite muss nicht als letztes Wort verstanden werden, aber man darf erst dann über diese Antwort hinausfragen, wenn man sich auch bewusst ist, in welche notvolle Situation sie hineinspricht.« (Frettlöh, 511)

Antiochius IV. Epiphanes, dieser Gotteswahnsinnige und Verrückte (ob das stimmt, kann hier nicht geklärt werden), soll mit seinem Morden und Tempelplündern durchkommen? Ja, so geht's doch nich'! So geht's doch nich'!« Oder kanzeltauglicher: »Das könnte den Herren dieser Welt so passen!« (Marti, Leichenreden, 63)

Auf den ersten Blick hält unser Text wenig aufgeklärten christlichen Trost bereit: Jeder bekommt (am Ende doch), was er verdient. Das mag Bernd beruhigen. Mich nicht. Gott ist nicht Tennis-Schläger in den Händen derer, die ganz genau zu wissen meinen, wie er tickt. Er ist DER Schläger, der souverän entscheidet, wer zum ewigen Leben oder zur ewigen Schmach und Schande aufwacht. Er ist der, der sich auf die Seite des jüdischen Volkes schlägt.

»Was ihr getan, steht im Buche der Zeit, ob ihr nun Schmitz oder Müller seid. Alle, die Zahlen die sauber geführt, werden am Ende addiert. Doch diese Rechnung hat keinen Verdruss sie bringt uns alle nur Plus.« (Jupp Schmitz, 1952 [!])

Ich soll nur Heilige beerdigen, jedenfalls wenn es nach den Wünschen der Angehörigen geht. Es braucht Zeit und Behutsamkeit, der Familie im Trauergespräch zu vermitteln, dass Trauerpredigten nicht nur mit Goldlack geschrieben werden können. Zu viel Goldlack überdeckt unsere Toten bis zur Unkenntlichkeit. Nein, es geht nicht darum, ein gelebtes Leben in der Kapelle abzukanzeln. Es geht darum, es im Licht eines Gottes, der sich auf die Seite der Schwachen schlägt, ganz zu sehen: in dem was gelang, aber eben auch in dem, was Fragment blieb.

Antiochius IV Epiphanes starb 164 v. Chr. Ich habe ihn nicht beerdigt. Auch keinen neuzeitlichen Despoten, der ganze Völker knechtet. Im Herbst 2023 hofft keiner, dass Wladimir Putin einfach durchkommt. Für den Totensonntag 2023, an dem bei uns viele ihrer Toten gedenken, kann Daniel als folgendes Wort vorletzten Trostes geben: Wir werden als Ganze gesehen, unser Stückwerk wird aufhören (1Kor 13,10), auch unsere Versuche, unser Leben und unser Sterben mit Goldlack zu überziehen. Wir werden kenntlich. »Wir haben als Menschen ein Recht auf das Jüngste Gericht. Wir haben ein Recht darauf, einmal unverhüllt vor dem Antlitz Gottes zu stehen, wo und wie auch immer – das weiß nur Gott. Es ist eine Gnade, zu erkennen, wer wir sind und was wir waren.« (Steffensky) Und es ist zugleich eine Gnade, dass wir das Leben unserer Toten nicht zurechtbringen müssen, sondern es in seiner Ambivalenz Gott anvertrauen können.

Zugegeben: Dan 12 kennt für die Zeitgenossen von Antiochius IV. Epiphanes keine Ambivalenz, sondern nur Leben *oder* Schande. Die Kategorie »Verdammnis« ist sicher kein Trost für die aufgeklärt-christliche Gemeinde im Jahr 2023, zumindest nicht am Totensonntag. »Schmach und Schande« bedeutet für Daniel: Sie stehen nicht im Buch der Erretteten, über sie ist nach der großen Trübsal kein einziges Wort mehr zu lesen.

»Gott ist im Himmel und schreibt dort sein Buch; willst du in den Himmel? Nein, ich will in sein Buch«, dichtet Elazar Benyoëtz (Frettlöh, 507). Ein Aphorismus, der dem großposaunigen *Liber Scriptus* aus dem *Dies Irae* einen heilsamen Dämpfer versetzt. Gott, ich will in dein Buch, ich will, dass das du mich siehst, wie ich bin. Verliere bitte ein Wort über mich, nicht in Goldlack, sondern verliere ein lebendiges Wort über mich in deinem Buch!

Für die Predigt möchte ich mich gut protestantisch an das Buch halten. Nicht an die Bibel, sondern an ein anderes Heiliges Buch, das wir das Buch der Erretteten oder Buch des Lebens nennen mögen. In ihm sind die, derer Gott sich erbarmt, aufgehoben. Sie leben nicht nur in unseren Erinnerungen weiter, wie wir so oft als (recht billigen) Trost hören. Die Erinnerung ist (Gott sei Dank!) nicht das einzige Paradies. Es ist ein Buch, in dem die Namen der Erretteten stehen, das heißt: das, was sie waren. Kein Sündenregister eines Eckenstehers (»Wenn die Bücher aufgetan werden«, Kurt Marti, abendland), keine Bravheitsbilanz eines moralinsauren Weihnachtsmannes. Wer im Buch des Lebens steht, geht nicht verloren.

Wenn ein Mensch stirbt, kehrt nicht sofort Grabesstille ein. Es ist eine Zeit vieler Worte. Vielleicht haben wir noch seine/ihre letzten Worte im Ohr. Freunde und Freundinnen müssen informiert, Einladungen und Zeitungsanzeigen formuliert werden. Wir besprechen in der Familie, was bei der Beerdigung gesagt werden soll (und was nicht). Wir lesen Kondolenzbriefe. Oft lesen wir, was für schlichtweg großartige Menschen unsere Toten doch waren. Das tröstet. Und doch wissen wir: Er/sie war nicht immer großartig. Großartige Menschen verdienen Liebe. Der Rest von uns braucht sie – Lebende und Tote.

Das letzte Wort über das Leben eines Menschen ist nicht die Trauerrede von der Kanzel, auch nicht das Urteil beim nachfolgenden Leichenschmaus. (Nochmals: Gott sein Dank!) Wir hoffen, dass Gott noch ein Wort über uns verliert, nein: dass er ein Wort über uns behält, dass unsere Lebensgeschichte eingeschrieben ist in seine Handschrift. Das ist unsere Hoffnung, für manche vielleicht sogar Gewissheit. Doch wir wissen auch um Lebensgeschichten, von denen wir hoffen, dass Gott sie totschweigt, dass er kein Wort für die übrig hat, die das Leben anderer Menschen zerstören.

Schmach und Schande möge über solche Menschen ergehen! Nur ein Sterbenswort für Mörder und Plünderer! Das stammt aus einer Zeit, in der ein grausamer Herrscher das jüdische Volk verfolgte. Ob es das *letzte* Wort über diese Menschen ist, ist nicht unsere Sache. Hier auf Christi Kreide zu zechen und allen, allen den Himmel zu versprechen, geht auf Kosten der Opfer von Willkür und Gewalt.

Die Gemeinde am Totensonntag ist eine Gemeinde der Erinnerung. *De mortuis nihil nisi bene* (von den Toten nichts, außer·auf gute Weise), hieß es in der Antike. An diesem Sonntag ist Raum für all das, was uns durch unsere Toten geschenkt wurde an Liebe, Fürsorge und Trost. Es ist aber auch Raum für das, was die anderen uns vielleicht schuldig blieben. Beides vertrauen wir an diesem Sonntag dem Gott an, der (in seiner Liebe wie in seinem Zorn) parteiisch für das Leben steht. Wir hoffen, dass sich auch Gott unserer Verstorbenen erinnert, dass ihre Namen, ihre ganze Lebensgeschichte in seinem Buch bewahrt sind, dass wir nicht allein die Last tragen, unsere Toten in unserer Erinnerung am Leben zu erhalten.

Wir dürfen ehrlich sein, weil Gott uns kennt. Auch unsere eigene Lebensbilanz müssen wir nicht frisieren, müssen nicht vorschnell Erfolgsmeldungen in Sachen Trauerverarbeitung herausgeben, dürfen uns anderen zumuten mit dem, was uns angesichts des Todes bewegt an Dankbarkeit, Trauer oder Wut.

Zum Gottesdienst: In vielen Gemeinden werden an diesem Sonntag die Namen der Toten genannt, vielleicht auch Kerzen für sie entzündet: Wir hoffen, dass all diese Namen im Buch des Lebens (EG 207, 647 u. a.) geschrieben stehen, dass wir nicht Tote, sondern zum ewigen Leben Auferstandene abkündigen.

Und wir (noch) Lebenden? Für viele von uns wurde auch schon einmal eine Kerze entzündet, unser Name wird im Namen des dreieinigen Gottes ausgerufen. Soweit es das Setting des Tages zulässt, wäre als Ergänzung zum Ritual der Verlesung der Toten eine Tauferinnerung denkbar.

Auferstehung heißt: Gott vergisst dich nicht.

Literatur: *Rainald Grebe,* Bernd, Das Robinson Crusoe Konzert, Versöhnungsrecords, 2007; *Magdalene L. Frettlöh,* Eingeschriebene Hoffnung, GPM 71/4 (2017), 507–515; *Kurt Marti,* Leichenreden, Neuwied/Berlin 1969; *Ders.*, abendland, Neuwied/Berlin 1980.

Internet: *Jupp Schmitz,* Wir kommen alle, alle in den Himmel, 1952, https://www.youtube.com/watch?v=XonvlkgQv1w; *Fulbert Steffensky* Schuld – Vergebung – Gericht, https://garnisonkirche-potsdam.de/fileadmin/user_upload/Website/Dokument/vortraege_und_predigten/Potsdam.pdf (alle zuletzt abgerufen am 29.09.2022).

Vergleichstabelle zur neuen Perikopenreihe V

Sonntag/Feiertag	Predigttext Reihe V (neu)	Nach der alten OPT 1978–2018
Christi Himmelfahrt	Lk 24,(44–49)50–53	Reihe I
Exaudi	1Sam 3,1–10	Pfingstmontag Marginaltext
Pfingstsonntag	1Kor 2,12–16	Reihe IV
Pfingstmontag	Joh 4,19–26	Reihe V
Trinitatis	Jes 6,1–8(9–13)	Reihe III
1. Sonntag nach Trinitatis	1Joh 4,(13–16a)16b–21	Reihe II
2. Sonntag nach Trinitatis	Lk 14,(15)16–24	Reihe I
3. Sonntag nach Trinitatis	Jona (3,10)4,1–11	neu
4. Sonntag nach Trinitatis	1Petr 3,8–17	Reihe IV
5. Sonntag nach Trinitatis	Joh 1,35–51	Reihe III und 2. Sonntag nach dem Christfest Reihe III
6. Sonntag nach Trinitatis	Jes 43,1–7	Reihe V
7. Sonntag nach Trinitatis	Apg 2,41–47	Reihe II
8. Sonntag nach Trinitatis	Mt 5,13–16	Reihe I
9. Sonntag nach Trinitatis	1Kön 3,5–15(16–28)	Marginalreihe
10. Sonntag nach Trinitatis/ Israelsonntag: Kirche und Israel	Dtn 4,5–20	neu
11. Sonntag nach Trinitatis	Lk 7,36–50	Reihe V
12. Sonntag nach Trinitatis	Jes 29,17–24	Reihe III
13. Sonntag nach Trinitatis	1Joh 4,7–12	Reihe II
14. Sonntag nach Trinitatis	Lk 17,11–19	Reihe I
15. Sonntag nach Trinitatis	Gen 15,1–6	19. nach Trinitatis Marginalreihe
16. Sonntag nach Trinitatis	Hebr 10,35–36(37–38)39	Reihe VI
17. Sonntag nach Trinitatis	Mk 9,17–27	Reihe III
Erntedankfest	Lk 12,(13–14)15–21	Reihe I
18. Sonntag nach Trinitatis	Ex 20,1–17	Reihe V
19. Sonntag nach Trinitatis	Jak 5,13–16	Reihe IV
20. Sonntag nach Trinitatis	Mk 10,2–9(10–12)13–16	Reihe I
21. Sonntag nach Trinitatis	Gen 13,1–12(13–18)	Marginalreihe
Gedenktag der Reformation	Mt 5,1–10(11–12)	Reihe I
22. Sonntag nach Trinitatis	1Joh 2,12–14	Reihe VI
Drittletzter Sonntag des Kirchenjahres	Röm 8,18–25	Vorletzter Sonntag des Kirchenjahres Reihe II
Vorletzter Sonntag des Kirchenjahres	Mt 25,31–46	Vorletzter Sonntag des Kirchenjahres Reihe I
Buß- und Bettag	Ez 22,23–31	Marginalreihe
Letzter Sonntag des Kirchenjahres: Ewigkeitssonntag	2Petr 3,(3–7)8–13	Reihe VI
Letzter Sonntag des Kirchenjahres: Totensonntag	Dan 12,1b–3	Reihe III

Perikopenverzeichnis

Gen 13,1–12(13–18) 197
Gen 15,1–6 147

Ex 20,1–17 175

Dtn 4,5–20 110

1Sam 3,1–10 15

1Kön 3,5–15(16–28) 103

Jes 6,1–8(9–13) 37
Jes 29,17–24 125
Jes 43,1–7 81

Ez 22,23–31 234

Dan 12,1b–3 248

Jona (3,10)4,1–11 60

Mt 5,1–10(11–12) 205
Mt 5,13–16 96
Mt 25,31–46 227

Mk 9,17–27 161
Mk 10,2–9(10–12)13–16 190

Lk 7,36–50 118
Lk 12,(13–14)15–21 169
Lk 14,(15)16–24 53
Lk 17,11–19 139
Lk 24,(44–49)50–53 9

Joh 1,35–51 74
Joh 4,19–26 30

Apg 2,41–47 88

Röm 8,18–25 220

1Kor 2,12–16 23

1Petr 3,8–17 67

2Petr 3,(3–7)8–13 241

1Joh 2,12–14 212
1Joh 4,7–12 132
1Joh 4,(13–16a)16b–21 45

Hebr 10,35–36(37–38)39 154

Jak 5,13–16 183

Anschriften

Herausgeberinnen und Herausgeber

Claussen, Johann Hinrich, PD Dr., Jg. 1964, Kulturbeauftragter der EKD, Abendrothsweg 34, 20251 Hamburg, E-Mail: JohannHinrich.Claussen@ekd.de

Engemann, Wilfried, Prof. Dr., Jg. 1959, Universitätsprofessor, Schenkenstr. 8–10, A-1010 Wien, E-Mail: wilfried.engemann@univie.ac.at

Gräb, Wilhelm, Prof. Dr., Jg. 1948, em. Universitätsprofessor, Burgfrauenstr. 79a, 13465 Berlin, E-Mail: wgraeb@t-online.de

Hiller, Doris, PD Dr., Jg. 1968, Seminardirektorin Predigerseminar Petersstift, Neuenheimer Landstr. 2, 69120 Heidelberg, E-Mail: doris.hiller@ekiba.de

Oxen, Kathrin, Jg. 1972, Pfarrerin an der Gedächtniskirche, Lietzenburger Str. 39, 10789 Berlin, E-Mail: oxen@gedaechtniskirche-berlin.de

Spehr, Christopher, Prof. Dr., Jg. 1971, Universitätsprofessor, Theologische Fakultät der Friedrich-Schiller-Universität Jena, Fürstengraben 6, 07743 Jena, E-Mail: christopher.spehr@uni-jena.de

Stäblein, Christian, Dr., Jg. 1967, Bischof der Evangelischen Kirche Berlin-Brandenburg-schlesische Oberlausitz, Georgenkirchstr. 69–70, 10249 Berlin, E-Mail: c.staeblein@ekbo.de

Weyel, Birgit, Prof. Dr. (Geschäftsführung), Jg. 1964, Universitätsprofessorin, Evangelisch-theologische Fakultät der Universität Tübingen, Liebermeisterstr. 12, 72076 Tübingen, E-Mail: birgit.weyel@uni-tuebingen.de

Redakteur

Röcker, Fritz, Dr., Jg. 1964, Pfarrer, Riegeläckerstr. 61/1, 75365 Calw, E-Mail: fritz.roecker@t-online.de

Mitarbeiterinnen und Mitarbeiter

Arnheim, Stefanie, Jg. 1973, Pastorin, Marktplatz 12, 29562 Suhlendorf, E-Mail: stefanie.arnheim@web.de

Böllert, Anna, Jg. 1994, Vikarin, Winterhuder Weg 132, 22085 Hamburg, E-Mail: AnnaBoellert@winterhude-uhlenhorst.de

Brenner, Marcel, Jg. 1992, Mitarbeiter in der FOR 2828, De/Sakralisierung von Texten, Evangelisch-theologische Fakultät, Liebermeisterstr. 12, 72076 Tübingen, E-Mail: marcel.brenner@uni-tuebingen.de

Butt, Christian, Dr., Jg. 1964, Pastor, Studienleiter im Predigerseminar der Nordkirche, Domhof 33, 23909 Ratzeburg, E-Mail: c.butt@predigerseminar-rz.de

Charbonnier, Lars, Dr., Jg. 1977, Pastor, Theologischer Dozent an der Führungsakademie für Kirche und Diakonie und Pfarrer in Berlin-Friedrichshagen, Seelenbinderstraße 144A, 12555 Berlin, E-Mail: lars.charbonnier@fa-kd.de

Claußen, Carsten, Prof. Dr., Jg. 1966, Professor für Neues Testament, Theologische Hochschule Elstal, Johann-Gerhard-Oncken-Str. 7, 14641 Wustermark, E-Mail: carsten.claussen@t-online.de

Dettinger, Frank, Dr., Jg. 1983, Pfarrer, Kirchplatz 9, 71706 Markgröningen, E-Mail: Frank.dettinger@elkw.de

Fechtner, Kristian, Prof. Dr., Jg. 1961, Universitätsprofessor, Grempstr. 45, 60487 Frankfurt, E-Mail: fechtner@uni-mainz.de

Fenner, Katharina, Jg. 1974, Pastorin, Kirchengemeinde Ottensen in Hamburg, Bei der Osterkirche 13, 22765 Hamburg, E-Mail: fenner@kirche-ottensen.de

Gehring, Hans-Ulrich, Prof. Dr., Jg. 1962, Studienleiter, Evangelische Akademie Bad Boll, Akademieweg 11, 73087 Bad Boll, Titularprofessor für Praktische Theologie, Universität Basel/CH, E-Mail: hans-ulrich.gehring@ev-akademie-boll.de

Gorski, Horst, Dr., Jg. 1957, Vizepräsident des Kirchenamtes der EKD, Herrenhäuserstr. 11, 30419 Hannover, E-Mail: horst.gorski@ekd.de

Hanusa, Barbara, Dr., Jg. 1966, Pastorin, Beauftragte für Kirche und Schule im Sprengel Lüneburg, Schulstr. 6a, 21360 Vögelsen, E-Mail: hanusabarbara@gmail.com

Hauser, Uwe, Dr., Jg. 1962, Pfarrer, An der Trift 14, 76149 Karlsruhe, E-Mail: uwe.hauser@ekiba.de

Heinemann, Lars Christian, Jg. 1975, Pfarrer, Glauburgstr. 76, 60318 Frankfurt am Main, E-Mail: lars.heinemann@gmx.de

Hofmann, Martin, Jg. 1968, Pastor an der Christuskirche Hamburg-Othmarschen, Borchlingweg 1, 22605 Hamburg, E-Mail: m.hofmann@christuskirche-othmarschen.de

Jensen, Roger, Dr., Jg. 1968, Pfarrer, Lehrbeauftragter an der Theol. Fakultät der Universität Oslo, Akersbakken 30, N-0172 Oslo, E-Mail: rj227@kirken.no

Kaiser, Klaus-Dieter, Jg. 1956, Pastor, Akademiedirektor, Am Ziegenmarkt 4, 18055 Rostock, E-Mail: kdkaiser18@gmail.com

Karle, Marie-Luise, Jg. 1985, Pfarrerin, Evangelische Kirchengemeinde Wittlensweiler, Kirchstraße 5, 72250 Freudenstadt, marie-luise.karle@elkw.de

Kobler, Beate, Dr., Jg. 1972, Pfarrerin, Schlossberg 13, 71032 Böblingen, E-Mail: Beate.Kobler@elkw.de

Kösling, Michael, Jg. 1976, Domprediger, Oberpfarr- und Domkirche zu Berlin, Am Lustgarten, 10178 Berlin, E-Mail: domprediger.koesling@berlinerdom.de

Krause, Katharina, Dr., Jg. 1984, Wissenschaftliche Angestellte, Liebermeisterstraße 12, 72076 Tübingen, E-Mail: katharina.krause@uni-tuebingen.de

Lacher, Samuel, Jg. 1992, Dipl. Theologe, Wissenschaftlicher Mitarbeiter am Lehrstuhl für Praktische Theologie I, Universität Tübingen, Liebermeisterstr. 12, 72076 Tübingen, E-Mail: Samuel.Lacher@uni-tuebingen.de

Lemme, Matthias, Jg. 1977, Pastor, Bei der Osterkirche 13, 22765 Hamburg, E-Mail: lemme@kirche-ottensen.de

Liess, Bernhard, Dr., Jg. 1969, Pfarrer, Stadtdekan, Evang.-Luth. Dekanatsbezirk München, Hiltenspergerstr. 55, 80796 München, E-Mail: bernhard.liess@elkb.de

Martens, Helge, Pastor, Jg. 1957, Johannes-Böse-Weg 1, 22419 Hamburg, E-Mail: helge.martens@gmail.com

Mätzke, Verena, Dr., Jg. 1978, Pfarrerin, Frankensteinerstr. 8, 97877 Wertheim, E-Mail: verena.maetzke@kbz.ekiba.de

Mawick, Reinhard, Jg. 1966, Chefredakteur von zeitzeichen, Jebensstr. 3, 10623 Berlin, E-Mail: mawick@zeitzeichen.net

Meyer, Peter, Dr., Jg. 1978, Pfarrer, Referent am Zentrum für ev. Gottesdienst und Predigtkultur, Markt 4, 06886 Lutherstadt Wittenberg, E-Mail: peter.meyer@wittenberg.ekd.de

Mogk, Rainer, Dr., Jg. 1967, Pfarrer, Evangelisch-lutherische Kirchengemeinde Peissenberg, Spitzwegstr. 2, 82380 Peißenberg, E-Mail: rainer.mogk@elkb.de

Moser, Maria Katharina, Dr., Jg. 1974, Pfarrerin, Direktorin der Diakonie Österreich, Schwarzspanierstraße 13, A-1090 Wien, E-Mail: direktorin@diakonie.at
Neef, Heinz-Dieter, Prof. Dr., Jg. 1955, apl. Professor für Altes Testament, Evangelisch-theologische Fakultät der Universität Tübingen, Liebermeisterstr. 12, 72076 Tübingen, E-Mail: Heinz-Dieter.Neef@gmx.de
Nottmeier, Christian, Dr., Jg. 1974, Superintendent, Pfarrer, Alt-Buckow 39a, 12349 Berlin, E-Mail: christian.nottmeier@t-online.de
Oorschot, Johannes van, Jg. 1990, Vikar, Evangelische Gesamtkirchengemeinde Wiblingen, Kapellenstr. 5, 89079 Ulm-Wiblingen, E-Mail: johannes.van-oorschot@uni-tuebingen.de
Petersen, Jan, Jg. 1968, Pastor, Schulstraße 17, 25862 Joldelund, E-Mail: pastor@kirche-Joldelund.de
Probst, Hans-Ulrich, Dr. Dipl. Theol., Jg. 1988, Referent für die Themen Populismus und Extremismus der Evangelischen Landeskirche in Württemberg, Klosterberg, 8, 72070 Tübingen, E-Mail: hans.probst@posteo.de
Rascher, Angela, Dr., Jg. 1976, Pfarrerin, Theologische Referentin der Stellvertretenden Kirchenpräsidentin Ulrike Scherf, Paulusplatz 1, 64285 Darmstadt, E-Mail: angela.rascher@ekhn.de
Roleder, Felix, Dr., Jg. 1990, Am Eisweiher 13a, 79650 Schopfheim, E-Mail: felix.roleder@live.de
Roser, Traugott, Prof. Dr., Jg. 1964, Universitätsprofessor, Seminar für Praktische Theologie und Religionspädagogik, Universitätsstraße 13–17, 48143 Münster, E-Mail: traugott.roser@uni-muenster.de
Roßmanek, Jan, Jg. 1973, Pastor, st. moment, Bei der Apostelkirche 2, 20257 Hamburg, E-Mail: j.rossmanek@stmoment.hamburg
Rumpf, Antonia, Jg. 1992, Gleichstellungsbeauftragte, Bremische Evangelische Kirche, Franziuseck 2–4, 28199 Bremen, E-Mail: antonia.rumpf@kirche-bremen.de
Sachau, Rüdiger, Dr., Jg. 1957, Pastor, Lornsenstraße 18, 23795 Bad Segeberg, E-Mail: ruediger.sachau@posteo.de
Salooja, Ravinder, Jg. 1966, Hochschulpfarrer an der Universität Tübingen, Berliner Ring 8/2, 72076 Tübingen, E-Mail: Ravinder.Salooja@elkw.de
Schneider, Jörg, Prof. Dr., Jg. 1970, Professor, Evangelische Hochschule Moritzburg, Bahnhofstraße 9, 01468 Moritzburg, E-Mail: schneider@eh-moritzburg.de
Schneider, Michael, Dr., Jg. 1977, Leiter/Geschäftsführer des Dekanats am Fachbereich der Ev. Theologie an der Goethe-Universität Frankfurt, Norbert-Wollheim-Platz 1, 60323 Frankfurt am Main, E-Mail: michael.schneider@em.uni-frankfurt.de
Schnelle, Ricarda, Jg. 1985, Pastorin, Mittelstr. 54, 31319 Sehnde, E-Mail: ricarda.schnelle@evlka.de
Semper, Anna-Maria, Jg. 1987, Pfarrerin, Kapellenstraße 8, 79353 Bahlingen, E-Mail: Anna-Maria.Semper@kbz.ekiba.de
Seidelmann, Stephan, Dr., Jg. 1980, Evangelisch-lutherisches Pfarramt München-Freimann, Carl-Orff-Bogen 217, 80939 München, E-Mail: Stephan.Seidelmann@elkb.de
Siegl, Christine, Dr., Jg. 1986, Pfarrerin und Wissenschaftliche Mitarbeiterin, Lehrstuhl für Praktische Theologie, Evangelisch-Theologische Fakultät Ruhr-Universität Bochum, Universitätsstr. 150, 44780 Bochum, E-Mail: Christine.Siegl@rub.de

Sommer, Regina, Prof. Dr., Jg. 1964, Leiterin des Referats Theologische Aus-, Fort- und Weiterbildung der Evangelischen Kirche von Kurhessen-Waldeck und apl. Professorin für Praktische Theologie an der Universität Marburg, Wilhelmshöher Allee 330, 34131 Kassel, E-Mail: regina.sommer@ekkw.de

Stetter, Manuel, Dr., Jg. 1981, Landeskirchlicher Assistent am Lehrstuhl für Praktische Theologie der Universität Tübingen, Lange Gasse 62, 72070 Tübingen, E-Mail: manuel.stetter@uni-rostock.de

Treutmann, Holger, Jg. 1963, Pfarrer, Senderbeauftragter der Ev. Kirchen beim MDR, Thomas-Müntzer-Platz 10, 01307 Dresden, E-Mail: holger.treutmann@evlks.de

Usarski, Christa, Dr., Jg. 1954, Pastorin, Ringstraße 227, 22145 Hamburg, E-Mail: usarski.hamburg@t-online.de

Vetter, Martin, Dr., Jg. 1964, Hauptpastor und Propst, Harvestehuder Weg 112, 20149 Hamburg, E-Mail: m.vetter@kirche-hamburg-ost.de

Vogel, Christoph, Dr., Jg. 1966, Oberkirchenrat, Leiter der Theologischen Aus-, Fort- und Weiterbildung im Konsistorium der EKBO, Georgenkirchstraße 69, 10249 Berlin, E-Mail: c.vogel@ekbo.de

Vögele, Wolfgang, PD Dr., Jg. 1962, Pfarrer, Erzberger Str. 98, 76133 Karlsruhe, E-Mail: wolfgangvoegele1@googlemail.com

Vortisch, Johannes, Dr., Jg. 1989, Pfarrer, Evangelische Kirchengemeinden Heidelsheim und Helmsheim, Marktplatz 9, 76646 Bruchsal-Heidelsheim, E-Mail: Johannes.Vortisch@kbz.ekiba.de

Weingart, Kristin, Prof. Dr., Jg. 1974, Professorin für Altes Testament, Ludwig-Maximilians-Universität München, Evangelisch-Theologische Fakultät, Geschwister-Scholl-Platz 1, 80539 München, E-Mail: kristin.weingart@lmu.de

Winkelmann, Sabine, Dr., Jg. 1977, Pfarrerin und Oberkirchenrätin, Paulusplatz 1, 64285 Darmstadt, E-Mail: sabine.winkelmann@ekhn.de

Witt, Christian, PD Dr., Jg. 1980, Lehrstuhlvertretung Kirchengeschichte I (Mittelalter und Reformation), Evangelisch-Theologische Fakultät, Universität Tübingen, Liebermeisterstr. 12, 72076 Tübingen, E-Mail: christian.witt@uni-tuebingen.de

Wolf, Susanne, Jg. 1966, Pfarrerin und Dozentin am Gemeinsamen Pastoralkolleg der EKiR, EKvW, LippLK und ev.-ref. Kirche, Haus Villigst, Iserlohner Str. 25, 58239 Schwerte, E-Mail: susanne.wolf@institut-afw.de